LES

HOMMES ILLUSTRES

DU

DÉPARTEMENT DE L'OISE.

———

BIBLIOTHÈQUE DU BEAUVAISIS.

Beauvais. — Imprimerie d'Achille Desjardins.

LES
HOMMES ILLUSTRES

DU

DÉPARTEMENT DE L'OISE.

BIBLIOTHÈQUE DU BEAUVAISIS.

NOTICES BIOGRAPHIQUES, CRITIQUES, ANALYSES LITTÉRAIRES,
CITATIONS D'OUVRAGES, DOCUMENTS PARTICULIERS, ETC.,

RECUEILLIS ET PUBLIÉS

Par Ch. BRAINNE.

DEUXIÈME VOLUME.

PARIS,   BEAUVAIS,
AUG. AUBRY, Editeur,   PAUL TREMBLAY, Editeur,
16, rue Dauphine.   rue de la Taillerie.

ET CHEZ TOUS LES LIBRAIRES DU DÉPARTEMENT.
1864.

LES
HOMMES ILLUSTRES

DU

DÉPARTEMENT DE L'OISE.

—

GAILLARD DE SAINT-GERMAIN
(Marie-Louis-Stanislas),

Archéologue et Musicien,

né à Saint-Germain-la-Poterie.

1816—1852.

M. de Saint-Germain fut un des plus fervents néophytes de l'archéologie musicale. Il suivait régulièrement les congrès scientifiques de France et y dissertait volontiers sur la musique et le plain-chant. Malgré une élocution pénible, il se faisait écouter de ses confrères, mais sa réputation ne s'étendait guère en dehors des sociétés savantes et des académies de province.

1

Voici en quels termes M. V. Magnien, dans une intéressante notice lue à l'Athénée du Beauvaisis (1), apprécie les études et les travaux de M. de Saint-Germain, qui fut son élève avant d'être son émule et son collègue :

« Marie-Louis-Stanislas Gaillard de Saint-Germain naquit au Mailly, à Saint-Germain-la-Poterie, le 23 février 1816. Les premières leçons de lecture, d'écriture et de géographie lui furent données par sa mère. Il dit à cette occasion : « Que n'ai-je conservé le souvenir de tout » ce qu'elle savait si bien dire; de la morale utile et pra- » tique qu'elle tirait à propos du sujet des leçons, de ce » que son esprit si vif et si admirablement cultivé trou » vait d'heureux rapprochements, d'idées justes, de ré- » flexions ingénieuses. »

» A neuf ans, il dut quitter sa famille pour entrer à Saint-Acheul, où il fut reçu le 7 juin 1825. Quoiqu'il eût beaucoup à se louer des soins des révérends pères jésuites, les trois ans et demi qu'il passa dans cet établissement lui furent pénibles à cause de sa séparation d'avec sa famille. Malgré, d'après son dire, le peu de résultat qu'il obtint dans ses études, pendant ce laps de temps, il recueillit plusieurs excellents fruits de son séjour dans cette communauté. A treize ans, il rentra sous le toit paternel avec le désir de continuer ses études latines dans une institution. Ayant marqué une préférence pour Paris, il entra, le 10 octobre 1832, au petit séminaire de Saint-Nicolas-du-Chardonnet, dirigé par l'abbé Frère.

» Il resta dans cet établissement jusqu'aux vacances de 1835; ensuite, il alla terminer ses humanités au petit

---

(1) Notice sur M. Marie-Louis-Stanislas Gaillard de Saint-Germain. — Considération sur ses lettres intitulées *Archéologie musicale*. Extrait du *Bulletin de l'Athénée du Beauvaisis*. Beauvais, Constant Moisand, imprimeur, 1853.

séminaire de Saint-Germer, sous la direction de M. l'abbé Bessières, homme intelligent, d'un caractère ferme, aimant les arts, etc. »

C'est là de la biographie intime; nous avons tenu à lui conserver ce caractère afin de mieux faire connaître le modeste savant dont la vie s'écoula entre le culte des arts et celui de la famille, dans la pratique constante des vertus domestiques et des devoirs religieux. M. de Saint-Germain s'est moins préoccupé de la renommée que de son salut. Il était né pour être maître de chapelle dans un monastère; il fut, dans le monde, un modèle de piété. Marié en 1842 à Mlle du Bosc de Vitermont, il se fixa à Evreux, dans la terre classique de l'archéologie. C'est lui qui fonda dans cette ville, en 1846, la conférence de la société de Saint-Vincent-de-Paul. Il était déjà membre de plusieurs sociétés savantes : de l'Athénée du Beauvaisis, de la Société Académique de l'Oise; il était inspecteur de la Société Française pour le département de l'Eure, correspondant du ministère de l'instruction publique pour les travaux historiques, et membre de l'Institut des provinces.

Trois brochures en forme de lettres, adressées par M. de Saint-Germain à M. de Caumont, directeur de la Société Française pour la conservation des monuments historiques, ont pour titre : *Archéologie musicale.*

« Le but de M. Stanislas de Saint-Germain, dans ses lettres, dit M. Magnien, est de prouver la supériorité du plain-chant dans l'exercice du culte catholique, sur la musique religieuse, d'après le système moderne. Sans partager entièrement les idées de l'auteur sur ce sujet, nous admettons sans réserve les chaleureuses paroles qu'il fait entendre en faveur du chant ecclésiastique; pensant, comme tout artiste sérieux, que *nul autre genre de musique ne peut ni ne doit le remplacer dans les offices ordinaires.* Nous n'en concluons pas, cependant, comme

M. de Saint-Germain, que « le plain-chant soit la seule musique religieuse. » Si, dans nos églises, le chant catholique, par sa popularité et son caractère d'austérité, ne peut être remplacé par la forme dramatique et scolastique des compositeurs modernes, elle peut du moins y prendre place dans les cas solennels. Nous ne pensons pas non plus que les œuvres religieuses des Haydn, des Mozart ou des Cherubini donnent, plutôt que le plain-chant, des distractions aux fidèles; de même que nous ne pouvons admettre qu'elles restent sans intérêt vis-à-vis d'un auditoire, fût-il ignorant. Nous croyons que, s'il y a parfois distraction, elle est surtout occasionnée par les dispositions nouvelles qu'exige l'exécution, et non produite par l'effet de ce genre de musique. En reproduisant souvent cette manière d'adresser ces prières à l'éternel, tout ce qui occupe les yeux dans ces rares solennités disparaîtrait pour laisser à la musique tout son pouvoir, c'est-à-dire celui d'émouvoir, d'exalter même! Celui qui prie sans émotion et sans exaltation prie-t-il du fond de son âme? Je n'oserai l'affirmer... Pourquoi rejeter de nos églises ce moyen puissant d'adorer la divinité. »

Le plain-chant moderne, malgré tous les efforts tentés par quelques maîtrises pour le ramener à l'harmonie grégorienne, n'est, à notre avis, qu'une mélopée barbare et monotone, indigne de l'art et surtout de Dieu.

Quand M. de Saint-Germain faisait l'apologie du plain-chant, il entendait parler de ce rythme austère qu'il avait étudié en Italie, aux sources mêmes de la science musicale, dans la patrie de Gui-d'Arezzo et de Palestrina.

« Peut-on quelque chose de plus déplorable en musique, dit M. Magnien, que d'entendre avec le plain-chant ces accompagnements triviaux improvisés par les *serpentistes* ou *ophicléistes* d'une église de village et même d'une cathédrale, péchant continuellement contre les plus simples lois

de l'harmonie, faisant pressentir faussement à chaque
instant le sentiment d'une tonalité nouvelle? Nous éprou-
vons une sensation pénible en entendant ces successions
de quintes que rejette notre harmonie moderne, surtout
lorsqu'elles se font entendre à deux parties. Cette manière de quinter, que nos anciens musiciens appelaient
diapentissare, était par eux soumise à de certaines règles
que nos chantres d'aujourd'hui ignorent complètement.
Ils ont, du reste, bien d'autres peccadiles musicales à se
reprocher, plus faciles à réformer que de s'initier aux
procédés de Jean de Muris. Que Dieu leur pardonne
donc, puisqu'ils péchent par ignorance, malgré les distractions qu'ils causent aux *connaisseurs*, distractions
bien plus grandes que celles produites par l'appareil
d'une messe à grand orchestre. »

Autant M. Magnien est partisan de la musique religieuse
des grands maîtres, de la fugue d'orchestre et du classique
contre-point, autant M. de Saint-Germain est opposé à ce
système des modernes compositeurs.

« Les maîtres de chapelle, dit-il, n'ont pour la plupart
à leurs ordres que des mercenaires, et le sont eux-mêmes.
Les organistes, presque tous amateurs de polkas, de valses
ou d'airs d'opéras, tiennent sur toutes choses à prouver
leur adresse de pianiste ; nous ajouterons que, si tous y
étaient obligés, plus d'un se trouverait dans l'embarras.
Les chanteurs font partie de cette nomenclature parce
qu'ils chantent faux, crient et disposent les parties vocales
d'une manière irrationnelle. »

La pensée prédominante remarquée dans les lettres de
M. de Saint-Germain, est celle que, tôt ou tard, on pourrait substituer au plain-chant la musique religieuse dramatique. Animé par ce dernier sentiment, il puise quelquefois ses exemples dans ses appréhensions. Quoi qu'il en
soit, ses lettres n'en sont pas moins dignes de remarque ;

elles classent son auteur, comme artiste-amateur, parmi les plus distingués. Littérateur, il se tient constamment à la hauteur de son sujet; il est clair, sans monotonie, employant toujours l'expression propre, qualité peu ordinaire en matière d'art, surtout en musique. Ses descriptions sont souvent pittoresques, et il donne à sa phrase une tournure qui ne manque pas de charme; seulement on peut regretter que ses lettres n'aient pas justifié entièrement leur titre. Le côté vraiment archéologique n'a pas été traité comme il aurait pu l'être, non à cause de la difficulté qu'il présente, mais bien plutôt dans la crainte que devait avoir l'auteur de n'être compris que par le bien petit nombre des musiciens érudits.

Outre ses travaux littéraires, tant manuscrits que publiés, M. de Saint-Germain fit paraître, de sa composition, plusieurs morceaux de musique pour le violon. La plupart de ses ouvrages ont été édités à Paris, chez M. Richault. Son œuvre principale est une messe à quatre voix avec accompagnement d'orgue. Quelques fragments de ses compositions religieuses ont été exécutés et accompagnés par lui à l'occasion de la bénédiction de l'église actuelle de Saint-Germain-la-Poterie, qui fut bâtie par les soins de son honorable père.

« Les œuvres musicales de M. Stanislas de Saint-Germain, dit M. Magnien, ne sont pas toutes exemptes de reproches. On y rencontre les qualités et les défauts inhérents, si je puis m'exprimer ainsi, aux premiers essais d'un jeune compositeur. Cette remarque n'a rien de malveillant pour celui qui en est l'objet, surtout lorsque, comme M. de Saint-Germain, on ne fait point de l'art de la composition sa spécialité. On ne trouve pas moins dans ses travaux un mérite réel, dont pourrait se glorifier plus d'un professeur. »

Les archéologues, de leur côté, ont payé à M. Stanislas

de Saint-Germain leur tribut d'éloges. M. Raymond-Bordeaux, avocat à Evreux, a publié une *Notice historique sur la vie et les travaux de Stanislas de Saint-Germain*, dont voici le résumé analytique qui complètera la notice précédente :

« Marie-Louis-Stanislas Gaillard de Saint-Germain, archéologue et compositeur de musique, naquit au château de Mailly, à Saint-Germain-la-Poterie, près de Beauvais, le 23 février 1816, d'une famille originaire de Saint-Malo, fixée dans la Picardie depuis un petit nombre de générations. Avant d'être seigneurs du fief de Saint-Germain, dans le Beauvaisis, ses ancêtres avaient occupé à Rouen de hautes charges de finances. Nicolas Gaillard, son bisaïeul, était receveur général des fermes dans cette capitale de la Normandie, où Jacques Gaillard, son arrière-grand-oncle, chanoine de l'église métropolitaine, paraît s'être livré à la passion des livres, car on trouve encore dispersés, dans diverses bibliothèques, des volumes qui portent sa marque, où ces mots : *Ex bibliothecâ D. D. Jacobi Gaillard, canonici Rothomagensis*, sont gravés au-dessous de son écusson, *d'or au chevron d'azur, chargé de cinq besants d'argent et accompagné de trois arbres de Sinople deux et un.*

» M. de Saint-Germain, père de celui dont nous écrivons la vie, et qui comptait au nombre des notabilités du Beauvaisis, par sa capacité et par la considération dont il jouissait, n'était point homme à abandonner au hasard des opinions courantes et aux entreprises du jour l'éducation de sa famille. Son fils Stanislas, qui était son cinquième enfant, n'avait point reçu en naissant, sous le rapport de la vigueur du tempérament, une part égale à celle de ses aînés. « Mais, nous dit un de ses biographes, » heureusement dédommagé en intelligence de la faiblesse » de sa constitution physique, M. Stanislas de Saint-

» Germain, dès sa première jeunesse, avait montré de
» rares dispositions pour l'étude, un vif sentiment du
» beau dans les arts et une aptitude très-prononcée pour
» toutes les études fortes et sérieuses (1). » Il avait le
bonheur d'avoir pour mère une femme d'un esprit vif et
cultivé, qui se chargea de lui donner les premières leçons.

» Son père confia ensuite son éducation à une société
dont plusieurs élèves ont compté parmi nos grands écrivains, et le jeune Stanislas fut reçu au collége de Saint-
Acheul le 7 juin 1825. Il n'y put rester que trois années,
jusqu'aux ordonnances qui fermèrent en France les colléges des Jésuites. Après la révolution de Juillet, il continua successivement ses études dans les établissements
ecclésiastiques de Saint-Nicolas-du-Chardonnet, à Paris,
et de Saint-Germer, près de Beauvais. Dans cette dernière
maison, sa vocation archéologique se déclara sous l'influence d'un ouvrage alors tout récent et qui faisait grande
sensation, le *Cours d'antiquités monumentales* de M. de
Caumont. Déjà le futur antiquaire comparait les monuments du voisinage avec la remarquable église qu'il avait
sous les yeux; il calquait les pavés émaillés et estampait
les précieuses pierres tombales de Saint-Germer. Le violon, puis l'orgue, devinrent successivement l'objet de
son application passionnée, et, lorsqu'après avoir terminé
ses études classiques, il alla habiter Paris, la musique
absorba tout entier (2).

» De retour à Beauvais, il mit à profit les connaissances
qu'il avait acquises et s'appliqua à les augmenter. Violoniste distingué, il ne se contenta point d'un talent qui le

---

(1) Notice biographique sur M. Stanislas de Saint-Germain, lue à la
Société Académique de l'Oise, par M. le président Danjou, page 4.

(2) Notice sur M. Stanislas de Saint-Germain, par M. Victor Magnien,
président de l'Athénée du Beauvaisis, pages 12 et 13.

faisait rechercher dans la société; il entra dans la voie plus sérieuse de la composition musicale, en même temps qu'il prenait une part très-considérable à la fondation de la Société Académique de l'Oise, dont les premiers travaux durent un vif éclat à sa brillante coopération. Cette nouvelle Société était, au reste, le développement d'un Comité Archéologique que M. de Saint-Germain avait puissamment contribué à organiser, car, écrit l'un des biographes (1) : « Lorsque M. le président de La Croix-Vaubois conçut l'idée de fonder à Beauvais le Comité local d'Archéologie, le nom de M. de Saint-Germain fut un des premiers qu'il inscrivit sur la liste des fondateurs de cette réunion, et, dès la première assemblée du Comité, M. de Saint-Germain en fut nommé secrétaire à l'unanimité. » Il s'y montra un collaborateur actif, en faisant aux réunions des lectures où il pourchassait de sa verve caustique le vandalisme et le mauvais goût.

» On lui doit aussi les premiers essais du Musée d'antiquités de Beauvais, aujourd'hui très-important, mais qui n'existerait peut-être pas, si ses collections naissantes n'avaient trouvé un asyle dans la propre demeure de son intrépide organisateur, jusqu'au moment où l'obtention d'un local lui donna le caractère définitif d'un établissement officiel et public : tels furent les premiers services rendus par M. de Saint-Germain à la ville près de laquelle il était né, ville qu'il aima toujours et dont il parlait avec un vif plaisir.

» Musicien et antiquaire, il voulut voir l'Italie, et y voyagea pendant l'été de 1841. L'étude de l'art bysantin et gothique commençait à gagner l'Italie. M. de Saint-Germain avait trop d'initiative dans l'esprit pour ne pas

---

(1) Notice sur M. de Saint-Germain, par M. Danjou.

marcher l'un des premiers dans cette voie nouvelle, et c'est le livre de M. Rio à la main qu'il parcourut les musées et les églises, cherchant de préférence les peintures naïves ou vraiment inspirées des précurseurs de la Renaissance. Comme tous ceux qui, en voyageant, veulent garder un exact et fidèle souvenir de ce qu'ils ont vu, M. de Saint-Germain tenait un journal de ses pérégrinations, et mettait ainsi en sûreté sa nouvelle provision de savoir. Quoiqu'il ne dessinât pas, il remplissait cependant utilement son album. Musicien, il y fixait ces chants populaires, ces airs caractéristiques, ces rythmes inconnus, jusqu'à ces cris des rues qui frappent vivement lorsqu'on les entend pour la première fois, et dont la lointaine réminiscence fait plus tard partie de la physionomie d'une contrée étrangère, lorsqu'on y est reporté par l'imagination. Ces croquis musicaux, soigneusement notés, remplissent dans ses papiers un carnet intitulé : *Souvenirs de voyage en Italie.*

» Ses études musicales étaient complètes, et, naturellement doué d'une grande aptitude pour l'harmonie, il se livra dès lors avec ardeur à la composition. Parmi les morceaux qu'il n'a pas fait graver, deux paraissent dater de son retour; ce sont : *J. Vaganti, souvenir d'Italie,* quadrille caractéristique, et les *Roses de Florence,* quadrille à orchestre. Citons aussi *Venise,* duo de violons, et *Bamboche,* quadrille pour deux violons, daté d'Aymargues (Gard), 1841. En 1839, il avait composé à Aymargues, chez sa sœur, Mme de Cray, un quadrille plein d'éclat intitulé les *Nîmoises.* Il publia, vers cette époque, le *Retour dans la patrie,* romance sur les paroles de Béranger, et le *Tombeau d'une mère,* harmonie sur celles de Lamartine. Cependant, le 10 mai 1842, il épousa Mlle Euphémie de Vitermont, dernier rejeton de la très-ancienne famille normande des Dubosc. A cette occasion, il donna à un nouveau quadrille à quatre parties le titre d'*Euphémie*. La *Fugitive* et *Madeleine*, deux valses pour piano et violon, éditées chez Richaud, marchand de musique à Paris; la *Fleur d'hiver*, quadrille à quatre parties; *Alberte*, valse pour piano; *Antoinette*, quadrille très-brillant pour piano, violon, flute, cornet à piston et basse; une valse et un galop à grand orchestre, et sept airs variés pour le violon, dont plusieurs sont restés inédits, forment le contingent de ses œuvres musicales de cette époque.

» Au commencement de l'année 1843, il fit paraître une *Notice historique et descriptive* sur l'église Saint-Etienne de Beauvais, monographie d'environ cent pages in-8° sur ce monument important.

» M. de Saint-Germain était déjà membre de la Société des Antiquaires de Picardie et de l'Athénée du Beauvaisis; la Société française d'Archéologie pour la conservation des monuments voulut se l'affilier, lorsqu'elle se réunit à Beauvais, les 29 et 30 avril 1844. Il fit à ces séances des communications intéressantes, et publia dans le *Bulletin monumental*, dont il fut plus tard l'un des collaborateurs assidus, un extrait d'un curieux inventaire des reliques et ornements de la cathédrale de Beauvais en 1472 (1). L'année suivante, la Société d'Archéologie le nomma inspecteur des édifices historiques du département de l'Eure, en remplacement de M. Antoine Passy. M. de Saint-Germain avait, en effet, quitté sa chère ville de Beauvais, et s'était fixé à Evreux pour se rapprocher de la mère de sa femme, Mme la comtesse de Vitermont.

» Malheureusement, une affection nerveuse, dont il avait ressenti les premiers symptômes dès 1841, devait paralyser ses efforts et ralentir ses travaux. L'affaiblisse-

---

(1) *Bulletin monumental*, tome x, page 343.

ment de son bras le força de renoncer au violon, et l'orgue devint son seul instrument et sa consolation. La musique religieuse était, par son caractère plus élevé, l'objet de sa prédilection. Il composa, de 1842 à 1845, une messe en quatuor avec accompagnement d'orgue, qui a été exécutée, à diverses reprises, dans les cathédrales de Beauvais et d'Evreux. Il existe aussi de lui une autre messe en musique à trois voix.

» En septembre 1845, il organisa à Evreux, sur la demande de M. de Caumont, une réunion archéologique, dont il présida plusieurs séances et dont les procès-verbaux ont été publiés. A la même époque, il fut nommé correspondant du ministère de l'Instruction publique pour les travaux historiques, et devint membre de l'Association normande : l'*Annuaire* de 1848 contient un article de lui.

» Dans l'année 1846, le tome VII des *Mémoires de la Société des Antiquaires de Picardie*, fut enrichi de son *Pélerinage archéologique en Beauvaisis*, et, à la même époque, il mit au jour, dans le *Bulletin monumental*, les deux premières parties du plus hardi de ses ouvrages. Lui qui venait de terminer la composition d'une messe en musique, à la vérité d'une facture grave et élevée, il déclara, au nom du plaint-chant, la guerre à la musique religieuse de nos jours, dans ses lettres sur l'*archéologie musicale et le chant catholique*. Mais il n'était pas exclusif, car en même temps qu'il repoussait la prétention de soumettre à la tonalité et à la mesure modernes les chants antiques des antiphonaires, il écrivait de temps en temps des morceaux de fantaisie. L'*Ebroïcienne*, valse pour piano de sa composition, a été gravée vers ce temps-là. Il est vrai que depuis il s'adonna de plus en plus à la musique sérieuse et travaillée, où il réussissait mieux que dans la musique légère, pour laquelle il était moins bien organisé. Sa supériorité se manifestait surtout dans les compositions à plusieurs parties et dans la musique d'église. Habile contre-pointiste, il a considérablement travaillé pour la cathédrale d'Evreux. Il reste de lui deux *Kyrie*, divers motets, plusieurs messes, hymnes et proses de la liturgie d'Evreux , arrangées en contre-point, une série de faux-bourdons dans les huit tons des psaumes, et un *Quàm dilecta*, solo de contre-alto, avec accompagnement d'orgue très-recherché par le clergé et qui a été gravé.

» Ce fut lui qui fonda, vers la fin de 1846, une conférence de Saint-Vincent-de-Paul à Evreux, et il se délassait de ses travaux de cabinet par des œuvres de zèle charitable.

» Il avait entrepris un travail de longue haleine, la description des superbes vitraux de l'église Sainte-Foi de Conches, à quatre lieues d'Evreux. L'achèvement de cette monographie a été arrêté par sa mort; mais un certain nombre de chapitres ont reçu la dernière main de l'auteur et seront sans doute publiés. On trouve de lui, dans l'*Annuaire de l'Institut des provinces* pour 1853, un mémoire qui a pour titre : *Un mot sur la direction que les sociétés savantes pourraient imprimer aux études musicales contemporaines,* et dans le *Congrès archéologique de France,* xviiie session, page 357, un article sur l'abbaye de Saint-Germer.

» Sa troisième lettre sur l'*archéologie musicale,* une notice sur le *château féodal de Grossœuvre,* près d'Evreux, avec un travail paléographique intitulé *Partage mobilier en 1412,* des articles et des comptes-rendus littéraires dans les journaux de Beauvais et d'Evreux , occupèrent la dernière année de sa vie. A la vue de cette recrudescence de travaux, on dirait qu'il avait un vague pressentiment de sa fin prochaine. Saisi d'un malaise extraordinaire, une violente inflammation de poitrine se déclara. Il mourut dans les sentiments d'une vive piété, le 15 décembre 1852, et ses restes mortels reposent dans le cimetière d'Evreux. L'évêque d'Evreux voulut faire l'absoute à ses funérailles.

» Sa fin prématurée réveilla dans sa famille la douleur qu'avait causée récemment la perte de l'un de ses frères, qui appartient également par sa naissance au département de l'Oise, M. le commandant de Saint-Germain, tué en Algérie, devant Biskara, au milieu d'un brillant fait d'armes. »

Voici, d'après la nouvelle *Biographie générale*, les titres des ouvrages de M. de Saint-Germain :

Notice historique et description sur l'église de Saint-Etienne de Beauvais, 1843; *Pélerinage archéologique en Beauvoisis*, dans le tome VII des *Mémoires de la Société des Antiquaires de Picardie*, 1846; *Lettres sur l'archéologie musicale et le chant catholique*, où il défend le plain-chant contre les fantaisies modernes, 1846; *un mot sur la direction que les sociétés savantes pourraient imprimer aux études musicales contemporaines*, 1852; des articles dans le *Bulletin monumental*, parmi lesquels un *partage mobilier en 1412*.

GAMBART (Adrien), Prêtre-Missionnaire,

du diocèse de Noyon.

1600 — 1668.

Disciple de saint Vincent de Paul, Adrien Gambart fut un des apologistes de saint François de Sales. Il appartenait à cette vaillante cohorte du xviie siècle, dont la foi s'était retrempée à la suite des guerres de religion, et qui lutta contre les réformés, non par les armes ou la persécution, mais par la charité et les bonnes œuvres.

Il quitta, jeune encore, le diocèse de Noyon pour entrer dans la congrégation naissante des prêtres de la mission. Saint Vincent de Paul n'eut point de disciple qui comprît mieux ses pieux desseins. Suivant la règle même du nouvel institut, Gambart se dévoua tout entier à l'instruction des gens de la campagne. Il les prêchait par l'exemple de sa piété et de son humilité, autant que par sa parole simple et propre à les instruire. On a recueilli ses prédications sous ce titre, qui en indique à la fois la nature et le but : *Missionnaire paroissial.... en faveur des ecclésiastiques de la campagne, pour l'instruction du simple peuple...,* Paris, 1668, huit volumes in-12. Les six premiers contiennent des sermons sur les fêtes, les deux autres des prônes. Gambart a lui-même fait paraître une *Vie symbolique de saint François de Sales, sous cinquante-deux emblèmes,* Paris, 1664, in-12 (1).

---

(1) *Missionnaire paroissial.* — Desessarts : *Siècles littéraires.* — Chaudon et Delandine : *Dictionnaire historique.*

GEOFFRIN (Jean), Poète.

XVIIe SIÈCLE.

Il était contrôleur au grenier à sel de Noyon et secrétaire du duc d'Aumale. Il publia, en 1623, à Paris, *la Franciade,* ou *Histoire générale des rois de France depuis Pharamond.* C'est une nomenclature très-peu poétique de noms de monarques et d'événements historiques. Le sixième et dernier livre contient la vie de Henri IV et un chaleureux éloge de Louis XIII. Geoffrin ne paraît pas avoir retiré de ce panégyrique le profit qu'il en attendait (1).

Richard de GERBEROY, Evêque d'Amiens.

Originaire de Gerberoy.

11..—1210.

Richard de Gerberoy était de l'ancienne famille des vidames de Gerberoy; il se distingua dans les hautes dignités ecclésiastiques, autant par la profondeur de son savoir que par sa grande piété. Elevé dans l'église d'Amiens et d'abord chanoine, il devint doyen du chapitre en 1192. C'était le temps où le clergé catholique, opposant au pouvoir temporel l'autorité spirituelle, faisait sentir, même aux rois, sa haute influence, en soutenant contre leurs

---

(1) Viollet-Leduc : *Bibliothèque poétique,* tome Ier, page 399.

caprices la cause du faible et de l'opprimé. Une circonstance particulière fit intervenir le pieux doyen dans une des plus graves querelles de l'époque.

La reine Ingeburge, alors répudiée et exilée à Etampes par Philippe-Auguste, qui lui préférait Agnès de Méraine, réclama son intervention. Cette princesse avait été couronnée dans la cathédrale d'Amiens. Elle écrivit au doyen pour se recommander aux prières de l'église, et joignait à son épitre des présents qu'elle regrettait d'envoyer plus conformes par leur modicité à son infortune qu'à sa reconnaissance, qu'elle saurait témoigner d'une manière plus digne si jamais elle rentrait en grâce. Le doyen Richard lui promit, au nom du chapitre, ses prières et son assistance, en lui annonçant, en termes bibliques, dans sa réponse, la fin de ses malheurs.

Le zèle avec lequel il soutint la cause de cette reine, protégée par le Souverain-Pontife, attira au vénérable doyen la bienveillance de la Cour de Rome. En 1204, il fut élevé à l'évêché d'Amiens, et c'est à lui que le pape Innocent III adressa la décrétale *Tua fraternitas de adulteriis*, relative au divorce royal.

Richard éleva, dans son église épiscopale, l'oratoire de *Mota*, et montra beaucoup de zèle pour la prospérité des établissements religieux de son diocèse, enrichis d'acquisitions et de dons nouveaux, grâce à la vigilance qu'il déploya à cet effet.

En 1206, le chef de saint Jean-Baptiste fut apporté de Constantinople à Amiens par un prêtre nommé Wallert de Sartines, qui avait pris part à la quatrième croisade. Le saint prélat reçut cette précieuse relique avec une grande solennité (1). Il fit l'histoire de sa translation,

---

(1) Le chef de saint Jean-Baptiste est exposé depuis plusieurs siècles dans une des chapelles de la cathédrale d'Amiens, à gauche du chœur.

composa de beaux cantiques relatifs à la décollation de ce grand saint, en mémoire de laquelle il composa également des prières et des leçons.

Dans son zèle ardent pour tout ce qui avait trait aux affaires de la religion, il soutint, contre les habitants du chef-lieu de son diocèse, un procès touchant l'inobservation des grandes fêtes; il finit par s'en remettre entièrement à la décision de Philippe-Auguste dans une lettre qu'il adressa à ce monarque, en 1209. Le 10 mai 1210, il fit don à l'église d'Amiens d'un pré et d'une terre dont il avait fait l'acquisition, pendant son décanat, dans le village de Ruel. Cet illustre prélat mourut à la fin de ce même mois, même année.

Il fut inhumé dans l'église de Saint-Martin-aux-Jumeaux. A la porte du chœur on lisait, gravés sur une pierre, les quatre vers suivants :

> Hic situs est Præsul Ricardus, Præsule dignus,
> Cujus lex vitæ, lectio vita fuit.
> Justitiæ speculum, comptemptor muneris, ore
> Parcus, mente pius, largus, honoris apex.

L'an 1688, en faisant des travaux de maçonnerie dans la partie de l'église où Richard avait été enseveli, on trouva son corps revêtu de ses habits pontificaux brodés en or, des aigles éployées à ses armes, et, près de lui, sa mître, sa bague et sa crosse d'ivoire, attachées ensemble à un bâton de cèdre au moyen d'un morceau de cuivre émaillé et doré sur lequel on lisait :

> Collige, sustenta, stimula, vaga, morbida, lenta.

Richard de Furnivalle, dans sa bibliothèque manuscrite, attribue à ce prélat deux ouvrages : 1° un *Abrégé de l'Histoire romaine*, en deux parties; 2° un *Traité sur les quatre vertus cardinales et l'Ave Maria*. Mais comme on n'a pu les découvrir ni imprimés, ni manuscrits, on pense qu'ils ont été perdus (1).

SAINT GERMER ou GÉRÉMAR,

Abbé, fondateur du monastère de Flais (Saint-Germer),

né à Vardes, près Saint-Germer.

605 — 658.

Saint Germer est une des grandes figures de l'époque mérovingienne, et l'on s'étonne, à bon droit, de ne pas voir figurer dans les biographies générales le nom de cet important personnage, de ce saint abbé, qui joua un grand rôle dans l'histoire de son temps, et dont la mémoire est en vénération dans le Beauvaisis et dans le pays de Bray.

S'il fut jamais une vie capable d'édifier le lecteur, c'est celle de saint Germer, qui, comblé de tous les dons de la fortune, prédestiné par sa haute naissance aux plus grandes dignités de la Cour, consacrant ses richesses à des œuvres de charité, ne trouva pas de plus grande béatitude en ce monde que dans les privations et les rudes labeurs de la vie monastique.

Gérémar naquit à Vardes, sur l'Epte, à l'endroit où cette rivière sépare le diocèse de Beauvais du diocèse de Rouen (2). Son père était appelé *Rigobert* et sa mère *Aga.*

---

(1) *Histoire littéraire de la France*, tome XVII, in-4°. — *Gallia christiana*, tome X, in-folio. — *Biographie générale*, Didot, etc.

(2) *Warandram, sitam super fluvium Ittam, aliàs Eptam. Acta sanctorum*, page 693, tome VI.

Tous ses biographes s'accordent à le déclarer issu d'une famille des plus nobles d'entre les Francs, puissante par ses richesses comme par son rang, et même de sang royal, ainsi que le porte la lettre de Jean V, évêque de Beauvais, qui confirma la fondation de l'abbaye de Flais (1).

Frappés de ses dispositions aussi heureuses que précoces, les parents de Gérémar le firent instruire dans les meilleures écoles du temps. Le jeune enfant s'y montra si accompli par l'excellence de sa conduite et la distinction de ses manières qu'il fut considéré et chéri non seulement de tous ses maîtres, mais encore de tous ses condisciples. Il les surpassait tellement en maturité et en sagesse qu'il semblait, parmi eux, un docteur et un maître (2). Il lisait avec une avidité si grande les saintes écritures qu'il en gravait le texte dans sa mémoire, et qu'il passait le reste de son temps à en réfléchir et en méditer les doctrines. Au dehors, il ne se montra pas moins louable par sa bienfaisance qu'édifiant par sa piété.

Héritier de l'immense fortune de ses ancêtres, Gérémar ou Germer était une seconde providence pour les pauvres, qu'il nourrissait, qu'il vêtissait, qu'il pourvoyait de toutes les nécessités pressantes de la vie. Tout le diocèse de Beauvais, et même les diocèses voisins, étaient pleins de sa renommée, qui parvint jusqu'aux oreilles du roi des Francs.

Dagobert, qui succéda à son père, Clotaire II, en 628, voulut voir cet illustre jeune homme qui faisait un si louable usage de ses richesses, à un âge ou tant d'autres

---

(1) *Patrem nomine Rigobertum, Matrem Agam, ex gente nobilium Francorum, et opimis potentem, ut ex actis manifestum sit, imò stirpe regiâ oriundos,* etc. *Ibid,* page 693, tome VI.

(2) *Sic superabat omnes coævos suos maturitate, sapientiâ ut quasi magister et doctor inter eos habebatur. Ibid.*

les dépensaient en profusions scandaleuses. Ce prince,
qui fut surnommé le Salomon de l'Occident, grâce au
concours d'hommes sages qu'il sut attirer autour de lui,
appela Germer à sa Cour, lui fit un accueil des plus brillants et le reçut avec une bienveillance d'autant plus
marquée qu'il avait à honorer en lui l'illustration de la
vertu autant que celle de la naissance. L'entretien que le
sage monarque eut avec le jeune *leude* fut prolongé d'autant qu'il y trouva plus de charme. Jeunes et bons l'un
et l'autre, le monarque et le sujet étaient faits pour se
comprendre, pour s'unir des liens de l'amitié la plus sincère. Dagobert trouva même Germer supérieur à sa réputation.

Il ne pouvait assez admirer et la science de ses discours,
et l'élégance de ses paroles, la sagesse et la maturité précoce de son profond jugement. Il voulut l'attacher à sa
personne et le mit à la tête de son conseil.

Heureux résultat d'un bon choix! Le nouveau ministre contribua si grandement à la gloire du règne,
et administra les affaires avec tant de sagesse, qu'on
eût dit, ajoute son biographe, que le Saint-Esprit l'animait (1).

Cette haute position ne semblait pourtant pas sans danger dans une Cour qui admettait tous les contrastes, l'extrême licence aussi bien que l'austère piété. Les saints,
les sages, les savants et les plus grands artistes de l'Occident s'y trouvaient réunis avec les leudes à demi-barbares
et les Gallo-Romains dégénérés et corrompus. Tous les
rois des Etats voisins venaient admirer à l'envi les mer-

---

(1) *Et videns eum elegantem et doctum in verbis, et sapientem, in con-
siliis præfecit cujus consilio quamdiu acquisivit, tandiu strenue Francorum regnum obtinuit. (Act. sanct.)*

veilles du nouvel empire d'Occident, qui semblait devoir ressusciter la magnificence de Rome et de Bysance. L'astuce romaine et la barbarie germaine s'y heurtaient : c'était le choc d'une civilisation surannée et d'une civilisation naissante.

Avec des principes moins sévères et moins corroborés par l'habitude qu'il avait prise, dès ses plus jeunes ans, de se conformer au devoir et aux bienséances, Germer eût pu céder au relâchement des mœurs et suivre l'exemple des grands bénéficiers ou officiers du palais. Mais la grâce divine et son heureux naturel le préservèrent des piéges tendus à la vertu. Tout ce qui semble le plus propre à séduire les âmes faibles et trop accessibles à une imprudente curiosité, n'était, pour un homme si prédisposé à la sainteté, qu'autant d'auxiliaires propres à le détromper sur les illusions du siècle, à le soustraire aux suggestions ambitieuses et à l'éloigner complétement d'un monde pour lequel il n'était pas fait. « Il aimait pourtant les hommes, ajoute son panégyriste, mais dans leurs qualités et non dans leurs défauts, et il était plus envieux de les arracher au démon que de se perdre avec eux. »

Ses relations avec saint Ouen achevèrent de le fortifier dans de si excellentes dispositions. Il regardait « comme son père spirituel et son maître dans la vertu » un saint qui était devenu un modèle de conduite pour tous les illustres personnages qui fréquentaient la Cour.

De bonne heure, Germer s'était engagé dans les liens du mariage. Mais cette union, loin d'être un obstacle à la perfection vers laquelle il tendait, ne fit que l'encourager dans d'aussi heureuses aspirations. Comme il avait eu le bonheur d'épouser une femme d'une rare piété, il put se convaincre que les alliances frivoles peuvent seules vous éloigner de la sainteté vers laquelle vous appelle la grâce. « Aussi ne manqua-t-il pas d'éprouver que la vertu d'une fille est la dot la plus précieuse et la plus nécessaire pour une heureuse alliance (1) ! »

Domanie, sa digne épouse, est honorée comme sainte dans quelques églises du Vexin. « Germer en eut un fils nommé Amalbert, et deux filles, dont l'une consacra à Dieu sa virginité; l'autre mourut sur le point de se marier. » Amalbert était né le troisième, en 635. Le père jugea alors que sa mission dans ce monde était finie, et se consacra tout à Dieu.

Le bienheureux saint Ouen tenait Germer en grande estime. De son côté, Germer prit pour modèle ce saint, pour lequel il se sentait une sympathie toujours plus vive et une vénération toujours plus grande. C'est d'après ses conseils, qu'étant encore laïque, il fonda, près de sa terre de Vardes, le monastère de l'Isle, qui fut détruit par les Normands.

N'aspirant plus qu'à la béatitude céleste, et sentant ses besoins d'autant plus bornés qu'il n'avait désormais d'autres soins que de prier ou de gagner des âmes à Dieu par ses démarches et par son exemple, il voulut se décharger de tous intérêts matériels pour ne vivre que de la vie spirituelle. Avec l'agrément de Dagobert, il renonça à tous ses biens en faveur de son fils. La mort du roi qu'il avait servi, et qui s'était acquis par ses bienfaits tant de droits à sa reconnaissance et à son dévouement, acheva de le délivrer des derniers liens capables de l'attacher encore au monde. Dès lors il céda pleinement à sa vocation : il s'abandonna à saint Ouen et lui demanda, à genoux, de lui montrer la voie de Dieu.

D'accord avec sa femme et avec le consentement du roi

------

(1) J. Longueval : *Histoire de l'Eglise gallicane*, tome III, page 542, in-4°.

Clovis II, il reçut la tonsure des mains de saint Ouen, qui l'établit peu de temps après abbé de Pentale, en 648. Il fut, dès son début, soumis à de rudes épreuves, car la corruption, qu'il croyait fuir en quittant le monde, trouvait encore des exemples jusque dans le séjour qui ne semblait réservé qu'à la vertu.

Le monastère de Saint-Pentale avait été fondé par le roi Childebert Ier, entre Brionne et Pont-Audemer, en faveur de saint Samson de Dol. Il fallait le rendre à sa régularité première dont il était fort déchu. Saint Ouen avait foi en la prudence de Germer pour y remédier, et comptait beaucoup sur l'autorité que lui donnait sa vertu, aussi bien que son rang, pour y établir des réformes déjà un peu tardives tant l'habitude du relâchement y avait amené de désordres.

Tout semblait aller à merveille en commençant. Les moines accordèrent d'abord pleine obéissance à un maître aussi expérimenté qu'édifiant. Mais l'empire de l'habitude l'emporta sur leur bon vouloir. Les plus dissolus et les plus réfractaires d'entre eux se révoltèrent contre les rigueurs de la règle, et ils conçurent le noir dessein d'assassiner celui qui osait déployer contre eux une juste sévérité.

Germer ne se déroba à cet attentat monstrueux que par une fuite précipitée, et il trouva dans la solitude le calme qu'il avait inutilement cherché dans un monastère dégénéré. « Il se retira sur les bords de la Seine, dans une grotte d'où l'on prétendait que saint Samson avait autrefois chassé un dragon. » Il goûta quelque temps le bonheur dans la foi et le recueillement que favorisait cette retraite.

La mort de son fils Amalbert, jeune seigneur de grande espérance, aussi distingué par ses talents que par sa piété, l'arracha à cette douce solitude. Il le fit enterrer dans son monastère de l'Isle.

Dans un lieu du Beauvaisis, où le corps avait été quelque

temps déposé, il fit bâtir une église dédiée à saint Jean et desservie par douze moines, chargés de prier pour le repos de l'âme du défunt.

Rentré dans la possession de ses biens à la suite de cette cruelle perte, Germer ne les reprit que pour les employer au culte de Dieu. Il fonda à Flais, en Beauvoisis, un monastère qui fut appelé *Saint-Germer*, du nom de son fondateur, qui l'avait richement doté. La date de cette fondation remonte à l'année 654. L'église était dédiée à la Sainte-Trinité, et en l'honneur de la mère de Dieu, de saint Jean et de saint Pierre.

« Saint Germer, qui en fut le premier abbé, ne le gouverna que trois ans et demi. » Ce saint homme mourut le 24 septembre 658, et fut enterré dans l'église de Flais. Son corps fut par la suite transporté à Beauvais pour le soustraire aux ravages des Normands, et conservé dans la cathédrale.

« La vie de saint *Germer* ou saint *Gérémar* a été écrite par un moine de son monastère qui a gardé l'anonyme. Homme de lettres et de piété, l'auteur se montre partout si instruit de ce qu'il rapporte, et l'accompagne de tant de circonstances, qu'on ne peut s'empêcher de le regarder comme presque contemporain du saint abbé. Il est certain qu'il n'a écrit qu'après la mort de saint Ouen de Rouen ; mais on pourrait assurer, sur sa narration, qu'il n'a pas tardé de douze à quinze ans après à y mettre la main. Son style est simple à la vérité, mais clair, grave, édifiant. Il a même quelque chose de noble dans sa simplicité, et l'on ne voit point que l'auteur donne aussi fort dans le merveilleux que le savant Baillet veut le faire entendre. Il raconte des faits et y joint quelquefois de courtes réflexions qui font voir qu'il était versé dans la lecture des livres sacrés et des écrits des Pères.

» Dom Luc d'Acheri avait déjà publié cet ouvrage dans

l'appendice des œuvres de Guibert de Nogent, lorsque dom Mabillom, après en avoir revu les faits sur les manuscrits, le fit entrer avec quelques notes dans le onzième volume des actes des SS. de l'ordre de Saint-Benoist (1). »

Ce grand saint, à qui l'on attribue tant de miracles et dont la vie est si extraordinaire, a eu plusieurs panégyristes : Guibert, abbé de Nogent, et qui fut élevé dans le monastère de Flais, a fait son éloge dans le récit de sa propre vie *(De vitâ suâ)* (2). Longueval, tome III de son *Histoire gallicane,* in-8°, et Louvet, *Histoire de Beauvais,* 1614, donnent un abrégé de sa vie. Mais le travail le plus complet est celui de Mabillon, qui a inséré, revu et corrigé, dans les *Acta sanctorum* (septembre, tome VI, in-folio), la biographie manuscrite du moine de Saint-Germer, écrite en latin et recueillie par dom d'Acheri dans les œuvres de Guibert de Nogent.

SAINT GODARD, Evêque de Rouen,

né à Salency, près Noyon.

460 — 530.

Dans un monastère de Saint-Médard, près Soissons, jadis on gardait, avec un pieux respect, les ciseaux qui avaient servi à la tonsure de deux grands saints du cinquième siècle, saint Godard et saint Médard. Leurs ver-

---

(1) *Histoire littéraire de la France,* tome III, page 643.

(2) Voir la biographie de Guibert de Nogent.

tus ont été célébrées dans les légendes, et chaque hagiographe s'est étendu avec complaisance sur leurs mérites.

Disons tout d'abord que le nom de saint Godard contient une espèce d'éloge. Certains savants l'ont fait dériver d'un mot allemand qui signifie *cœur divin* ou bon naturel (1).

Saint Godard naquit au village de Salency, près Noyon. Son père s'appelait Nectar et sa mère Protagie. Celui-là était Gaulois de nation, et celle-ci était d'une famille romaine qui pratiquait la religion chrétienne. Protagie, étant toute jeune fille, voulait se consacrer à Dieu ; mais Dieu l'avertit par un ange de se marier. Elle épousa donc Nectar, qui était payen ; elle le gagna à Jésus-Christ, et, par l'exemple de ses vertus et par ses sages paroles, elle parvint à faire de son mari un serviteur tout dévoué au Dieu du christianisme. Nectar ne tarda pas à recevoir le baptême. Ils vécurent se consacrant au culte divin et s'efforçant, par la pureté de leurs actions et la chasteté de leurs pensées, à plaire à celui qui pardonne toujours. La charité était leur principale occupation : aussi le Seigneur voulut-il bénir leur union par une heureuse famille, en leur donnant trois enfants que l'Eglise a reconnus et révérés tous trois comme bienheureux. Saint Médard et saint Godard étaient frères jumeaux, et tous deux moururent le même jour, s'il faut en croire la légende dont la vénération des peuples s'est plu à conserver la mémoire.

Dès sa plus tendre enfance, saint Godard fit paraître de si brillantes qualités que ses parents l'élevèrent pour la condition ecclésiastique (2). Sa jeunesse se passa dans

---

(1) Ce nom paraît être de formation récente. Les contemporains de saint Godard l'appelaient *Gildard, Gildarède* ou *Gilderd.*

(2) D'après Radbod, il reçut la prêtrise des mains de l'évêque de Vermand, alors capitale du Vermandois.

les églises, dont les cérémonies frappaient, par leurs splendeurs, son imagination poétique. Il apprenait dans les lieux saints des maximes d'obéissance, de soumission et de respect qu'il pratiquait chez ses parents et avec tout le monde. D'un cœur compatissant, il donnait au nécessiteux le pain de sa collation, et, tout joyeux, il apprenait à souffrir pour vaincre ses besoins et les passions inhérentes à la jeunesse. Il passait pour fou devant ses compagnons, quand il s'en retournait demi-nu au logis après s'être dépouillé de ses vêtements pour en vêtir ceux qui en manquaient. Il était raillé par les uns, bafoué par les autres; enfin, il avait le sort que l'on appelle malheureux, quoique ce sort soit souvent réservé par la destinée aux hommes supérieurs.

Nous emprunterons à un savant ecclésiastique le tableau qu'il retrace de la jeunesse de saint Godard : « Au sortir de l'enfance, l'ardeur et la légèreté de la jeunesse où il entrait n'interrompirent point le cours de sa sainteté. La lumière céleste dont le Saint-Esprit l'avait rempli lui faisait connaître que cet âge était d'autant plus dangereux qu'il était plus beau et plus agréable. Il commença à veiller attentivement sur lui-même et à s'armer de l'austérité de la pénitence contre les attaques de la volupté. Il fuyait les délices des sens, il se mortifiait par les veilles et les jeûnes, et n'omettait rien de ce qu'il jugeait utile pour tenir son corps soumis et assujetti à son esprit. Il fuyait l'oisiveté et s'occupait sans cesse ou à la prière ou à l'étude des saintes lettres, et s'affermissait dans l'amour de la pureté par la lecture de cette parole du Seigneur, laquelle, étant chaste, communique aussi cette qualité angélique à ceux qui la lisent avec·une foi humble et fervente. Afin de profiter davantage des vérités divines, il tâchait de les faire entrer dans son cœur par la méditation, et passait souvent les jours et les nuits dans ce saint exercice. Au-

tant il était rude et sévère à soi-même, autant il était doux
et benin envers les autres. Il témoignait de la bienveillance
à tous ceux qui l'approchaient, non point par une civilité
feinte et purement extérieure, mais par un sentiment
d'une sincère charité. On ne pouvait rien voir de plus
humble que lui; non seulement il rendait de profonds
respects à ceux qui étaient constitués en quelque dignité,
ou qui, par quelqu'autre considération, étaient au-dessus
de lui; mais même il déférait et cédait volontiers à ses
inférieurs. Ce fut par l'exercice continuel de ces solides
vertus que la grâce le conduisit à cet état de perfection
où doivent être ceux qui montent à l'épiscopat. »

Saint Godard était en si grande vénération qu'après la
mort de l'évêque Crescence, le peuple et le clergé de
Rouen l'acclamèrent d'une commune voix leur évêque.
Il fut réellement le père du troupeau de fidèles confié à
ses soins.

On ne sait pas grand'chose sur les faits et gestes de son
épiscopat. Les chroniques rapportent qu'il fut présent au
baptême du premier de nos rois chrétiens, du superbe
Clovis. On sait aussi qu'il assista, en 511, au premier
concile que saint Remi avait fait convoquer à Orléans par
ordre du roi Clovis. Ce concile avait pour objet de réformer la discipline ecclésiastique.

Nous avons à raconter maintenant un événement des
plus extraordinaires. Il nous faudrait la plume légendaire
des hagiographes du temps pour narrer tout au long cette
miraculeuse chronique.

Après la mort de saint Possesseur, qui avait été le fidèle
mandataire de la charité divine et le pasteur des âmes
confiées à sa surveillance spirituelle, et qui mourait en
accomplissant les charges de l'épiscopat de Coutances, le
clergé s'était assemblé pour lui nommer un successeur.
Pendant une nuit, saint Possesseur apparut à deux prêtres

et leur apprit que le ciel avait destiné un jeune enfant de douze ans, nommé plus tard saint Lô, pour être son successeur; il leur dit encore qu'ils ne devaient point faire de difficulté de proposer ce choix à l'assemblée, qui devait procéder à l'élection d'un évêque.

Les deux prêtres parurent dans l'assemblée et ils se levèrent. Le plus profond silence se fit. Alors ils firent la déclaration de ce qui leur avait été révélé. Tous ceux qui étaient présents, comme poussés par une même et divine impulsion, poussèrent des cris de joie et n'eurent qu'une seule acclamation pour élever ce jeune enfant à la grande dignité épiscopale. Le roi Childebert, averti de son côté par un ange de se montrer favorable, donna son agrément et confirma ce qui avait été arrêté par le clergé et le peuple de Coutances.

Tout se passait bien jusqu'alors; mais comme il n'y a aucun ciel sans nuage, aucune joie sans douleur, l'affaire ne se termina pas sans entraves. Quand les députés du diocèse de Coutances vinrent demander à saint Godard de sacrer Lô, le métropolitain s'étonna qu'on osât violer ainsi les lois ecclésiastiques et refusa tout net. Il n'eut aucun égard à l'assentiment universel et aux révélations qu'on lui exposa. Il fut inébranlable dans sa résolution jusqu'à ce qu'un esprit bienheureux l'eût informé lui-même de la volonté de Dieu tout-puissant. Aussitôt il changea de résolution et conféra le caractère épiscopal à ce jeune enfant, qu'il reconnut être digne par ses qualités de remplir cette fonction apostolique où l'avaient appelé les acclamations du peuple.

L'histoire assigne à la mort de saint Godard la treizième année du règne de Childebert, c'est-à-dire, selon l'expression du biographe, qu'il naquit au ciel le 6 juin de l'an de l'ère chrétienne 525. Son corps reçut les honneurs de la sépulture dans l'église métropolitaine de Rouen, jadis située dans les faubourgs de la ville. Cette église, consacrée à la Vierge, changea de vocable, et n'est plus connue depuis que sous le nom de Saint-Godard. Les reliques du saint y demeurèrent jusqu'au temps de Louis-le-Débonnaire; elles furent alors transportées dans l'abbaye de Saint-Médard de Soissons. « Dieu, dit la légende, voulut aussi réunir deux frères qui avaient servi d'un même zèle ses desseins impénétrables. Il les avait fait naître le même jour, et leurs âmes s'envolèrent le même jour vers la céleste patrie. »

La translation des reliques de saint Godard avait laissé de profonds souvenirs dans l'imagination du peuple, car on continua pendant bien longtemps à fêter cette cérémonie, qui avait lieu le 17 juin. On trouve, à ce sujet, dans une ancienne prose qui se chantait lors de la fête des saintes reliques dans le monastère de Saint-Médard, deux vers qui ont trait à cette mémorable journée.

Odo, abbé de Saint-Médard, fit présent à dom Nicolas de Normandie, entr'autres reliques, d'un bras de saint Godard, qui fut trouvé dans l'église de Saint-Ouen de Rouen, cette merveille des églises catholiques.

Nous terminons en disant que dans les diocèses de Rouen et de Coutances on célèbre chaque année, avec une grande solennité, la fête de Saint-Godard, et c'est le jour anniversaire de sa mort, le 6 juin de chaque année, que l'église fait mémoire de ce saint évêque (1).

Mabillon assure que Fortunat avait composé avec beaucoup d'art une vie de saint Gildard et de saint Médard.

---

(1) Labbe et Cossart : *Concilia*, etc., tome ɪv, pages 1403-1410. — Mabillon : *Analect. vet.*, tome ɪɪ, page 429. — Baillet : *Vies des saints*, tome ɪɪ, 8 juin. — *Histoire littéraire de la France*, tome ɪɪɪ, page 482. — Richard et Giraud : *Bibliothèque sacrée*, art. *Gilderd*, tome xɪɪ, page 99. — Ed. Frère : *Manuel du bibliographe normand*.

« Quorum vitam magnifico stylo beatus Fortunatus ani-
mus, etc.; » mais, comme le font observer les auteurs de
l'*Histoire littéraire de la France*, dans les ouvrages de
Fortunat il n'est nullement fait mention de saint Gildard.
Faudrait-il supposer, pour donner raison aux hagiographes du onzième siècle, que Fortunat a publié un second
ouvrage comprenant la vie des deux frères et aujourd'hui
perdu?

Simon **GOULART**, Théologien calviniste,

né à Senlis.

1542 — 1628.

La Picardie a toujours été un pays de controverse.
Calvin fit des élèves sur les bords de l'Oise; mais ni lui
ni ses disciples ne furent prophètes dans leur pays.

Simon Goulart, né à Senlis, vécut et mourut à Genève,
où il est honoré comme un des apôtres du calvinisme.

Né dans la religion catholique, il avait commencé l'étude
du Droit lorsque les querelles religieuses du temps le je-
tèrent dans la théologie protestante, où il se montra fort
habile : c'était un de ces lutteurs infatigables qui, passant
leurs journées au prêche, aux controverses orales, em-
ployaient leurs nuits aux travaux de la plume. Livré à des
contestations continuelles, tant avec ses coreligionnaires
qu'avec ses adversaires, il n'en trouva pas moins assez
de temps pour ses énormes compilations auxquelles il a
attaché son nom, et ses nombreuses traductions en français d'ouvrages grecs, latins et espagnols, qu'il publia,

concurremment avec les œuvres de sa composition, en prose ou en vers, tant en français qu'en latin. Son esprit fécond et énergique suffisait à tout, et son inaltérable santé lui permit de travailler sans interruption jusqu'aux derniers jours de sa longue vie.

C'est le 25 mars 1566 qu'il arriva à Genève, qui était alors la Rome du calvinisme. Le 20 octobre suivant, il reçut l'imposition des mains. Le 24 novembre de la même année, il fut nommé desservant de l'église de Chauci et Cartigny. Ses talents, sa fermeté le rendaient bien capable de remplacer Calvin, mort un peu avant son arrivée.

En 1571, le Consistoire, juste appréciateur de son mérite, le choisit pour pasteur de Saint-Gervais de Genève, et le Conseil, voulant le récompenser de ses services, lui accorda, la même année, le droit de bourgeoisie.

La mort de son père le rappela dans son pays. Il s'y trouva précisément à l'époque de la Saint-Barthélemy, si funeste aux calvinistes, 1572. Il put échapper au massacre, et, renonçant à la France, il rentra à Genève le 14 septembre.

Il revint pourtant dans sa patrie à différentes reprises dans l'espoir d'y relever son parti. C'est dans ce but qu'il séjourna quelque temps dans le Forez en 1576, et, en 1583, à Trémilly, en Champagne, dont le seigneur était un zélé huguenot.

Las de ces déplacements, qui nuisaient à ses immenses travaux littéraires, Goulart eut recours à son ami Théodore de Bèze pour obtenir son remplacement immédiat.

L'église de Genève, qui tenait infiniment à son pasteur, appuya ses instances, et ne voulant plus s'en séparer, elle le refusa successivement et à l'église d'Anvers, qui le demanda pour ministre en 1580, et à l'Académie de Lausanne, qui, en 1586, le voulait pour professeur de théologie.

En 1589, Goulart assista, comme aumônier des troupes genevoises, à l'expédition du pays de Gex, dont il publia une relation.

En 1593, l'église de Saint-Gervais de Genève eut encore à refuser son pasteur à l'église d'Orange, qui le demandait ; en vain, l'Académie de Lausanne renouvela ses instances ; les nouvelles considérations qu'elle fit valoir ne purent décider les pasteurs de Genève à se séparer de leur collègue, à qui ses talents et son austérité avaient valu une popularité extraordinaire.

Toutefois, Goulart était mécontent de la marche des affaires à Genève, et il menaça plusieurs fois de quitter une ville où les magistrats étaient plus préoccupés de leurs intérêts personnels que de ceux du peuple et de la religion. Il blâma hautement du haut de la chaire la partialité du conseil dans le procès qui éclata entre Mlle de Martinville et Mlle de Juranville, qu'il déclarait injustement emprisonnée. La seigneurie, qui n'osa venger, contre un pasteur en si grand crédit, sa propre injure, profita d'une circonstance plus grave pour sévir contre lui.

Goulart avait osé, en chaire, qualifier Gabrielle d'Estrées de courtisane. Le conseil, qui avait à redouter le ressentiment de Henri IV, intenta une action à l'audacieux prédicateur ; mais l'intervention des cantons suisses fit réduire sa peine à huit jours de prison et à une forte censure prononcée en plein consistoire, malgré les plaintes de l'ambassadeur de France, qui trouva le châtiment trop léger.

Goulart, de son côté, était fort irrité. Néanmoins, dissimulant son dépit, il demanda son congé sous prétexte « de plusieurs infirmités corporelles et de son esprit. » L'église de Montpelllier lui offrait une retraite avantageuse. Toutefois Goulart, cédant aux instances de la compagnie, retira sa démission.

Il n'en continua pas moins la plus vive opposition au conseil. Il traita d'inique le jugement rendu contre Mlle de Juranville, qui avait été condamnée à faire réparation d'honneur à la partie adverse, et demanda une seconde fois son congé « pour le train qu'il voyait en la justice. » Théodore de Bèze, qui s'était d'abord déclaré pour lui, se désista le premier. Goulart lui-même, cédant aux exhortations de ses amis, finit par renoncer aux offres que lui faisait l'église de Nîmes, en se décidant à rester à Genève, — moyennant une augmentation de traitement.

Il n'en devint pas plus docile aux volontés du conseil. En 1600, il alla remplir les fonctions de chapelain à la Cour de Marguerite de Navarre, d'après le choix du consistoire, qui voulait plaire à cette princesse. A son retour, en 1603, il fallut lui imposer la chaire de Saint-Pierre. C'est en cette qualité qu'il se réunit à ses collègues pour faire, en faveur des réformes demandées par le peuple, une intercession qui fut repoussée avec hauteur par leurs seigneuries.

En 1605, Goulart alla faire des prêches à l'église de Grenoble. En 1607, il remplaça Théodore de Bèze, décédé le 2 janvier, en qualité de semainier, c'est-à-dire président de la compagnie des pasteurs, jusqu'au 2 décembre 1612. On l'avait vu encore, partisan sévère de l'égalité, tonner contre un décret portant que les conseillers et les pasteurs seraient ensevelis dans le cloître de Saint-Pierre.

Epuisé par une vie trop active et toujours tourmentée, il voyait sa santé se délabrer sans que le repos lui fût possible. Sept jours avant sa mort, il prêchait encore avec un zèle infatigable.

Simon Goulart mourut âgé de quatre-vingt-six ans, le 3 février 1628. Il avait exercé laborieusement son ministère pendant cinquante-deux ans. Ses panégyristes ont dit de lui que son esprit fut comme un arc toujours tendu pour la défense de ses principes religieux, des droits du peuple et de l'égalité civile, et pour l'indépendance du consistoire.

« Tronchin composa son oraison funèbre ; mais, « pour n'introduire de nouveautés, » le consistoire ne voulut point permettre qu'il la lût publiquement ; on l'autorisa seulement à la faire imprimer (Genève, 1628, in-4°) avec un grand nombre de pièces en l'honneur de Goulart (1). »

Goulart, comme écrivain, rendit aux lettres de très-grands services. D'Aubigné, qui parle avec éloges de ses ouvrages de morale, continue en ces termes : « *A quoi je joindrai les divers écrits doctes, patétiques et puissants en raisons, lesquels a fourni à diverses occasions Simon Goulart, senlisien, plume digne d'escrire l'histoire, si sa profession lui eut permis d'écrire sans juger.* »

C'est sa profession qui a nui à sa renommée en le forçant de circonscrire toutes ses conceptions dans le cercle trop borné de l'actualité. Aussi, avec un style simple, naturel, sans recherche, des observations judicieuses, une sincérité incontestable, une vaste érudition, malgré toutes ces qualités qui le placent parmi les meilleurs prosateurs du xvi° siècle, il n'en est pas moins resté un des moins connus, des plus négligés ou des moins appréciés.

Sa réputation de bibliographe était si grande que Henri III lui envoya un exprès pour savoir de lui le véritable nom de l'auteur qui, sous le pseudonyme de *Stephanus Junius Brutus*, avait émis un livre de doctrines tout-à-fait républicaines, mais Goulart ne voulut rien découvrir pour ne pas compromettre les auteurs.

Scaliger, qui l'estimait beaucoup, disait de lui « M. Gou-

---

(1) Haag : *La France protestante.*

lart a bien travaillé son Cyprien. C'est un gentil personnage qui a tout appris de soi-même, et a commencé tard
au latin, lorsque j'étais à Genève. Il a si bien travaillé son
Cyprien que je l'ai lu tout du long. Il faisait ses presches
bien clairs. Il a fait chastrer les œuvres de Montaigne;
*quæ audacia in scripta aliena! Non putassem Goulartium,
quod serius incæpit tam bene posse scribere, ut fecit.* »

Il a été, dit Bayle, « *un des plus infatigables écrivains
de ces derniers temps.* » Plus de cinquante ouvrages constituent le catalogue de ses œuvres, qui comprennent de nombreuses compilations, beaucoup de commentaires, d'ouvrages annotés et de traductions. Leur énumération achève
de faire connaître l'énergie d'un homme si ferme de caractère, si rigide de mœurs, et qui avait besoin du fanatisme
religieux pour soutenir le poids de si grands efforts.

Voici, d'après M. Michel Nicolas, un des collaborateurs
de la *Nouvelle Biographie générale*, la liste complète des
œuvres de Simon Goulart, qui forme une sorte d'encyclopédie protestante :

1° OUVRAGES ORIGINAUX :

Imitations chrestiennes ; Douze Odes, suite des *Imitations chrestiennes*, contenant deux livres de sonnets; 1574,
in-8°.

*Expositio verissima et succincta de rebus nuper bello
gestis inter Allobrogum regulum et Helveticas regis Gal-
liarum auxiliares copias;* Aug. Raur., 1589, in-4°.

*Vingt-huit Discours chrestiens touchant l'estat du monde
et de l'Eglise de Dieu;* 1591, in-16.

*Apophthegmatum sacrorum Loci communes, ex sacris,
ecclesiasticis et sæcularibus libris collecti;* Genève, 1592,
in-8°; traduction française, Genève, 1604, in-12.

Philosophia Morum historica; Genève, 1594, in-8°.

*Vrai Discours de la miraculeuse délivrance envoyée de

Dieu à la ville de Genève, le 12 décembre 1602 ; Genève, 1603, in-8° ; c'est l'histoire de l'escalade.

Le sage Vieillard ; Lyon, 1605, in-12 ; traduction anglaise, Londres, 1621, in-4°.

Quarante-deux Tableaux de la mort représentés, nouvelle édition augmentée ; Lyon, 1606, in-12. La première édition, qui ne comprenait que trente tableaux, est antérieure à 1605, puisqu'il en existe une traduction allemande publiée à Cassel cette même année.

Thrésor d'Histoires admirables et mémorables de nostre temps, recueillies de divers autheurs, mémoires et avis de divers endroits ; Paris, 1600, deux volumes in-12 ; un grand nombre d'éditions, traduction anglaise, 1670, in-4°. Goulart y a rangé par ordre alphabétique tous les faits singuliers ou extraordinaires que la rumeur publique faisait circuler comme nouvellement arrivés. Cet ordre alphabétique reprend à chacun des deux volumes, probablement parce qu'au premier volume, qui devait d'abord former tout l'ouvrage, l'auteur voulut en joindre un second, comprenant tous les faits qu'il avait appris pendant l'impression du premier. Plusieurs de ces faits ne sont que des fables, qui depuis ont défrayé les faiseurs d'almanachs. Cet ouvrage n'en est pas moins fort curieux. MM. Haag le comparent à celui de Valère Maxime pour le fond et pour la forme, et en louent le style.

Considérations de la Conscience humaine ; Genève, 1607, in-8°.

Considérations sur divers articles de la doctrine chrestienne ; Saumur, 1608, in-8°. Il est possible que cet écrit soit du fils aîné de Goulart, qui portait, comme lui, le prénom de Simon.

Traité de l'Assurance chrestienne ; plus un autre *Traité de l'Assurance prophane* ; Genève, 1609, in-8°.

Vingt-cinq Méditations chrestiennes de l'essence, des

noms, de la nature et des propriétés de Dieu; Genève, 1610, in-16.

Considérations de la mort et de la vie heureuse; Genève, 1621, in-8°.

Considérations de la sagesse de Dieu au gouvernement du monde; Genève, 1623, in-8°.

La Croix du Maine cite sans autre indication : *Sonnets chrestiens accommodez à la musique d'Orlande* (Orlando Boni).

2° COMPILATIONS.

Mémoires de l'Estat de France sous Charles IX; Middelbourg, 1576 et 1578, trois volumes in-8°. Cette collection, qui n'est pas sans importance, est connue assez généralement sous le nom de *Mémoires de Charles IX.* Une des pièces qui y sont contenues est de Goulart : c'est une *Brièce et chrestienne Remonstrance aux François.*

Recueil des choses mémorables advenues sous la Ligue qui s'est faite et élevée contre la religion réformée; Genève, 1587-90, trois volumes in-8°. Cette collection de pièces historiques, à laquelle on a donné le nom de *Petits Mémoires de la Ligue,* fut publiée sous le nom supposé de Samuel du Lys, et a été souvent réimprimée avec des augmentations et avec quelques modifications dans le titre. La dernière édition, la plus estimée, est due à l'abbé Goujet; elle porte ce titre : *Mémoires de la Ligue sous Henri III et Henri IV, rois de France;* Amsterdam (Paris), 1758, six volumes in-4°.

Catalogus testium veritatis qui ante nostram ætatem reclamaverunt; Lyon, 1597, deux tomes in-4° : c'est une nouvelle édition, revue, corrigée et disposée dans un autre ordre de l'ouvrage de Flaccius Illyricus; deuxième édition, Genève, 1608, in-folio.

Histoire des Martyrs persécutés et mis à mort pour la

vérité de l'Evangile; Genève, 1597, in-folio : c'est une nouvelle édition, augmentée de deux livres de l'ouvrage de Crespin. Goulart a continué cette histoire jusqu'à la mort de Henri IV. La dernière édition qu'il publia est de Genève, 1619, in-folio.

Histoire des Pays-Bas depuis 1560 jusqu'à la fin de 1602, tirée de l'*Histoire de J.-F. Le Petit;* Saint-Gervais (Genève), 1604, deux volumes in-8°.

Anthologie morale et chrestienne, contenant divers opuscules, discours ou traités pour l'instruction et consolation des âmes fidèles, recueillis de plusieurs auteurs; Genève, 1618, in-8°.

3° ANNOTATIONS.

Harmonia Confessionum fidei orthodoxarum et reformatorum Ecclesiarum : additæ sunt brevissimæ observationes; Genève, 1581, in-4° : l'Harmonie est de Salnar, ministre de Castres, et les Observations de Goulart.

Commentaires et annotations sur *la Semaine de la création du monde,* de G. de Salustre, sieur du Bartas; Paris, 1582, in-12.

La *Judith,* l'*Uranie,* le *Triomphe de la foy,* par G. de Salustre, sieur du Bartas, avec les arguments, sommaires et annotations; Paris, 1582, in-12.

Les deux Semaines, de G. de Salustre, sieur du Bartas, et sa *Judith,* avec des annotations, sommaires et explications; Paris, 1582, et Anvers, 1591, deux volumes in-8°.

Les Œuvres de G. de Salustre, sieur du Bartas, revues, corrigées et augmentées de nouveaux commentaires; Paris, 1611, in-folio.

Œuvres morales de Plutarque, revues et corrigées par le translateur (Amyot), avec des remarques et annotations; Paris, 1584 et 1597, deux volumes in-8°.

Nicetæ Acominati Choniatæ Historia Bysantina, gr. et

lat.; Genève, 1593, in-4° : les sommaires et les notes marginales sont de Goulart.

S. Cypriani Opera; Genève, 1593, in-folio : les notes sont de Goulart.

Tertullianus, cum notis Pamelii et S. Goulartii; Genève, 1593, in-folio.

Le grand Mirouer du monde par J. du Chesne, deuxième édition; *à la fin de chaque livre sont de nouveau adjoustées amples annotations*; Lyon, 1593, in-8°.

Excellents Discours de J. de L'Epine, touchant le repos et contentement de l'esprit, mis en lumière avec annotations; Genève, 1599, in-16.

4° TRADUCTIONS.

La Gaule françoise de Fr. Hotoman, nouvelle traduction du latin en français; Cologne, 1574, in-8°, réimprimée dans le tome III des *Mémoires de l'Estat de France sous Charles IX.*

Discours de Grégoire Nasienzène contre les dissolutions des femmes fardées et trop pompeusement attifées; plus les *Regrets et Désirs du même Grégoire Nasienzène*; 1574, in-12, en vers français, sous le pseudonyme de Samuel du Lys.

Dix livres de Théodoret touchant la providence de Dieu, traduction du grec en français; Lausanne, 1578, in-8°.

Chronique et Histoire universelle, contenant les choses mémorables advenues ès quatre souverains empires, royaumes, républiques et au gouvernement de l'Eglise, depuis le commencement du monde jusqu'à l'empereur Charles Cinquiesme, dressée premièrement par J. Carion, puis augmentée par Ph. Melanchthon et G. Peucer, et réduite en cinq livres, traduction du latin en français, *plus deux livres adjoustez de nouveau aux cinq autres, comprenans les choses notables advenues sous l'empire de Charles*

Cinquiesme, Ferdinand Premier et Maximilien Second; 1579, quatre parties en deux tomes in-8°; deuxième édition, Genève, 1595, deux volumes in-8°. Les deux livres ajoutés sont de Goulart.

Histoire de Portugal en vingt livres : les douze premiers, traduction du latin de Hierosme Osorius, évesque de Sylves en Algarve, les huit suivans prins de Lopez de Castagnéde et d'autres historiens; nouvellement mise en français, avec un discours du traducteur : Du fruit qu'on peut recueillir de la lecture de cette histoire; Saint-Gervais (Genève), Fr. Estienne, 1581, in-folio; deuxième édition, Paris, 1587, in-8°.

Les vrais Pourtraits des hommes illustres en piété et en doctrine, tradition du latin de Th. de Bèze; Genève, 1851, in-4°.

Les Devins, ou commentaire des principales sortes de devinations, traduction du latin de G. Peucer, Anvers, 1584, in-4°; Lyon, 1584, in-4°.

Les Vies des hommes illustres grecs et romains, comparés l'un à l'autre, par Plutarque de Chéronée, translatées du grec en français par M. J. Amyot, auxquelles sont adjoustées les vies d'Hannibal et Scipion l'Africain, trad. par Ch. de L'Ecluse, et les vies d'Epaminondas, de Philippe de Macédoine, de Dionysius l'aîné, d'Octavius Cæsar Augustus et celles de neuf excellens chefs de guerre, prinses du lat. d'Æmilius Probus, nouvellement mises en lumière, avec amples sommaires sur chaque vie, annotations en marge, chronologie, etc.; Paris, 1587, quatre volumes, in-8°; plusieurs éditions.

Du Mariage spirituel de Jésus-Christ avec son Eglise, traduction du latin de Zanchius; 1594, in-8°.

La Politique de Juste Lipse, trad. nouv.; 1594, in-12; plusieurs éditions; publiée aussi sous ce titre : *Maximes politiques de Juste Lipse;* Cologne, 1682, in-12.

Traité de l'unique Sacrificature et sacrifice de Jésus-

Christ, contre le controuvé sacrifice de la messe, par Ant. de Chandieu, traduction du latin en français; Paris, 1595, in-8°.

OEuvres de Sénèque, mises en français; Paris, 1595, trois volumes in-4°.

Les Heures dérobées, ou méditations historiques de Camerarius, traduction du latin; Lyon, 1603, deux parties in-4°; Paris, 1608, deux volumes in-8°; nouvelle édition, augmentée de cent chapitres; Lyon, 1610, trois volumes in-4°.

Quatrains tirés des épistres de Sénèque, traduction du latin de Jacquemot de Bar-le-Duc; (Genève), 1608, in-12. Les quatrains sont suivis de *Caton ou le Censeur chrestien,* petit poëme imité du *Cato Censorius* de Th. de Bèze, et de trois discours en vers français : le 1er *Contre la Prophanité,* le 2e *Contre l'Athéisme,* et le 3e *Contre l'Incrédulité.*

La Croix du Maine cite encore, mais sans autre indication, une traduction française des *cinq livres de J. Wier, touchant l'imposture et tromperie des diables;* Bened. Piclet, dans sa *Théol. chrétienne,* tome III, fait aussi mention de cette traduction. On trouve quelques lettres de Goulart dans les *Epistres françoises des personnages illustres et doctes à J.-J. de la Scala, mises en lumière par Jacques de Rives;* Harderwyck, 1624, in-8°.

Simon Goulart eut trois fils : L'aîné fut comme son père théologien et pasteur protestant, le second s'occupa de géographie, et le troisième a publié divers opuscules sur les Antiquités de Genève. Les Biographes de la France protestante, MM. Haag, ont rangé les Goulart parmi les apôtres et les personnages illustres de la religion réformée (1).

----

(1) Th. Tronchin, *Oratio funebris S. Goulartii Sylvanectini, in Ecclesia Genevensi pastoris,* etc.; Genève, 1628, in-4°. — Bayle, *Dict. hist.* — Nicéron, *Mémoires,* t. XXIX, p. 363-374. — Senebier, *Hist. littér. de Genève.* — *Documents particuliers.*

DOM GOURDIN (François-Philippe),

Bénédictin de la Congrégation de Saint-Maur,

né à Noyon.

1739 — 1825.

Dom Gourdin fut, comme Daunou, un de ces savants religieux du siècle dernier, dont la Révolution interrompit la carrière, mais ne brisa pas la vocation. Il était né à Noyon le 8 novembre 1739. Son père était peintre; le jeune homme quitta d'abord le collége pour se livrer à la peinture, puis il acheva ses études et entra dans la congrégation de Saint-Maur. Ayant terminé sa philosophie et sa théologie à l'abbaye de Saint-Wandrille, il fut nommé, en 1769, professeur de rhétorique à Beaumont en Auge. La Révolution le força à quitter son cloître, mais l'administration du département de la Seine-Inférieure le chargea de recueillir les débris des monuments épars dans la Normandie. En 1809, la ville de Rouen le choisit pour conservateur de sa bibliothèque; il en dressa le catalogue. Lors du concordat, Gourdin s'empressa de reprendre le costume et les fonctions ecclésiastiques. A sa réinstallation, l'Académie de Rouen le nomma son secrétaire perpétuel, place dont il se démit en 1810. Dom Gourdin mourut à Blosseville-Bonsecours-lès-Rouen, le 11 juillet 1825.

On a de dom Gourdin :

1° *Observations d'un théologien sur l'éloge de Fénélon* (par La Harpe), *couronné à l'Académie française;* Amsterdam et Paris, 1771, in-8° : ces observations éveillèrent l'attention des archevêques de Paris et de Reims, qui dénoncèrent l'éloge de La Harpe et le firent supprimer.

2° *Nos après-dinées à la campagne;* Rouen 1772, in-12.

3° *Considérations philosophiques sur l'action de l'orateur, précédées de recherches sur la mémoire*; Amsterdam et Paris, 1775, in-12.

4° *Principes généraux et raisonnés de l'art oratoire*; Rouen et Paris, 1785, in-12.

5° *De la traduction considérée comme moyen d'apprendre une langue, et comme moyen de se former le goût*; 1789, in-12.

Gourdin est aussi l'auteur d'une traduction de l'*Art poétique* d'Horace; d'un *Traité de la prescription en matière de foi, de morale et de discipline*, ouvrage resté en manuscrit; d'une *Histoire de Picardie*; d'un *Recueil d'extraits de poëtes allemands*, et d'une *Rhétorique française*.

Il a présenté un grand nombre de mémoires à l'Académie de Rouen.

Le Magasin encyclopédique a imprimé de lui :

Observations sur un grand nombre de médailles de Lucinius le Jeune.

Notice sur la vie et les écrits de Dambourney, savant rouennais.

Explication d'une des peintures découvertes à Portici.

Dissertation sur les médailles satiriques.

Dissertation sur cette question : De la conformité entre les hiéroglyphes égyptiens et les anciens caractères chinois doit-on conclure ou que les Chinois soient une colonie égyptienne, ou que les Egyptiens aient commercé en Chine (1)?

Dom Gourdin a laissé en manuscrit une histoire des hommes savants et illustres nés en Picardie.

---

(1) *Nouvelle Biographie générale.* — Barbier : *Dictionnaire des ouvrages anonymes*, deuxième édition. — Beuchot, Notice sur dom Gourdin : *Journal de la librairie*, année 1826, page 206. — Quérard : *La France littéraire.* — *Manuel du biographe normand*, par Ed. Frère; Rouen, A. Lebrument, 1858. — Notice par M. Bignon, Académie de Rouen, 1825.

Louis GRAVES, Administrateur,
Auteur des *Précis statistiques* du département de l'Oise.

1791—1857.

Bien que M. Graves ne soit pas né dans le département
de l'Oise, il appartient à tant de titres à ce pays, devenu
sa patrie d'adoption, que nous avons cru devoir lui réserver une place d'honneur dans cet *Annuaire*, qu'il a
enrichi pendant vingt-cinq ans de ses savantes recherches. Nul (même parmi nos concitoyens) ne personnifie
mieux que lui le Beauvaisis dans ses anciennes traditions
comme dans ses modernes archives. La constitution géologique du sol, les productions du pays, sa culture intellectuelle, son industrie, son commerce, etc., furent pour
lui l'objet d'une constante étude, et demeurent pour nous
un inventaire précieux et fidèle de nos ressources, de nos
besoins; c'est le Grand-Livre administratif du département de l'Oise : c'est aussi le modèle des travaux de ce
genre, car, dans ce remarquable travail, M. Graves a su
maintenir la statistique (qui n'est que trop souvent l'abus
des chiffres) à la hauteur des sciences morales et politiques.

M. Danjou a consacré à la mémoire de M. Graves une
notice nécrologique, à laquelle nous empruntons, en
grande partie, cette biographie :

« Louis Graves est né à Bordeaux le 21 octobre 1791.
Sa famille occupait un rang élevé dans le commerce des
colonies. Comme beaucoup de membres des grandes familles commerciales de Bordeaux, son père avait eu un
grand établissement à Saint-Domingue, où il jouissait,
comme colon, d'une fortune considérable, que la révolution détruisit presque entièrement. Après ce grand dé-

sastre, il vint chercher un asile en France et se retira,
avec les débris de sa fortune, dans le petit château des
Loges, près de Jonzac, qu'il habita jusqu'à sa mort.

» M. Graves père avait épousé Mlle Zoé Journu, sœur
de M. le comte Journu-Aubert, l'un des citoyens les
plus distingués de cette ville de Bordeaux où les célébrités
abondent. Il eut de ce mariage trois enfants, Louis, l'aîné,
à qui est consacrée cette notice; un second fils, mort à un
âge peu avancé, et une fille qui épousa un des membres
de la famille de Sèze, morte comme son frère avant l'aîné
de la famille. »

Louis Graves trouva dans sa famille, en même temps
que des traditions d'honneur, une direction éclairée et
une solide éducation. Le comte Journu-Aubert, son oncle
maternel, lui inspira le goût des sciences naturelles; un
autre de ses parents, le colonel Bory de Saint-Vincent,
l'encouragea dans cette étude. Dans la famille de Sèze,
il apprit le respect, la dignité, la constance politique,
vertus bien rares et qu'il sut toujours pratiquer sans ostentation.

Bordeaux était, sous la Restauration, un des foyers de
la politique, une pépinière d'hommes d'Etat. M. le comte
de Lynch, maire de la ville et pair de France; M. le baron Portal, ministre de la marine; M. Laîné, une de nos
gloires parlementaires; Henri Fonfrède, le modèle du
publiciste, étaient les protecteurs ou les amis du jeune
Graves. Ils ne le comblèrent pas de faveurs et respectè-
rent ce sentiment de modestie et de désintéressement qui
retint si longtemps dans des emplois subalternes cet esprit
éminent. Graves débuta par être secrétaire particulier à
l'Académie de Bordeaux, dont M. de Sèze était alors recteur (1814). Il passa quelque temps dans les cadres de
l'Université, cette filière des bons esprits, qui fournit à
toutes les carrières des hommes d'intelligence.

C'est en 1817 que Louis Graves fut appelé dans le département de l'Oise comme secrétaire intime de M. le comte de Germiny, qui y arrivait comme préfet, et qui, malgré sa jeunesse, l'associa dès lors à tous les travaux de l'administration. Graves fut chargé (1818) de propager dans le département les écoles à la Lancastre. Il accompagna dans chaque commune le commissaire chargé de populariser cette méthode, et profita de cette mission pour étudier à fond les hommes et les choses, les besoins et les ressources des communes, pour s'initier, en un mot, à ce beau département dont il a si bien connu l'esprit et servi les intérêts.

C'est après dix ans de travaux administratifs et d'études sérieuses sur le département de l'Oise que Graves en entreprit la monumentale monographie sous le modeste titre de *Précis statistique* sur le canton de... (1). Le canton de Chaumont-en-Vexin, l'un des plus riches et le plus grand de l'arrondissement de Beauvais, fut l'objet de la première de ces notices cantonales, qui ont été si hautement appréciées sur les lieux mêmes, épreuve toujours décisive, et que d'autres départements se sont empressés de prendre pour modèles, sans pouvoir toujours les égaler.

Voici en quels termes M. Danjou apprécie cette série de notices, qui est un véritable monument de statistique :

« Ces *Précis* commencent par une description topographique de chaque canton. Cette section fait connaître avec précision tout ce qui constitue la géographie physique du département, considéré dans ses trente-cinq divisions territoriales. L'auteur y indique la configuration générale du sol, sa division en bassins principaux ou subor-

----

(1) Ces *Précis statistiques* sont au nombre de trente-quatre.

donnés, les cours d'eau qui l'arrosent, les chaînes de hauteurs ou falaises qui le coupent et servent de point de partage aux eaux, etc., etc.

» La deuxième section est consacrée à la géologie, ou, pour nous servir de la modeste expression de Graves, aux considérations géognostiques. Sans qu'on pût dire qu'aucune partie de ce grand travail eût été sacrifiée à d'autres, il faut pourtant reconnaître que cette seconde partie a été l'objet de soins tout particuliers. Profondément convaincu que les faits d'histoire naturelle, surtout ceux qui se rapportent à la géologie, ne peuvent être constatés avec une précision trop rigoureuse, il s'était fait un devoir, toujours scrupuleusement rempli, de ne jamais énoncer le moindre fait sans s'en être assuré par lui-même et sur les lieux. C'est à cette consciencieuse exactitude dont il s'était fait un devoir auquel il n'a jamais manqué, qu'il dut la juste autorité acquise à toutes ses observations. On sait qu'une carte géologique, produit et expression des mêmes recherches et de la même persévérance, avait été faite par Graves et devait résumer cette partie capitale de son ouvrage. Un déplorable concours de circonstances, au nombre desquelles figurent les aveugles bouleversements de 1848, ont fait perdre jusqu'à la trace de cette carte, dont communication avait été demandée à son auteur par le ministère des travaux publics, et tout espoir était perdu lorsqu'un savant distingué, ami de Graves, et plus à portée que personne de réparer cette perte, M. Antoine Passy, membre de l'Académie des sciences, a bien voulu offrir au département son inestimable concours pour restituer ce beau travail, d'après les notes mêmes faites en commun par Graves et par lui, lorsqu'il travaillait à la carte géologique du département de l'Eure. Le conseil général a accueilli, avec autant d'empressement que de reconnaissance, l'offre de

M. Passy, et désormais on peut compter sur la réalisation d'une entreprise jusque-là totalement inespérée (1).

» Après la description topographique et géognostique du sol, chaque notice fait connaître l'état du règne végétal et du règne animal dans chaque canton, et contient des détails sur sa population, son origine, ses mœurs et usages d'autrefois, etc.

» On y trouve ensuite des notions particulières sur chaque commune, grande ou petite, son histoire, la description de ses monuments et de ses établissements religieux et civils. Soigneux de rendre justice à tous ceux qui lui avaient fourni d'utiles renseignements, il cite toujours scrupuleusement les hommes distingués, aux recherches desquels il avait eu recours, et parmi lesquels nous remarquons MM. de Cayrol, de Compiègne; Houbigant, de Nogent-les-Vierges; Peigné-Delacourt, d'Ourscamp; Daudin, de Pouilly, etc.

» Pour compléter la partie purement statistique, il donna des détails précis sur le nombre des habitants, l'étendue du territoire, le produit des impôts, etc.

» Enfin, chaque notice se termine par un coup d'œil jeté sur l'état de l'agriculture, de l'industrie, du commerce, de sorte que ces notices font connaître sur chaque commune et chaque canton tout ce qui peut intéresser le géographe, le naturaliste, l'historien, l'antiquaire, l'administrateur laïc ou ecclésiastique, le cultivateur. l'industriel et le commerçant. C'est une source où puisent avec confiance tous ceux qui veulent connaître l'état du département et les progrès qu'il est encore appelé à faire.

» Pour compléter ce grand travail, Graves a composé

______

(1) Ce qui n'était encore qu'une espérance, quand nous écrivions les lignes qui précèdent, est aujourd'hui réalisé, grâce au zèle généreux et aux profondes connaissances de M. A. Passy.

trois résumés scientifiques, qui seront toujours consultés avec fruit, et dont chacun aurait suffi pour fonder la réputation d'un homme spécial.

» Sous le titre de *Précis archéologique* de tous les monuments anciens existant dans le département de l'Oise, il a donné une revue méthodique et raisonnée des innombrables vestiges que nous ont laissés l'antiquité celtique, la domination romaine, les établissements mérovingiens, ainsi que tout le moyen-âge et l'époque de la Renaissance. Publié pour la première fois en 1839, ce travail important a été remanié en entier par Graves avec le soin qu'il mettait toujours à la révision de ses ouvrages, et publié de nouveau avec de nombreuses additions qui en font un ouvrage entièrement distinct du premier, dans l'*Annuaire* de 1855.

» En 1849, il donna le tableau complet de la géologie départementale sous le titre d'*Essai sur la topographie géognostique du département de l'Oise.*

» Enfin il donna, dans l'*Annuaire* de 1857, la *Flore du département de l'Oise,* tableau largement agrandi par les recherches personnelles de Graves, dont le nom figure souvent dans la *Flore des environs de Paris,* de Mérat. »

Dans la suite de cette notice, si consciencieuse et si attachante, M. Danjou insiste principalement sur les travaux géologiques de Graves et sur sa description scientifique du pays de Bray, cette contrée exceptionnelle qui commence aux portes de Beauvais, au pied de la grande falaise, dernière limite de la formation crétacée, et qui s'étend en Normandie, jusqu'à la mer, pour reparaître avec les mêmes caractères dans le Dorsetshire, en Angleterre. Il fut encouragé et secondé dans cette tâche par M. Héricart de Thury (1), et, après vingt ans de stu-

____

(1) Voir la notice biographique consacrée à ce savant personnage.

dieuses recherches, il finit par délimiter scientifiquement cette région géologique (1).

« Ce grand travail mit Graves en rapport direct avec les géologues anglais qui trouvaient chez eux, dans le Dorsetshire et la Cornouaille, des sujets analogues, ou plutôt identiques, d'étude. Une correspondance intime s'établit entre lui et le savant Murchison, qui vint à Beauvais en 1825 pour étudier une formation dont il retrouvait la continuation en Angleterre; mais il se lia surtout, à cette occasion, avec sir Ch. Lyell, qui appréciait hautement la justesse et la scrupuleuse exactitude de ses observations, et qui vint plus d'une fois étudier avec lui, dans nos environs, ces curieux terrains du Lias dont il a signalé l'existence. Il avait aussi des relations suivies avec M. Mantell, de Brighton, qui attachait un grand intérêt à constater l'identité des couches du Bray avec celles de la forêt de Tilgate.

» Quoique aussi éloigné que personne au monde de chercher l'éclat et le bruit, Graves se trouva naturellement en rapport avec les plus illustres géologues français. Nous nous bornerons à citer ici MM. Alex. Brongniard, Élie de Beaumont, Alcide d'Orbigny, de Verneuil, Deshayes, Ant. Passy, Constant Prevost, avec qui il entretenait des relations suivies, et dont plusieurs étaient devenus pour lui des amis dévoués.

» Indépendamment des botanistes français, entre lesquels nous nous bornerons à citer ici MM. Adolphe Brongniard, Desmaizières, de Lille, le comte Joubert, Héricart de Thury, Héricard-Ferrand, Mérat, Colson de Commercy, Nestler de Strasbourg, Parseval de Grand-

---

(1) Voir les *Statistiques* des cantons d'Auneuil, de Songeons et du Coudray-Saint-Germer.

maison, etc., il entretenait une vaste correspondance avec beaucoup de savants étrangers, notamment avec MM. Van Breda, de Haarlem, Alphonse de Candolle et Duby, de Genève, Hildwich, à Nice, Sagot, à Acarouany (Guyane française), Schœnfield, à Arkem (Suède), Wetchell, à Copenhague, Webb, à Londres, et Persoon, naturaliste hollandais, mort à Paris après avoir passé au Cap la plus grande partie de sa savante et bizarre existence.

» Simple chef de division dans les bureaux de la préfecture de l'Oise, Graves était déjà compté parmi les savants d'une notoriété européenne. »

L'amour de la science détourne quelquefois les fonctionnaires publics de leurs travaux ordinaires : il n'en fut pas de même pour M. Graves. Serviteur fidèle de l'Etat, il ne déroba jamais un seul instant à ses devoirs et parcourut sa carrière administrative avec une ponctualité et un zèle irréprochables. La révolution de 1830 semblait devoir renverser un homme qui, par ses traditions de famille, par ses actes et par ses convictions, était notoirement dévoué à la branche aînée; mais les capacités et l'expérience de Graves le rendaient indispensable aux préfets qui se succédaient dans l'administration du département. M. le baron Feutrier, juste appréciateur de son mérite, le fit nommer secrétaire-général (1832). Il reçut, en 1836, la croix de la Légion-d'Honneur pour ses importants travaux de statistique. Il était toujours chargé de la délégation préfectorale en cas d'intérim ou d'absence par congé. En 1839, il fut même chargé de représenter l'administration au conseil général pendant l'intervalle qui sépara le départ de M. Germeau de l'installation de M. de Crèvecœur. M. Legrand (de l'Oise), qui avait eu l'occasion de juger, dans cette assemblée, le talent de M. Graves, lui offrit, en 1842, un emploi de chef de bureau dans l'administration centrale des contributions directes. Il lui confia ensuite un poste important dans l'administration forestière.

Ces travaux administratifs ne détournaient pas complètement M. Graves de ses études favorites, auxquelles il consacrait ses rares loisirs. Pendant son séjour à Beauvais, il fut un des fondateurs du comité archéologique du département de l'Oise, et c'est à ce titre que M. Danjou a prononcé son éloge dans cette Société Académique (1). Il était un des membres les plus actifs de la Société Géologique de France, où il remplit deux fois les fonctions de vice-président. Plus tard, vers 1842, il concourut avec M. le comte Joubert et MM. Ant. Passy, Moquin-Tandon, etc., à la Société Botanique de France, dont il fut toujours un des membres les plus assidus.

La Révolution de 1848 brisa un moment la carrière de M. Graves. Il fut destitué de son modeste emploi de chef de bureau. Cette brutale révocation, qui condamnait en quelque sorte aux rigueurs de la misère la vieillesse d'un homme dont la vie entière avait été consacrée au bien public avec le désintéressement le plus complet, causa, dans tout le département de l'Oise, la sensation la plus douloureuse. Le conseil général de l'Oise s'honora alors par une délibération spéciale (26 novembre 1848), dans laquelle il votait un crédit de 3,000 fr. pour la continuation des savantes notices statistiques de Graves. De douces larmes coulèrent des yeux du pauvre destitué, à cette marque de reconnaissance.

La réparation ne se fit pas attendre. M. Hipp. Passy, devenu ministre des finances, réintégra le chef de bureau dans l'administration forestière. En 1851, M. le comte de

---

(1) *Notice sur Louis Graves*, lue dans la séance de la Société Académique du 22 août 1859.

Germiny, fils de l'ancien préfet de l'Oise, profitait à son tour de son passage au ministère pour confier à **M. Graves** les fonctions de secrétaire-général. Un troisième ministre, **M. Bineau**, qui avait débuté à Beauvais comme ingénieur des mines, et avait pu apprécier le mérite de Graves, l'appela (29 janvier 1852) aux fonctions de sous-directeur par *intérim* du contrôle des régies financières, et lui conféra bientôt après (7 avril 1852) le titre de sous-directeur de cette administration. Enfin, en 1854, la direction générale des forêts étant devenue vacante par suite du décès de M. Blondel, **M. Graves** fut appelé à ce poste élevé par décret du 15 mars 1854 : digne récompense de tant de travaux et d'honorabilité.

Hélas! à peine la fortune et le crédit venaient-ils au devant de cet homme de bien, qui en aurait su faire un si digne usage, qu'une autre main se préparait à lui ravir tous ces dons. La santé de Graves, épuisée par les veilles, ne secondait plus son ardeur au travail. Il eut la douleur de voir mourir son bienfaiteur Bineau, victime, lui aussi, du travail, puis Henri Fonfrède, l'ami de toute sa vie. Lui-même voyait ses forces le trahir; ses yeux affaiblis se refusaient à l'étude, et les défaillances de son cerveau fatigué lui donnaient déjà de funestes avertissements.

« Dans les derniers jours de mai 1857, alors que Graves assistait, en sa qualité de directeur général, au conseil du ministre des finances, une congestion subite lui enleva en partie l'usage de la parole et le força, sur les instances réitérées de **M. Magne**, à quitter la séance. Rentré dans sa demeure, il voulait encore lutter contre le coup mortel qui le terrassait, et comme s'il eût voulu s'en cacher à lui-même la gravité, il se mit à feuilleter, d'une main mal assurée, ces livres qui avaient fait le bonheur de sa vie, jusqu'au moment où les prescriptions précises du médecin le contraignirent de 'recevoir les soins qu'exigeait son état.

» Il avait vécu en savant, il voulut mourir en chrétien et fit appeler près de lui un ecclésiastique de son choix, le vénérable curé de Saint-Thomas-d'Acquin, paroisse dans la circonscription de laquelle il demeurait. Abordant cette grande affaire du salut avec la volonté ferme et la décision, qui étaient les principaux traits de son caractère, il y porta l'application sérieuse qu'il mettait toujours aux choses importantes, admirable et consolant souvenir, bien digne de servir d'exemple à tous ceux qui ont connu et aimé cette âme d'élite.

» La perte de Graves, dit en terminant M. Danjou, a été vivement sentie dans les hautes régions de la science et de l'administration; mais c'est surtout dans le département de l'Oise qu'elle a produit une profonde et douloureuse sensation. Pendant que l'administration forestière lui préparait une tombe à Paris, les amis qu'il avait à Beauvais faisaient célébrer dans cette ville, où il avait laissé tant de souvenirs, un service religieux, modeste tribut de leurs regrets. Informée de cette pieuse intention, la famille de Graves a cru se rendre l'interprète de sa pensée, en exprimant le vœu que sa dépouille mortelle fût déposée dans cette terre de Beauvais à laquelle son cœur était resté constamment attaché. Le conseil général et le conseil municipal de Beauvais, en acceptant avec reconnaissance ce précieux dépôt, ont voulu qu'un monument élevé par le département sur un terrain donné par la ville conservât le souvenir des sentiments qui n'ont cessé d'unir Graves à la contrée qu'il avait adoptée et du deuil profond que sa perte y a laissé! Une tombe d'un style simple, mais digne de ceux qui l'offraient et de celui à qui elle était destinée, s'élève dans le cimetière général de Beauvais, et l'inscription suivante, gravée sur le marbre par les soins de M. Randouin, alors préfet de l'Oise, résume, avec la simplicité qui convient à la vérité, le rare mérite de Graves et les sentiments que lui portait la population entière du département de l'Oise. »

LOUIS GRAVES,

NÉ A BORDEAUX, LE **21** OCTOBRE **1791**,

SECRÉTAIRE GÉNÉRAL DE LA PRÉFECTURE DE L'OISE,

DIRECTEUR GÉNÉRAL DES FORÊTS,

MORT A PARIS LE **5** JUIN **1857**.

—

LE DÉPARTEMENT DE L'OISE

ÉTAIT POUR LUI UNE SECONDE PATRIE.

NUL NE L'A MIEUX CONNU,

PLUS AIMÉ,

MIEUX SERVI.

LE CONSEIL GÉNÉRAL DE L'OISE,

ORGANE DES SENTIMENTS UNANIMES DU DÉPARTEMENT,

DONT LOUIS GRAVES A EMPORTÉ, EN MOURANT,

LA HAUTE ESTIME

ET L'AFFECTUEUSE RECONNAISSANCE,

LUI A ÉLEVÉ CE MONUMENT.

Priez Dieu pour lui.

Telle fut la vie de ce savant d'élite, de cet homme de bien, qui a laissé parmi nos concitoyens un souvenir vénéré et l'exemple de ses vertus publiques et privées. Une seconde notice biographique et scientifique lui a été consacrée par M. Antoine Passy, membre de l'Institut et l'un des amis de Louis Graves; mais cette notice n'est pas encore livrée à l'impression.

Le *Dictionnaire des contemporains* ne fait pas mention de Louis Graves.

Les frères GRÉBAN (Arnoul et Simon),

Auteurs dramatiques du xve siècle,

nés à Compiègne.

Clément Marot, dans ses épigrammes, parle à plusieurs reprises des « deux Gresban, au bien résonnant style. » Il les croyait originaires du Mans; mais La Croix du Maine, quoique Manceau et intéressé, comme biographe, à revendiquer des personnages illustres pour sa patrie, les fait naître à Compiègne, au commencement du xve siècle(1).

Un lauréat de l'Académie des inscriptions et belles-lettres, M. A. Chassang, a consacré aux frères Gréban une notice intéressante et pleine de détails inédits. M. Paulin Pâris, dans son cours d'histoire littéraire de la France au moyen-âge, a aussi mis en lumière les œuvres (manuscrites pour la plupart) de ces précurseurs de l'art dramatique en France. Voici quelques extraits de ces savantes notices :

Arnoul Gréban était chanoine de l'église du Mans vers 1450; il est l'auteur du *Mystère de la Passion*, qui fut représenté à Abbeville en 1452 (2) : c'est une œuvre co-

---

(1) Un des descendants de cette famille, *Jacques Gréban*, s'est distingué, comme capitaine de vaisseau, sous le règne de Napoléon Ier. Sa fille a épousé le baron Duveyrier, si connu comme auteur dramatique sous le pseudonyme de *Mélesville*. Les autres enfants de Jacques Gréban sont : *M. Amédée Gréban*, colonel du génie, et *M. Gréban de Pontourny*, qui s'est distingué comme lieutenant de vaisseau dans les campagnes de la Morée et d'Alger.

(2) *La Passion* d'A. Gréban doit être publiée dans la bibliothèque Elzévirienne par MM. Ch. d'Héricault et L. Moland.

lossale et qui ne compte pas moins de vingt-cinq mille vers. C'est long; mais, comme le fait observer M. Chassang, qu'est-ce auprès de la *Passion* de Jean Michel, qui en a le double? « On y rencontrera, ajoute-t-il, plus d'un trait de mauvais goût; mais on n'y sera pas sans cesse choqué par les ordures que Jean Michel se plaît à faire débiter par les démons et par les bourreaux de Jésus-Christ, et l'on y reconnaîtra plus de naturel et de naïveté. »

Outre son mystère, Arnoul Gréban avait composé plusieurs pièces de poésie. Guill. Tory, dans son *Champ fleury,* cite de lui une *complainte*, et ajoute, d'après l'auteur du vieil art poétique français, « que cet Arnoul fut le premier inventeur en France de cette manière de rime, qui n'est pas pauvre. »

Simon Gréban était moine de Saint-Riquier, dans le Ponthieu, et secrétaire du comte du Maine, Charles d'Anjou. Il a composé, en collaboration avec son frère, le *Mystère des actes des apôtres,* qui est la continuation du *Mystère de la Passion.* Il ne fut pas publié du vivant de l'auteur. Divers témoignages nous apprennent que ce mystère fut représenté de 1536 à 1541, à Bourges, à Tours, au Mans, à Angers, à Paris : évidemment il n'avait cessé depuis sa composition, c'est-à-dire depuis près d'un siècle, d'être joué à diverses époques dans les principales villes de France.

« Si l'on veut avoir une idée de l'appareil déployé pour ces sortes de représentations, dit M. A. Chassang, il faut lire la *Relation de l'ordre de la triomphante et magnifique monstre du Mystère des actes des apôtres, qui a eu lieu à Bourges le dernier jour d'avril* 1536, *par J. Thibaust;* Bourges, 1836, in-8°. »

On distingue quatre éditions de cet ouvrage.

La première a pour titre : *Le triomphant Mystère des actes des Apôtres*; Paris, N. Couteau, deux volumes in-folio. Elle est précédée d'un privilége accordé à G. Alabat, « marchant demeurant à Bourges, » et daté de 1536. On y lit une préface où G. Alabat dit « avoir fait iceulx *Actes* diligemment reveoir et confermer par la sentence et jugement de docteurs sçavants es saintes lettres; » le verso de l'avant-dernier feuillet indique P. Curet comme l'un de ces correcteurs.

Le titre de la deuxième et de la troisième édition est le même; mais la deuxième est un volume in-folio, sans date ni lieu d'impression (le privilége, qui s'y trouve, atteste au moins qu'elle n'est pas antérieure à 1536).

La troisième fut publiée par Arn. et Ch. Les Angeliers; Paris, 1540, deux volumes in-4°.

Enfin, la quatrième, dont le titre est un peu plus étendu que celui des précédentes éditions, et qui est de 1541 (Paris, Les Angeliers, trois volumes in-folio), contient, outre les *Actes des apôtres*, le *Mystère de l'Apocalypse*, par L. Chocquet : c'est pour cette raison l'édition la plus recherchée; mais on n'y trouve pas les tables et le prologue.

Nous renvoyons aux frères Parfaict pour l'analyse de cet ouvrage, qui n'est autre chose que le livre de saint Luc découpé en scènes et mis en vers : quelques-unes de ces scènes ne manquent pas d'un certain art, et quelques-uns de ces vers méritent l'estime qu'en faisait Cl. Marot. Mais il y en a près de quatre-vingt mille, c'est dire assez qu'ils sont fort mêlés, et l'on y a fait tant de remaniements que Simon Gréban n'est guère responsable que de l'édition de 1536, encore porte-t-elle déjà les corrections de P. Curet. Le *Répertoire des noms contenus au jeu des actes des apôtres* accuse quatre cent quatre-vingt-cinq personnages, et fait songer à ce que l'on a dit des représentations des

Mystères, que la moitié d'une ville était chargée d'y amuser l'autre (1).

GRÉVIN (Jacques), Poète et Médecin,

né à Clermont en Beauvoisis.

1538—1570.

Par sa précocité, Jacques Grévin peut être classé parmi les enfants célèbres; par ses œuvres, et surtout par la variété de ses connaissances et sa profonde érudition, il prend place parmi les hommes les plus distingués de son temps. Il était doué d'un génie si heureux qu'il s'appliqua en même temps, avec le plus grand succès, à la poésie française et latine, aux belles-lettres en général, à la philosophie, posséda à fond le latin et le grec, et devint médecin habile.

Telle était son ardeur pour l'étude et sa facilité à apprendre qu'à treize ans il avait pu terminer ses humanités et s'exercer à la langue française, absolument bannie des

---

(1) A. Chassang : *Biographie générale.* — La Croix du Maine : *Bibliothèque française.* — Guill. Colletet : *Histoire des poëtes françois* (manuscrit conservé à la bibliothèque du Louvre). — Les frères Parfaict : *Histoire du théâtre Français*, tome II. — Le duc de La Vallière : *Bibliothèque du théâtre Français*, tome I. — Pr. Marchand : *Dictionnaire historique.* — Brunet : *Manuel du libraire*, tome III. — Paulin Paris : *Cours d'histoire littéraire de la France au moyen-âge*, dans la *Revue des cours publics* du 24 juin 1855. — Le même : *Manuscrits français de la bibliothèque du Roi*, tome VI.

exercices scolastiques. Il fit sur les bancs sa tragédie de collége qu'il intitula *Jules César.*

C'était le temps où l'étude plus intelligente de l'antiquité et les productions heureuses des Italiens et des Espagnols devenaient le signal de la renaissance des lettres. On était disposé à encourager tous les essais, et le goût du théâtre donnait un nouvel attrait à la poésie. La tragédie de *Jules César* fut un véritable évènement : elle fut admirée de l'Université; tout Paris vint l'applaudir. L'étonnement fut à son comble à l'apparition de deux pièces de comédie que l'auteur donna la même année, surtout quand on sut que des œuvres, que les gens les plus savants jugeaient accomplies, étaient dues à la plume d'un si jeune écrivain.

La première comédie que composa Grévin avait pour titre *la Trésorière.* Henri II lui en commanda une autre, à l'occasion des noces de sa fille Claude, duchesse de Lorraine, et il produisit *les Esbahis.* Mais des obstacles imprévus en retardèrent la représentation. *La Trésorière* fut représentée en 1558, et *les Esbahis,* aussi bien que la tragédie, le 16 février 1560, au collége de Beauvais, en présence de la Cour et de la jeune duchesse de Lorraine, pour laquelle cette pièce avait été composée. « La décence n'y est pas plus respectée dans le sujet que dans les paroles, et cependant elle fut jouée par des écoliers et devant une princesse. » (Bibl. Elzévir.)

En voici un passage :

Marion voici le galant...
Voy-tu son œil estincelant?
Le vois-tu gaillard et dispost?
Comme il sent déjà tout son rost
De la feste! Il semble à le voir
Que jamais il n'eut le vouloir
De le faire à la dérobée.
S'il trouvait la garce tombée,
Pense tu comme de bon cœur
Il s'offrirait le serviteur.

Les Esbahis, réimprimés dans la bibliothèque Elzévi-rienne, sont précédés d'un *avant-jeu*. Ces jeux satyriques étaient appelés communément *les Veaux*. L'auteur avait aussi composé une pastorale et une autre comédie intitulée *la Maubertine*, qu'il dit lui avoir été enlevée.

Malgré les encouragements qu'il reçut, Grevin borna là sa carrière dramatique. La poésie ne suffisait pas à une existence aussi active que la sienne. Il s'adonna à l'étude de la médecine et n'accorda à la muse que le temps que lui réclamèrent ses amours.

Mlle Nicole Etienne, fille de Charles Etienne, médecin, jeune personne qui joignait à la beauté beaucoup d'esprit et tournait fort bien les vers, avait touché son cœur. Il lui adressa, ou lui dédia, sous le nom d'Olympe, une suite de sonnets, de chansons, d'odes, de pyramides, de Villa-nesques et autres poésies érotiques, imitées des Italiens et des Espagnols, alors les maîtres du genre.

Ces pièces furent publiées en premier lieu par Robert Etienne, oncle de la belle personne qui les avait inspi-rées.

En voici un sonnet qui n'est pas sans défaut :

> L'automne suit l'été, et la belle verdure
> Du printemps rajeuni est en suivant l'hiver :
> Toujours sur la marine on ne voit étriver
> Le nord contre la nef errante à l'aventure;
>
> Nous ne voyons la lune être toujours obscure;
> Ainsi comme un croissant on la voit arriver.
> Toute chose se change au gré de la nature,
> Et seul ce changement je ne puis éprouver.
>
> Un an est jà passé, et l'autre recommence,
> Que je suis, poursuivant la plus belle de France,
> Sans avoir échangé le courage et le cœur,
>
> Qui fait qu'oresnavant je ne me veux fier
> A celui qui a dit, comme assuré menteur,
> Qu'on n'est pas aujourd'hui ce qu'on était hier.

Le poète fut déçu dans son espoir : il n'obtint pas la

main de celle qui inspirait sa muse. La belle Nicole épousa Jean Liébault, médecin. Grévin s'en consola en composant sa *Gélodacrie*, dont nous citons le passage suivant :

> Ce n'est plus moi qui veux faire d'un rien grand chose,
> Je ne cizelle plus sur l'immortalité.
> Le soudain changement d'une vaine beauté,
> Ornant de déshonneur le vers que je compose,
>
> Je ne veux plus cacher par la métamorphose
> Cela qui est mortel, dessous la Déité,
> Esclavant follement ma douce liberté :
> Pour un meilleur sujet ma rime je dispose.
>
> Une dame plus forte a mis hors de prison
> Ma jeunesse captive : elle qui est Raison
> S'est remise en la fin dedans sa forteresse :
>
> Là, d'une heureuse main, bridant la volupté,
> Me montra qu'il ne faut, quand on est surmonté,
> Faire de l'imparfait une sainte Déesse.

Et, en effet, notre amoureux désappointé fit diversion à ses distractions mondaines et à ses peines de cœur par de fortes études sur la médecine : il reçut le bonnet de docteur pendant le décanat d'Antoine Taquet, élu en novembre 1560 et continué en 1561. Tout jeune qu'il était, il fit néanmoins adopter à la Faculté de Paris ses opinions au sujet de certains remèdes qu'il croyait pernicieux, tels que l'antimoine, dont il demanda aux magistrats de proscrire le débit ; et, de même que l'orpiment et le vif-argent, l'antimoine fut banni du *Codex* par un décret de la Faculté de Paris, que le parlement confirma.

Grévin continuait néanmoins de cultiver la poésie, et la fit servir même à la médecine par la traduction de *Nicandre* en vers français.

Il donna une seconde édition de son *Olympe*, en un volume qui comprenait son théâtre : ce sont pour ainsi dire ses œuvres complètes que nous essayons de faire connaître par les passages suivants :

L'HEUREUSE MÉDIOCRITÉ.

Heureux, et plus heureux l'homme, qui est content
D'un petit bien acquis, et qui n'en veut qu'autant
Que son train le requiert! Là il vit à sa table,
Toujours accompagné d'un repos désirable;
Il n'a souci d'autrui ; l'espoir des grands trésors
Ne lui va martelant ni l'âme, ni le corps;
Il se rit des plus grands, et leurs maux il écoute;
Il n'est craint de personne, et personne (ne) redoute;
Il voit les grands seigneurs, et contemplant de loin,
Il rit leur convoitise et leurs maux et leur soing;
Il rit les vains honneurs qu'ils bâtissent en tête,
Dont les premiers de tous, ils sentent la tempête,
Si le ciel murmurant les voit de mauvais œil,
Accablant tout d'un coup le bonheur et l'orgueil.

(Jules César, troisième acte.)

LE GAIN.

Le gain fait tout, le gain emporte
Les remparts d'une ville forte;
Le gain fait c.... les maris;
Le gain est le dieu de Paris;
C'est le dieu des inventions,
Et la fin des intentions.
Le gain fait courir les m...chands
Au péril et danger des champs,
Au péril des vents et tempêtes
Qui plus souvent dessus leurs têtes
Tombant d'épouvantable effort,
Leur mettent dans les dents la mort.

(La Trésorière, comédie.)

Tel était le goût du temps : les vers de Grévin firent tressaillir le vieux Ronsard. Tout fier d'un tel élève, le prince des poètes français lui adressa, en 1562, l'élégie suivante :

Jodelle le premier, d'une plainte hardie,
Françoisement chanta la docte tragédie;
Puis, en changeant de ton, chanta devant nos rois,
La jeune comédie en langage françois,
Et si bien les sonna, que Sophocle et Ménandre,
Tant fussent ils savants, y eussent pu apprendre.

5

> ...Et toi Grevin, toi mon Grevin encor
> Qui dores ton manteau d'un petit crêpe d'or,
> A qui vingt deux ans n'ont pas clos les années
> Tu nous a toutefois les Muses amenées,
> Et nous a surmontés, qui sommes jà grisons,
> Et qui pensions avoir Phébus en nos maisons.
> Amour premièrement te blessa la poitrine
> Du dard venant des yeux d'une beauté divine,
> Qu'en mille beaux papiers tu as chanté, à fin
> Qu'une si belle ardeur ne prenne jamais fin.
> Puis tu voulus savoir des herbes la nature,
> Tu te fis médecin, et d'une ardente cure
> Doublement agité, tu appris les métiers
> D'Apollon, qui t'estime et te suit volontiers;
> Afin qu'en notre France, un seul Grevin assemble
> La docte médecine et les vers tout ensemble.

On doit rendre justice à l'impartialité éclairée avec laquelle Grévin, puisant tour à tour dans les auteurs, tant modernes et étrangers qu'anciens, en fit un choix judicieux et contribua à répandre en France les règles du bon goût qui prévalut après lui : il peut compter parmi les initiateurs de son temps. On abandonnait alors la poésie purement spontanée et exclusivement nationale de nos premiers poètes pour imiter non seulement les Latins et les Grecs, mais encore les Italiens et les Espagnols.

Ailleurs, Ronsard lui disait encore :

> A Phébus, mon Grevin, tu es de tout semblable
> De face, de cheveux, et d'art et de savoir.

Après leur rupture, le chef de la Pléiade n'imagina pas contre l'ingrat disciple de châtiment plus sévère que de rayer de ses poésies tous les vers à sa louange, en substituant, pour ne pas les perdre, le nom de Patrouillet et d'autres poètes contemporains, à celui de Grévin, dès lors son ennemi.

Ronsard lui-même, dans une ode à la fin de ses œuvres, nous confesse cette petite vengeance :

> J'oste Grevin de nos écrits,
> Pour ce qu'il fust si mal appris,

> Affin de plaire au calvinisme,
> (Je voulais dire à l'athéisme),
> D'injurier par ses brocards
> Mon nom cognu de toutes parts.
> Et dont il faisait tant d'estime
> Par son discours et par sa ryme.

Cette querelle fut en effet amenée non par jalousie d'auteur, mais à cause des dissidences religieuses de l'époque.

Essentiellement novateur, Grévin s'était converti au calvinisme; il en était un des plus chauds partisans. Il ne put pardonner au maître, malgré les louanges dont il avait été honoré par lui, son *Discours des misères du temps*, où les sectateurs de la nouvelle religion étaient fort maltraités. Et il se réunit à La Roche Chaudieu, Florent Chrétien et autres auteurs pour déchirer Ronsard dans une satire intitulée *le Temple*.

C'est pour cela que les vers cités plus haut, à l'éloge de Grévin, ne furent rétablis dans les œuvres de Ronsard qu'après sa mort.

Grévin quitta Paris fort à propos pour être à l'abri du fléau des guerres religieuses. Il venait d'être reçu médecin à la Faculté de Paris, en 1560, après de brillantes études. Malgré son extrême jeunesse, il jouit d'une grande autorité en médecine, aussi bien qu'en philosophie, en littérature ou en linguistique.

Attirée par sa renommée et flattée des vers qu'il lui avait dédiés, Marguerite de France, sœur de Henri II, qui avait épousé, en 1559, Philibert-Emmanuel de Savoie, voulut connaître un jeune savant qui déjà faisait tant de bruit. Charmée de son esprit, de son mérite et de ses bonnes qualités, elle résolut de l'attacher à sa personne; elle l'emmena avec elle à Turin et en fit à la fois son médecin et son conseiller le plus intime. Aussi se plaignit-elle, après la mort de Grévin, d'avoir perdu en même temps son médecin pour les maladies du corps, et son consolateur pour les inquiétudes de l'esprit. Elle ne négligea rien pour lui témoigner sa reconnaissance et ses regrets : elle lui fit faire de magnifiques funérailles, et, tant qu'elle vécut, elle retint auprès d'elle la veuve et la fille de ce savant homme ; elle leur fit toutes sortes de biens et d'honneurs, particulièrement à sa fille, qu'elle avait tenue sur les fonds de baptême et qu'elle avait nommée Marguerite-Emmanuelle.

Grévin n'avait pas accompli sa trentième année lorsqu'il mourut à Turin, le 5 novembre 1570. Il avait déjà acquis, comme lettré et comme savant, une immense réputation à un âge où la plupart des auteurs n'ont pas encore commencé à se faire un nom.

Il laissa de nombreux ouvrages qui dénotent une facilité prodigieuse, des connaissances et des aptitudes variées, et une infatigable ardeur au travail.

On se fera une idée de sa facilité de travail et de sa vive pénétration, si l'on songe qu'il a commencé de composer dans un âge si tendre, à une époque où l'Université occupait la jeunesse, dix ans aux cours d'humanités, pendant lesquels tous les exercices sur la poétique, sur la rhétorique et la philosophie n'avaient lieu qu'en grec et en latin. La langue vulgaire était bannie comme étrangère des récréations scholastiques, et quiconque eût osé y introduire la poésie française eût passé pour traître au collége et ennemi de la patrie. Il fallait donc que Grévin eût déjà mené à fin tous ses cours, puisqu'en se mettant, dès son adolescence, au rang des poètes français, il compta parmi ses plus grands admirateurs l'Université elle-même.

Son début est, comme nous l'avons vu plus haut, sa tragédie intitulée *Jules César*. Grévin dit, dans le discours préliminaire de son Théâtre, que, lorsqu'il publia cette pièce, bien des gens crurent qu'il l'avait prise du latin de celle de Muret, mais qu'ils reconnurent bientôt, en comparant les deux pièces, qu'un tel soupçon était sans fondement. Il convient d'avoir été auditeur de Muret dans les humanités, et ne nie pas s'être inspiré de son œuvre, et lui avoir emprunté certains sentiments, diverses situations; mais il assure qu'il diffère complètement de son maître quant au plan et à la conduite de la pièce.

L'admiration dont les poésies de Grévin furent l'objet ne saurait se comprendre aujourd'hui. Ses vers ne pourraient se soutenir devant un public que les chefs d'œuvre des siècles suivants ont rendu justement difficile. Il faut voir seulement dans Grévin et d'autres auteurs contemporains des chercheurs, qui, mêlant la forme de leurs prédécesseurs aux emprunts qu'ils faisaient à l'étranger, fournirent la matière que leurs successeurs transformèrent et approprièrent au goût français graduellement formé. A ce titre, Grévin, lui aussi, fut un des précurseurs du grand siècle.

« Les comédies de Grévin ne brillent pas par la noblesse et l'élévation des sentiments, mais on y trouve des intrigues assez bien démêlées, de l'enjouement, un style vif et naturel; lui-même, dans ses préfaces, se vante de savoir donner à ses personnages, qui sont en général des gens du commun, le langage qui convient à leur condition, au lieu de leur prêter celui de bel esprit. Sa tragédie de *Jules César* lui a valu les éloges de La Harpe, qui ne fait pas difficulté d'y reconnaître « des idées grandes, fortes, et le ton de la tragédie; » l'auteur lui paraît bien supérieur à Jodelle. Le *Discours* qui sert de préface au théâtre de J. Grévin (Paris, 1562, in-8°) mérite d'être lu : l'auteur y traite des règles de la poésie dramatique, et c'est peut-être le premier ouvrage écrit en français sur cette matière (1). »

____

(1) Biographie Didot.

L'historien De Thou, qui vante beaucoup les talents de Grévin, dit que « ses bonnes qualités et la douceur de son esprit, qui lui avaient fait de nombreux amis parmi ceux qui le connurent, le firent généralement regretter.

Les œuvres de Jacques Grévin sont nombreuses; la plus grande partie est perdue, entre autres ses poésies latines, qu'il n'eut pas le temps d'éditer, ainsi que d'autres ouvrages qui restèrent inachevés, sa mort précipitée l'ayant empêché d'y mettre la dernière main.

On connaît de lui :

1° Le *Théâtre*, comprenant sa tragédie et ses deux comédies : *César, la Trésorière* et *les Ebahis*; *l'Olympe,* contenant plusieurs sonnets et autres compositions poétiques, furent réimprimés en 1561, à Paris, par Vincent Sertenas, in-8°, en un volume.

2° *Hymne sur le mariage de François, dauphin de France, et de Marie Stuard, reine d'Ecosse*; Paris, 1558.

3° *Pastorales* sur les mariages de très-excellentes princesses Madame Elisabeth, fille aînée de France, et Madame Marguerite, sœur unique du roi, imprimées à Paris, in-4°, par Martin l'Homme, 1559.

4° Poème en vers sur l'*Histoire des Français et hommes vertueux de la Maison de Médicis, à la reine mère du roi*; Paris, in-4°, Robert Etienne, 1567. OEuvres de Nicandre, médecin et poète grec, en vers français, déjà traduit en latin par Jean de Goris. De Thou vante cette traduction, qu'il juge égale en beauté et en élégance au grec et au latin : elle a été imprimée à Anvers, in-4°, par Christophe Plantin, 1568.

5° *Préceptes de Plutarque* sur la manière de se gouverner en mariage, traduit du grec en français; Paris, chez Martin l'Homme, 1550.

6° *Apologie sur les vertus et facultés de l'antimoine,* ou traité sommaire de la nature des minéraux, venins, pestes, et de plusieurs autres questions naturelles et médicales, pour confirmation de l'avis des médecins de Paris, contre ce qu'a écrit Louis de Launay, empirique; Paris, in-8°, par Jacques du Puis, 1567.

7° *Deux livres des venins*, où il est amplement discouru des bêtes venimeuses, thériaques, poisons et contre-poisons; Anvers, in-4°, par Christophe Plantin, 1568; où, entre autres choses, il est dit : *le venin considéré en soi, est une chose non naturelle, laquelle entrée dans le corps humain, est cause ou d'une entière corruption, ou d'une très-grande offense en icelui : et ce, ou par une qualité excessive, ou par une propriété naturelle et cachée, ou bien par une totale conjuration et commun consentement de sa nature.*

8° Cinq livres de l'*Imposture et tromperie des diables : des enchantements et sorcelleries*, traduits du latin de Jean de Wier, médecin du duc de Clèves; Paris, in-8°, par Jacques du Puis, 1567.

9° *Portraits anatomiques de toutes les parties du corps humain*, gravés en taille douce par ordre de Henri VIII, roi d'Angleterre, abrégé de l'ouvrage d'Andre Vesal sur le même sujet; Paris, in-folio, par André Wechel, 1569.

Des nombreux auteurs qui se sont occupés de Jacques Grévin, De Thou est celui qui donne le plus de détails sur les particularités de sa vie (1).

---

(1) De Thou : *Histoire*, 1570. — Du Verdier et Lacroix du Maine : *Bibliothèque française*. — Niceron : *Mémoires*, tome XXVI. — La Harpe : *Cours de littérature*. — Teissier : *Eloge des hommes savants*, tome II. — Baillet : *Jugement des savants sur les poètes modernes*. — Les frères Parfaict : *Histoire du théâtre français*, tome III, 1310-1316. — Titon du Tillet : *Parnasse français*, page 130. — Ronsard : *Elégies*, sixième partie de ses œuvres; Paris, 1609 et 1623, in-folio. — Eloy : *Dictionnaire historique de la médecine*, tome II, in-4°, 1778. — *Biographie Didot*, tome XXII, in-8°, Paris, 1858. — Violet Le Duc : bibliothèque Elzévirienne; Paris, 1855, in-12, Jannet.

GUELPHE (François), Théologien janséniste,

né à Beauvais.

1650 — 1720.

Il débuta par être enfant de chœur à Notre-Dame de Paris, et fit ses études au collège de Fortet. Ayant refusé de signer le formulaire, il fut expulsé de cette institution; mais Arnaud et Nicole le recueillirent; il les aida beaucoup dans la transcription de leurs ouvrages. En 1679, il accompagna Arnaud dans ses voyages, et lorsque ce docteur mourut, ce fut Guelphe qui rapporta son cœur à Port-Royal-des-Champs (1694). Il prononça, à cette occasion, une oraison funèbre de son bienfaiteur.

Guelphe vécut depuis dans la retraite, quoiqu'il ne cessât pas de prendre une part active à la lutte théologique qui préoccupait alors tous les esprits. Il mourut fort âgé chez les bénédictines de La Ville-l'Evêque, et y fut enterré.

Ses écrits, publiés sous le nom de M. François, ne sont d'aucun intérêt aujourd'hui. On distingue cependant sa *Relation de la Retraite de M. Arnaud dans le Pays-Bas* (posthume), avril 1733, in-12.

Moréri; *Grand Dictionnaire historique,* édit de 1759.

Simon GUEULETTE, dit Mesmay, Historien,

né à Noyon.

16.. — 1699.

Il fit profession fort jeune dans l'ordre des Bernardins, à Ourscamp, passa dans la congrégation de Cluny et devint prieur de Courcelles. Il mourut à Paris en 1699. Sous le speudonyme de D..... *(Desmay,* qui était le nom de sa mère), il a publié de nombreux ouvrages, la plupart traitant de l'histoire. Parmi ceux qui ont obtenu le plus de succès, on cite :

1° *Méthode facile pour étudier l'histoire de France;* Paris, 1684, in-12; il en fit un *Abrégé,* qui eut plusieurs éditions.

2° *Méthode pour apprendre facilement la fable héroïque ou l'histoire des dieux;* 1692, in-12.

3° *Méthode pour apprendre l'histoire de l'Eglise;* Paris, 1693, trois volumes in-12. Le dernier volume, qui contient l'*Histoire de l'Eglise gallicane,* a été réimprimé séparément; Paris, 1699, in-12.

4° *Nouvelle méthode pour apprendre facilement l'histoire romaine;* 1694, in-12.

5° *Abrégé de l'histoire généalogique de la Maison de France et de ses alliances, avec les noms des grands officiers de la couronne sous chaque roi;* Paris, 1699, in-12. Le grand ouvrage du P. Anselme a fourni les matériaux de cet *Abrégé* (1).

---

(1) *Journal des savants,* janvier 1699. — Lelong : *Bibliothèque historique de la France,* tome I, n° 4,915; tome II, n°ˢ 15,633 et 24,845; tome IV, n° 15,633. — Barbier : *Examen critique des Dictionnaires historiques.*

GUIBERT DE NOGENT, Historien et Théologien,

né à ou près Clermont, diocèse de Beauvais.

1053 — 1124.

Gesta dei per Francos.

Guibert de Nogent, l'historien de la première croisade, est, avant Villehardouin et Joinville, le père de l'Histoire, ou du moins de la Chronique nationale. *Les œuvres de Dieu accomplies par les Français*, tel est le titre de son principal ouvrage, et ce titre est resté comme la devise de la France qui semble, en effet, accomplir dans l'histoire une mission providentielle.

La vie modeste de Guibert de Nogent contraste avec cette fière légende : Il n'aimait pas à faire parler de lui : *Delectabar esse modicus.* Laissons donc parler ses biographes, auxquels nous conserverons, autant que possible, leur style naïf et légendaire :

Guibert était de noble extraction. Il n'était âgé que de huit mois lorsqu'il perdit son père, nommé Evrard, seigneur, noble et riche. Ses parents l'avaient consacré, dès sa naissance, à Dieu et à la Vierge, conformément à leur vœu fait pour la délivrance de sa mère, qui avait ressenti pendant le carême presque entier les douleurs de l'enfantement.

Guibert ne nous a point conservé le nom de famille de sa mère, mais il loue la modestie, la piété et toutes les rares vertus dont elle était douée. Cette sainte femme, toute à Dieu, ne négligea rien pour que son fils partageât ses sentiments et accomplît son vœu.

Dès que l'enfant se trouva en âge de commencer ses études, sa mère lui donna un précepteur d'une piété austère, d'un caractère rigide et dur, mais d'un esprit fort borné et d'une instruction des plus pauvres. Sous un tel précepteur, l'enfant fut fort maltraité et n'apprit rien. Néanmoins, chose singulière, il avait pris tant d'attachement pour son maître qu'il résista à la volonté de sa mère, qui voulait l'arracher à de si barbares mains.

A quelque temps de là, la mère, se sentant appelée par Dieu, se renferma dans une communauté près du monastère de Flay, où entra en même temps le précepteur.

La simonie, ce vice que le clergé avait contracté au contact de la féodalité, souillait alors l'Eglise. Dès son enfance, le jeune Guibert avait été pourvu d'un canonicat. Passant ainsi brusquement d'une extrême contrainte à une liberté très-grande, l'enfant céda à la contagion de l'exemple et à l'entraînement naturel à son âge : il s'abandonna à une grande dissipation.

En apprenant ce changement, sa pieuse mère en fut si alarmée qu'elle faillit en mourir de douleur. Quand elle eut recouvré la santé, elle fit entrer son fils au monastère de Flay et le rendit à son précepteur, qui s'y était cloîtré.

Ce monastère, qui avait d'abord porté le nom de son fondateur saint Germer, avait été rebâti au XIe siècle par Drogon, évêque de Beauvais. On y retrouvait toute la ferveur ordinaire à une fondation nouvelle. Le jeune Guibert, dès son entrée, y respira un air de sainteté qui provoqua en lui une soudaine vocation. Mais on n'eut garde de céder trop vite à une conversion aussi brusque; on préféra tout attendre du temps et de la réflexion. L'enfant dissimula son dessein pendant huit mois. Mais, vers la Noël, il se jeta aux pieds du moine, qui avait toute sa confiance, d'un air si convaincu que l'on agréa ses vœux.

Guibert avait douze ans lorsqu'il prit l'habit religieux.

Il partagea dès lors son temps entre la prière et l'étude. Ses progrès rapides excitèrent la jalousie de ses camarades. Il songea un moment à changer de monastère, mais il finit par se faire aimer de tous à force de bonté et d'humilité.

A mesure qu'il avançait en âge, l'étude le captivait de plus en plus. La lecture des poètes le charmait. Ovide, son auteur de prédilection, lui inspira le désir de faire des vers. Les peintures érotiques et les expressions peu chastes de ce charmant poète faisaient une fâcheuse diversion aux pratiques religieuses qui devaient l'occuper. Une maladie le fit rentrer en lui-même.

Plus docile aux conseils de ses directeurs, il reprit la lecture des saintes écritures qu'il avait jusque-là trop négligée. Il la poursuivit avec un intérêt toujours croissant. Son imagination s'enflammait au souffle inspirateur d'un spiritualisme ardent, qui se révélait sous les formes du merveilleux. Il s'abreuva aux sources pures du Pentateuque; il se nourrit du lyrisme des prophètes, et sa raison, formée par la littérature profane, chercha à pénétrer le sens mystique de leurs allégories.

Il s'aida pour cela de la lecture des saints Pères, et surtout des commentaires de Grégoire le Grand, qui lui offraient les explications les plus sages et les plus satisfaisantes. Il en trouva la tradition vivante dans saint Anselme.

Cet homme incomparable, comme il l'appelle, était alors prieur de l'abbaye du Bec, dont il devint ensuite abbé. Dans ses visites au monastère de Flay, il remarqua Guibert, apprécia sa vive intelligence, son ardeur studieuse, et se plut à l'aider de ses conseils. Il prit tant de plaisir à instruire un élève qui profitait si bien de ses leçons, qu'il multiplia ses visites au monastère de Flay, n'y venant en quelque sorte que pour Guibert.

Ainsi formé, mûri par le concours des lettres profanes et de la littérature sacrée, grâce à la sagacité de son esprit et à son rare discernement, qui lui permettaient de retirer de l'une et de l'autre les fruits les plus substantiels et les résultats les plus solides, Guibert parvint à une force de jugement et à une profondeur qui lui attirèrent la considération générale.

C'est dans un sermon improvisé qu'il prit conscience de sa force et qu'il en donna l'idée aux autres.

Un jour qu'il avait accompagné son abbé dans un monastère voisin, à l'occasion de la fête de la Madeleine, il fut invité à faire un sermon à l'occasion de la solennité du jour. Son abbé, qui avait été invité le premier, trop peu lettré pour s'exécuter, s'en était déchargé sur lui parce qu'il le connaissait savant et disert. Guibert développa, en s'appuyant sur un texte de la Bible comme point de départ, une question de morale avec tant d'éclat et de force, qu'il excita l'admiration de tous les assistants : plusieurs d'entre eux lui demandèrent même une copie de son sermon.

C'est à la suite de cette cérémonie qu'il commença d'écrire ses Commentaires sur les six jours et le reste de la Genèse. Mais son abbé, qui avait peu le goût et la pratique des lettres, qui y voyait même une diversion dangereuse aux pratiques religieuses, le retint et le détourna autant qu'il le put de ce travail. Obligé de travailler à la dérobée, Guibert ne continua son œuvre que bien lentement. Mais bientôt les circonstances lui devinrent plus favorables.

En 1084, l'abbé donna sa démission. Guibert put dès lors se livrer sans contrainte à la composition des nombreux ouvrages qu'il a composés depuis. Il était alors dans toute la force de l'âge et du savoir. Sa science profonde, sa grande prudence et sa capacité, jointes à une belle prestance, à sa noblesse d'extraction et aux talents les plus propres à relever de si grands avantages, tout le prédisposait pour le monde et lui ouvrait les voies vers une haute dignité ecclésiastique. Ses parents, tous gens puissants, l'y invitaient plus par convoitise et vanité que par intérêt pour lui. Ils multipliaient leurs sollicitations et leurs démarches pour le pourvoir d'un évêché.

Bien que Guibert fut accessible aux suggestions de l'ambition, les scrupules religieux prévalurent en lui. Sa prudence et ses goûts studieux lui faisant une loi de la retraite, il préféra l'humble vie du pénitent à l'éclat des grandeurs mondaines. La plus humble position faisait ses délices, et il ne redoutait rien tant qu'un rang élevé et que la perspective d'une haute qualification. *Horrebam penitus gradum potiorem et magni nominis umbram.* En un mot, il ne voulut rien que ce qui lui parviendrait selon les lois canoniques.

Il avait cinquante ans lorsque les moines de Nogent-sous-Coucy l'élurent unanimement pour leur abbé. Il céda à leurs vœux et gouverna son abbaye pendant vingt ans, de 1104 à 1124, avec une haute sagesse. Il fit prospérer son monastère, prit part à plusieurs grandes affaires qui intéressaient l'Eglise, et n'en trouva pas moins le temps nécessaire pour la composition des nombreux ouvrages qui le classent parmi les meilleurs auteurs de son temps.

Grand critique, historien judicieux, théologien subtil et profond, Guibert fut aussi très-versé dans la littérature profane et même habile dans les antiquités chrétiennes, comme on peut s'en convaincre par les jugements qu'il porte sur quantité de tombeaux et d'urnes sépulcrales découverts dans son monastère.

Il écrit avec justesse et solidité; mais quoiqu'il eût donné beaucoup de temps à l'étude de la grammaire et des poètes, il ne justifie guère dans son exposition des progrès qu'il y avait faits, car on remarque qu'en général son style est dur, embarrassé, souvent obscur, rempli d'expressions barbares, et ne se ressent guère des auteurs de la bonne latinité, dont pourtant la lecture lui était familière puisqu'il les cite ou en reproduit les pensées toujours fort à propos. « *Multa ille scripsit non inerudite, sed scabroso stylo.* » (Ann. I. 74, Mabillon.)

Les nombreux écrits de Guibert achèveront de nous faire connaître l'homme en lui-même et dans les principales circonstances de sa vie.

1° En premier lieu nous citerons l'*Histoire de sa vie, De vitá suá,* bien qu'elle soit placée au dernier rang dans l'édition de ses œuvres, publiées par dom Luc Dacheri.

Il divise cette autobiographie en trois livres.

Le premier, divisé en vingt-quatre chapitres, est un cours de piété et de morale, car il parait l'avoir entrepris dans un accès de mysticisme, et il s'est modelé sur les confessions de saint Augustin. Il débute par un acte de piété filiale envers sa mère, dont il rappelle la vertu et qu'il signale comme une femme non moins accomplie par sa beauté que par la modestie, la chasteté et la charité qui en relevaient encore le charme. Dans les deux autres livres il se ressent de l'animation d'une vie plus pratique qui le fait intervenir dans plusieurs évènements relatifs à l'histoire de l'Eglise, dont il nous a reproduit les détails.

Son premier livre n'est en général rempli que de détails qui lui sont personnels; dans les derniers chapitres seulement, il entre dans de longues digressions sur différents sujets. Ainsi, dans le neuvième chapitre, il décrit l'admirable conversion d'Evrard, comte de Breteuil ; dans le dixième, celle de Simon, fils du comte Raoul, célèbre par ses grands exploits, qui convertit ensuite tant de monde. Dans le dixième il parle de la conversion de saint Bruno. Le dernier est rempli du récit d'évènements fâcheux occasionnés par la foudre au monastère de Flay ou Saint-Germer.

Le second livre a trait au monastère de Nogent, dont il se propose de faire l'histoire. Il y raconte la cérémonie de son élection et rapporte le discours qu'il fit à sa communauté.

Dans le troisième livre il rémémore les évènements qui se passèrent dans la ville de Laon pendant l'épiscopat d'Adalbéron, d'Hélinand, d'Ingelrame, et nous donne en détail la mort tragique de Gaudri, successeur de ce dernier. C'est à Laon que fut instituée une des premières communes. Gaudri, évêque de cette ville, avait irrité les bourgeois en voulant leur retirer la charte qu'il leur avait octroyée. Le peuple se souleva en masse, et, non content du meurtre de son évêque, il réduisit en cendres le palais épiscopal, la cathédrale et plusieurs autres édifices. Mais les bourgeois qui avaient dirigé l'insurrection, redoutant la colère du roi, se mirent sous la protection de Thomas de Marle, fils du seigneur de Couci, le plus cruel tyran du pays (1).

Dans son dix-septième chapitre, Guibert fait connaître les mœurs corrompues, les impiétés et la mort malheureuse de Jean, comte de Soissons, contre lequel il adressa à Bernard, doyen de Laon, un écrit sur l'Incarnation. Il ter-

---

(1) Voir les *Lettres sur l'Histoire de France,* par Augustin Thierry.

mine par une mention de la plupart de ses écrits que nous allons continuer de faire connaître.

2° Le *Sermon* qu'il fit le jour de la Madeleine, dans un monastère où il avait accompagné son abbé, parait être son début dans la chaire.

3° Son *Traité sur l'art de prêcher,* dans lequel il se distingua, est une œuvre succincte très-méthodique et très-instructive, où il exige de celui qui se livre à ce saint ministère la pratique des vertus que l'on veut enseigner, une conscience pure, l'humilité, le recueillement, une foi vive et pénétrante, la connaissance du cœur humain et la fidélité au texte des écritures, dont il donne lui-même des commentaires si instructifs.

4° Ses *Commentaires moraux sur la Genèse* sont remplis d'instructions solides. Il y parle avec de grands éloges du vénérable saint Anselme, qui fut son ami et son maître, et le dédia à Barthélemy, évêque de Laon, en 1113. Il a fait d'autres commentaires sur les écritures, dont les uns ont été publiés par dom Dacheri; les autres sont restés manuscrits ou ont été perdus.

5° *Commentaires tropologiques* sur les prophètes Osée et Amos, et sur les lamentations de Jérémie, qu'il dédia à saint Norbert. Il parait s'élever, dans cet ouvrage, contre les Nominaux et les abus naissants de la scholastique : c'est une œuvre de sa vieillesse.

6° *Commentaires* sur les autres petits prophètes (manuscrits).

7° Son *Traité de l'Incarnation contre les Juifs* était dirigé contre Jean, comte de Soissons, qui passait pour fauteur des Juifs, quoique catholique. Il divisa en trois livres cet ouvrage qui, dit-il, eût effrayé les Grégoires et les Jérômes, et le dédia à Bernard, doyen de l'église de Soissons, à la sollicitation duquel il l'avait entrepris.

8° *Écrit sur le morceau de pain trempé donné à Judas.*

9° *Traité des louanges de la Vierge Marie.*

10° *Traité de la virginité,* l'un des premiers ouvrages de l'auteur.

11° *Traité des gages ou des reliques des saints (de pignoribus sanctorum),* dédié à Odon, abbé de Saint-Symphorien, depuis évêque de Beauvais. C'est l'ouvrage où il montra le plus de critique : il y discute sur les vraies et les fausses reliques, et rejette absolument les saints inconnus.

12° *Traité du monde intérieur.*

Dans tous ces ouvrages, Guibert se montre érudit, subtil, savant, critique hardi et judicieux.

Nous avons montré le théologien, nous allons faire connaître l'historien.

Son œuvre capitale, *Gesta Dei per Francos,* est une histoire de la première croisade, que Bongars a placée en tête de son recueil des historiens de la guerre sainte. L'ouvrage est dédié à Lisiard, évêque de Soissons, et divisé en sept ou huit livres. Son style y est plus relevé que dans ses autres ouvrages ; il mêle de temps en temps quelques vers ou petites pièces de poésie à sa prose parfois éloquente, « car l'histoire, dit-il, ne comporte plus la simplicité qui convient aux mystères de la religion. »

L'histoire de la première croisade, par Guibert de Nogent, est composée d'après un autre ouvrage que l'auteur corrige et complète sur les témoignages les plus véridiques, recueillis avec un grand discernement. Il prend sa narration de plus haut qu'aucun autre historien contemporain. Son premier livre n'est qu'une introduction. Il y donne un aperçu des progrès du mahométisme en Orient, dû au fanatisme guerrier des disciples du faux prophète ; et, faisant contraster ce prosélytisme envahisseur avec la mollesse de leurs adversaires les chrétiens, dont la légèreté, l'humeur inconstante et mobile, et l'esprit fécond en hérésies, furent le principe de leur faiblesse et la cause de tous leurs maux.

Le premier de tous, il base son récit sur un monument authentique. Il termine son premier livre en reproduisant la lettre qu'Alexis, empereur de Constantinople, adressa à Robert-le-Vieux, comte de Flandre, pour implorer le secours des Chrétiens de l'Occident. Il critique certains passages de cette lettre. A propos du passage où l'Empereur dit avoir à Constantinople le corps de saint Jean-Baptiste avec le chef garni encore de cheveux, il relève le mensonge des moines de Saint-Jean-d'Angely qui prétendent avoir ces saints restes. Il relève aussi la profanation, commandée par l'intérêt ou par un faux zèle, et que l'on commet en exhumant les reliques des saints, et en les enchâssant dans de l'or ou de l'argent.

Il reprend surtout sévèrement le passage où les femmes de l'Orient sont offertes en appât aux chevaliers chrétiens, et traite à ce propos l'Empereur de pervers et d'insensé : « Comme si, dit-il, ce peut être une cause déterminante d'une si grande expédition, et si les femmes de l'Occident le cèdent en beauté à celles de l'Orient. »

Il fait ensuite un retour sur les guerres qui ont eu lieu anciennement en Asie, au temps des Assyriens, des Egyptiens, des Perses, des Grecs et des Romains, auxquelles, selon lui, on donne trop d'importance. Les exploits, qui ont lieu de son temps, sont infiniment supérieurs à tout ce qui s'est passé dans ces anciens empires trop vantés. Et il trouve que l'Occident, plus sérieux, promet des résultats plus solides et plus durables que ce grandiose Orient qui n'étonne que par ses oscillations continuelles.

Il fournit à l'appui de ces considérations le spectacle détaillé qu'offrit le concile de Clermont ; l'effet magique des prédications du pape Urbain II, qu'il cite longuement, et l'enthousiasme qu'inspira le vénérable Pierre l'Hermite, autour duquel se rangèrent spontanément des milliers de Croisés.

« Et quoi de plus frappant, dit-il, que la cessation subite des troubles qui désolaient le royaume, des divisions qui le perdaient? » En faisant aussi remarquer l'abondance qui succède aussitôt à la disette ; grâce, à la libéralité des riches, ouvrant à l'envi aux pauvres, leurs greniers et leurs trésors, grâce à la confiance mutuelle qui prévalut entre toutes les classes d'hommes, l'historien a parfaitement entrevu la vie morale qui circulait dans les masses, vie dont il retrouve le principe dans l'orthodoxie chrétienne , source inépuisable de dévouement et d'actions sublimes.

L'auteur relève fort bien l'esprit philosophique de son œuvre par l'ordre dramatique qu'il sait y observer. Désignant un à un, par leurs noms, les princes et les héros qui entreprirent le voyage de la guerre sainte, il donne aussi leur portrait, et retrace leur caractère, d'une manière instructive et pittoresque : il décrit leur itinéraire, et raconte la part que chacun d'eux prit à l'action générale , les siéges et les combats auxquels ils assistèrent, et dans cette succession d'épisodes particulières et de faits généraux, il ajoute par les détails à l'intérêt d'un sujet déjà intéressant par lui-même.

C'est ainsi que Guibert poursuit son œuvre jusqu'au règne de Baudouin I, roi de Jérusalem.

Dans un plan , si largement conçu, il n'accueille qu'avec discrétion les témoignages des témoins oculaires, préférant la concision d'une histoire sérieuse à la prolixité d'un conteur : « *Ego malui minor esse quam minimus,* » nous dit-il. Et il préfère s'en référer à d'autres narrateurs pour tout ce qu'il a omis plutôt que de hasarder des aperçus ou des faits de pure imagination.

Bien que Guibert eût cultivé la poésie et qu'il eût

montré dans sa jeunesse beaucoup de goût pour les vers, il ne nous reste de lui que les petites pièces qu'il a insérées dans son histoire de la croisade, plus une prose latine en l'honneur de saint Germer.

On a attribué à cet auteur quelques autres ouvrages ; mais nous nous bornons à ne citer que ceux reconnus authentiques et qui ont été recueillis et publiés par Dom Dacheri.

Ce savant bénédictaire de la congrégation de saint Maur a publié les ouvrages de Guibert, restés jusque là en manuscrits, à l'exception de l'histoire de la croisade, publiée par Bongars, en 1611. Non content de reproduire le texte dans sa pureté, en consultant tous les manuscrits qu'il a pu découvrir, l'éditeur s'est encore attaché à l'éclaircir par de savantes notes et de longues observations, dans lesquelles il rapporte une quantité de monuments anciens et fait l'histoire de diverses abbayes.

Le titre de son édition est :

VENERABILIS GUIBERTI, ABBATIS B. *Mariæ de Noviègento opera omnia, Lutetiæ Parisiorum, sumptibus Joannis* Billaine, *Via Jacobœá sub signo* S. Augustini, M. DII. LI. — Paris, Billaine, 1751.

Cette analyse, que nous regrettons de donner si succincte, nous a paru d'autant plus importante à fournir que notre auteur est moins connu, enfoui dans ses manuscrits ou dans un énorme in folio latin qu'il nous a fallu exhumer de nos grandes bibliothèques. L'histoire, qui est destinée à préserver de l'oubli tout ce qui est grand, tout ce qui est beau, tout ce qui porte en soi les caractères de vertu, de sainteté, de science pure et édifiante, doit nécessairement une mention à l'homme qui préféra aux vaines grandeurs, à l'éclat trompeur d'une vie mondaine, le silence du cloître. A ce titre, il ne saurait être oublié celui qui a si ardemment travaillé pour le perfectionne-

ment de ses contemporains et pour l'édification et l'instruction de la postérité (1).

GUILLERY (Pierre),

Moine théologien de l'ordre de Sainte-Geneviève, Prieur et Curé de la Ferté-Milon,

né à Beauvais.

1617 — 1673.

Le père Guillery est un de ces pieux et savants géno-
véfins dont la vie s'est écoulée paisiblement dans l'étude
de la théologie et la pratique des devoirs religieux. Cette
vie toute de travail et d'abnégation est racontée tout au
long dans un manuscrit de la Bibliothèque Sainte-Geneviève dont nous avons tiré en grande partie les détails de
la notice suivante :

Après avoir fait ses études dans sa ville natale, Guillery
se sentit appelé par Dieu. Il entra, à l'âge de dix-neuf
ans, en 1636, à l'abbaye de Sainte-Geneviève, à Paris,
et y fut admis parmi les chanoines réguliers.

Il se montra, pendant son noviciat, rigoureux observateur des exercices prescrits par son directeur et en usage
dans la communauté. Ce ne fut pourtant pas sans quelque

---

(1) Voir son autobiographie, *de vita suâ*, publié par D. Dacheri, et
l'article de l'*Histoire littéraire de la France*, par les bénédictins de
Saint-Maur.

effort, car, lorsqu'il en fut venu au moment de prononcer ses vœux, il parut effrayé de l'étendue des devoirs qu'impliquait la vie de religieux et de la contrainte qu'elle imposait. Mais, peut-être faut-il attribuer ces hésitations aux scrupules qu'il manifesta toute sa vie et à la défiance qu'il eut constamment en ses forces.

Quoi qu'il en soit, touché par la grâce, et redoutant les dangers du monde pour le chrétien en proie à ses séductions, à ses piéges et à ses entraînements, il se décida à prononcer ses vœux. Il fit ensuite son cours de philosophie et de théologie avec beaucoup de succès et fut enfin ordonné prêtre.

Dans tous ces exercices, Guillery montra l'esprit d'ordre, de méthode, de conduite, et le jugement parfait qui le distinguèrent toute sa vie. Il était des plus heureusement doués pour le moral et pour l'intelligence. Il joignait à une grande douceur de caractère, une rare aptitude pour l'enseignement et une grande facilité à apprendre et à comprendre les choses que réclamait l'esprit de son état. Il montra même beaucoup de goût pour les arts, qu'il ne put cultiver assez longtemps pour y profiter comme l'annonçaient ses dispositions. Ainsi il avait le sentiment de la musique, un bel organe pour le chant, et il s'exerçait avec talent dans l'art de la miniature qu'il avait apprise de lui-même.

Mais il avait surtout l'esprit du devoir, et il préféra, à toute satisfaction personnelle, l'envie de se rendre utile à ses semblables en servant la religion selon les prescriptions de ses directeurs.

L'ordre de Sainte-Geneviève avait alors une grande extension; il lui fallait surveiller avec vigilance la discipline dans ses nombreuses succursales. Comme elle faiblissait dans le monastère de Saint-Lô, de Rouen, on songea à y rétablir des réformes. Personne ne parut plus propre que le père Guillery pour cette mission délicate. Il fut nommé prieur de cette communauté et obéit avec la crainte de subir une charge qui lui semblait bien au-dessus de ses forces.

Il était pourtant difficile de s'en acquitter mieux. Il mit tant de discrétion et de sagesse dans toutes ses mesures, de vigilance et d'économie dans son administration qu'il fit prospérer en peu de temps cette abbaye déchue. Telle fut l'affabilité de ses manières, la douceur et l'à-propos de ses exhortations qu'il amena facilement tous ses moines à goûter les réformes qu'il proposait. Tous le prirent en grande estime et en grande amitié. L'un d'eux même, qui était curé de la paroisse, le chargea de faire le catéchisme et des instructions aux enfants et aux fidèles de sa paroisse. Le père Guillery s'acquitta de toutes ces fonctions avec un très-grand succès. Il prit conscience de son aptitude pour la prédication, mais il ne put s'y livrer comme il l'aurait voulu.

Sa réputation le fit rappeler à l'abbaye de Sainte-Geneviève de Paris, en 1645, et il fut chargé d'assister le procureur général de la congrégation. En prenant part à l'administration de sa communauté, il y apporta son esprit de classement et son extrême prudence; mais il y consacra tant de soins et de labeurs qu'il en perdit la santé. A bout de forces, il tomba dans une maladie si dangereuse qu'il se vit un moment aux portes du tombeau.

Revenu à la vie, et, sa santé parfaitement rétablie, il reprit son ministère avec plus de zèle que jamais. Il parcourut les campagnes en faisant le catéchisme pour l'instruction des pauvres. Le Père Général le fit ensuite nommer confesseur ordinaire dans les églises, et bientôt après on le chargea en outre de donner les soins spirituels aux prisonniers détenus dans les prisons publiques de la juridiction seigneuriale de Sainte-Geneviève.

Le père Guillery vaqua à tous ces soins avec une incessante activité et une charité inépuisable. De nombreux pénitents affluèrent autour de lui et il opéra de nombreuses conversions, même parmi les prisonniers.

Son mérite fut apprécié de plus en plus. A la tenue du chapitre, en 1650, on lui confia, avec la charge de procureur général, la conduite de toutes les affaires de la congrégation. Son élection fut accueillie avec joie par toutes les maisons de l'ordre ; mais son esprit toujours craintif ne la lui fit accepter qu'avec peine et appréhension.

Sa gestion pourtant fut pleine de sagesse. Il n'employa qu'avec réserve les ressources de la communauté, évitant toute dépense qui ne fût absolument utile, et selon sa maxime : « *peu et paix* », il eut soin d'éviter ou de prévenir toute contestation, et se montra plus jaloux de conserver que d'acquérir.

Etranger à toute ambition personnelle, il n'avait souci que de l'accomplissement de ses devoirs et n'éprouvait que de l'éloignement pour tout ce qui aurait pu l'exposer à faillir.

Lorsque la cure de Saint-Médard vint à vaquer, on jeta les yeux sur lui. C'était un des meilleurs bénéfices de la communauté. Ne songeant qu'à éviter pareille charge, le bon père s'absenta pour ne reparaître qu'après avoir été bien informé de la cessation de la vacance. Il en usa de même à l'égard de la cure de Saint-Etienne-du-Mont, encore meilleure et qui se trouva libre peu après. Plein d'éloignement pour toute représentation mondaine, il n'enviait qu'une simple cure de campagne.

Plus sa conscience était pure, plus sa tranquillité d'esprit était parfaite. Un jour qu'il avait été députe à l'hôtel de ville avec un autre père, au temps des troubles de la Fronde, on se trouva tout-à-coup cerné par les soldats en fureur qui mirent le feu à l'édifice. Dans ce péril extrême, le père Guillery ne songea qu'à exhorter à la pénitence l'assemblée qui se voyait menacée d'une mort imminente, et durant une partie de la nuit la salle du conseil n'offrit que l'aspect d'une église dans un jour de repentir et de prières. Mais enfin la fureur des soldats se calma et chacun des assistants put regagner sans danger sa demeure.

En 1653, le père Guillery se démit de sa charge sans parvenir au repos qu'il désirait. Il fut nommé prieur de l'abbaye de Saint-Ferréol d'Essône, et chargé d'administrer même la cure. Le bon père y montra autant de lumières que de zèle. Il composa contre les protestants des instructions et des controverses qu'il prêcha pour sa part, non seulement dans l'église, mais même sur les places publiques, stimulant par son exemple les moines qu'il formait par des exercices fréquents et des conférences particulières. Il composa pour eux et pour les fidèles, un cathéchisme de controverse avec une application d'autant plus méritoire qu'il en prenait le temps sur son sommeil. Après six mois il produisit cet ouvrage, si distingué par la méthode et la clarté, si généralement apprécié, qu'en peu de temps il eut trois éditions successives. Il l'avait résumé dans une *instruction sur la manière de se conduire avec les hérétiques*, imitée de Tertullien et de saint Augustin, qu'il terminait par une *profession de foi catholique*. Elle fut imprimée en un seul volume et sous ce titre :

Instructions catholiques des mystères de la foi en faveur de ceux qui sont parmi les religionaires.

Le succès de ce premier ouvrage engagea son auteur à entreprendre, comme complément nécessaire, une *traduction simple et littérale du nouveau testament, selon la Vulgate,* ouvrage indispensable aux controversistes qui n'en connaissaient ni d'assez fidèle ni d'assez intelligible ou littérale. Le père Guillery employa plus d'un an, avec une assiduité incroyable, à mener à bonne fin ce travail qui eut immédiatement deux'éditions.

Telle était sa puissance de persuasion qu'il convertit une dame noble qui s'était peu avant opposée à la conversion de son mari, en danger de mort.

Après six ans d'un ministère si bien rempli, le père Guillery se rendit au chapitre provincial, qui fut tenu dans l'abbaye de Saint-Vincent, de Senlis; de là il fut député au chapitre général qui l'élut pour secrétaire de l'assemblée.

Son style clair et facile, sa belle écriture le rendaient propre à ces fonctions qu'il remplit avec sa capacité ordinaire.

Il exerça ensuite pendant deux ans les fonctions de prieur à l'abbaye de Saint-Lô, dans le diocèse de Coutances, où il fit prévaloir des réformes vainement désirées depuis deux ans. Il restaura l'église, l'enrichit des ornements nécessaires, et réforma la cure de Notre-Dame. Il rétablit les conférences parmi les moines, ranima partout le zèle religieux et confondit les protestants qui avaient lancé un libelle contre les prédications catholiques : il parvint à convertir même mademoiselle de Lobel, fille de Farel, l'un des plus ardents sectaires du temps. Enfin, le 18 juin 1661, il se déroba à ses triomphes et à l'amour qu'il avait généralement inspiré. Ame simple et évangélique, il fuyait toujours l'éclat pour n'aspirer qu'au commerce des pauvres d'esprit.

Il rentra à Sainte-Geneviève de Paris, d'où un an après il fut envoyé malgré lui occuper la cure de La Ferté-Milon. Pendant onze ans, il gouverna cette cure avec un zèle des plus édifiants. Les fidèles accouraient en foule à ses sermons d'une diction simple mais forte, pleins de pathétique, de grâce et d'onction. Il multiplia les aumônes et les confréries pour le soin des malades trop éloignés des hospices.

Il mourut, en 1673, avec la tranquillité d'un homme qui a vécu en saint sur la terre (1).

GUTHIER (Jacques), Erudit,

né à Chaumont-en-Vexin.

1568—1638.

Les savants en *us* du xvie siècle l'appelaient *Gutherius*. Ant. Loisel, dont la muse historique s'exprimait aussi volontiers en picard qu'en latin, l'appelle Jacques *Goutière*. Il était avocat au parlement de Paris.

En ce temps-là, les jurisconsultes se délassaient des labeurs juridiques et de l'étude du Droit par la culture des lettres. Goutière cultivait surtout le latin, c'est pourquoi, sans doute, Abel de Sainte-Marthe le traite dans ses vers de bourgeois de Rome.

Il composa une élégie à Antoine Loisel sous le nom de *Phœdrus, P. Pithœi libertus.* Pierre Pithou était alors une des lumières de la science.

---

(1) Voir l'*Abrégé de la vie du Révérend-Père Pierre Guillery, chanoine régulier de la congrégation de Sainte-Geneviève de Paris, prieur curé de La Ferté-Milon,* par Frère Gabriel de Boissy. — Blondel : *Vie des saints pour chaque jour de l'année,* folio 1722. — Moréri : *Grand dictionnaire historique,* ont donné de longs extraits de ce manuscrit.

Voici la liste des ouvrages de ce savant :

De veteri Jure Pontificio urbis Romæ; Paris, 1612, in-4°.

De Jure Manium seu de ritu, more, et legibus prisci funeris; libri III. Paris, 1628, in-4°. Leipzig, 1671, in-8°.

De officiis domus Augustæ publicæ et privatæ; Paris, 1628, in-4°. Leipzig, 1672, in-8°.

Dans ces trois ouvrages, Goutière compare perpétuellement les *novelles* et le code théodosien avec l'histoire.

Choartius Major seu de orbitate tolerandâ præfatio (Paris, 1613, in-8°), condoléance adressée à Anne Robert, sur la mort de son fils.

Specula ad J. Leschasserii. J.-C. observationem de ecclesiis suburbicariis; Paris, 1618, in-4°.

Tiresias, seu de cœcitatis et sapientiæ cognatione. Ce traité, où Goutière cherche à démontrer que la cécité est sœur de la sagesse, est une pâle imitation des dialogues de Platon.

Enfin, Goutière a dédié une pièce de vers latins au cardinal de Richelieu, sous ce titre : *Rupella rupta,* c'est-à-dire la prise de la Rochelle. Il y est question de la fameuse digue que Richelieu fit construire par l'architecte Metezeau, pour barrer le passage à la flotte anglaise (1).

---

(1) Loisel : *Opuscules.* — Terrasson : *Histoire du Droit romain.*

JEANNE-HACHETTE.

née à Beauvais.

1454 — 14.. ?

La biographie de cette héroïne ne comprendrait guère qu'une page, si l'on n'y joignait l'histoire déjà si connue du siége de Beauvais, puisque son illustration n'est due qu'au hasard, à la spontanéité ; rien d'elle, en effet, avant le jour de gloire, ne sort du vague et ne mérite d'être raconté.

Les historiens ne sont même pas d'accord sur notre libératrice, dont, partout, les premières années s'enveloppent d'incertitude. D'après l'opinion la plus accréditée, Jeanne serait née le 14 novembre 1454. Mais où ? Nul ne le sait, pas même le manuscrit tant revendiqué de la bibliothèque impériale (n° 2,101, lettre L), et sans nom d'auteur. Le manuscrit d'Adrien de Boufflers n'en sait pas davantage.

Les uns veulent que Jeanne, toujours sans précédent, soit un être fictif, un mythe, une de ces apparitions qui, tout-à-coup, se révèlent aux heures suprêmes pour changer la face des destinées. D'autres prétendent qu'elle est issue d'ouvriers en laine, de trameurs, ce qui signifiait alors la dernière classe du peuple.

En 1833, M. Fouquet d'Hachette, se disant un de ses descendants, écrivit que Jeanne était fille d'un officier aux gardes de Louis XI, lequel périt à la bataille de Monthléry, et laissa Jeanne, encore petite enfant, aux mains d'une dame Mathieu Laisné, intendante de la maison du gouverneur de la cité (1).

Un autre récit existe encadré dans le musée de Beauvais; mais on ne peut admettre l'intrigue, les puérilités
qu'il renferme. L'auteur de ce pâle roman a bien fait de
ne pas le signer.

On affirme encore que Jeanne mourut à Beauvais,
qu'elle y fut enterrée au cimetière de la Madeleine, creusé
tout dernièrement pour asseoir des fondations. La pioche
y découvrit beaucoup d'ossements, parmi lesquels étaient
peut-être ceux de la fille valeureuse; mais ces restes
sacrés, qui songeait à les reconnaître?

De l'avis de tous, Jeanne avait de la beauté, de l'expression, beaucoup d'esprit, de courage et de cœur. On
vantait la vivacité de ses saillies, l'éclat de sa prunelle,
tout l'ensemble de sa personne, rempli d'un charme sympathique, mêlé de délicatesse et de pureté. Jeanne déjà
n'était pas une femme ordinaire.

Mais, au mois de février 1850, voici M. Paulin Pâris,
de l'Institut, qui se lève pour dénaturer, pour rapetisser,
pour nous disputer Jeanne, en plein feuilleton de l'*Assemblée nationale*; aussi, ledit journal est-il mort de cette
impiété.

M. Paulin-Pâris, d'abord étayé de cet allemand, qui,
parce que son nom de *Weiss* voulait dire blanc, le changea pour celui d'*Albinus,* et semblant, pour son compte,
fort désireux de renverser les noms, nous chamaille sur
le vrai nom de Jeanne-Hachette, comme s'il eût été
chargé d'appliquer cette loi sur la noblesse, dont on ne
parle déjà plus.

____

(1) La famille de Jeanne s'est cependant perpétuée : un de ses rejetons
vit aujourd'hui dans un médecin de la ville.

M. Paulin Pâris choisit aussi pour contrefort de ses hérésies, Godefroi Hermant, que son érudition n'empêcha point d'être exclu de la Sorbonne. Vraiment cet écrivain, au style enflé des *Ascétiques* de saint Basile, nous parait curieux de contredire Mézerai.

Que Commines, Monstrelet, que d'autres chroniqueurs, pris d'indifférence, de haine pour les femmes guerrières, aient dédaigné de parler de la *dame capitainesse des généreuses amazónes de Beauvais*, c'est fort possible, mais cet oubli ne saurait détruire l'authenticité de Jeanne. N'a-t-on pas aussi contesté l'existence de Jeanne-d'Arc?

Notre antagoniste s'en prend encore à André Favin : il l'accuse d'imposture et d'avoir abusé du dialecte picard par rapport au nom de Fourquet, surnom de Jeanne, du sens de fourcher ou petite fourche, comme si l'auteur eût augmenté le prix de son ouvrage en écrivant hache au lieu de fourche, hachette pour fourquette.

Quoi! M. Paulin Pâris descend de ses hautes régions pour nous quereller à propos d'un nom, d'une hachette ou d'une fourche, en présence des plus sûres traditions, des droits les plus incontestables! De sa part, est-ce donc là un débat sérieux qui vaille la peine de s'engager?

Jeanne, ayant nom Laisné, Fourquet ou Hachette; Jeanne, les mains vides ou brandissant une hache, en a-t-elle moins rallumé le courage de ses compatriotes, en a-t-elle moins pris le drapeau des Bourguignons; en a-t-elle moins abattu l'ennemi; en a-t-elle moins sauvé le pays! M. Paulin Pâris nous juge assez arriérés pour prendre l'effigie de Jeanne-d'Arc pour celle de Jeanne-Hachette! Grand merci de sa façon d'honorer notre discernement! Quand au drapeau séculaire, consacré comme une relique de gloire à l'Hôtel-de-Ville de Beauvais, sur lequel il convient à M. Pâris de reconnaître les couleurs d'Espagne, nous pouvons encore lui répondre :

Notre bannière porte bien, ne lui en déplaise, les armoiries du duc de Bourgogne, supportées par deux pivots en forme de chandeliers d'église : c'est un écusson de seize quartiers. Aux 1er, 6e, 11e et 16e, de gueules à une tour d'or crénelée. Aux 4e et 10e, lozange d'azur crénelé de gueules et d'argent, à une fleur de lys d'or. Aux 7e et 15e, bande d'or et d'azur qui est de Bourgogne ancienne. Au 8e, d'azur, à une aigle impériale de sable. Au 12e, d'argent au lion de sable. Les autres quartiers sont effacés.

Parallèlement au bois de lance, on voit saint Laurent, vêtu d'une tunique d'or, doublée de bleu, accompagné de son gril, d'un écusson fleuronné et d'un rouleau sur lequel se lit : *Plus que tre.* Devant le Saint, deux mousquets se croisent et jettent flammes et balles : une couronne ducale les enlace. L'extrémité de la bannière offre en lettres gothiques *Burg* (sur *Gondia*); au-dessus est un bois de lance brisé. Tous ces ornements sont d'or très-solide; mais le fond, en damas, était si fort usé qu'on l'a remplacé.

M. Paulin-Pàris, à coup sûr très-heureux de ses agressions, s'imagine bien certainement convaincre tout l'univers, lorsqu'il redit que Jeanne ne s'appelait point Hachette, qu'elle n'a point guidé ses sœurs au combat, qu'elle ne tenait pas de hache quand elle saisit le drapeau de Bourgogne, qu'il ne doit pas être permis d'immortaliser notre libératrice sous le nom de Jeanne-Hachette, etc.

Eh bien ! il ne prouve rien du tout; il ne rabaisse pas notre Jeanne; il n'ébranle pas la juste fierté de ses descendantes; il n'entame pas l'illustration dont s'illumine pour toujours la vieille cité des femmes vaillantes !

Mais que nous font ces hargneries devant la grandeur de l'histoire, en face des traditions que, depuis quatre siècles, nos devanciers transmettent à leurs enfants?

N'est-il pas assez d'historiens, assez de poètes, d'artistes, jaloux de représenter Jeanne avec ses vrais attributs : une bannière, une hache, une auréole impérissable?

Après Louvet, Loisel, Mézerai, Barante, Anquetil; après Guizot et tant d'autres qui s'honorent de célébrer la noble fille, citons Cambry, Dulaure; citons la tragédie de Goujon, le drame du poète Araignons, le drame du poète Duperche, l'ouvrage très-estimé du jeune La Fontaine et celui de Doyen; la curieuse notice de M. Danjou, la très-jolie biographie de M. Dupont-White; les comptes-rendus de la société des antiquaires de Picardie, la *France pittoresque*, le *Guide du voyageur*, etc.

Et pourquoi ne mentionnerions-nous pas ici les chants de M*me* Fanny Dénoix des Vergnes : son poëme de *Jeanne-Hachette*, couronné des suffrages de l'Académie des jeux floraux; son hymne à la guerrière, classé dans les archives des beaux-arts; son ode à l'héroïne, lue dans la plus auguste solennité?

Voyez à l'hôtel-de-ville de Beauvais le précieux tableau de Barbier; voyez le marbre du Luxembourg animé par le ciseau de Bonassieux, relevé de la hache traditionnelle; voyez jusqu'aux statuettes, devenues si populaires, garder les mêmes emblèmes! Voyez les pierres, les marbres, les toiles de tous les musées montrer Jeanne debout sur nos remparts, hache en main, enlevant l'étendard de Charles-le-Téméraire et terrassant l'agresseur!

Voyez, enfin, le bronze vivant de notre grande place, ciselé par Dubray, d'après les renseignements les plus authentiques, toujours avec la hache vengeresse, le drapeau glorieux; avec la vraie *pourtraicture*, enfin! Et lui seul, M. Paulin-Pâris prétendrait bouleverser nos droits, amoindrir notre orgueil, défleurir notre renommée par des susceptibilités microscopiques tout à fait indignes du talent et du génie?

Que de vaillantes polémiques soulevées à cette occasion dans tout le département de l'Oise, même bien au-delà ; sans parler de ces caricatures où les femmes de Beauvais poursuivaient M. Paulin-Pâris à coups de flèches et de couleuvrines !

Mais, nous aussi, bravons l'agresseur ; rattachons-nous au fil de l'histoire ; élançons-nous sur les pas de tant d'écrivains célèbres, au risque de rester loin derrière eux ; à notre tour, suivons Jeanne, simple briseresse de laine, Jeanne, bourgeoise ou noble dame, en la voie sublime que le sort lui présente.

Donc, en 1472, le duc de Bourgogne, rayonnant de puissance et d'orgueil, bouillant de colère, altéré de sang, soutenu par le duc de Bretagne et secondé par le jeune frère du roi, duc de Normandie, va recommencer la guerre du *Bien public*, et venger l'inexécution des traités de Péronne et de Conflans.

Bientôt Louis XI, plus fort par la mort de son frère, avait cessé de leurrer son cousin de Bourgogne de la reddition des villes promises. Il s'était même écrié devant les envoyés de Charles-le-Téméraire : *Quand le gibier est pris, il n'y a plus de serment à jurer.* Furieux à bon droit et prodiguant à l'astucieux monarque les mots de parjure, d'empoisonneur, Charles, avec 80,000 soldats, passe la Somme, pille, saccage villes et bourgades ; il emporte Nesles, en poursuit les habitants jusque dans l'église où le massacre fut si grand que le vainqueur nageait dans le sang jusqu'au poitrail de son cheval, disent les historiens. Ébloui de ses triomphes, il marche sur Beauvais, cette clef de la France d'alors. Ruiné par des guerres per-pétuelles, Beauvais est sans défense. « Là dedans la ville » n'étoit que le capitaine de ladite ville, nommé Loys de » Balagny, et trois cents hommes d'armes de sa compa-

» gnie, lesquels ne avoient que quelques armures, car
» huit jours devant les avoient perdues à Roye, qui avoir
» été prinse des Bourguignons, et n'avoient autres gens
» de guerre que les habitants et gens du pays qui estoient
» restraits dedans. »

Oui, la situation était horrible, désespérée; sans troupes, sans artillerie, sans munitions de guerre, loin du roi, puis, en lutte avec un évêque, Jean de Bar, lequel rançonnait rudement le bourgeois, faisait jeter les refusants en d'obscures prisons; et, quand il restituait les prêts, ne rendait jamais qu'*une livre par écu, et gardait de la haine contre les réclamans* (1).

Cependant Beauvais, si dépourvu devant l'armée la plus formidable et l'artillerie la plus meurtrière de toute l'Europe, va résister ou périr enseveli sous ses propres décombres, plutôt que de subir le joug de l'étranger.

La commune est convoquée; l'accord est unanime; et, suivant les anciens plans de défense, on coupe tous les arbres d'alentour. Les portes, les poternes sont murées, barricadées; des chaînes sont tendues; des courriers sont expédiés; le guet est doublé, les chefs de quartiers mis en garde, et les mayeurs de bannières invités à se tenir prêts.

L'évêque avait écrit à Louis XI pour lui annoncer l'approche des Bourguignons; voici la réponse du roi, datée du Pont-de-Cé :

Monsieur de Beauvais,

J'ai reçu vos lettres par lesquelles vous me advertissez de la venue du duc de Bourgogne es-marches de par de là, aussi des exploits qu'il a faits, et de donner provision à la

---

(1) Manuscrits fournis par la ville.

garde et sûreté de la ville de Beauvais, dont, et de votre advertissement je vous sais très-bon gré et vous en remercie; et au regard de la provision j'ai donné charge à M. le connétable des marches de par de là, aussi, j'ai envoyé M. le grand maître, le sénéchal de Poitou et autres chefs de guerre et il y a un bon nombre de gens d'armes qui s'en va après eux devers lesquels pourrez envoyer s'il en est nécessité, et y donneront la provision telle que sera besoin pour la garde et sûreté de ladite ville. — Aussi j'ai espérance de bien brief me tirer es-marches de par delà. Si je vous prie, monsieur de Beauvais, que mettiez en peine de faire tout en point et mieux que pourrez pour la garde et défense de ladite ville de Beauvais, et au surplus tout ce que vous verrez être nécessaire pour la sûreté de ladite ville vous y employer comme j'y ai une espéciale confiance.

Déjà, par les portes de la ville accourent en longues files les populations des campagnes, poussant leurs bestiaux devant elles, et transportant derrière les murailles tout ce qu'elles ont de précieux.

Les châteaux, les abbayes des environs, viennent avec leurs richesses, leurs reliques, se réfugier dans la cité. Sur les places, dans les carrefours s'amoncèlent les hardes, les meubles des villageois : religieuses, moines et seigneurs, abrités dans les nombreux refuges de la ville, enfouissent ou murent leurs trésors dans les souterrains, tandis que les vieillards, les enfants, se cachent dans les caves. On ne peut circuler par les rues, tant elles sont encombrées de gens de guerre, de bourgeois, des refugiés; et l'on n'entend que les récits lamentables des horreurs commises à Nesle, des clameurs d'appréhension et des cris de découragement.

Voici l'heure suprême et le réveil le plus terrible!

Le samedi 27 juin 1472, au point du jour, des ouvriers couvreurs, montés sur les hauts combles de la cathédrale, voient au loin dans la plaine, vers la route d'Amiens, des tourbillons de chevaucheurs et de soldats ennemis.

Les *cloquettes* de la cathédrale s'ébranlent; les cloches des treize paroisses répondent par des sons de détresse. L'alarme est au comble : toute la ville est sur pied; on court aux armes, arquebusiers, bourgeois, moines, gentilshommes, gens de métiers, villageois; on se dispute les dagues, les demi-lances; on court aux portes, aux remparts, tandis que le maire, armé de pied en cap, fait *habiller* les arbalètes, les canons, organise les corporations sous la conduite des dizainiers, des cinquantainiers, et demande secours aux pays environnants.

« A huit heures, les Bourguignons sont devant Beau
» vais, en grande puissance et en grand nombre. Un
» hérault d'armes de Bourgogne se présente avec sa croix
» de Saint-André, et, précédé de trompettes, il s'a
» vance à un jet d'arc. De par le duc, dit-il, je somme
» le capitaine et les habitants de la ville que l'on lui fest
» obéissance, ce qu'on lui dénia. » Non, les rejetons des vieux Bellovaques n'ont point hésité : le sang de leurs aïeux parle dans leur sein plus haut que la prudence, plus haut que la peur, et l'immensité du péril double en eux cette force morale qui fait les prodiges.

Les Bourguignons s'étaient précipités dans les faubourgs en s'écriant : *Ville gaignée!*

Pendant que tout le peuple est aux créneaux ou prosterné dans les églises, les femmes se sont levées intrépides; elles ont escaladé les remparts, en *admonestant leurs défenseurs de toujours avoir bon et entier courage.* Ces femmes ne cessent d'exciter à la résistance leurs frères, leurs pères, leurs époux; elles portent de la poudre, des armes aux combattants, et jettent elles-mêmes sur les assaillants des pierres, de l'huile bouillante, de la chaux vive, du plomb fondu, des fascines enflammées ; puis la châsse de sainte Angadrême, patronne de la ville, est apportée et soutient la foi des assiégés. La porte la plus menacée est en feu sur toute sa longueur ; c'est une fournaise inabordable. Partout, des efforts inouis, des prodiges surhumains ; mais la lutte est impossible ; la cité va succomber sous la force et le nombre. Déjà les Bourguignons dressent leurs échelles ; déjà leur bannière flotte sur nos murs fumants.

O miracle !

Soudain, une jeune fille apparait ; elle a 18 ans ; elle saisit le premier objet que rencontre sa main ; c'est une hache ; elle ramène, elle entraîne sur ses pas les hommes découragés, les femmes éplorées ; elle bondit sur les créneaux, arrache l'étendard triomphant que le Bourguignon plantait sur la brèche, frappe l'audacieux de sa hache, l'abat dans les fossés ; et, resplendisante d'espoir, de bonheur, elle court déposer le trophée au pied des autels.

La fille héroïque, c'est Jeanne Laisné, dite Fourquet, et surnommée Jeanne-Hachette par le maréchal de Rouhault. Qui donc anime à ce point la jeune vierge ? C'est l'intérêt, la gloire du pays qui centuplent l'énergie des nobles cœurs ; c'est l'amour si capable d'exalter l'héroïsme.

Oui, miracle ! On eût dit que Jeanne attendait ici l'occasion de répandre cette lave d'intrépidité, de sentiment qui lui rongeait la poitrine, de se grandir aux yeux de celui qu'elle aime, de s'élancer vers l'avenir.

Cet exploit dépouillé d'ambition, de fanatisme ; cet exploit inattendu, semble pétrifier l'agresseur, et donne aux renforts demandés le temps d'arriver par *la Porte de Paris*, que le duc de Bourgogne, trop sûr du triomphe, avait dédaigné d'entourer ; et tout le peuple ranimé achève la victoire d'une femme sur 80,000 guerriers.

La veille de la délivrance, Charles faisant admirer son beau parc d'artillerie aux ambassadeurs d'Angleterre, répétait que c'étaient les clefs des bonnes villes de France. A ces mots, le fou, qui le suivait, se met à chercher dans les pièces de la superbe artillerie ; Charles de lui demander ce qu'il fait là , et le bouffon de lui répondre : « je cherche les clefs de Beauvais et je ne puis les trouver. »

Singulier pronostic d'un fou plus sage que son maître !

Tairons-nous, dans ces luttes grandioses, parmi tant de noms si dignes de la postérité, Louis Gommel de Balagny, capitaine de la ville ; son lieutenant Jean le Goix ; son maire Guillaume Binet, lesquels ont rivalisé d'ardeur, de courage, de bravoure pour le salut commun ?

N'oublions pas qu'en ce jour glorieux une autre femme de Beauvais lègue son nom à l'avenir.

D'un bond la foule se masse au moment de l'assaut vers la porte *de Paris* et crie aux gardiens : *Fermez ! Fermez ! Veci monsieur de Beauvais qui s'en veut fuir !* (1)

En effet, c'était l'évêque Jean de Bar, en cotte de maille, tout chaussé, tout éperonné, javeline en main, qui, jugeant « qu'il valait mieux être hors la ville que dedans, » s'enfuyait avec son argent, sa vaisselle, portés dans une bouge verte par un de ses officiers. Pendant que *Pierre Bourgeois* demande qu'on *lui baille les clefs pour les jeter par-dessus la muraille dans la rivière*, la dame de Brétigny saute à la bride du cheval de ce prélat fugitif, le relance dans la ville en s'écriant « Honte ! Monseigneur, il faut que » vous mouriez avec nous. » En même temps, *honorable homme et sage Jean le Goix crie que c'est mal fait à lui de*

---

(1) Archives de la ville.

délaisser la ville en pareil moment; qu'il montre mauvais chemin aux habitants et qu'il ne s'en ira pas; « et le jeune archer, *Oudinet Duclos,* tend son arc, et menace de lui mettre *la flèche dedans le corps s'il bronche.* De toutes parts les huées s'élèvent autour de Jean de Bar. On lui répète encore : *Ah! Monseigneur, vous vous dites seigneur de la ville et vous vous enfuyez !* Ailleurs, une femme encore lui crie de sa porte : *Monsieur, je vous prie que vous alliez prier Dieu pour nous;* et l'évêque, de répliquer : *Ma mie, on fait le pis pour le mieux.* »

« Si que c'était grande horreur d'ouir le cri et mur-» muration du peuple, » ajoutent les archives.

Charles-le-Téméraire fait donner la retraite ; il évacue son parc d'artillerie ; il abandonne des canons où se lit *Montlery;* et ce malheureux prince dont on ne peut s'empêcher d'aimer le caractère brillant et chevaleresque s'en va bientôt mourir fugitif devant Nancy.

Jamais place n'avait été mieux attaquée ni plus vaillamment défendue, écrit Commine. Le roi Louis **XI**, émerveillé de ce beau triomphe, jure de ne pas manger de chair jusqu'à ce que Briconnet, son trésorier, ait fait exécuter une ville de Beauvais en vermeil, du poids de deux cents marcs. Ce monarque accorde une foule de priviléges à la ville. Puis il institue, en l'honneur de Jeanne-Hachette, une procession dite de l'Assaut, avec des stations aux portes attaquées durant le siége. La châsse de sainte Angadresme, tous les corps saints figuraient à cette procession que suivaient l'évêque, les chanoines, les ordres religieux mendiants. Avec quel orgueil, quel respect s'y déployait le drapeau de Jeanne, toujours porté, de génération en génération, par des femmes de sa famille! Le monarque, parfois gracieux et reconnaissant, protége le mariage de Jeanne avec celui qu'elle a choisi, Colin Pilon, digne, par sa bravoure, de la femme vaillante et dévouée. Il exempte cette libératrice de nos murs de la taille de toutes charges publiques, elle et ses descendants : il veut, en mémoire de son triomphe, que les femmes de Beauvais aient le pas sur les hommes à l'offrande de la messe, et surtout à la procession dite de l'*Assaut*.

Le roi permet à ces femmes couronnées d'une si glorieuse origine, de se parer le jour de leurs noces d'hermine, de soie et d'or, comme les femmes des chevaliers; la ville obtient d'autres faveurs encore plus précieuses : elle est affranchie de la taille; on y jouit de la permission de posséder fiefs et trésors, sans payer un seul droit au souverain, sans lui fournir des hommes d'armes en temps de guerre. Ces priviléges, approuvés par Charles IX, Henri IV et Louis XIII, subissent l'instabilité des choses humaines, et s'éteignent à la révolution. On relira avec intérêt les lettres-patentes que le roi donne à cette occasion (1).

---

(1)   *Aux maire, pairs et habitants de Beauvais.*

Les Bourguignons, déboultés par l'intercession de sainte Angadresme, levèrent le siége et s'en départirent honteusement, et aussi que les femmes et filles de ladite ville durant lesdits assauts ne se montrèrent nullement desconfortées, mirent la main à la besogne, et vous donnèrent matière à vous et vos descendants à toujours, mes bons bourgeois et manants d'icelle ville pareillement garder leur loyauté et la monstrer par effet envers nous et nostre couronne. Pourquoy nous avons bien voulu et ordonner que lesdites femmes jouissent doresnavant des octrois et préminences déclarées en nosdites lettres. Que les femmes et les filles voissent à la procession devant les hommes, sans en être reprises et ceintes d'or. Et, en la perpétuelle mémoire de ladite procession faite ainsi par les femmes de ladite ville, pendant et durant ladite hostilité, et de leur bonne contenance, vertu et résistance, avons en outre voulu et ordonner qu'icelles femmes aillent doresnavant à la procession par nous ordonnée, incontinent après le clergé, et précède les hommes iceluy jour, et qu'ainsi le fassent à l'offrande qui se fera à la messe; et, en outre, que toutes les femmes et filles qui sont à présent et qui seront ci-après en ladite ville se puissent et chacune d'icelles à toujours le jour

Quatre siècles s'écoulent sans que Beauvais s'occupe de son héroïne, autrement que par des récits traditionnels. Des peintres, des statuaires étrangers la représentèrent ; et il n'y a guère que vingt-huit ans que la ville donna son nom à la rue qu'elle habitait.

Enfin, le six juillet 1851, Jeanne va revivre sur le bronze. Sa statue va être inaugurée par Louis-Napoléon.

---

et solennité de leurs nopces, et toutes autres fois que bon leur semblera, vestir et orner de tels atours, parements, joyaux et ornements, que bon leur semblera, sans que aucune d'icelles en puissent être aucunement notées, reprises ou blâmées, de quelque état ou condition qu'elles soient.

Si donnons en mandements par ces présentes à nos justiciers et officiers présents et à venir, que nos présentes volontés, ordonnances, et tout le contenu en ces présentes, ils gardent, entretiennent et facent entretenir de point en point, et sans enfreindre, en les faisant crier et publier en ladite ville par lieu où lui a accoutumé de faire cris et publications, à ce que aucuns n'en puisse prétendre cause d'ignorance, et afin que ce soit ferme et stable à toujours.

Suit cette autre lettre-patente, relative à Jeanne-Hachette :

Savoir nous faisons que par considération de la bonne et vertueuse résistance qui fut faite par notre chère et bien-aimée Jeanne Laisné, demeurant en notre dite ville de Beauvais, en l'encontre des Bourguignons, nos rebelles et désobéissants sujets, qui, ladite année s'efforcèrent de surprendre et gagner sur nous et notre obéyssance, par puissance de siége et d'assaux, notre dite ville ; ladite Jeanne gagna et retira devers elle ung estendard desdits Bourguignons, ainsi que nous estant dernièrement en notre dite ville, avons été de ce duement informé ; nous avons, pour ces causes, et aussi en faveur du mariage de Colin Pilon et elle, lequel, par notre moyen, a esté naguère traicté, conclud et accordé, et par autres considérations, avons octroyé et octroyons de grâce spéciale, par ces présentes, que lesdits Colin Pilon et Jeanne, sa femme, chacun d'eux soient et demeurent leur vie exempts, francs, quittes de toutes les tailles qui sont et seront doresnavant mises sus et imposées de par nous en notre royaume, soit pour le faict et entretènement de nos gens de guerre ou quelque cause que ce soit, et aussi de guet et garde-porte, quelque part qu'ils facent leur demeure en notre royaume ; si nous mandons et enjoignons que lesdits mariés, et chacun d'eux, vous laissiez jouir et user pleinement et paisiblement de nos présentes que ces affranchissements et octrois, sans aucun empêchement, car ainsi nous plait être faict, etc.

Quelle solennité pour Beauvais, si calme en dehors du bruit de ses cloches et de ses cancans proverbiaux !

Quinze jours avant, les bras étaient brisés à l'idée fiévreuse de cette fête : on ne travaillait plus, et des groupes se formaient dans la rue comme à la veille d'une émeute. On attendait 60,000 personnes : des rumeurs de famine circulaient, et l'on avait amassé des provisions comme pour un siége.

A l'aube du 6 juillet, c'était quelque chose d'enchanteur, d'idéal que cette ville endormie dans sa parure de lin ; de pourpre, de feuillages, de fleurs, sous le souffle d'un matin suave, et comme dans l'attente d'un hôte mystérieux, d'une résurrection divine.

Le soleil de Wagram se lève, et le son des cloches, le bruit du canon saluent le jour de Jeanne et de Napoléon.

Les champs, les collines se couvrent d'une population agreste et lointaine. Sur les routes d'alentour, roulent les diligences poudreuses et des charrettes cyclopéennes, où s'entassent des villages entiers. De tous points, arrivent des gardes nationales, tambours battants, enseignes déployées.

Nos rues sont jonchées de verdure, tapissées de couronnes, traversées de guirlandes, et ornées d'arcs de triomphe. A toutes les croisées flotte un drapeau : partout les chiffres de Jeanne-Hachette ; partout des statues de l'héroïne surmontent des arceaux, des temples de feuillage.

La foule augmente, déborde ; c'est un flot immense contenu à grand'peine par la force publique. Partout les fenêtres, les toits sont garnis de spectateurs hissés les uns sur les autres ; les arbres en sont chargés jusqu'à la cime : on en voit avec épouvante d'achevalés sur nos pignons aigus, sur les cheminées, les gouttières, et l'on tremble d'être écrasé par ces affreux imprudents.

Dix heures sonnent : on se presse davantage, et les

poitrines palpitent d'un saint émoi. Le canon résonne par intervalles; les tambours battent aux champs, la cavalerie ébranle le pavé.

Le neveu de l'Empereur, reçu à la porte de la ville par l'autorité municipale et préfectorale, s'avance à cheval sous des arcs de verdure, sous une pluie de fleurs, aux cris de : *Vive le Président !*

C'était un enthousiasme impossible à décrire, au souvenir ravivé de Jeanne, en face de celui qui semblait fermer l'ère des révolutions. Jamais pareils transports n'avaient éclaté dans la ville si paisible et si froide !

Voici l'heure de l'inauguration. La vaste place de l'hôtel-de-ville offre un aspect féérique : elle est magnifiquement décorée; elle est encadrée de masses de soldats, de masses de peuple, de milliers de têtes qui regardent aux fenêtres et par toutes les issues. Les toits disparaissent sous la foule de curieux qui conservent un équilibre providentiel.

Le cortége arrive; il se déroule étincelant de splendeur autour de la statue de Jeanne-Hachette. Mais quelle jolie couronne à notre fête, et quelle apparition céleste !

Deux essaims de jeunes filles, vêtues de blanc, ceintes de lauriers, débouchent de rues éloignées et se dirigent vers la grande place. Les unes, enfants du peuple, portent le drapeau séculaire, arraché, il y a bientôt quatre cents ans, de la main du Bourguignon, par notre libératrice. Ces filles de Jeanne tiennent une petite hachette en mémoire de cette hache qui renversa l'ennemi : les autres, plus favorisées de la fortune, soutiennent sur leurs épaules, ou suivent avec des rubans, la châsse de sainte Angadrème, jadis percée d'une flèche bourguignonne, et dont la vue exerçait une puissance magnétique sur l'étranger.

Toutes ces jeunes filles, posées sur les marches de

piédestal, formaient un tableau délicieux ; on eût dit une légion de beaux anges, jaloux d'entourer notre Jeanne de louanges, d'amour, et de montrer sa gloire à l'univers.

Le signal est donné. Un frémissement universel parcourt l'immense population. Les voiles de la statue sont enlevés, et Jeanne, saluée par une salve d'artillerie, par mille fanfares, mille bénédictions, reparait intrépide, héroïque, comme au jour du combat.

Il se fait un moment de silence religieux et sublime. Le prince est à cheval en face de la statue ; derrière lui, sont les ministres, les généraux, les officiers d'ordonnance ; de l'autre côté, viennent la magistrature, l'administration, la municipalité, le clergé, les corporations d'ouvriers, les représentants à l'assemblée législative.

C'est le moment des discours officiels.

Les paroles du maire, empreintes du patriotisme le plus touchant, retracent la glorieuse résistance de Beauvais, l'admirable exaltation des femmes, l'immortel exploit de Jeanne, notre mémorable victoire sur l'étranger.

Les paroles du préfet respirent aussi l'éloquence. « C'est, dit-il, une insigne fortune pour l'héroïne de
» Beauvais, illustrée sous nos rois, de revivre après un
» si long sommeil pour rencontrer de son premier regard,
» dans l'héritier du plus grand nom de nos annales,
» l'élu du suffrage universel......

» J'en atteste ce concours immense, cet empressement
» spontané des populations reconnaissantes, de ces po-
» pulations qui ont fait leurs preuves de discernement
» politique et d'énergique amour de l'ordre ; car, c'est
» d'ici, de cette même place où tant de sympathies vous
» entourent, qu'est parti le premier cri d'indépendance
» et d'indignation contre ces pouvoirs illimités...., etc. »

Le discours de l'évêque cherchait à prouver que la patronne de Beauvais, sainte Angadrême, a plus que

Jeanne-Hachette, opéré le salut du pays. Monsieur de Beauvais, comme on disait jadis, appuyé sur l'assertion, applique à Jeanne, victorieuse en tous cas, ces mots que la ville de Béthulie adressait à sa libératrice : *Vous êtes, après les saints de Dieu, la gloire, la joie et l'honneur de notre peuple.*

Et l'éloquent prélat continue ainsi :

« C'est toujours sainte Angadresme et Jeanne-Hachette,
» la sainte qu'on invoque durant le siége, l'héroïne qui
» repousse les assaillants; c'est la bannière de l'Eglise,
» symbole de paix; le drapeau, trophée de la victoire;
» c'est la ville entière avec ses magistrats et sa milice
» heureusement confondus dans le même culte et la
» même allégresse; et, au rang d'honneur, près de la
» statue qui nous offre le talent d'un artiste distingué,
» c'est l'élite des familles de la cité, fières de recueillir et
» de conserver l'héritage inséparable de la foi et du cou-
» rage.

» La foi et le courage! Ces deux nobles sentiments ne
» sont-ils pas, en effet, étroitement unis l'un à l'autre?
» La foi, principe sacré; le courage, héroïque consé-
» quence. N'en doutez pas, Messieurs, ce fut à la source
» féconde de la foi que Jeanne puisa son amour passionné
» de la patrie. Aussi, regardez-la, dans l'enthousiasme
» de la victoire, ne semble-t-elle pas vous dire : Loin de
» moi, loin de vous le courage égoïste enfanté par la va-
» nité et l'ambition.

» Jeanne n'avait cherché que le devoir, et cependant
» vous lui donnez la gloire. Vous la lui donnez, monsieur
» le Président, en rehaussant par votre présence l'éclat
» de cette solennité; vous la lui donnez vous tous qui êtes
» accourus pour célébrer son triomphe. C'est justice!
» Plus l'héroïsme est désintéressé, plus il est chrétien, et
» par conséquent modeste, plus il mérite d'être exalté!...

» Puissent les ovations dont vous entourez votre hé-
» roïne; puissent les bénédictions saintes que nous ré-
» pandons sur son image, apprendre à tous que rien n'est
» plus glorieux que le ferme accomplissement du de-
» voir..... et qu'il est un Dieu qui récompense le dévoue-
» ment et le sacrifice. »

Maintenant, voici venir une femme, la muse de l'Oise. Mme Fanny Dénoix des Vergnes, debout dans le cortége, lit son hymne à l'héroïne dont voici quelques strophes :

. . . .

Qu'on aime à voir ta sublime assurance,
Ton œil d'éclair, ton intrépidité !
Jeanne, on croirait que ce bras indompté
Va renverser l'ennemi de la France,
Et de nouveau préserver la cité.

. . . .

Quatre cents ans, c'est l'âge de sa gloire,
Et son éclat n'en brille que plus beau :
Quand de nos bords sa gloire est le flambeau,
N'a-t-elle pas un trône dans l'histoire !
L'apothéose au-delà du tombeau?

. . . .

O voyageur ! exalte l'héroïne
Porte son nom du Vésuve au Thabor !
Dis que nos yeux contemplent son essor !
Si l'étranger rêvait notre ruine
Dis que ses sœurs le défieraient encor !

. . . .

Jeanne, voici le chef de notre France!
Le bouclier de nos jours désastreux.
Quand les partis se déchiraient entre eux
Napoléon nous rendit l'espérance ;
Jeanne, bénis ses efforts généreux!

Ivre des acclamations de la foule, ivre des suffrages présidentiels, Mme Dénoix des Vergnes, comme l'inspirée des anciens temps, perce les destinées de Louis-Napoléon : la main dans sa main, et, de l'autre, montrant Jeanne-Hachette au chef de l'État, la muse de Beauvais s'écrie : Prince! vous serez Empereur!

Maintenant, qui voudrait reconnaître le blâme dont on heurta cette prophétie ; et qui donc, excepté l'Empereur, ne sait tout ce que la pauvre muse souffrit de son jour d'ovation. L'avenir, sans doute, lui permettra de s'expliquer sur des circonstances assez étranges, assez curieuses.

Un carrousel continue la fête de Jeanne. Des paladins se déploient fiers et chevaleresques au sein du tournoi ; ils se confondent insaisissables et semblent disparaître en des tourbillons fantastiques au son d'une musique charmante, aux airs chéris de la France.

Sous une tente fleurie et pavoisée, s'offre un repas magnifique de cent soixante-dix couverts. Les discours se renouvellent : le maire de Beauvais y dit au Président :

« Votre présence dans nos murs rappelle le souvenir » du voyage du premier consul, en 1802.

» Elle excite le même enthousiasme, les mêmes senti-» ments de reconnaissance.

» Nous vous sommes redevables de la tranquillité dont » nous jouissons.

» Les mesures sages que vous avez prises ont fait taire » l'anarchie.

» L'ordre, troublé par une secousse qui a ébranlé la » société jusque dans ses bases, a été rétabli. . . . . .

» Grâces vous soient rendues de tous ces bienfaits ! » A quoi le Président a répondu :

« L'honorable maire de Beauvais me pardonnera de me » borner à un simple remerciement pour les paroles » flatteuses qu'il vient de m'adresser. En y répondant, » je craindrais d'altérer le caractère religieux de cette » fête qui, par la commémoration d'un fait glorieux ac-» compli dans cette ville, offre un haut enseignement » historique.

» Il est encourageant de penser que souvent, dans les
» dangers extrêmes, la Providence réserve à un seul
» d'être l'instrument du salut de tous. . . . .

» Une cause ne périt pas lorsqu'elle a pour la conduire
» une foi ardente, un dévouement infini, une conviction
» profonde (1).

» Ainsi, au xve siècle, à peu d'années de distance,
» deux femmes obscures, mais animées du feu sacré,
» Jeanne-d'Arc et Jeanne-Hachette, apparaissent au
» moment le plus désespéré pour remplir une sainte
» mission.

» L'une a la gloire miraculeuse de délivrer la France
» du joug de l'étranger.

» L'autre inflige la honte d'une retraite à un prince
» qui, malgré l'éclat et l'étendue de sa puissance, n'était
» qu'un rebelle artisan de guerre civile.

» Et cependant à quoi se réduit leur action? Elles ne
» firent autre chose que de montrer aux Français le che-
» min de l'honneur, du devoir, d'y marcher à leur tête.

» De semblables exemples doivent être honorés, per-
» pétués; aussi, suis-je heureux de penser que ce soit
» l'Empereur Napoléon qui, en 1806, ait rétabli l'antique
» usage, longtemps interrompu, de célébrer la levée du
» siége de Beauvais!

» C'est que pour lui la France n'était pas un pays fac-
» tice, né d'hier, renfermé dans les limites étroites d'une
» seule époque et d'un seul parti; c'était la nation grande
» de huit cents ans de monarchie, non moins grande
» après dix ans de révolution, travaillant à la fusion de
» tous les intérêts anciens et nouveaux, en adoptant
» toutes les gloires sans acception de temps ou de cause.

---

(1) Ici, des cris de *Vive la République!* interrompent le Président.

» Nous avons tous hérité de ces sentiments, car ici je vois
» des représentants de tous les partis ; ils viennent avec
» moi rendre hommage à la vertu guerrière d'une époque
» reculée, à l'héroïsme d'une femme. »

Le soir, les rues de Beauvais, étincelantes de lumières,
ornées de tapisseries de notre royale manufacture,
encombrées de fleurs et d'emblèmes patriotiques, voient
circuler une population toujours émerveillée.

Pénétrons dans cette rue détournée, revêtue aujour-
d'hui de la parure des fêtes. On y entre par une voûte de
feuillages où se lit en lettres de fleurs : *rue Jeanne-
Hachette*. On suit avec respect cette rue populeuse, et
l'on s'arrête devant un temple de verdure surmonté d'un
écusson où sont gravés ces mots : *Ici était la maison de
Jeanne-Hachette !* Une couronne ombrageait cette simple
inscription ; la gloire l'entourait d'une auréole, et le pieux
élan des habitants de la rue Jeanne-Hachette émouvait
le cœur.

Gagnons les boulevards par une porte majestueuse,
toute en verres de couleur et constellée de feux diaman-
taux. Au delà, des lanternes de Venise, des girandoles
de lumières dessinent l'espace où l'on danse ; et dans un
lointain traversé par un bandeau de flammes vaporeuses,
ressort en lettres de feu le nom de l'héroïne.

Le lendemain la fête recommence : une chasse aérienne,
un ballon montent vers la nue ; et, la nuit, un feu d'artifice
parait embraser la ville. Des colonnes de feu, des serpents
de flamme, lancés contre le ciel, retombent en milliers
d'étincelles. Des forteresses, des temples, des fleurs flam-
boient aux regards, et Jeanne l'héroïque apparait sur les
remparts, hache en main', invincible comme si elle allait
encore triompher du Bourguignon.

La ville, comme bénie par la solennité de Jeanne-
Hachette, ne pouvait dépouiller sa parure. Les fleurs,

les rameaux s'effeuillèrent d'eux-mêmes, et l'on en ramassait les vestiges comme des reliques. Chaque année, cette fête refleurit; chaque année, à pareil jour, on célèbre la procession de l'*Assaut;* on promène dans nos murs la précieuse bannière, et des chants ne cessent d'éclater en l'honneur de Jeanne libératrice, de Jeanne l'immortelle (1).

HAMEL (Jean), Théologien et Poète,

né à Clermont, diocèse de Beauvais.

XVIIᵉ SIÈCLE.

Jean Hamel était curé de Saint-Léger de Mouy. Il prit part aux querelles religieuses du diocèse, dont nous avons fait mention dans la vie de Godefroy Hermant, contenue dans ce recueil. Bien qu'il ait fait l'éloge de son évêque, M. de Buzenval, il n'en fit pas moins la satire des chanoines du parti de l'évêque, tels que M. de Bridieu, Hermant et autres.

Beauvais était alors un des foyers du Jansénisme, et le chapitre de la Cathédrale y entretenait une petite guerre héroï-comique, qui aurait pu inspirer le chantre du *Lutrin* (2). Jean Hamel y exerça sa verve latine et picarde.

---

(1) Cette notice a été rédigée par Mᵐᵉ Fanny Dénoix, d'après les études historiques et les opuscules poétiques qu'elle a consacrés à Beauvais et à Jeanne-Hachette.

(2) Parmi les satires dirigées contre les querelles religieuses du temps, voir le poème intitulé *la Calotte.*

On a de cet auteur plusieurs pièces de genres très-différents :

1° Un long et magnifique *Eloge* latin, en style lapidaire ou prose quarrée, de M. Nicolas Choart de Buzenval, évêque de Beauvais, in-folio. C'est un abrégé des vertus et des principales actions de ce prélat.

2° Plusieurs pièces de vers français contre M. de Bridieu, archidiacre de Beauvais, et contre plusieurs autres chanoines partisans de M. de Buzenval.

3° *L'Esprit de l'Eglise*, 1 vol. in-12 (1).

HANGEST (Jérôme de), Philosophe,

Théologien, Mathématicien et Docteur en Sorbonne,

né à Compiègne.

14.. — 1538.

Il était de l'illustre famille de Hangest, en Picardie. Sa haute naissance, jointe à son profond savoir, lui ouvrait un facile accès aux honneurs et aux emplois élevés de l'Eglise ou de l'Etat.

Professeur de l'Université de Paris, docteur en Sorbonne, il devint chanoine et écolâtre de l'église du Mans, et grand vicaire pour le cardinal de Bourbon, évêque de la même ville.

Il faut qu'il se soit montré avide et enclin au cumul des

------

(1) *Mémoire du Temps.* — Moréri : *Dictionnaire historique.*

bénéfices ecclésiastiques, puisque La Croix du Maine suppose que Rabelais, dans le chapitre cinq de son premier livre, où il écrit : « l'appétit vient en mangeant, » disait Angeston, avait désigné ce Jérôme de Hangest, de qui Amyot emprunta ce mot lorsqu'il répondit à Charles IX, qui lui reprochait son avidité de bénéfices : « Sire, l'appétit vient en mangeant. »

La réforme offrit à Hangest une belle occasion d'exercer son zèle pour l'orthodoxie. Il défendit en vrai docteur de Sorbonne la foi catholique contre les novateurs de son temps.

On a de cet auteur : *Lumière évangélique, contre les ténébrions hérétiques, pour la Sainte Eucharistie,* livre qu'il dédia à M. le connétable Anne de Montmorency, et imprimé à Paris, in-8°, par Jean Petit, 1534. C'est dans ce même but qu'il composa le *Livre de Voie sûre en controverse,* imprimé à Avignon, in-16, par Pierre Roux, 1566.

Il a écrit encore, en prose française, une *Antilogie contre les faux Christs,* Paris, 1523.

En 1521, il avait publié à Paris les trois ouvrages de morale suivants, en latin : 1° *De libero arbitrio, contra Lutherum* ; 2° *De possibili præceptorum observatione* ; 3° *De Christifera eucharistia adversus nugiferos.*

Dans son livre : *Des académies contre Luther,* Paris, 1531, in-8°, scolastique renforcé, il défend les universités et l'usage d'y prendre des grades, et il justifie la bonne théologie scolastique, qu'il définit la science des écritures divines, suivant le sens que l'Eglise approuve, en se servant des interprétations des docteurs orthodoxes, sans mépriser le suffrage des autres disciplines, définition qu'il oppose à l'idée que donnait son adversaire de la scolastique, qu'il blâmait comme aussi injuste que fausse.

En un mot, homme de déduction et essentiellement

conservateur, il ne part que des principes admis par les facultés et ne s'écarte jamais des doctrines parfaitement définies, toujours prêt à les défendre envers et contre tous.

Grand philosophe, au dire des contemporains, il était aussi très-versé dans l'étude des mathématiques.

Hangest cultiva aussi la poésie. Il publia, au mois d'août 1538, un petit livre ayant pour titre : *le Jardin aux pensées.*

Il mourut en 1538, le 8 septembre, et fut enterré dans la chapelle du sépulcre de Saint-Julien, du Mans.

Ses cantiques sur l'avènement de Notre Seigneur sont restés manuscrits (1).

HAÜY (René-Just),

Minéralogiste, Géomètre et Physicien, Chanoine honoraire de Notre-Dame de Paris, Membre de l'Académie des sciences, de la Société philomathique de Paris et de la plupart des Sociétés savantes de l'Europe, Professeur de minéralogie au Muséum d'Histoire naturelle (Jardin des Plantes) et à la Faculté des sciences de Paris, Conservateur des collections minéralogiques de l'école des mines, etc.,

né à Saint-Just-en-Chaussée.

1743 — 1822.

Quoi de plus touchant qu'une grande existence qui se

---

(1) Moréri : *Dictionnaire historique.* — La Croix du Maine et du Verdier. — Vauprivas : *Bibliothèque française.* — Le Mire : *Descript. sæc.* xvi. — Du Boulay : *Histoire de l'Université de Paris.* — Du Pin : *Bibliothèque Desant,* ecclésiastique du xvi⁰ siècle.

crée dans l'isolement, auquel nous condamne la pauvreté, qui grandit dans l'obscurité et qui remplit tout à coup de sa renommée toute l'Europe savante, semblable à l'astre qui, longtemps caché par les nuages, brille inopinément du plus splendide éclat? Quoi de plus admirable qu'un homme aussi simple des mœurs que grand par son génie et ses vertus, qui voit successivement les potentats et les rois de la science lui payer le tribut de leur admiration ; les assemblées politiques, l'Eglise et les sociétés savantes lui ouvrir leurs synodes; qui compte pour auditeurs : Lagrange, Lavoisier, Laplace, Fourcroi, Berthollet, Guyton-Morveau ; qui eut Geoffroy-Saint-Hilaire pour disciple et Cuvier pour panégyriste! Tel fut Haüy, qui, né dans la chaumière d'un tisserand, mourut membre de l'Institut de France et professeur de minéralogie au muséum d'histoire naturelle.

La famille de Haüy n'avait pas même les moyens de pourvoir aux premiers frais de son éducation. Son père, petit fabricant de toile, n'aurait probablement pu lui donner d'autre profession que la sienne. Haüy trouva dans la religion l'aspiration vers le beau et le bien et même les ressources matérielles nécessaires à la culture de sa riche intelligence. Son génie et ses vertus firent le reste en lui attirant le secours de personnes à la fois charitables et appréciatrices de son mérite naissant.

Ecoutons Cuvier : « Encore tout enfant, il prenait un plaisir singulier aux cérémonies religieuses et surtout aux chants de l'église. Le prieur d'une abbaye de Prémontrés, qui avait remarqué son assiduité au service divin, chercha un jour à lier conversation avec lui, et s'apercevant de la vivacité de son intelligence il lui fit donner des leçons par quelques-uns de ses moines. Les progrès de l'enfant ayant répondu aux soins de ses maîtres, ceux-ci s'intéressèrent à lui de plus en plus, et firent entendre à sa mère que si elle pouvait seulement le conduire pour quelques temps à Paris, elle finirait, avec leurs recommandations, par obtenir quelques ressources pour lui faire achever ses études.

» A peine cette excellente femme en avait-elle de suffisantes pour subsister quelques mois dans la capitale ; mais elle aima mieux s'exposer à tout que de manquer à l'avenir qu'on lui laissait entrevoir pour son fils. Longtemps, cependant, sa tendresse ne reçut que de bien faibles encouragements. Un jeune homme, dont le nom devait un jour remplir l'Europe, ne trouva de moyen de vivre qu'une place d'enfant de chœur dans une église du quartier Saint-Antoine. Ce poste, disait-il naïvement dans la suite, *eut du moins cela d'agréable, que je n'y laissai pas enfouir mon talent pour la musique ;* et, en effet, toujours fidèle à ses premiers goûts, il devint bon musicien, et acquit assez de force sur le violon et sur le clavecin, deux instruments dont il s'est toujours amusé. Enfin, le crédit de ses protecteurs de Saint-Just lui procura une bourse au collége de Navarre, et ce fut seulement alors qu'il lui fut possible de vaquer régulièrement à son instruction classique.

» Sa conduite et son application lui valurent, au collège de Navarre, le même intérêt qu'à Saint-Just, et, à l'époque où il cessa d'y être écolier, les chefs de la maison lui proposèrent de devenir un de leurs collaborateurs. On l'employa comme maître de quartier, et aussitôt qu'il eût pris ses degrés, on lui confia la régence de quatrième, lorsqu'il n'était encore âgé que de vingt et un ans. Quelques années après, il passa au collége du cardinal Lemoine, comme régent de seconde, et c'était à ces fonctions utiles, mais modestes, qu'il semblait avoir borné son ambition. A la vérité, il avait pris à Navarre, sous M. Brisson, un certain goût pour les expériences de physique, et à ses moments de loisir il en faisait quelques-unes d'électricité : mais c'était pour lui un délassement plutôt qu'une étude. Quant à l'histoire naturelle proprement dite, il n'en avait aucune connaissance et ne songeait nullement à s'en occuper.

» Une seconde particularité remarquable de son histoire, c'est que ce fut encore aux dispositions affectueuses de son cœur qu'il dut d'entrer dans une carrière qui lui est devenue si glorieuse, en sorte qu'il est littéralement vrai de dire, que dans tous leurs degrés, sa renommée et sa fortune ont été des récompenses de ses vertus.

» Parmi les régents du cardinal Lemoine se trouvait alors Lhomond, homme savant, qui s'était consacré par piété à l'instruction de la jeunesse. Fort capable de parler et d'écrire pour tous les âges, il ne voulut point s'élever au-dessus de la sixième, et n'a composé que de petits ouvrages destinés aux enfants, mais qui, par leur clarté et le ton simple qui y règne, ont obtenu plus de succès que beaucoup d'ouvrages à prétentions. Une grande conformité de caractère et de sentiments engagea M. Haüy à le choisir pour son ami de cœur et pour son directeur de conscience; dévoué à lui comme un fils, il le soignait dans ses affaires, dans ses maladies et l'accompagnait dans ses promenades.

» Lhomond aimait la botanique, et M. Haüy, qui, à peine en avait entendu parler, éprouvait chaque jour le chagrin de ne pouvoir donner à leur commerce cet agrément de plus. Il découvrit, dans une de ses vacances, qu'un moine de Saint-Just s'occupait aussi des plantes. A l'instant il conçut l'idée de surprendre agréablement son ami, et, dans cette seule vue, il pria ce religieux de lui donner quelques notions de science et de lui faire connaître un certain nombre d'espèces. Son cœur soutint sa mémoire; il comprit et retint tout ce qui lui fut montré, et rien n'égala l'étonnement de L'Homond, lorsqu'à sa première herborisation Haüy lui nomma, en langage de

Linnæus, la plupart des plantes qu'ils rencontrèrent, et lui fit voir qu'il en avait étudié et détaillé la structure.

» Dès lors tout fut commun entre eux jusqu'aux amusements; mais dès lors aussi M. Haüy devint tout de bon naturaliste, et naturaliste infatigable. On aurait dit que son esprit s'était éveillé subitement pour ce nouveau genre de jouissance. Il se prépara un herbier avec des soins et une propreté extraordinaires (1), et s'habitua ainsi à un premier emploi des méthodes. Le jardin du Roi était voisin de son collége. Il était naturel qu'il s'y promenât souvent. Les objets nombreux qu'il y vit, étendirent ses idées, l'exercèrent de plus en plus au classement et à la comparaison. Voyant un jour la foule entrer au cours de minéralogie de M. Daubenton, il y entra avec elle, et fut charmé d'y trouver un sujet d'étude plus analogue encore que les plantes à ses premiers goûts pour la physique.

» Mais le jardin du Roi avait un grand nombre d'élèves et M. Daubenton un grand nombre d'auditeurs qui se bornèrent à suivre les sentiers tracés, sans s'inquiéter d'aplanir les obstacles qui s'y rencontraient; ils avaient assez de temps pour parvenir. Arrivé plus tard, Haüy s'inquiéta des contrastes, des lacunes, que son esprit sagace lui fait discerner de prime abord, dans la série des idées. Il s'étonnait profondément de cette constance dans les formes compliquées des fleurs, des fruits, de toutes les parties des corps organisés, et ne concevait pas que les formes des minéraux, beaucoup plus simples et pour ainsi dire toutes géométriques, ne fussent point soumises à de semblables lois; car, en ce temps là, on ne connaissait pas même encore cette espèce de demi-rapprochement

---

(1) Il employa des procédés particuliers, qui ont conservé jusqu'à présent la couleur des fleurs. *Manière de faire des herbiers*, à l'académie de 1785, page 210.

que propose Romé Delisle, dans la seconde édition de sa *Cristallographie* (1783). Comment, se disait M. Haüy, la même pierre, le même sel, se montrent-ils en cubes, en prismes, en aiguilles, sans que leur composition change d'un atôme, tandis que la rose a toujours les mêmes pétales, le gland la même courbure, le cèdre la même hauteur et le même développement ?

» Ce fut lors qu'il était rempli de ces idées, qu'examinant quelques minéraux chez un de ses amis, M. Defrance, maître des comptes, il eut l'heureuse maladresse de laisser tomber un beau groupe de spath calcaire cristallisé en prismes. Un de ces prismes se brisa de manière à montrer sa cassure des faces non moins lisses que celles du dehors, et qui présentaient l'apparence d'un cristal nouveau tout différent du prisme pour la forme. M. Haüy ramasse ce fragment; il en examine les faces, leurs inclinaisons, leurs angles. A sa grande surprise, il découvre qu'elles sont les mêmes que dans le spath en cristaux rhomboïdes, que dans le spath d'Islande.

» C'est aux hommes de génie que le hasard profite surtout dans le domaine de la science !

» Après l'accident de M. Haüy, un monde nouveau semble à l'instant s'ouvrir pour lui. Il rentre dans son cabinet, prend un spath cristallisé en pyramyde hexaèdre, ce que l'on appelait *dent de cochon* ; il essaie de le casser et il en voit encore sortir ce rhomboïde, ce spath d'Islande ; les éclats qu'il en fait tomber sont eux-mêmes de petits rhomboïdes. Il casse un troisième cristal, celui que l'on nommait *lenticulaire*, c'est encore un rhomboïde qui se montre dans le centre, et des rhomboïdes plus petits qui s'en détachent.

» *Tout est trouvé!* s'écrie-t-il *(Eureka)*. Les molécules du spath calcaire n'ont qu'une seule et même forme : c'est en se groupant diversement qu'elles composent ces cristaux dont l'extérieur si varié nous fait illusion, et, partant de cette idée, il lui fut bien aisé d'imaginer que les couches de ces molécules s'empilant les unes sur les autres, et se rétrécissant à mesure, devaient former de nouvelles pyramides, de nouveaux polyèdres, et envelopper le premier cristal comme d'un autre cristal où le nombre et la figure des faces extérieures pourraient différer beaucoup des faces primitives, suivant que les couches nouvelles auraient diminué de tel ou tel côté, et dans telle ou telle proportion.

» Si c'était là le véritable principe de la cristallisation, il ne pouvait manquer de régner aussi dans les cristaux des autres substances; chacune d'elles devait avoir des molécules constituantes identiques, un noyau toujours semblable à lui-même, et des lames et des couches accessoires, produisant toutes les variétés. **M. Haüy** ne balance pas à mettre en pièces sa petite collection; ses cristaux, ceux qu'il obtient de ses amis éclatent sous le marteau : partout il retrouve une structure fondée sur les mêmes lois. Dans le grenat, c'est un tétraèdre; dans le spath fluor, c'est un octaèdre; dans la pyrite, c'est un cube; dans le gypse, dans le spath pesant, ce sont des prismes droits à quatre pans, mais dont les bases ont des angles différents, qui forment les molécules constituantes; toujours les cristaux se brisent en lames parallèles aux faces du noyau, les faces extérieures se laissent toujours concevoir comme résultant du décroissement des lames superposées, décroissement plus ou moins rapide, et qui se fait tantôt par les angles, tantôt par les bords. Les faces nouvelles ne sont que de petits escaliers ou que de petites séries de pointes produites par le retrait de ces lames, mais qui paraissent planes à l'œil, à cause de leur ténuité. Aucun des cristaux qu'il examine ne lui offre d'exception à sa loi. Il s'écrie une seconde fois, et avec plus d'assurance : *Tout est trouvé !*

» Mais, pour que l'assurance fût complète, une troisième condition devait être remplie. Le noyau, la molécule constituante, ayant chacun une forme fixe, et géométriquement déterminable, dans ses angles et dans les rapports de ses lignes, chaque loi de décroissement devait produire aussi des faces secondaires déterminables, et, même, le noyau et les molécules étant une fois donnés, on devait pouvoir calculer d'avance les angles et les lignes de toutes les faces secondaires que les décroissements pourraient produire. En un mot, il fallait ici, comme en astronomie, comme dans toute la physique, pour que la théorie fût certaine, qu'elle expliquât avec précision les faits connus, et quelle prévît avec précision égale ceux qui ne l'étaient pas encore.

» M. Haüy sentait cela ; il sut promptement acquérir autant de géométrie qu'il lui en fallait pour compléter sa découverte, et, dès ses premiers essais, il se vit pleinement récompensé. Le calcul, d'après les proportions géométriques, confirma ses observations précédentes ; il aboutissait à une conclusion parfaitement juste d'après les preuves les plus rigoureuses, et en déduisait une loi positive.

» Ce fut alors qu'il prit la confiance de parler de ses découvertes à son maître, M. Daubenton, dont jusqu'alors il avait suivi les cours modestement et en silence. On peut juger avec quelle faveur elles furent accueillies ; M. de Laplace, à qui Daubenton en fit part, en prévit aussitôt toutes les conséquences, et se hâta d'encourager l'auteur à venir les présenter à l'Académie (1).

---

(1) Son traité sur les grenats et les spaths calcaires y fut lu le 10 janvier 1781, et suivi d'un rapport de Daubenton et de Bezon, du 21 février, qui en firent un second le 21 décembre, sur son second traité relatif aux spaths calcaires seulement.

» Ce n'est pas à quoi il fut le plus aisé de déterminer M. Haüy. L'Académie, le Louvre, étaient, pour le bon régent du cardinal Lemoine, une sorte de pays étranger qui effrayait sa timidité. Les usages lui étaient si peu connus, qu'à ses premières lectures il y venait en habit long que les anciens canons de l'Eglise prescrivent, dit-on, mais que depuis longtemps les ecclésiastiques, qui n'étaient point en fonctions curiales, ne portaient plus dans la société. A cette époque de légèreté, quelques amis craignirent que ce vêtement ne lui ôtât des voix ; mais, pour le lui faire quitter (et c'est encore ici un trait de caractère), il fallut qu'ils appuyassent leur conseil de l'avis d'un docteur de Sorbonne : Les anciens canons sont très-respectables, lui dit cet homme sage, mais en ce moment, ce qui importe c'est que vous soyiez de l'Académie. »

Quoi qu'il en soit, l'Académie mit un tel empressement à le recevoir, qu'on lui donna presque d'une voix, et même de préférence à de savants botanistes, une place de botanique, la seule vacante à ce moment : 12 février 1783.

Sublime triomphe du génie inventeur! Dans une doctrine aussi nouvelle, et cependant déjà presque complète, les hommes les plus habiles étaient des écoliers. Les plus distingués d'entre ses collègues, le priant de leur donner des explications orales et des démonstrations de sa théorie, Haüy eut l'insigne honneur de voir venir, au Cardinal-Lemoine : MM. de Laplace, de Lagrange, Lavoisier, Fourcroy, Berthollet et de Morveau, pour suivre les leçons du modeste régent de seconde, « tout confus de se voir devenir le maître d'hommes dont il aurait à peine osé se dire le disciple. »

Malgré son étendue, et dès son origine, la doctrine de Haüy était parvenue à un état de clarté et de développement peut-être inoui jusqu'alors. Cet étonnant génie avait inventé jusqu'aux méthodes de calcul qui lui étaient nécessaires, et avait représenté d'avance, par des formules qui lui étaient propres, toutes les combinaisons possibles de la cristallographie.

C'est lorsqu'il s'agit de ces travaux solides, sur lesquels se fondent des édifices éternels, c'est alors que l'on comprend que la « patience, dans un bon esprit, constitue réellement le génie. »

Six ou sept ans avant Haüy, Gahn, jeune chimiste suédois, avait aussi remarqué, en brisant un cristal de spath pyramidal, que son noyau était un rhomboïde semblable au spath d'Islande; il en fit part à Bergman, son maître, qui, au lieu de chercher la loi d'un fait si extraordinaire dans les données de l'expérience, s'égara dans des hypothèses. Et l'on vit un savant du premier ordre, consommé dans la physique et la géométrie, s'arrêter sur le chemin d'une belle découverte, qui se trouva ainsi réservée à un homme qui commençait à peine à s'occuper de ces sciences, mais qui sut poursuivre cette vérité, comme la nature veut qu'elles soient toutes poursuivies, en marchant pas à pas, en observant sans relâche, et en ne se laissant ni emporter ni détourner par son imagination.

Haüy rencontra cependant des minéralogistes, aveuglés par l'envie, tout prêts à lui contester sa découverte, à l'accuser de s'être emparé des idées de Bergman et à déclarer sa méthode fausse. Romé-Delisle trouva plaisant de l'appeler un *cristalloclaste,* parce qu'il brisait les cristaux comme les iconoclastes brisaient les images, oubliant qu'il n'y a d'autres hérésiarques dans la science que ceux qui méconnaissent les progrès de leur siècle.

Haüy ne répondit à ses détracteurs que par de nouvelles recherches et d'une application encore plus féconde. « Jusque-là, il n'avait donné que la solution d'un problème curieux de physique. Bientôt ses observations fournirent des caractères de première importance à la minéralogie. Dans ses nombreux essais sur les spaths, il avait remarqué que la pierre dite *spath perlé*, que l'on regardait alors comme une variété de spath pesant, ou de la baryte sulfatée, a le même noyau que le spath calcaire, et une analyse que l'on en fit prouva qu'en effet elle ne contient, comme le spath calcaire, que de la chaux carbonatée.

» Si les minéraux bien déterminés, quant à leur espèce et à leur composition, se dit-il aussitôt, ont chacun son noyau et sa molécule constituante fixes, il doit en être de même de tous les minéraux distingués par la nature, et dont la composition n'est point encore connue. Ce noyau, cette molécule peuvent donc suppléer à la composition pour la distinction des substances, et dès la première application qu'il fit de cette idée, il porta la lumière dans une partie de la science que tous les travaux de ses prédécesseurs n'avaient pu éclaircir. »

C'est ainsi qu'il sépara une foule de pierres confondues ensemble par des minéralogistes les plus renommés, Linnæus, Valleran, Romé-Delisle, sous les noms de *schorts* et de *zéolithes*, qui n'avaient de commun entre elles que quelque fusibilité jointe à des formes plus ou moins prismatiques, les autres dont le seul caractère distinctif était de se changer, dans des acides, en une sorte de gelée. Après les avoir soigneusement analysées, distinguées, il les groupa autour des espèces auxquelles elles appartenaient. C'est ainsi qu'il se prépara à devenir le législateur de la minéralogie.

Parmi les *schorls*, Haüy est parvenu à la fin à distinguer à la fois jusqu'à quatorze espèces. Il en a indiqué six parmi les zéolithes, quatre parmi les grenats, cinq parmi les hyacinthes. Non seulement il a annoncé ainsi aux chimistes, qu'en recommençant leurs analyses, ils trouveraient dans ces pierres des différences de composition qu'ils avaient méconnues ; il leur a encore très-souvent prédit que des différences qu'ils avaient cru voir ne devaient pas exister. C'est ainsi que, d'après les indications de la cristallographie, M. Vauquelin a fini par trouver la *glucine* dans l'*émeraude*, comme il l'avait auparavant découverte dans le *béril*.

« Quelquefois ces indications résultaient des recherches de Haüy, sans que lui-même les eut aperçues d'abord, faute d'avoir songé à comparer les résultats. Ainsi lorsque MM. Klaporth et Vauquelin eurent découvert que l'*apatite* et la *chrysolite* des joaillers n'était que du phosphate de chaux, il retrouva dans ses papiers que depuis longtemps il avait découvert pour l'une et pour l'autre la même structure. »

Pour se vouer entièrement aux sciences qu'il servait si bien, il demanda et obtint de l'Université la pension de professeur émérite qui lui revenait après vingt années de professorat ; il n'en continuait pas moins de loger au Cardinal-Lemoine (1784). Il jouissait, en outre, d'un médiocre bénéfice. Une position si modeste suffisait à une vie toute consacrée au travail. Libre de tous autres soins, il publia, la même année, son *Essai sur la théorie et la structure des cristaux*, in-8°. — En 1787, *Exposition raisonnée de la théorie de l'électricité et du magnétisme*, in-8°.

Mais la tempête révolutionnaire, qui bouleversa la France, lutte orageuse entre deux grandes périodes de progrès, n'épargna pas même les savants dans leurs féconds et paisibles travaux.

Haüy était ecclésiastique et avait refusé le serment ; il fut privé de son bénéfice, de sa pension, et subit le sort

réservé aux prêtres réfractaires, c'est-à-dire non asser-
mentés à la Constitution.

« Fort peu au courant, dans sa vie solitaire, de ce qui
se passait autour de lui, il voit un jour avec surprise des
hommes grossiers entrer violemment dans son modeste
réduit. On commence par lui demander s'il n'a point
d'armes à feu. Je n'en n'ai d'autre que celle-ci, dit-il, en
tirant une étincelle de sa machine électrique, et ce trait
désarme ces horribles personnages; mais il ne les désarme que pour un instant : on se saisit de ses papiers où il n'y avait que des formules d'algèbre; on cul-
bute ses collections qui étaient sa seule propriété; enfin,
on le confine avec tous les prêtres et les régents de cette
partie de Paris dans le séminaire de Saint-Firmin, qui
était contigu au Cardinal-Lemoine et dont on venait de
faire une prison.

» Cellule pour cellule, il n'y trouvait pas trop de différence; tranquillisé surtout en se voyant au milieu de beaucoup de ses amis, il ne prend d'autres soins que de se
faire apporter ses tiroirs et de tâcher de remettre ses
cristaux en ordre.

» Heureusement il lui restait au dehors des amis
mieux informés de ce que l'on préparait.

» L'un de ses élèves, devenu depuis son collègue,
M. Geoffroy de Saint-Hilaire, logeait au Cardinal-Lemoine; il court implorer pour lui tous ceux qu'il croit
pouvoir le servir, puis porter à Saint-Firmin un ordre
de délivrance. L'heure était avancée, et dans ce calme
plat, précurseur de l'orage, M. Haüy se trouvait si tranquille, il se trouvait si bien que rien ne put le déterminer à sortir ce jour-là; le lendemain matin il fallut presque l'entraîner de force. On frémit presque en songeant
que le lendemain fut le 2 septembre. (Jour des massacres!)

» Ce qui est bien singulier, c'est que depuis lors on ne

l'inquiéta plus. Pour rien au monde il ne se serait prêté
à la moindre des extravagances de cette époque; mais
personne aussi ne lui proposa de s'y prêter. La simplicité de ses manières, sa douceur, lui tinrent lieu de tout.
Un jour seulement on le fit comparaître à la revue de son
bataillon, mais on le réforma aussitôt sur sa mauvaise
mine. Ce fut là à peu près tout ce qu'il sut, ou du moins
ce qu'il vit de la Révolution. La Convention, au temps où
elle agissait avec le plus de violence, le nomma membre de
la commission des poids et mesures, 22 septembre 1793,
et conservateur du cabinet des mines, 2 août 1794, et
lorsque Lavoisier fut arrêté, lorsque Borda, Delambre
furent destitués, ce fut M. Haüy, ce fut un prêtre non
assermenté, remplissant tous les jours ses fonctions ecclésiastiques, qui se trouva seul en position d'écrire pour
eux, et qui le fit sans hésiter, ni sans qu'il lui en arriva
rien. A une pareille époque, son impunité était encore
plus étonnante que son courage. »

En 1793, il publia : 1° *Exposition abrégée de la théorie
de la structure des cristaux*, in-8°; 2° *de la structure considérée comme caractère distinctif des minéraux*, in-8°;
3° en 1794, *Instruction sur les mesures déduites de la
grandeur de la terre, et sur les calculs relatifs à leur division décimale*, in-8°, souvent réimprimée.

De pareils travaux, en de pareils moments, témoignent
de la sérénité d'âme de cet infatigable savant. C'est au cabinet du conseil des mines, sur l'invitation et avec le
secours de cette administration éclairée, que Haüy a préparé son *Traité de Minéralogie*, le principal de ses ouvrages, et qu'il en a publié le programme et la première
édition.

» Disposant d'une grande collection, où affluaient de
tous côtés les différents minéraux, employant le secours
des jeunes élèves pleins de connaissances et d'ardeur, que

l'école polytechnique lui avait préparés, il répara promptement le temps qu'il avait consumé à d'autres travaux, et éleva en peu d'années ce monument admirable.

Extrait d'un Traité élémentaire de Minéralogie, publié d'abord par parties dans le journal des Mines, puis en un volume séparé par le Conseil des Mines, Paris, in-8°, an V, (1797).

Traité de Minéralogie, 4 volumes in-8°, et un de planches in-4° transv. Paris, 1801.

Ce livre, qui replaça la France au premier rang dans cette partie de l'histoire naturelle, met en plein relief le génie de l'auteur qui sut poursuivre l'appliction de sa découverte jusqu'aux moindres variétés minérales. Et l'on ne sait ce que l'on doit le plus y admirer, de la grandeur du plan ou du fini de la doctrine.

Haüy classait les minéraux d'après la forme de leurs molécules, préférait dans toutes ses déterminations d'espèces, la cristallisation à l'analyse chimique, tout en tenant compte de son concours, parce qu'il l'avait reconnue impuissante à distinguer les substances accidentelles des essentielles.

« Il n'est presque plus de minéral cristalisable dont Haüy n'ait déterminé le noyau et les molécules avec la mesure de leurs angles et la proportion de leurs côtés, et dont il n'ait rapporté à ces premiers éléments toutes les formes secondaires, en déterminant pour chacune les divers décroissements qui la produisent, et en fixant par le calcul leurs angles et leurs faces. C'est ainsi qu'il a fait enfin, de la minéralogie une science tout aussi précise et tout aussi méthodique que l'astronomie. »

« Mais, ce qui lui est tout particulier, c'est que son ouvrage n'est pas moins remarquable par sa rédaction et la méthode qui y règne que par les idées originales sur lesquelles il repose..... Haüy s'y montre habile écrivain et bon géomètre autant que savant minéralogiste : on voit qu'il a retrouvé toutes ses premières études ; on y reconnaît jusqu'à l'influence de ses premiers amusements de physique ; s'il faut apprécier l'électricité des corps, leur magnétisme, leur action sur la lumière, il imagine des moyens ingénieux et simples, de petits instruments portatifs : le physicien y vient sans cesse au secours du minéralogiste et du cristallographe. »

Haüy était reconnu, comme il s'était posé de prime abord, le premier minéralogiste de l'Europe.

« Cependant à la mort de Daubenton, ce fut Dolomieu qui fut nommé professeur de minéralogie au muséum d'histoire naturelle ; mais Dolomieu, arrêté contre toutes les règles du droit des gens, gémissait dans les cachots de la Sicile ; on n'avait de lui pour tout signe de vie que quelques lignes, qu'enchaîné dans un souterrain étroit, il était parvenu à écrire avec un éclat de bois et la fumée de sa lampe, et que l'ingénieuse humanité d'un anglais avait su, à force d'or, se faire remettre par le geôlier. Ces lignes parlèrent en sa faveur autant que tous ses ouvrages, et l'un de ceux qui sollicitèrent le plus vivement pour lui, ce fut le rival qu'il devait craindre le plus, ce fut M. Haüy.

Dolomieu ne sortit de son souterrain que par un article du traité de paix de Florence, et la mort prématurée de ce savant rendit à Haüy la place à laquelle il avait si généreusement renoncé : il y fut nommé le 9 décembre 1802.

« Dès-lors cette partie de l'établissement prit une vie nouvelle ; les collections furent quadruplées ; il y régna un ordre sans cesse conforme aux découvertes les plus récentes, et l'Europe minéralogique accourut non moins pour observer tant d'objets si bien exposés que pour entendre un professeur si élégant, si clair et surtout si complaisant. Sa bienveillance naturelle se montrait à toute heure envers ceux qui avaient le désir d'apprendre. Il les admettait dans son intérieur, leur ouvrait ses propres collections et ne leur refusait aucune explication. Les étudiants les plus simples étaient reçus comme les personnages les plus savants et comme les plus augustes, car il a eu des élèves de tous les rangs. » Depuis Haüy la minéralogie était à la mode : tous voulaient l'apprendre.

« L'Université, lors de sa fondation, crut s'honorer en plaçant le nom de M. Haüy sur la liste de l'une de ses facultés ; elle n'en attendait point de leçons et lui avait donné au même instant un adjoint très-digne de lui, M. Brongniart. Mais M. Haüy ne voulait pas porter un titre sans en remplir les devoirs. Il faisait venir chez lui les élèves de l'école normale, et dans des conversations aimables et variées, les initiait à tous ses secrets. Il reprenait sa vie de collége, jouait presque avec les jeunes gens, et surtout ne les renvoyait jamais sans une ample collation.

» Ainsi se passait ses journées, ses devoirs religieux ; des recherches profondes, suivies sans relâche, et des actes continuels de bienveillance, surtout envers la jeunesse, les occupaient tout entières. Aussi tolérant que pieux, jamais l'opinion des autres n'influa sur sa conduite, les plus sublimes spéculations ne l'auraient détourné d'aucune pratique prescrite par le rituel.

» Par la nature de ses recherches, les plus belles pierreries de l'Europe ont passé sous ses yeux, et même il en a donné un traité particulier (1) ; il n'y a jamais vu que des cristaux.

» A la fin, il se concentrait à sa matière favorite et

______

(1) *Traité des caractères physiques des pierres précieuses,* un volume in-8° ; Paris, 1817.

qui a fait sa gloire, si entièrement, qu'il ne s'en voyait détourné qu'avec impatience par des objections. Il devenait vieux; il lui était pénible d'être troublé dans son repos. Aussi n'eut-il pas d'égard aux observations faites avec le nouveau goniomètre de M. Wollaston sur les angles du spath calcaire, du spath magnésifère et du fer spathique. Il n'en était pas moins animé de ce qu'il croyait utile à la science.

» Son zèle fut enfin apprécié. Après le rétablissement du culte, Bonaparte le nomma chanoine honoraire de Notre-Dame, et, dès la création de l'ordre, chevalier de la Légion-d'Honneur.

» A l'époque où l'on chercha à rendre quelque activité à l'instruction publique, le gouvernement du premier consul demanda à M. Haüy un traité de physique pour les colléges. Mais Haüy doutait qu'il lui fût permis d'abandonner, même pour peu de temps, les recherches si heureuses auxquelles il lui semblait que la Providence l'avait conduit, et il ne voulut point s'engager avant d'avoir consulté M. l'abbé Emery, l'ancien supérieur du séminaire de Saint-Sulpice. »

« N'hésitez pas, lui dit M. Emery, vous feriez une grande faute si vous manquiez cette occasion, en traitant de la Nature, de parler de son auteur. » Quatre mois après, Haüy présenta son ouvrage (1).

« Si ce *Traité de Physique* n'ajouta pas beaucoup à la réputation scientifique de Haüy, il ne nuisit point à sa gloire littéraire. On y trouve la même clarté, la même pureté que dans sa *Minéralogie*, et encore plus d'intérêt. L'auteur fut vivement pressé, et à plusieurs reprises, de

______

(1) *Traité élémentaire de physique*; Paris, 1804, deux volumes in-12. — Deuxième édition, 1806, deux volumes in-12. — Troisième édition, 1821, deux volumes in-8°.

faire connaître ce qu'il désirait qui fût fait pour lui. Il se borna à demander qu'on le mît à même de rapprocher de lui sa famille, pour en être soigné dans sa vieillesse et dans ses infirmités, et son vœu fut rempli sur-le-champ au moyen d'une petite place de finance accordée au mari de sa nièce. »

Pendant son exil à l'île d'Elbe, l'Empereur lut son *Traité de Physique* ; à son retour, il complimenta l'auteur et le nomma officier de la Légion-d'Honneur. Haüy n'en vota pas moins contre l'acte additionnel aux constitutions de l'Empire.

Il en fut mal récompensé. Les réactions n'aiment les savants à aucun titre. La Restauration retira au vertueux et savant Haüy tout ce que le régime précédent lui avait si justement accordé.

Qui croirait qu'une récompense si bien méritée disparut à la première réforme, et que les amis de M. Haüy ne purent obtenir d'autre réponse à leurs sollicitations, si ce n'est qu'il n'y a point de rapport entre les contributions et la cristallographie.

Newton, récompensé d'un emploi de finance bien autrement considérable, le conserva sous trois rois et sous dix ministères. « Pourquoi les hommes, qui disposent ordinairement pour un temps si court du sort des autres, oublient-ils que de pareils actes, de leur part, resteront dans l'histoire beaucoup plus sûrement qu'aucun des détails éphémères de leur administration ? »

Ce ne fut pas la seule épreuve que M. Haüy eut à subir : la première restauration avait supprimé l'emploi de son neveu, la seconde lui enleva son grade d'officier de la Légion-d'Honneur et une pension qui ne pouvait plus se cumuler avec un traitement d'activité ; son frère revenait de Russie sans ressources et avec une santé délabrée ; charge nouvelle pour sa famille !

Grâce à la simplicité de ses goûts, l'illustre savant put supporter tous ces coups. Il trouva d'ailleurs sa consolation dans les soins empressés de sa famille, et des compensations dans l'amour de ses élèves, l'admiration de l'Europe entière et les témoignages de vénération que lui donnèrent les souverains étrangers pendant leur séjour à Paris. Jamais savant ne fut comblé de tant d'honneurs. Il eut la visite du roi de Prusse, de l'empereur de Russie et de l'archiduc Jean : les grands ducs vinrent entendre ses leçons.

« Les hommes instruits de tous les rangs, qui arrivaient à Paris, s'empressaient de lui apporter leurs hommages, et, presque à la veille de sa mort, nous avons vu l'héritier d'un grand royaume (1) revenir à plusieurs reprises converser auprès de son lit et lui témoigner les marques de son intérêt dans les termes les plus expressifs et les plus touchants.

» Mais le soutien le plus réel qu'il trouva fut qu'au milieu de sa gloire et de sa fortune il n'avait quitté ni les habitudes de son collége, ni celles de son village. Jamais il n'avait changé les heures de ses repas, de son lever et de son coucher ; chaque jour il faisait à peu près le même exercice, se promenait dans les mêmes lieux, et il savait encore en se promenant exercer sa bienveillance : il conduisait les étrangers qu'il voyait embarrassés, il leur donnait des billets d'entrée dans les collections, et beaucoup de gens lui ont dû de ces petits agréments qui ne se sont point doutés de quelle main ils les tenaient. Son vêtement antique, son air simple, son langage, toujours d'une modestie excessive, n'étaient pas de nature à le faire reconnaître. Lorsqu'il allait passer quelque temps dans le bourg

______

(1) Le prince de Danemark.

où il avait pris naissance, aucun de ses anciens voisins n'aurait pu soupçonner à ses manières qu'il fût devenu à Paris un personnage considérable. Un jour, dans une promenade sur le boulevard, il rencontra deux anciens soldats qui allaient se battre. Il s'informe du sujet de leur querelle; il les raccommode, et pour bien s'assurer qu'elle ne renaîtra point, il va avec eux sceller la paix à la manière des soldats : au cabaret!...

» Cette grande simplicité de mœurs aurait probablement prolongé sa vie, malgré l'extrême délicatesse de sa santé, si un accident n'en eût accéléré la fin. Une chute faite dans sa chambre lui cassa le col du fémur, et un abcès qui se forma dans l'articulation rendit le mal incurable. Pendant les longues douleurs dont sa mort fut précédée, il ne cessa de montrer cette bienveillance, cette pieuse soumission aux arrêts de la Providence, cette ardeur pour la science, qui ont caractérisé sa vie. Son temps fut partagé entre la prière, le soin de la nouvelle édition de son livre (*Traité de Minéralogie*, 1822-1823, 4. vol. in-8°), et l'intérêt pour le sort à venir des élèves qui l'avaient secondé dans ce travail. »

Haüy mourut le 3 juin 1822, à soixante-dix-neuf ans, ne laissant à sa famille qu'un héritage, mais magnifique, cette précieuse collection de cristaux de toutes les variétés, que les dons de toute l'Europe, pendant vingt ans, ont portée à un degré qui n'a point d'égal.

Les archiducs lui en avaient autrefois offert six cent mille francs, mais Haüy la réservait à la France, qui, peu digne d'un si généreux sacrifice, la laissa passer à l'Angleterre. En 1848, un décret de la Constituante répara ce crime de lèse-patriotisme. Rachetée à la succession de lord Brougham, cette précieuse collection a été placée à l'entrée du cabinet de botanique au Muséum d'histoire naturelle.

« Haüy a eu pour successeur au Muséum d'histoire naturelle, M. Brongniart; à la Faculté des sciences, M. Beudant; et à l'Académie des sciences, M. Cordier. Ce sont trois de ses élèves : en effet, et ce sera le dernier trait de son éloge, il serait difficile de trouver aujourd'hui en Europe un minéralogiste digne de ce nom qui ne le soit, sinon immédiatement, au moins par une étude assidue de ses ouvrages et de ses découvertes. »

C'est en suivant l'élan investigateur de son siècle avec une opiniâtreté incomparable que Haüy s'est placé au premier rang, parmi les savants, dans un siècle qui en a fourni de si éminents.

M. Delafosse, professeur de minéralogie à l'Académie des sciences, et l'un des élèves les plus distingués de Haüy, s'est occupé particulièrement de la réimpression des ouvrages de son illustre maître. Le dernier de ces ouvrages est son *Traité de Cristallographie*; Paris, 1822, 2 vol. in-8° et un Atlas in-4°.

La plupart des ouvrages de Haüy ont été cités au cours de cette notice biographique.

En voici la nomenclature complète, d'après la nouvelle *Biographie générale* :

Outre un grand nombre de mémoires et d'articles imprimés dans différents recueils scientifiques, comme le *Journal de Physique*, les *Annales de Physique et de Chimie*, le *Journal des Mines*, les *Annales et Mémoires du Muséum d'Histoire naturelle*, le *Journal des Savants*, les *Mémoires dr l'Académie des Sciences*, le *Magasin encyclopédique*, etc., on a de Haüy :

Essai d'une théorie sur la structure des cristaux, applicable à tous les genres de substances cristallisées; Paris, 1784, in-8°.

Exposition raisonnée de la théorie de l'électricité et du magnétisme, d'après les principes d'Æpinus; Paris, 1787, in-8°.

Exposition abrégée de la théorie de la structure des cristaux; 1793, in-8°.

De la structure considérée comme caractère distinctif des minéraux; 1793, in-8°.

Instruction sur les mesures déduites de la grandeur de la terre et sur les calculs relatifs à leur décision décimale; Paris, 1794, in-8° : souvent réimprimée.

Extrait d'un traité élémentaire de minéralogie, publié par le conseil des mines; Paris, an v (1797), in-8° : cet ouvrage avait été publié par parties dans le *Journal des Mines.*

Traité de minéralogie; Paris, 1801, quatre volumes in-8° et atlas in-4°; deuxième édition (posthume), revue, corrigée et considérablement augmentée; Paris, 1822-1823, quatre volumes in-8° et atlas in-4°. Les derniers ont été imprimés par les soins de M. Delafosse.

Traité élémentaire de physique; Paris, 1804, deux volumes in-12; deuxième édition, 1806, deux volumes in-12; troisième édition, Paris, 1821, deux volumes in-8°.

Tableau comparatif des résultats de la cristallographie et de l'analyse chimique relativement à la classification des minéraux; Paris, 1809, in-8°.

Traité des caractères physiques des pierres précieuses, pour servir à leur détermination lorsqu'elles sont taillées; Paris, 1817, in-8°.

Traité de cristallographie, suivi d'une application des principes de cette science à la détermination des espèces minérales et d'une nouvelle méthode pour mettre les formes cristallines en projection; Paris, 1822, deux volumes in-8° et atlas in-4°.

La fête du Marrube noir, fable en l'honneur de Lhomond; Paris, 1826, in-8° : extrait des *Mélanges de la Société des Bibliophiles.* Haüy a en outre contribué à la rédaction de l'*Encyclopédie méthodique*, des *Voyages* de Vaillant, du *Dictionnaire d'Histoire naturelle*, etc. (1).

HAÜY (Valentin),

Philanthrope, Fondateur de l'institution des jeunes aveugles,

né à Saint-Just-en-Chaussée.

1745 — 1822.

Il était le frère puiné de René Haüy, et naquit aussi à Saint-Just le 13 novembre 1745. Très-jeune encore, il vint à Paris pour y faire son éducation, et s'attacha de préférence à l'étude des langues et de la calligraphie. Cet art, qu'il enseigna pendant plusieurs années, lui ouvrit une carrière plus avantageuse; il obtint un emploi dans les bureaux du ministère des affaires étrangères en qualité de traducteur des pièces officielles et de la correspondance chiffrée.

Une idée lumineuse, dont la réalisation devait intéresser l'humanité, occupa toutes les pensées de Haüy; elle lui fut suggérée par l'observation d'un fait généralement connu, mais dont jusque là on n'avait point aperçu les

---

(1) G. Cuvier : *Eloge historique de Haüy*, lu à l'Académie des Sciences dans la séance du 2 juin 1823. — Quérard : *La France littéraire* (cet ouvrage donne la liste de principaux mémoires de Haüy). — Arnauld, Jay, Jouy et Norvins : *Biographie nouvelle des contemporains.* — Rabbe, Vieilh de Boisjolin et Sainte-Preuve : *Biographie universelle et portative des contemporains.*

conséquences, savoir : le développement de la faculté du toucher, au moyen de laquelle les aveugles se rendent un compte exact des objets qu'ils explorent par ce sens.

Le talent d'une célèbre pianiste, aveugle, Mlle Paradis, venue de Vienne à Paris en 1783; la facilité, la promptitude, avec laquelle cette artiste déchiffrait les notes représentées par des épingles distribuées sur des pelotes; la justesse avec laquelle elle expliquait la géographie, à l'aide de cartes en relief, imaginées par le célèbre aveugle Weissembourg, de Mannheim, éveillèrent l'attention de Haüy. Il rassemble bientôt les renseignements biographiques de quelques aveugles-nés connus par les procédés ingénieux dont ils s'étaient servis, les compare aux moyens analogues qu'il voyait journellement employés avec succès, et ces faits lui suffisent pour conclure que ce qu'avait fait l'abbé de L'Epée pour les sourds-muets, on pouvait le tenter pour les aveugles et obtenir pour eux les bases d'un système complet d'éducation.

Déterminé à réaliser son projet, Valentin Haüy se procure des lettres, des chiffres en relief. Un aveugle, dont l'intelligence pût seconder ses efforts, devenait indispensable pour ses premiers essais : il le rencontra dans un mendiant, le jeune Lesueur, qui se tenait habituellement à la porte de l'église Saint-Germain-des-Prés. Six mois d'étude suffirent à l'élève pour apprendre à lire, à calculer, à connaître quelques détails géographiques et les principes élémentaires de la musique.

Ce prompt succès éveilla l'attention de l'Académie des sciences, devant laquelle Haüy fit lecture d'un mémoire spécial. La commission chargée de l'examen de cette méthode reconnut que s'il n'avait pas conçu l'idée première de ce genre d'enseignement, il était exécuteur d'un système complet d'instruction. Cédant à l'invitation qui lui fut faite de présenter son élève et d'expliquer sa méthode, le disciple et le maître partagèrent l'admiration de la savante assemblée. Lesueur fut aussi présenté à la société philanthropique; Bailly et le duc de La Rochefoucault-Liancourt, qui en faisaient partie, accueillirent la pensée du professeur : on lui confia douze élèves; les fonds nécessaires lui furent alloués, et il reçut (1784) une maison située dans la rue Notre-Dame-des-Victoires, n° 18.

La cour voulut être témoin de cette merveille : Haüy, avec ses élèves, fut mandé à Versailles (1786). On les retint au château pendant quinze jours. Leurs exercices attirèrent toutes les notabilités de l'époque. L'admiration des courtisans ne fut pas stérile : le roi prit l'établissement sous sa protection, ordonna de faire les fonds nécessaires pour l'éducation de cent vingt élèves, accorda au professeur le titre de secrétaire-interprète du roi et de l'amirauté de France pour les langues anglaise, allemande et hollandaise, et le nomma membre du bureau académique des écritures.

En 1791, le Directoire du département de Paris décida la réunion des jeunes aveugles avec les sourds-muets dans le couvent des Célestins, quai de l'Arsenal. Plus tard, un décret de la Convention nationale ordonna que l'établissement serait entretenu aux frais du gouvernement et qu'on y admettrait quatre-vingt-quatre élèves, un par chaque département. Les deux institutions furent ensuite séparées (1794) : l'une fut placée au séminaire Saint-Magloire, faubourg Saint-Jacques; l'autre occupa la maison de Sainte-Catherine, rue des Lombards. A ces mutations nuisibles vinrent se joindre d'autres circonstances qui préparèrent la désorganisation presque complète d'une si précieuse institution : la mésintelligence entre les directeurs, l'incapacité de Haüy comme administrateur, compromirent bientôt l'instruction des élèves. Alors, en vertu d'un arrêté des consuls (an ix), les aveugles étudiants furent tranférés dans la maison des Quinze-Vingts, où étaient les aveugles mendiants. Cette réunion et les abus qu'elle entraîna durèrent jusqu'en 1815.

Pour reconnaître les services de Haüy, on lui accorda, à titre d'indemnité, une pension de 2,000 fr. sur les fonds de l'établissement. Il créa à cette époque une institution rue Sainte-Avoye, sous le nom de Muséum des Aveugles. Son zèle ne fut récompensé par aucun succès; le découragement, quelques chagrins domestiques, le déterminèrent à quitter la France (1806). Accompagné d'un de ses élèves, Fournier, il partit pour l'étranger. Sur le plan qu'il traça, un établissement fut créé à Berlin; et confié aux soins d'un directeur habile, il n'a cessé de prospérer. Mandé depuis longtemps à Saint-Pétersbourg par l'impératrice mère pour y former une école sur le modèle de celle de France, Haüy se rendit dans cette capitale. Sous sa direction, l'élève Fournier fut chargé de l'enseignement; les résultats ne répondirent point à son attente. Cependant, sa bonne volonté et son zèle furent appréciés par l'empereur Alexandre, qui le décora de l'ordre de Saint-Vladimir. Fatigué par le travail, accablé d'infirmités, Haüy revint en France dans l'année 1817, se retira chez son frère, et mourut à Paris âgé de soixante-dix-sept ans. A ses obsèques, célébrées à Saint-Médard, on exécuta une messe composée par un de ses anciens élèves.

Valentin Haüy a expliqué sa méthode dans son *Essai sur l'éducation des aveugles*, dédié au roi; Paris, 1786, in-4°. Dans ce livre curieux, imprimé par des enfants aveugles, sous la direction de Clousier, les lettres sont en relief, de manière que les exemplaires qui n'ont point passé sous le marteau du relieur peuvent être lus par les aveugles, qui parcourent les lignes du bout des doigts. Dans les exemplaires reliés, ces lettres se trouvent presque entièrement aplaties. L'ouvrage fut traduit en anglais par Blacklock, poète aveugle, à la suite de ses poésies; 1795, in-4°.

Haüy a publié en outre : un *Nouveau Syllabaire à l'aide duquel un jeune enfant peut, après les premières leçons, réduites à très-peu de règles fondamentales, courtes et faciles, étudier seul les premiers principes de la lecture sans être obligé d'épeler*, etc.; 1800, in-12.

Mémoire historique abrégé sur les télégraphes en général et sur les diverses tentatives faites jusqu'à ce jour pour en introduire l'usage en Russie, etc.; Saint-Pétersbourg, 1810, in-8°. On y trouve aussi des notes intéressantes sur l'instruction des aveugles et des sourds-muets.

Encyclopédie des gens du monde, avec des additions (1).

HÉLINAND,

Moine de Froidemont, Historien et Poète,

né près Beauvais.

11..—1230.

Hélinand naquit, suivant Loisel, à Pruneroi ou Pront-le-Roi, dans le Beauvaisis. Lui-même nous apprend qu'il tirait son origine d'une famille noble de Flandre, que la recherche trop rigoureuse des complices de l'assassinat du

---

(1) *Essai sur l'éducation des aveugles.* — Arnault et Jouy : *Biographie des contemporains.* — *Biographie Didot.*

comte Charles-le-Bon obligea, quoiqu'innocente, de s'expatrier, vers l'an 1127 (*Hist. litt. de Fr.*) » Herman, son père, alors très-jeune, avait un frère aîné nommé Ellebaude, qui devint par la suite chambellan (*cubicularius*) de Henri de France, archevêque de Rheims.

Etudiant au collége de Beauvais, Hélinand eut pour maître Raoul, le grammairien, qui avait assisté aux leçons d'Abélard. Il surpassa le disciple et parvint presque à la célébrité du maître par la sagacité de son esprit, par la fécondité de son imagination, par l'étendue et la variété de ses connaissances.

Il débuta dans le monde par des chansons, genre frivole et qui néanmoins serait peut-être son plus beau titre littéraire si nous les eussions conservées ; elles étaient fort estimées de ses contemporains. Hélinand les chantait lui-même dans les brillantes réunions qu'il fréquentait, et en rendait ainsi l'attrait d'autant plus grand ; car il joignait à une voix douce et mélodieuse beaucoup de grâce et d'expression dans le débit, et surtout beaucoup d'enjouement. Il n'en fallait pas davantage pour être vivement goûté et recherché dans un siècle à demi-barbare. Il se vit appelé chez les grands qu'il flattait dans ses vers, et sut se faire redouter de ses rivaux littéraires, qu'il déchirait à belles dents. Ses talents de courtisan, sa raillerie fine et l'âcreté de ses satires firent qu'on aima mieux l'avoir pour ami que pour ennemi.

Le roi Philippe-Auguste, qui voulut l'entendre, en fut charmé et l'appela souvent à sa cour, ainsi que nous l'apprend le roman d'Alexandre :

> Quand li rois out mangié, sappella Hélinand,
> Pour li esbornoyer commanda que il chant.
> Cil commence à noter ainsi com li jayant (les géants)
> Monter vouldrent au ciel, comme gent mécréant.

« Véritable trouvère, il parcourait ainsi les châteaux,

semant la gaîté partout où il se trouvait, et portant même l'enjouement jusqu'à la licence. Il ne se donnait, dit-il, de son temps ni spectacle ni divertissement dans les places publiques, dans les écoles ou les tournois, auxquels il ne fût appelé *(Hist. lit. de Fr.)* (1). »

Mais, de cette humeur inconstante et folâtre, il passa tout-à-coup à l'extrême opposé : de l'excès des plaisirs et de la dissipation à la solitude et au recueillement; le rayonnement de la grâce l'éclaira sur le vide de la félicité qui l'avait d'abord charmé, et il alla gémir sur ses erreurs passées dans l'abbaye de Froidemont (ordre de Cîteaux), en Beauvaisis. Lui-même nous raconte le changement qui s'était opéré en lui :

« Vous avez sans doute ouï parler d'Hélinand; car qui n'a pas connu cet homme, si toutefois on peut l'appeler un homme? Il n'était pas plus fait pour le travail que l'oiseau qui ne sait que voler; il n'avait d'autre occupation que de courir le monde, cherchant à perdre les hommes, soit en les flattant, soit en les déchirant. Le voilà maintenant renfermé dans un cloître, lui à qui le monde entier semblait un cloître ou même une étroite prison. Il était si connu par son inconstance, que plusieurs attribuaient à sa légèreté le changement qui venait de s'opérer en lui ; et plus il avait donné de preuves de son inconstance, moins on était disposé à croire qu'il pût persévérer dans un ordre aussi austère et si opposé au genre de vie qu'il avait mené jusque là. »

Il persévéra cependant, puisqu'il se dépeignait ainsi

---

(1) Ipse quidem spectaculum factus est angelis et hominibus factus est levitate miraculi, qui prius eis spectaculum fuerat miraculo levitatis. dum non scena, non circus, non theatrum, non amphitheatrum, non forum, non platea, non gymnasium, non arena, sine eo resonabat. (Hélinand, de Repar. lapsi, p. 318.)

dans sa lettre à Gautier, cinq ans après sa prise d'habit.

Ses œuvres nous fixent à peu près sur la date de sa conversion.

Hélinand était déjà moine lorsqu'il composa, avant l'an 1200, ses stances sur la mort, car on lit dans la première :

> Mors, qui m'as mis muer en mue,
> En telle étuve où li cors sue
> Che qu'il fist au siècle d'outraige.
> . . . .
> Pour ce ai-je changé mon couraige.

Ces stances sont conservées dans un manuscrit de la bibliothèque impériale, portant à la dernière page, en caractère du même temps et de la même main que le corps entier du livre : *Explicit ille liberamus* M. C. C.

La stance suivante est adressée à des seigneurs décédés avant ou à peu près vers l'an 1200.

> Mors, qui as contes et as rois
> Accorches lor ans et lor mois,
> C'onques hom allongier ne peut,
> Chartres et Chaalons et Blois
> Salue pour les Thibaudois,
> Loeis, Renaut et Retrout.

Louis, comte de Chartres et de Blois, succéda à son père l'an 1191; partit pour la terre sainte, l'an 1202, et mourut en 1205. Les deux autres, l'un évêque de Chartres, l'autre comte de Perche, moururent presqu'en même temps.

Hélinand, associant à une piété constante la culture des lettres, se concilia l'estime et l'amitié de plusieurs prélats qu'il désigne dans les stances 16 et 17.

> Mors, va à Biauvais tot courant
> A l'évesque qui m'aime tant,
> Et qui toz jors m'a tenu chier;
> Di li qu'il ert sans contrement
> Un jour à toi, mais ne sait quant.
> Or se paint dont d'espeluchier
> Sa vie et sa nef espuisier,
> Et de bones muers aluchier, etc.

On reconnaît dans ces vers Philippe de Dreux, prélat guerrier qui occupa le siége épiscopal de Beauvais depuis l'an 1175 jusqu'en 1217. Hélinand vivait avec cet évêque dans une amitié qui dégénérait parfois en une grossière familiarité, comme le prouve une de ses anectotes bonne à citer, puisqu'elle fait connaître les mœurs du temps.

« Un jour que Philipe de Dreux, évêque de Beauvais, étant à Froidemont, l'avait prié de lui procurer le lendemain, de grand matin, une basse messe, il était déjà jour et le prélat dormait encore, sans qu'aucun de ses domestiques osât le réveiller. Hélinand entre dans sa chambre et lui crie d'un ton badin :

» Il y a longtemps, seigneur, que les oiseaux sont levés pour louer leur Créateur, et vous restez au lit!

» Le prélat, prenant cela pour un reproche, lui répond avec émotion : « Tais-toi, misérable! Va tuer tes poux. » *Vade hinc miser ! et interfice pediculos tuos.*

Hélinand, sans se déconcerter, lui riposte toujours sur le même ton :

« Prenez garde, mon père, que les vers ne vous tuent; car pour moi j'ai déjà tué les miens. Il y a cette différence entre la vermine du riche et celle du pauvre, que les pauvres s'en débarrassent en la tuant, au lieu que les riches en sont souvent les victimes : témoins les Rois puissants Antiochus et Hérode-Agrippa, qui, au rapport de la sainte Écriture, en furent dévorés.

» Les évêques de Noyon et d'Orléans n'étaient pas moins ses amis, comme on le voit par la 17ᵉ stance. »

Mors, qui les haus en prison tiens,
Aussi comme nus pauvres chiens,
Que li siècles a en dépit,
Salue deux évêques miens,
Celi de Noyon et d'Orléans ;
Dis leur qu'ils ont mainz de respit

Ke en lor faces n'est écrit :
Tu fais de lonc terme un petit
Or se gardent de tes engiens.
Tu prens le dormant en son lit.
Tu touls au riche son délit,
Tu fais biauté de venir fiens.

Tous les vers que nous venons de citer ne sont pas des chefs-d'œuvre de poésie et de sentiment ; mais ils sont curieux pour l'époque. Ses stances à la mort rappellent parfois les devises de la Danse Macabre.

La date de la mort d'Hélinand est incertaine. Du Boulay la fixe à l'an 1212, Casimir Oudin en 1227. Selon l'Histoire littéraire, il était encore en vie en 1229.

« Hélinand vivait donc encore en cette année, et il n'était pas encore si décrépit qu'il ne pût porter la parole de Dieu dans des régions éloignées ou du moins en Languedoc. »

Voici, d'après Loisel, son épitaphe en latin :

Lucifer occubuit : Stellæ radiate minores ;
Namque hujus radius hebetabat inferiores
Illius occasu tandem venistis ad ortum,
Naufragio que tenet vestræ ratis anchora portum.
Claruit ingenio, moribus atque stylo.

Hélinand a laissé un grand nombre d'ouvrages en vers et en prose.

I. Sa *Chronique*, qui remontait à la création du monde et comprenait quatre livres. Il n'en reste qu'un assez long fragment, commençant à l'année 634 de l'ère chrétienne, et finissant à la prise de Constantinople par les Français, 1204. Plusieurs cahiers auraient été égarés par Guérin, évêque de Senlis, qui les avait empruntés à l'auteur. La perte ne semble pas grande : c'était une compilation, terminée par une suite de niaiseries.

II. *Sermons.* Au nombre de vingt-huit, qui roulent sur les principales fêtes de l'année, « la foi de l'incarnation, dit-il, dans le premier, sur l'Avent, a d'abord été annoncée par la simple prédication, ensuite prouvée par la raison, enfin défendue par l'effusion du sang. De pauvres pêcheurs l'ont annoncée, des philosophes et des orateurs convertis l'ont prouvée, des martyrs de l'un et de l'autre sexe et de tout âge l'ont défendue. Elle a été annoncée à ceux qui se trompaient par ignorance; elle a été prouvée contre ceux qui lui opposaient le raisonnement; elle a été défendue contre ceux qui abusaient de leur autorité pour la persécuter. Dans le premier degré, on peut la comparer au lever de l'aurore; dans le second, à la splendeur du matin; dans le troisième, à la chaleur du midi. »

On lui reproche de graves erreurs de fait. Le premier des cinq sermons, pour le dimanche des Rameaux, aurait été prêché en français, bien qu'il ait été reproduit en latin. Les Albigeois y sont traités de chiens, qu'on doit non-seulement chasser à coups de pierre et de bâton, mais égorger et livrer aux flammes comme des chiens enragés.

A propos de l'entrée de Jésus-Christ à Jérusalem sur un âne, il stigmatise ainsi le luxe des prélats : « Ce n'est pas assez pour eux d'être montés sur des palefrois, il leur faut un bucéphale tout resplendissant d'or, comme s'ils descendaient d'Alexandre. » *Ostentantes videlicet nobilitatem generis, ut quasi Alexandrino sanguine respersi videantur.*

Dans le discours *ad clericos scholares*, à Toulouse, 1229, jour de l'Ascension : « On va, dit-il, à Paris pour s'instruire dans les arts libéraux, à Orléans pour étudier les auteurs classiques, à Bologne pour apprendre la jurisprudence, à Salerne la médecine, à Tolède la magie, et nulle part on n'a ouvert des écoles pour former les mœurs. »

Le dernier des trois sermons sur la Pentecôte, où il attaquait vigoureusement l'esprit mondain des clercs, s'adressait sans doute aux jeunes seigneurs que l'usage condamnait à la soutane.

Le premier sermon, pour la fête de l'Assomption de la sainte Vierge, est dirigé contre Pierre Lombard, *le maître des sentences*, qui, au gré de notre auteur, s'était mal expliqué au sujet de l'immaculée Conception.

Hélinand n'épargnait pas davantage les abus de son ordre.

En général ses sermons sont graves, pieux, solides, pleins de science ecclésiastique et d'érudition profane très-bien appliquée; le style en est clair, vif et serré, la morale en est saine. L'auteur y combat les vices dominants du siècle, et les combat avec avantage. Mais il redevient souvent poëte et amateur de récits fabuleux.

III. *Les Fleurs* (Flores) recueil de poésies.

Trois opuscules : 1° Un *Traité de la Connaissance de soi-même*; 2° Institution d'un prince, *De instituendo rege*; 3° *De reparatione lapsi, lamentationes et væ*, où il a tracé le tableau des égarements de sa propre vie.

IV. *Stances*. C'est son meilleur ouvrage; voici une dernière citation sur la Mort :

> Mors crie à Rome, crie à Rains,
> Seigneur tot estes en mes mains,
> Aussi li haut, comme li bas ;
> Ouvrez vos yex, changez vos rains,
> Anchois que je vous tiengne à freins,
> Ke je vos face crier, las !

Loisel, éditeur de ses œuvres, et Adrien Baillet, s'accordent à louer la beauté de ses vers, la richesse de sa rime et le feu de son imagination. Il ne manquait que d'un idiôme plus parfait pour être rangé parmi les grands poëtes. Mais, trop satirique pour un moine, dans son sel

un peu âcre et piquant, il trahit l'homme jadis si gai et
si badin.

La verve originale des vers d'Hélinaud nous fait regretter que ses premières poésies aient été perdues. On
pense qu'il a dû les anéantir comme trop mondaines, après
sa conversion.

Il a écrit plusieurs autres livres, tant en latin qu'en
français. Vincent de Beauvais, dans son *Miroir historial,*
livre 30, chapitre 8, en fait mention, *Vir religiosus et fa-
cundiâ disertus, qui versus de morte, in vulgari nostro tam
eleganter et utiliter, ut luce clarius patet, composuit.*

Antonin, archevêque de Florence, en parle également
avec beaucoup. d'éloges, dans ses chroniques, troisième
partie, chapitre v, titre viii.

L'abbé de Longueruc faisait aussi grand cas de la chronique, si dédaignée, comme nous le montrons plus haut,
dans l'histoire littéraire de la France, des Bénéd. de
Saint-Maur, titre xviii (1).

HENRY (Noël-Etienne),

Chimiste, Pharmacien en chef des hôpitaux de Paris,

né à Beauvais.

1769 — 1832.

Fils d'un négociant peu aisé qui, à défaut d'autre héri-

------

(1) Voir aussi : *Bibliothèque française* de Goujet, titre ix, pages 2
et suivantes. — Lacroix du Maine : *Bibliothèque française.* — Duboulay : *Histoire de l'université de Paris.*

tage, s'attacha à donner à sa nombreuse famille l'éducation la plus convenable, le jeune Henry seconda activement par son application les vues si sages de son père.

Il fit ses études au collége de Beauvais et s'y distingua tellement à force d'application et de travail qu'il attira sur lui l'attention générale, et se concilia l'intérêt des personnes influentes qui le remarquèrent. C'est par les soins de ses maîtres et d'après leurs conseils qu'il se décida à concourir pour une bourse qu'il obtint sans peine.

Il eut un succès si complet qu'il put venir à l'Université de Paris, dans le collége de Navarre, aux frais du Gouvernement : il y fit sa rhétorique et sa philosophie de la manière la plus brillante.

Contre la volonté de son père, qui le destinait à une autre carrière, il se livra à l'étude de la médecine.

Mais bientôt son goût pour la chimie et la nécessité de tirer promptement parti de ses connaissances l'attirèrent vers la pharmacie. Il y travailla avec un grand zèle et parvint rapidement à acquérir de solides connaissances.

En 1793, il entra comme élève à l'Hôtel-Dieu de Paris. Là, tout le temps que lui laissaient ses devoirs envers les malades, il l'employait à suivre les cours de chimie et de toutes les branches d'histoire naturelle qui se faisaient au Jardin des Plantes ou à l'école de pharmacie.

Le zèle qu'il montra dans son service des hôpitaux, les connaissances dont il fit preuve dans ses examens et dans des cours particuliers lui avaient fait déjà une certaine réputation. En 1797, la place de sous-chef à la pharmacie centrale étant vacante, Henry l'emporta au concours en s'y signalant par des travaux supérieurs.

L'estimable Demachy avait créé la pharmacie centrale. Henry, que l'administration lui donna pour aide, aida réellement au progrès de cet établissement en lui donnant tous les développements possibles, par l'abondance des préparations pharmaceutiques, les riches collections d'objets de botanique, de minéralogie et de zoologie faites pour l'instruction des élèves.

Ses travaux furent du moins récompensés. A la mort de Demachy, Henry devint titulaire de la place de chef quand il l'était de fait depuis longtemps. Quoique nommé, en 1804, professeur-adjoint à l'école de pharmacie, il n'en continuait pas moins, dans l'établissement central, le cours de chimie pharmaceutique qu'il y avait commencé pour les élèves des hôpitaux.

La gravité des événements qui succédèrent multiplièrent beaucoup ses travaux. Dans les années 1814 et 1815 principalement, il lui fallut vaquer à mille détails et déployer la plus grande vigilance. C'est lui qui fut chargé d'organiser des hôpitaux temporaires à Paris et dans les environs et de les approvisionner. Et non-seulement il fallait y maintenir et y assurer la distribution de médicaments abondants et bien préparés, mais encore se refuser avec prudence et fermeté aux demandes exagérées qui lui étaient faites de tous les points.

Henry fut nommé chevalier de la Légion-d'Honneur et membre de la société royale d'agriculture, de la société de l'industrie nationale et de plusieurs académies savantes. Il concourut, par des rapports et des mémoires, aux travaux de ces compagnies qui lui demandaient souvent son avis sur les questions qui s'y traitaient.

Il en a écrit un grand nombre et aussi une foule de notices chimiques et pharmaceutiques dont on retrouve les titres dans les *Fastes de la pharmacie française*, en 1830.

« Au milieu de tant de publications, dit la biographie universelle, la pharmacie centrale était parvenue, par les soins de Henry et par sa judicieuse gestion, à son plus haut degré d'utilité ; il forma pendant les trente années de sa direction un grand nombre d'élèves, qui aujourd'hui se font remarquer dans l'enseignement et dans l'exercice de la chimie et de la pharmacie. Il était encore chargé, par le conseil général des hospices, de la surveillance du service pharmaceutique dans les hôpiteaux et dans les bureaux de charité de Paris. Secrétaire de la commission des remèdes secrets, il fut un des collaborateurs les plus assidus du code pharmaceutique.

» La tranquillité d'un homme si dévoué à la science et au bien de l'humanité fut troublée par quelques tracasseries à la fin de sa longue carrière. Mais, après les enquêtes les plus minutieuses, il reçut de l'administration pleine et entière justice pour la régularité de sa gestion. Content de sa médiocre fortune, Henry voulut se retirer et il donna sa démission. Alors le conseil général des hôpitaux présenta son fils à sa place, mais on ne l'admit pas. Ce refus fut vivement senti par Henry dont la santé était déjà altérée par des chagrins antérieurs. Un autre échec, qu'il éprouva plus tard, lorsqu'il demanda pour son fils la chaire de professeur à l'école de pharmacie, augmenta son chagrin : c'est alors que le choléra asiatique vint fondre sur lui, et qu'après deux jours de souffrances, il fut frappé d'une congestion cérébrale qui mit fin à ses jours le 30 juillet 1832 (1). »

------

(1) Michaud : *Biographie universelle.*

HÉRICART DE THURY (Louis-Etienne-François), Ingénieur et Agronome,

né à Thury-en-Valois (1).

1776—1854.

L'éloge de M. Héricart de Thury, lu par M. Léonce de Lavergne à la Société d'Agriculture, en 1855, et la biographie consacrée par M. Tremblay à ce personnage distingué nous ont fourni les éléments de la notice suivante :

« Louis-Etienne-François Héricart, vicomte de Thury, était issu d'une ancienne famille du Vermandois, appartenant à la noblesse de robe. Son père était conseiller à la Chambre des Comptes de l'ancien Parlement; son oncle, le comte Ferrand, fut ministre du Roi Louis XVIII, pair de France et membre de l'Académie française (2).

» Son goût pour les sciences se manifesta de bonne heure, et, à l'issue des événements amenés par la révolution de 1789, après avoir acquis, sous l'habile direction de son père, les connaissances dont il avait besoin, il se présenta aux examens de l'école des mines, où il fut admis le 13 avril 1795.

» Le jeune Héricart utilisa les années qui s'écoulèrent jusqu'à sa nomination au grade d'ingénieur, en faisant, à

---

(1) Plusieurs biographes le font naître à Paris.

(2) La famille Héricart de Thury descendait de l'une des branches de la famille de Louis Héricart, lieutenant-civil de la Ferté-Milon et beau-frère du fabuliste La Fontaine.

ses frais, des voyages pour visiter plusieurs mines, notamment celles de Chalanches, d'Allemont et du Pezay,
près du Mont-Blanc, où il compléta son instruction sous
les ordres de M. Schreiber, qui était alors directeur de
l'école pratique.

» Le 7 octobre 1802 il fut nommé ingénieur ordinaire
des mines, et envoyé en 1804 dans les départements de
l'Isère, des Hautes-Alpes et de la Drôme, où il resta jusqu'en 1809. Il avait à peine 34 ans lorsqu'il fut élevé au
grade d'ingénieur en chef, le 13 décembre 1810.

» À la même époque le Gouvernement le chargea de
l'inspection des carrières et de la direction des travaux
que nécessitait alors et que nécessite encore à présent l'état
du sol excavé sur lequel règne une grande partie des
quartiers situés sur la rive gauche de la Seine.

» Il dirigea jusqu'en 1830 les immenses travaux qui ont
consolidé les catacombes. Il y établit une collection géologique représentant la coupe verticale de ces carrières,
depuis le sol supérieur jusqu'au terrain de craie, et contenant des échantillons de tous les bancs de pierre du bassin
de Paris. Il continua de rassembler dans cette vaste né-
cropole les ossements provenant des sépultures de la capitale, et fit une collection d'anatomie pathologique où se
trouvent réunis les os curieux, soit par leur dimension,
soit par des accidents particuliers. Par un système de
soutènement bien entendu, il a répété en grande partie
dans ce vaste souterrain les rues de la ville, et construit
des galeries qui maintiennent le sol. Il publia, en 1815,
la description de ces catacombes, ouvrage d'un grand
intérêt. Il fit paraître aussi, en 1819, une notice statistique sur les produits de l'industriè du département de
la Seine. Différents ouvrages sur la minéralogie et la
géologie, et des mémoires, qui sont insérés dans le *Journal des Mines*, sont sortis également de sa plume.

» M. Héricart de Thury fut appelé en 1834 au conseil des mines, où il siégea en qualité d'inspecteur général jusqu'en 1848 ; il fut mis alors à la retraite, par application du décret du Gouvernement provisoire, sur la limite d'âge fixée pour les ingénieurs des ponts-et-chaussées et des mines.

» Il s'occupait encore de tout ce qui a rapport aux *puits artésiens*. Il publia sur cette matière non-seulement de nombreux mémoires insérés dans les *Annales des Mines,* mais aussi un *ouvrage très-important,* intitulé : *Considérations géologiques sur les puits forés.* On peut dire qu'il fut, sinon le premier, du moins l'un des premiers à donner l'explication du jaillissement des nappes d'eau souterraines, et il contribua certainement à populariser en France cette utile découverte, appelée à rendre de si grands services à l'industrie agricole et manufacturière. On remarque dans sa correspondance qu'il fut souvent consulté par les administrateurs du département de la Seine sur les chances de succès que pourrait avoir le forage des puits artésiens dans Paris.

» D'après ses rapports au conseil des mines, comme inspecteur général chargé du service de la division du Nord de la France, on voit en effet que, par suite de l'étude approfondie qu'il avait faite des terrains qui entourent le bassin de la Seine, il put indiquer, avec une précision presque mathématique, la profondeur à laquelle on rencontrerait les eaux jaillissantes ; consulté par le Ministre des travaux publics sur la profondeur à laquelle on serait forcé de forer le puits de Grenelle, il répondit « qu'il faudrait poursuivre le forage jusque dans les sables » des grès verts, au-dessus de la grande masse de craie, » à la profondeur d'environ 550 mètres. » C'est à celle de 548 mètres que les eaux furent atteintes, et, ainsi, à une différence de 2 mètres seulement.

» M. Héricart de Thury n'était pas seulement ingénieur des mines, il s'était beaucoup occupé d'arts mécaniques et d'industrie, et son aptitude ainsi que son goût prononcé pour ces matières le firent constamment choisir par le Gouvernement comme membre des jurys chargés de prononcer sur le mérite des produits envoyés aux grandes expositions de l'industrie, et, en dernier lieu, à celle de Londres en 1851.

» Possédant des connaissances spéciales en architecture, il fut nommé, en 1815, directeur des travaux de Paris, fonctions qu'il conserva jusqu'en 1830. C'est sous sa direction que furent achevés plusieurs des grands monuments de la capitale, et notamment le palais de la Bourse.

» En 1824, l'Académie des sciences lui offrit la place d'académicien libre, devenue vacante par la mort de M. le duc de Lauraguais-Brancas; sa modestie la lui fit décliner. Toutefois, l'assistance des membres les plus éminents de l'Académie le décidèrent à se porter candidat; il ne voulait pas, disait-il, entrer en lutte avec d'autres concurrents d'un mérite égal. L'Académie le distingua de ces derniers en l'appelant au fauteuil vacant.

» M. Héricart de Thury était membre, depuis quarante ans, de la Société d'encouragement des arts et de l'agriculture, qu'il présida plusieurs fois. Ce fut lui qui fonda, en 1827, la Société d'horticulture, dont il fut le président pendant plus de vingt-cinq ans; cette Société lui décerna, à l'unanimité, le 16 décembre 1852, le titre de président honoraire. Il s'y fit remarquer par son utile et laborieuse coopération.

» M. Héricart de Thury, qui appartenait au département de l'Oise, fut élu député à la chambre de 1815. Au renouvellement de celle de 1816, il ne put être réélu, n'ayant pas alors atteint quarante ans. Dès qu'il eut cet âge, les électeurs de l'Oise lui confièrent de nouveau les fonctions législatives, et, depuis sa rentrée dans la chambre, il siégea au côté droit. Le département de la Seine (5ᵉ arrondissement) l'appela aussi en 1823, à la chambre, où il resta jusqu'en novembre 1827.

» Il fut nommé, par ordonnance du 5 février 1818, au Conseil général de l'Oise, en remplacement de M. Vialart de Saint-Morys, décédé. Il s'y maintint jusqu'à la révolution de 1830, et ne fut pas compris à cette époque dans la nouvelle organisation prescrite par l'ordonnance du 22 janvier 1831 ; il y rentra en 1848 à la suite de la révolution de février, et y représenta jusqu'à sa mort le canton de Betz.

» Les procès-verbaux de ce Conseil renferment un certain nombre de rapports remarquables, rédigés par M. Héricart de Thury, sur différents objets intéressant le département, et que M. Randouin, alors préfet de l'Oise, a rappelés, dans son discours d'ouverture de la session de 1854, par des paroles que nous nous plaisons à citer textuellement :

« Messieurs, depuis sa dernière réunion, le Conseil
» général a fait une grande perte ; c'est pour moi un
» devoir pénible et consolant, tout à la fois, de signaler
» les regrets unanimes excités par la mort de votre illustre
» collègue, M. Héricart de Thury, dont la verte vieillesse
» promettait encore de longs jours, qui occupait un
» rang si élevé dans l'administration et dans la science,
» et qui, par le charme de sa discussion, l'aménité de
» son caractère et la richesse de ses souvenirs, était,
» permettez-moi de le dire, l'ornement du Conseil gé
» néral, comme il en était une des plus vives lumières.

» C'est se montrer fidèle à sa mémoire comme à ses tra
» ditions personnelles que de vous proposer de voter des
» encouragements aux arts qu'il affectionnait, à l'agri-

» culture, à l'éducation professionnelle et aux institutions
» de bienfaisance, etc.....»

» On trouve dans les bulletins de la Société géologique
de France, publiés en 1832 et 1833, des détails curieux,
rédigés par M. Héricart, sur une coupe géognostique de
l'Oise, entre Chezy-en-Arçois (Aisne) et Gournay-sur-
Epte, avec un mémoire explicatif, sur une autre coupe
de Paris à Ham, traversant la partie orientale du département de l'Oise.

» Il a puissamment contribué, par d'utiles renseignements et des conseils non moins précieux, à la publication
de l'*Essai sur la topographie géognostique* de ce département, que M. Graves a fait paraître en 1847, en mettant
à la disposition de ce dernier, ancien secrétaire général
de la préfecture de l'Oise, différents documents, ainsi que
les riches collections de fossiles recueillis, presque tous,
dans les cantons orientaux de l'arrondissement de Senlis.

» En 1848, il fut chargé par le Conseil général de
l'examen du travail *statistique, historique et biographique,*
concernant les 700 communes du département de l'Oise,
rédigé par M. Vict. Tremblay, et ce fut à la suite d'un
rapport circonstancié et sur sa proposition que le Conseil
vota un encouragement pour faciliter l'impression de la
première partie de cet ouvrage.

» M. Héricart aimait l'étude avec passion. Sa bibliothèque, qui était considérable (la vente en a eu lieu au
mois de décembre 1854), n'était composée que de livres de
sciences, portant presque tous des annotations de sa main.
Lorsque la mort est venue le frapper à Rome, il s'occupait encore d'un ouvrage sur la diversité des marbres de
l'Italie, travail qu'il n'a malheureusement pas eu le temps
d'achever.

» M. Héricart, qui avait conduit son plus jeune fils
malade en Italie, dans l'année 1852, pour lui faire res-

pirer l'air de ce beau pays, se décida à retourner à Rome en 1853, dans le but de revoir cet enfant qu'il y avait laissé convalescent. Malheureusement, il fit ce second voyage dans le mois de décembre, par un temps affreux dont il souffrit beaucoup.

» Il était accompagné de Mme Héricart et de ses deux fils aînés. Son émotion fut si grande, en revoyant son troisième fils, qu'il tomba dans une faiblesse extrême; des symptômes alarmants se manifestèrent presque subitement, et, malgré les soins empressés de sa compagne chérie, qui veillait jour et nuit auprès de lui, sa famille eut la douleur de le voir succomber.

» Fidèle aux devoirs que la religion impose, M. Héricart était pieux, sans ostentation comme sans hypocrisie; aussi, avant que Dieu l'appelât à lui, avait-il demandé un prêtre de sa connaissance, habitant non loin de Rome. Il fut administré en présence de sa femme et de ses fils; il les embrassa tendrement; puis, sur le point de rendre le dernier soupir, il remercia sa digne compagne de son sincère et constant attachement pour lui et pour ses enfants.

M. Tremblay, qui excelle à dépeindre les qualités privées et la vie intime des hommes recommandables, termine en ces termes sa notice intéressante sur M. Héricart de Thury :

« Sa vie privée offrait tout ce qu'on pouvait attendre de la noblesse de son cœur et de son esprit. Il avait une affabilité et une indulgence qui prévenaient tout d'abord en sa faveur; aussi a-t-il eu de nombreux amis, et on est fondé à croire qu'il n'avait pas d'ennemis. Cet excellent homme fut constamment animé des deux sentiments les plus nobles que Dieu ait mis en nous : l'amour de ses semblables et l'amour du travail, sentiments qu'il avait su si bien inspirer à son honorable famille, qui fut toujours unie par les liens les plus intimes de l'affection. Ce sont de beaux exemples que ses fils ne peuvent manquer de suivre.

» Ajoutons que dans les hauts emplois que M. Héricart a occupés, il eut souvent occasion de rendre service, et qu'il n'en laissa jamais volontairement échapper aucune. Le pauvre trouvait particulièrement accès près de lui; il l'écoutait avec une bonté touchante, et obligeait avec une grâce et une délicatesse qui prouvaient son plaisir à soulager les malheureux, partout où il en rencontrait.

» Comme on le voit, la vie de cet homme de bien a été honorablement remplie; il l'a terminée avec calme, en véritable chrétien, dans un pays où ses précieuses qualités étaient connues et appréciées. L'ambassadeur de France et les hauts fonctionnaires civils et militaires de Rome ont assisté à ses obsèques, qui ont été célébrées le 16 janvier 1854. Cet hommage, rendu à la mémoire d'un homme si recommandable par ses rares vertus, qui a servi aussi utilement la science et sa patrie, a vivement impressionné la population romaine.

» M. Héricart, officier de la Légion-d'Honneur, fut membre de l'Institut de France, président honoraire, fondateur de la Société impériale d'horticulture de Paris et centrale de France, bibliothécaire-archiviste de la Société impériale et centrale d'agriculture, censeur de la Société d'encouragement pour l'industrie nationale, membre du Conseil des mines, d'un grand nombre de Sociétés savantes et de celle du département de l'Oise. Il avait été successivement maître des requêtes et conseiller d'État, député, colonel de la 9e légion de la garde nationale de Paris, membre du Conseil général du département de l'Oise, directeur des travaux publics du département de la Seine, gentilhomme de la Chambre de Charles X et inspecteur général des mines.

Voici, d'après la *Nouvelle Biographie générale*, la nomenclature complète des ouvrages publiés par le savant
M. Héricart de Thury :

*Minéralogie synoptique, ou tableaux des substances
minérales spécifiées, caractérisées et décrites au moyen de
signes conventionnels* (avec L.-C. Houry); Paris, 1805,
in-8°.

*Instruction sur la marne, avec la nature des vallées du
département des Hautes-Alpes qui renferment cette substance;* Paris, 1805, in-8°.

*Archéologie de Mons-Seleucus, ville romaine dans le
pays des Voconces, aujourd'hui Labatie Mont-Saléon,
préfecture des Hautes-Alpes;* Gap, 1806, in-8° : cet ouvrage, commencé par Héricart de Thury, a été achevé
par Houy, à qui le préfet Ladoucette communiqua les
matériaux nécessaires.

*Description des Catacombes de Paris, précédée d'un
précis historique sur les catacombes de tous les peuples de
l'ancien et du nouveau continent;* Paris, 1815, in-8°.

*Rapport à la Société royale et centrale d'Agriculture,
au nom de la commission des engrais, sur un nouvel engrais proposé sous le nom de poudrette alcalino-végétative
par Mme Vibert-Duboule;* Paris, 1820, in-8°.

*Rapport du Jury d'admission des produits de l'industrie
du département de la Seine à l'exposition du Louvre,
comprenant une notice statistique sur ces produits;* Paris,
1820, in-8°.

*Rapport fait à la Société royale d'agriculture sur le mé-
moire sur l'histoire des canaux d'arrosage et la pratique
des irrigations dans le département des Hautes-Alpes;*
1821.

*Considérations géologiques et physiques sur les causes
du jaillissement des eaux et des puits forés ou fontaines artificielles, et recherches sur l'origine ou l'invention de la*

sonde, l'état de l'art du fontainier sondeur, et le degré de probabilité des succès des puits forés; Paris, 1823, deuxième édition, 1829, in-8°.

Classement méthodique des marnes d'amendement connues et usitées en France et envoyées à la Société centrale d'agriculture par ses correspondants.

Rapport fait à la Société d'Encouragement pour l'industrie nationale sur le procédé proposé par M. C.-P. Brard pour reconnaître immédiatement les pierres qui ne peuvent résister à la gelée, et que l'on désigne par les noms de pierres gelives ou pierres gelisses ; Paris, 1824, in-4°.

Rapport sur les produits de l'industrie (avec Migneron); Paris, 1824, in-8°.

Rapport du Jury d'admission des produits de l'industrie du département de la Seine à l'exposition du Louvre en 1823; Paris, 1825, in-8°.

Sur le projet de Code forestier : compte rendu à la Société royale et centrale d'Agriculture de l'ouvrage de M. de Bonald, intitulé : Des Forêts de la France considérées dans leurs rapports avec la marine militaire, à l'occasion du projet de Code forestier; Paris, 1826, in-8°.

Rapport fait à la Société royale et centrale d'agriculture sur le projet de défrichement et de plantation en arbres résineux des landes et bruyères des départements de la Bretagne par MM. Baudrillart, Broc, Michaux, etc. ; Paris, 1826, in-8°.

Programme d'un concours pour le percement de puits forés suivant la méthode artésienne, à l'effet d'obtenir des eaux jaillissantes applicables aux besoins de l'agriculture, suivi de Considérations géologiques et physiques sur le gisement des eaux, et de Recherches sur les puits forés en France; Paris, 1828, in-8°.

Notice historique sur la plantation de la montagne de

Saint-Martin le Pauvre, entre Thury et Boulard, département de l'Oise; Paris, 1829, in-8°.

Rapport sur le pendule à compensation naturelle de M. H. Robert, horloger mécanicien; Paris, 1829, in-8°.

Rapport sur le concours ouvert pour le percement des puits forés, à l'effet d'obtenir des eaux jaillissantes applicables aux besoins de l'agriculture, fait à la Société royale et centrale d'Agriculture, dans la séance du 18 avril 1830; Paris, 1830, in-8°.

Notice sur les recherches entreprises à Luzarches et sur le degré de possibilité d'y trouver une mine de houille; Paris, 1830, in-8°.

Du desséchement des terres cultivables sujettes à être inondées; Paris, 1831, in-8° : extrait des *Mémoires de la Société royale et centrale d'agriculture.*

Rapport fait à l'Académie des Sciences sur un mémoire relatif à la géologie des environs de Fréjus, par M. Charles Texier (avec M. Brongniart); Paris, 1838, in-8°.

État des recherches faites dans les environs de Paris pour la découverte des mines de houille; Paris, 1837, in-8°.

Notice sur les mines d'asphalte, bitumes et lignites de Lobsann (Bas-Rhin); Paris, 1838, in-8°.

Histoire d'un vieux chêne et de ses quatorze enfants, 1839.

Rapport sur le projet de colonisation de l'Algérie, ou des fermes du petit Atlas de M. l'abbé Landmann, curé de Constantine; Paris, 1842, in-8°.

Notice biographique sur A.-R. Polonceau, inspecteur divisionnaire des ponts et chaussées; Paris, 1848, in-8°.

Le vicomte Héricart de Thury a fourni au *Journal des Mines* :

Observations sur la rivière du Loiret, tome IX, 1799.

Essai potamographique sur la Meuse, ou observations

sur sa source, sa disparition sous terre, sa nouvelle sortie et son cours, tome XII, 1802.

Mémoire sur les machines à vapeur de rotation, pour l'extraction des substances minérales et l'épuisement des eaux, présentement en usage dans les houillères de Littry (Calvados), tome XIII, 1802.

Mémoire sur l'Anthracite, tome XIV, 1803.

Sur un nouveau gisement du titane, tome XV, 1803.

De l'effet qui résulte dans la qualité de la houille de la présence ou de l'absence des matières animales, tome XVI, 1804.

Potamographie du département des Hautes Alpes, tome XVII, 1804.

Notice sur la mine de plomb de Sault (Mont-Blanc), tome XIX, 1806.

Oryctographie ou description minéralogique de la montagne et de la mine d'argent des Chalances (Isère), tome XX, 1806.

Mines d'or du département de l'Isère, tome XX, 1806.

Essai du minerai de plomb de Montjean, près de Vizille, fait à la fonderie d'Allemont en Oisans, tome XXI, 1807.

Notice sur les avantages que présente dans la fonte des minerais de plomb le nouveau procédé de MM. Blumenstein, tome XXI, 1807.

Exploitations immémoriales des montagnes d'Huez en Oisans, tome XXII, 1807.

Sur la cristallisation de la glace, tome XXXIII, 1813.

Considérations générales sur les vestiges fossiles de végétaux du sol des environs de Paris, et plus particulièrement sur leur gisement dans le gypse et le calcaire marin, tome XXXV, 1814 : ce mémoire a été reproduit parmi ceux du Muséum d'Histoire naturelle, tome Ier, 1815.

On trouve encore d'Héricart de Thury dans les Annales des Mines :

Rapport sur l'état actuel des carrières de marbre en France (1re série, tome **VIII**, p. 3).

Lettre à l'Académie des sciences de Paris sur les puits forés, et plus particulièrement sur la nature de la constitution physique du sol de la ville de Lyon (2e série, tome **VI**, page 321);

Considérations géologiques et physiques sur le gisement des eaux souterraines relativement aux fontaines jaillissantes des puits forés artésiens (tome **III**, page 139).

Observations sur la cause du jaillissement des eaux des puits forés (tome **III**, page 289).

Des puits forés jaillissants, 1835.

Dans le *Bulletin de la Société d'Encouragement :*

Description de la sonde de l'inspection des carrières (tome **IX**, page 75).

Rapport sur les marbres des Pyrénées (tome **XXVIII**, page 134).

Sur le percement des puits forés en Chine (tome **XXXIV**, page 166).

Sur la continuation des travaux du percement du puits artésien de Grenelle, et sur le degré probable du jaillissement des eaux (tome **XXXIX**, page 390).

Dans le *Journal de Physique :*

Hauteurs barométriques, ou élévation au-dessus de la mer des points les plus remarquables du département de l'Isère (tome **LXV**, page 169).

Dans les *Annales de la Société d'Horticulture de Paris :*

État de l'horticulture à Marseille (tome **X**, page 240).

Notice statistique sur l'état de l'horticulture à Boulogne-sur-Mer (tome **XIII**, page 44).

Note sur la plantation de mûriers faite en 1601 dans le jardin des Tuileries par Olivier de Serres (tome **XVIII**, page 329).

Notice sur l'horticulture maraîchère de Paris et de ses environs (tome **XXVI**, page 69).

Il a en outre travaillé au *Cours complet d'Agriculture, ou nouveau dictionnaire d'agriculture théorique et pratique, d'économie rurale et de médecine vétérinaire*; à la *Maison rustique du dix-neuvième siècle*; à la *Revue agricole*, etc. (1).

HERMANT (Godefroy),

Théologien, Docteur en Sorbonne, Recteur de l'Université de Paris et Chanoine de l'église de Beauvais,

né à Beauvais.

1617 — 1690.

Historien, critique, grammairien. controversiste et traducteur, Godefroy Hermant fut un des plus savants écrivains du XVIIe siècle, et de plus un prédicateur fort estimé; mais il est surtout connu comme un des apôtres les plus zélés du Jansénisme.

Sa famille était peu aisée, mais féconde en exemples de probité. Son père, Pierre Hermant, était originaire de Beconus ou Becon, village du diocèse de Beauvais, où il

---

(1) Léonce de Lavergne : *Eloge de M. Héricart de Thury*, lu à Société d'Agriculture en 1855. — Quérard : *La France littéraire*. — Louandre et Bourquelot : *La littérature contemporaine*. — Victor Tremblay : *Notice biographique sur M. le vicomte Héricart de Thury*.

vint exercer la chirurgie; mais il mourut en 1622 à l'âge de trente-huit ans. Son grand-oncle, Jean Hermant, docteur en théologie, avait été attiré à Sens par l'archevêque-cardinal de Pellevé, et nommé pénitencier de l'église métropolitaine.

Sa mère était d'excellente famille; elle fit, en le mettant au monde, des couches si dangereuses qu'on la crut morte pendant un certain temps. Veuve à l'âge de vingt-sept ans, elle confia l'éducation de cet enfant, le seul qui lui restât, à son père Lucien Leullier, procureur, non moins distingué par sa probité que par ses lumières, et qui jouissait d'une grande considération. Mais c'est surtout à son oncle Toussaint Leullier, depuis l'un des plus célèbres avocats de la province, et, en dernier lieu, lieutenant civil du comté et pairie de Beauvais, c'est aux soins d'un homme si éclairé qu'Hermant rapportait ses premiers succès dans la science.

Envoyé au collége de Beauvais en 1625, il étonna ses maîtres par la vivacité prodigieuse de son esprit et par une mémoire des plus heureuses. Il surmonta si vite les difficultés de la grammaire que, dès l'année suivante, on le fit passer immédiatement de la cinquième à la troisième classe, où même il se montra supérieur à tous ses condisciples. Aussi fallut-il bientôt, pour répondre aux heureuses dispositions d'un tel sujet, chercher ailleurs des maîtres plus capables que ceux que possédait alors le collége de Beauvais.

Par ses goûts studieux, sa piété angélique et son air de recueillement, aussi bien que par ses traditions de famille, le jeune Hermant semblait prédestiné pour l'état ecclésiastique.

Augustin Potier, évêque de Beauvais, se prit pour lui d'une amitié qui ne fit que s'accroître par la suite. Après lui avoir administré la tonsure, en 1630, il l'envoya à

Paris chez un ecclésiastique du faubourg Saint-Jacques.

Le jeune Hermant n'avait alors que douze ans et demi, mais il avait déjà terminé ses humanités et savait beaucoup de latin et de grec. Il fit, en qualité d'externe, une troisième année de rhétorique au collége de Clermont, depuis lycée *Louis-le-Grand*. « Les Pères Jésuites, qui dirigeaient alors ce collége, employèrent toutes sortes d'artifices pour convertir à leurs doctrines et attirer dans leur corporation un sujet si brillant. Le jeune néophyte n'éprouva que de l'éloignement pour un communisme absorbant dont le caractère mondain l'effrayait. Sa gravité le prédisposait plus naturellement à l'austérité du Jansénisme. »

Il alla l'année suivante faire sa philosophie au collége de Navarre sous M. de Saint-Martin, l'un des plus célèbres professeurs de l'Université.

La première preuve qu'il donna publiquement de ses talents précoces, fut un discours latin qu'il prononça, en 1633, pour la Congrégation de la Sainte-Vierge, à la grande surprise et satisfaction des auditeurs. M. Vialart de Hersé, depuis évêque de Châlons, et qui faisait partie comme lui de cette congrégation, le complimenta et lui voua dès-lors une amitié qu'il lui conserva toujours.

Le bonnet de maître-ès-arts, qu'il reçut des mains du Recteur de l'Université de Paris, fut le couronnement de son cours de philosophie.

Il fit ensuite ses trois années de théologie et rentra à Beauvais, en 1636, à la sollicitation de son oncle maternel. C'était le temps où les Espagnols, venus des Pays-Bas, ravageaient les campagnes du Beauvaisis, chassant devant eux les paysans qui venaient chercher un refuge dans Beauvais avec leur ménage et leurs bestiaux. Hermant fut si ému de cet affligeant spectacle, qu'il demanda de retourner à Paris sur-le-champ. Mais, selon les statuts de l'Université, il ne pouvait être reçu bachelier qu'à vingt-deux ans, et il n'en n'avait encore que dix-neuf.

Il fut donc retenu au collége de Beauvais où il professa une année la seconde et deux ans la rhétorique; il y forma d'excellents élèves.

En 1639, l'évêque, son protecteur, le donna pour précepteur à son neveu, M. d'Ocquerre, fils d'un secrétaire d'Etat, et l'envoya de nouveau à Paris, en 1639.

Hermant reprit ses cours à la Sorbonne et enseigna ensuite la philosophie au collége de Beauvais, de l'Université de Paris (1). Il y forma des élèves qui non-seulement se signalèrent par de brillants exercices de fin d'année, mais qui encore furent par la suite des hommes éminents. Telle était l'activité du jeune professeur, qu'indépendamment de tous ces soins, il faisait aussi le catéchisme et les instructions chrétiennes dans la chapelle du collége, les dimanches et les fêtes de l'année, quoiqu'il se tînt toujours avec M. d'Ocquerre à l'hôtel d'Albiac.

La science d'Hermant était aussi précoce que profonde. A peine âgé de vingt-trois ans, il travaillait déjà à la bible polyglotte de Lejay, appelée édition de Vitré, en collaboration avec le Père Morin, de l'Oratoire, Philippe d'Acquin, juif converti, et trois Maronites du Liban; il revoyait particulièrement le texte grec.

En 1642, il fut reçu dans la Maison de Sorbonne, et l'année suivante il devint (le treizième de sa famille) chanoine de Beauvais.

C'est vers ce temps, dit son biographe, qu'il se vit engagé dans une affaire très-délicate et des plus propres à provoquer ses scrupules.

---

(1) Les biographes ont quelquefois confondu le collége de Beauvais, à Beauvais, avec celui de Paris, qui était situé dans la rue qui a conservé le nom de Saint-Jean de Beauvais.

Depuis longtemps les Jésuites demandaient à être incorporés dans l'Université. Ayant échoué auprès du Parlement, ils présentèrent leur requête au Roi, en 1643.
L'Université, qui persista à les repousser, voulut justifier son éloignement par une discussion publique. Mais
comme il lui fallait un écrivain capable, elle jeta les yeux
sur Hermant. Celui-ci, après s'être refusé à l'invitation
de ses amis, céda néanmoins à l'intervention du Recteur,
car il avait de la répugnance à se déclarer le rival de ses
anciens maîtres.

Une fois décidé, il s'acquitta parfaitement de sa tâche,
et, dans les quatre écrits qu'il publia successivement à
cet effet, il se montra savant, critique habile et éloquent
apologiste.

Il lança ces quatre écrits, en ayant le soin de garder
l'anonyme.

Dans le premier, il se contenta de faire des observations sur la requête; le second fut une apologie de l'Université; dans le troisième, *Vérités académiques*, il attaqua ses adversaires dans leur méthode d'enseignement et
dans leurs doctrines. Les Jésuites y ayant fait répondre
par un des plus savants de leurs Pères, le Père Caussin,
Hermant répliqua par un quatrime écrit, *Seconde apologie*. Il réfuta en même temps d'autres attaques lancées
contre lui.

Ces écrits firent grande sensation. **M. Le Camus**, évêque de Belley, dès qu'il connut le nom de l'auteur, se
hâta d'aller le visiter et lui dit en l'embrassant : « Je
bénis Dieu de vous avoir donné, à un âge aussi peu
avancé, non seulement tant d'esprit et de science, mais
assez de cœur et de force pour ne pas craindre la vengeance d'une aussi terrible Société que celle contre laquelle vous avez écrit. »

Hermant était trop dépourvu d'ambition pour donner

prise contre lui. Mais si ses ennemis n'eurent pas d'occasion de le contrecarrer dans des projets d'avancement, que le jeune théologien ne forma jamais, ils ne lui épargnèrent ni sarcasmes, ni dénigrements, et ne négligèrent aucune vexation indirecte envers lui. C'est ainsi qu'il perdit le peu d'amis qu'il avait parmi eux. Jusqu'alors son mérite ne lui avait attiré que des admirateurs ou des partisans; mais, comme tant d'autres, dans cette première occasion, il avait cédé au devoir, comme ensuite il sacrifia à l'amitié en prenant la défense du célèbre Arnaud, trop vivement attaqué pour son livre de la *Fréquente communion.* Ainsi impliqué dans les querelles des Jansénistes et des Molinistes, il se prépara bien d'autres tribulations.

Prieur de l'Université en 1643, Hermant, qui n'était encore que bachelier, prit son grade de licencié. Les prélats, les principaux membres du clergé, assistèrent à ses thèses, qu'il soutint avec beaucoup d'éclat, et M. de Lamoignon se lia avec lui d'une amitié qui ne fit que s'accroître par la suite.

Lorsque les ambassadeurs polonais, l'évêque de Varna et le palatin de Posna vinrent demander la princesse de Gonzague pour leur roi Ladislas IV, Hermant fut chargé de les haranguer en latin. Les ambassadeurs ne furent pas moins charmés de sa conversation que de son discours. Mais là ne se borna pas son triomphe.

Les Jésuites déclarèrent qu'enfin ils trouvaient un homme en Sorbonne *sachant le latin.* Et le prince de Condé, lorsqu'il alla lui rendre visite avec les autres membres de la Sorbonne, à l'occasion de la mort de son père, le félicita vivement sur son éloquence.

Cependant Hermant fut rappelé à Beauvais par son évêque, pour son ordination. Il hésita longtemps, gémit, pleura. Il avait comme un pressentiment des chagrins qui l'attendaieut dans sa ville natale. Une lettre de M. de Lamoignon leva enfin ses scrupules : il devint théologal de l'église cathédrale.

Mais l'Université, qui lui délivra son diplôme de licencié, en 1646, le réclama l'année suivante pour recteur; son rectorat fut marqué par des services signalés.

Hermant triompha de l'opposition des Jésuites à la fermeture de la rue des Poirées, qui mettait en communication les rues Saint-Jacques et de la Harpe, et soutint avec succès deux procès contre ceux qui voulaient enlever à l'Université les Messageries et la Seigneurie du Pré-aux-Clercs. L'Université lui fit don de 4,000 livres qu'il employa en achats de livres.

Sa réputation grandissait de jour en jour. On accourut en foule aux sermons qu'il fit dans l'église de Saint-Gilles ; et le président de Mesme l'invita à venir prêcher le Carême dans la Sainte Chapelle.

Pendant son rectorat, il se passa un fait, dit Bayle, qui fit triompher les astrologues.

« Marcellus, professeur de réthorique au collége de Lisieux, avait composé en latin l'éloge du maréchal de Gassion, tué d'un coup de mousquet au siége de Lens; mais, sur la plainte d'un docteur en Sorbonne, l'Université défendit de prononcer le panégyrique d'un hérétique. Les astrologues firent observer en cette occasion que dans l'almanach du célèbre Larrivey, il était écrit, parmi les prédictions du mois, en gros caractères : *Latin perdu.* »

Hermant se démit de sa charge en 1648, après être demeuré dix-huit mois en fonctions.

Il put se livrer plus intimement au commerce littéraire établi entre lui, M. de Lamoignon, Florent, le plus habile canoniste de son temps, le fameux géographe Sanson, et Guy Patin son compatriote.

Il prit son bonnet de docteur en théologie, en 1650,

lorsque la mort de son évêque Augustin Potier, grand aumônier de la Reine mère et régente, décida de son retour presque définitif à Beauvais.

A Paris pourtant sa faveur grandissait de jour en jour, sans qu'il la recherchât en aucune occasion. Car ce n'est qu'aux pressantes sollicitations du duc de Luynes, qui en était le marguillier, qu'il se décida à prêcher l'avent dans l'église de Saint André des Arcs. Et ce fut en vain que le président de Mesme le pressa d'accepter une pension viagère de deux mille livres, avec un logement dans son hôtel et la propriété d'un carosse.

Il était las de Paris, qu'il voyait troublé par les discordes politiques et les disputes théologiques. Dans sa lettre à Lamoignon, sur sa retraite à Beauvais, il s'exprimait ainsi : « Je puis vous dire en général que ma retraite en cette ville est peut-être un effet de la providence de Dieu sur moi, et qu'elle m'est avantageuse, puisqu'elle m'apprend tous les jours à m'humilier et à me détacher du monde. J'ai tous les jours un dégoût nouveau pour Paris, parce que c'est le siége de la plus grande et de la plus subtile corruption. Les choses qui s'y passent de part et d'autre, et auxquelles je ne peux penser qu'avec horreur, vous en sont un exemple trop éloquent, pour ne pas vous rendre une vérité si publique. »

Le successeur d'Augustin Potier était son neveu Nicolas Choart de Buzanval, ancien maître des requêtes et cousin germain de M. de Lamoignon. Hermant assista au sacre de son nouvel évêque dont il devint le principal organe « pour la parole et la composition. » Leurs liaisons avec les Jansénistes leur suscitèrent par la suite de dangereux ennemis et de graves tribulations.

A peine était-il de retour à Beauvais, qu'il se trouva engagé dans une controverse contre le renégat Labadie. Labadie, après avoir déserté les Jésuites ses maîtres, pour les Jansénistes, s'était ensuite rangé du parti des Réformés; car il joignait à une grande facilité de parole un esprit mobile, plein de souplesse et novateur (1).

Hermant s'était attaché entièrement à l'Eglise de Beauvais. Il croyait y trouver le repos; il fut complètement déçu. C'est vers ce temps que commencèrent les troubles particuliers de cette Eglise. Il y avait dans le Chapitre, outre M. Hermant, un petit nombre de chanoines qui partageaient les idées de leur évêque sur la réformation des mœurs et le rétablissement de la bonne discipline; ils soulevèrent l'appréhension des autres, qui avaient à leur tête leur doyen et pour instigateurs les Jésuites.

Hermant, qui faisait des instructions au séminaire, et qui se distingua surtout par ses prédications du Carême, en 1655, vint cependant à Paris pour y défendre encore Arnaud. Mais Arnaud était condamné d'avance, et les admirateurs du discours qu'Hermant fit pour lui lui appliquèrent ce vers de l'Enéide :

> Si Pergamâ dextrâ
> Defendi possent, etiam hâc defensa fuissent.

Hermant dit alors adieu à la Sorbonne, bien résolu de n'y plus revenir (2).

L'amour de la retraite l'attirait à Beauvais, où il ne rencontra que des troubles bien autrement fâcheux pour lui. La division éclata dans le Chapitre par l'ambition du doyen Chaillou (3).

Le doyen et les chanoines de sa cabale n'avaient pas été

---

(1) Il écrivit aussi contre Desmarets, ministre de Groningue, qui confondait avec les Calvinistes les auteurs du Cathéchisme de la Grâce et publia : *Fraude des Calvin,* etc.

(2) L'Université exclut de son sein Arnaud et ses adhérents.

(3) C'est alors que, pour se consoler, il traduisit le *Traité de la Providence,* de saint Jean-Chrysostôme.

satisfaits de la manière dont l'évêque avait fait publier la constitution d'Innocent X contre les cinq propositions jansénistes. Il fit si bien par ses intrigues, qu'avec le concours des Jésuites il obtint un ordre de la cour pour faire fermer la porte du chœur à MM. Tristan, grand-archidiacre, L'Evêque, sous-chantre, Hermant, Flouret, Creil, Foy de Saint-Hilaire, etc., avec privation du fruit de leurs prébendes, et menace, avant peu de temps, de voir jeter le dévolu sur leurs bénéfices. Grand sujet de triomphe pour les Jésuites, qui atteignaient les Jansénistes jusque dans leurs amis!

Hermant en fut vivement ému. Comme on faisait courir le bruit que la cour allait contraindre enfin le parlement à procéder contre ceux qui refusaient de signer le formulaire de la constitution pontificale, il écrivait à M. de Lamoignon, 1664 :

« Je ne veux pas être juge dans ma propre cause ; mais il me paraît un peu étrange que dans un temps où le monde est désabusé d'un vain fantôme que votre auguste sénat a ruiné par votre bouche, les flétrissures et les proscriptions ne soient que pour les innocents, et que les coupables jouissent d'une impunité toute entière..., etc. »

Il avait été si impressionné que, se rappelant qu'en 1650 les Jésuites l'appelaient *maître d'école plus digne du bonnet vert que de celui du doctorat,* il crut voir dans ces injures une prédiction de Dieu, et songea un moment à se consacrer à l'instruction des pauvres. Il fallut toute l'autorité de son évêque pour lui faire entendre que Dieu le réclamait exclusivement pour la prédication, la direction des consciences et les travaux littéraires.

Il supporta, du reste, sa position avec beaucoup de courage, et rejeta obstinément les offres, les dons de son évêque, de Lamoignon et de ses autres amis. Il fallut les artifices des religieuses de Port-Royal, dont il était le directeur, pour lui faire accepter quelque adoucissement à sa pauvreté.

La plus grande partie de son temps fut consacrée à ses travaux historiques. C'est en 1664 qu'il donna la première édition de *la vie de Saint-Jean Chrysostome, patriarche de Constantinople, et docteur de l'Eglise*, in-4°, en douze livres, dont les neuf premiers étaient relatifs à la vie du Saint, et les trois derniers à son esprit et sa conduite. Il avait été encouragé dans ce travail par les conseils du célèbre Le Maître, qui l'aida même de ses lumières.

En 1681, il publia, in-4°, *la vie de Saint-Athanase, patriarche d'Alexandrie, divisée en douze livres, qui comprend encore l'histoire de Saint-Eustache d'Antioche, de Saint-Paul de Constantinople, d'Osius de Cordoue, de Saint-Hilaire de Poitiers, de Saint-Eusèbe de Verceil, des papes Jules et Libère, et de plusieurs autres saints, avec la naissance et le progrès de l'Arianisme*.

Il publia successivement *les Ascétiques ou traités spirituels de Saint-Bazile-le-Grand, archevêque de Césarée en Cappodoce, traduits en français et éclaircis par des remarques tirées des conciles et des pères de l'Eglise*.

La vie du même saint, et ensuite celle de *Saint Ambroise* et de *Saint-Grégoire de Nazianze*.

Dans tous ces ouvrages il fait preuve d'une grande fidélité, d'une saine critique et d'un rare discernement.

Il compléta les vies de ces illustres évêques par l'histoire ecclésiastique de leur temps, enrichie de citations extraites de leurs plus beaux ouvrages; il y ajouta des éclaircissements utiles sur des points importants d'histoire, de chronologie et de discipline.

Il fut en différend avec le Père *Maimbourg*. Ce jésuite, qui avait recueilli tout ce qu'il avait de curieux dans la vie de sainte Athanase pour l'insérer dans son histoire de l'arianisme, crut dissimuler sa fraude en décriant l'auteur dans l'œuvre duquel il avait puisé. Hermant, qui se voyait atttaqué avec plus de malignité que de justice, releva tous les reproches qui lui étaient adressés (préface de la vie de saint Grégoire, 1674), et dit à la fin de sa réplique : « Je m'arrête peut-être trop longtemps à repousser une accusation qui n'a aucun fondement solide, et dans la vérité j'aurais pu la négliger entièrement. Car il est certain qu'un auteur s'attire l'indignation de toutes les personnes équitables, quand, après avoir profité du travail des autres et s'être enrichi et paré de leurs dépouilles, toute sa reconnaissance se termine à leur dire des injures. »

Hermant avait aussi composé une histoire ecclésiastique et civile de la ville de Beauvais, et une histoire ecclésiastique du xviie siècle; mais ces ouvrages sont restés manuscrits (1). Ses dernières années surtout furent laborieusement employées. Mais de nouvelles causes de chagrin vinrent encore l'accabler. La paix de 1668 lui avait rendu sa prébende ; mais, dans les années suivantes, il avait perdu son évêque et le président Lamoignon, ses meilleurs amis. Se sentant lui-même près de sa fin, il voulut faire une dernière visite à l'avocat général de Lamoignon qui lui avait continué l'affection que lui avait portée son père.

Hermant, à son dernier voyage à Paris, 1690, s'empressa d'aller chez M. de Lamoignon. Mais il ne put parvenir jusqu'à son but : il mourut subitement devant l'hôtel de Saint-Paul, le 11 juillet, à sept heures du soir, à l'âge de 73 ans. Il se proposait de revenir à Beauvais le jour même; son corps seul y fut rapporté et enseveli.

---

(1) M. Dupont-White a extrait de la bibliothèque Le Caron des documents intéressants, relatifs à l'histoire du Jansénisme à Beauvais, et des lettres inédites d'Hermant.

Un chanoine de ses parents lui avait fait une épitaphe
que les Jésuites firent rejeter par la cour après qu'elle
eût été approuvée par le chapitre.

Voici cette épitaphe qui, pour cette cause, ne fut pas
mise sur son tombeau :

HIC RESURRECTIONEM EXPECTAT

GODEFRIDUS HERMANT BELLOVACUS

ERUDITIONE CLARUS, FAMA CELEBRIS, VIRTUTE PRÆSTANTIOR

RECTOR QUONDAM ACADEMIÆ PARISIENSIS

STRENUUSQUE DEFENSOR,

DOCTOR ET SOCIUS SORBONICUS,

HUJUS ECCLESIÆ CANONICUS,

AMANS DISCIPLINÆ SI QUIS UNQUAM SANCTIORIS

EXCELSI VIR INGENII, STUPENDÆ DOCTRINÆ, FACUNDIÆ MIRABILIS

DEBEBANTUR MAJORA.

OBLATA RECUSAVIT MODESTIA SINGULARI.

IMPENDIT

DOCTIS ELUCIDATA ILLUSTRIUM PATRUM GESTA,

PIIS SACRAS IN MATHÆUM ET MARCUM EXERCITATIONES,

CIVIBUS URBIS HUJUS ET DIOCÆSIS HISTORIAM,

OMNIBUS SEIPSUM, VERBO, CONVERSATIONE, CHARITATE.

SUPER IMPENDIT

EGENIS SUA OMNIA

REPENTINA MORTE EREPTUS NON IMPROVISA

PARISIIS ICTU SANGUINIS EXANIMÁTUS VIA PUBLICA

A. R. S. MDCXC. XI JULII. ÆT. LXXIII.

AD SACELLI HUJUS CANCELLOS TUMULUM DESIGNAVIT SIBI

DIGNUM CUM AMBROSIO RATUS REQUIESCERE SACERDOTEM

UBI OFFERRE CONSUEVERAT.

La haine de ses adversaires ne s'appaisa pas même sur
son tombeau, et de nouveaux pamphlets poursuivirent sa
mémoire. Il était pourtant, de sa nature, peu agressif,
au dire de ses biographes : homme doux et essentiellement pacifique, il n'eût jamais eu que des rapports bien-

veillants, s'il eût vécu dans des temps moins agités, et s'il n'eût été jeté par devoir d'état dans des querelles tout-à-fait contraires à ses goûts et à son désir de vivre tranquille, uniquement livré à l'exercice de son ministère.

« M. Hermant était très-savant dans l'histoire et dans la discipline ecclésiastique, laborieux, attaché à son devoir, aimant la règle, bon ami, zélé pour le bien de l'Eglise et pour le maintien de la discipline (1). »

HERSAN (Marc-Antoine),

Professeur de l'Université de Paris,

né à Compiègne.

1652—1724.

Il enseigna d'abord les humanités et ensuite la rhétorique au collége du Plessis. Il occupa cette dernière chaire avec un zèle et un succès extraordinaire. Tel était son mérite que ses collègues le désignèrent plusieurs fois, malgré sa jeunesse, pour la place de recteur. Mais Hersan aimait l'enseignement et ne consentit jamais à s'en éloigner pour des fonctions administratives : quelqu'honorifiques qu'elles fussent, les avantages matériels le préoccupaient moins encore.

(1) Dupin : *Bibliothèque des auteurs ecclésiastiques* du xvii° siècle, tome iv. — Baillet : *la Vie et les Ecrits d'Hermant*, Amsterdam, 1717, un volume in-12. — *Eloge des savants.* — Bayle : *Dictionnaire critique,* deuxième édition. — Moréry : *Dictionnaire historique.*

Il forma d'excellents élèves. Le plus remarquable d'entr'eux est le célèbre Rollin qui eut toutes ses prédilections. Hersan en fit son ami et le détermina à embrasser la carrière de l'enseignement, dans laquelle le disciple était destiné à surpasser le maître. Il y eut toujours entr'eux la plus grande sympathie et échange de bons offices.

Hersan destinait Rollin à lui succéder, ce qui eut lieu quand il se fut chargé de l'éducation de l'abbé de Louvois. Il céda à ce digne suppléant sa place de professeur adjoint au Collége Royal, et alla passer le temps de sa retraite à Compiègne où il mourut en 1724, entouré de la plus grande vénération que lui attiraient sa piété et surtout son extrême charité.

Hersan avait fait une étude très-profonde des écritures; il en avait goûté la sagesse comme il le prouve par ses *Pensées édifiantes sur la mort*, tirées des textes de la Bible et des Saints-Pères, et dont il avait formé un recueil.

Il en avait compris et su traduire la sublime poésie.

Nous en donnons pour exemple l'analyse du cantique de Moïse, après le passage de la mer Rouge, expliqué selon les règles de la rhétorique; Paris, 1700, in-12, réimprimé à la fin du deuxième volume du *Traité des études de Rollin*.

« Le tout en est grand, dit-il, les pensées nobles, le style sublime et magnifique, les expressions fortes, les figures hardies : tout y est plein de choses et d'idées qui frappent l'esprit et saisissent l'imagination. »

La manière dont il explique chaque verset, et les expressions, une à une, de cet hymne sublime, dénote un goût pur, délicat, un discernement rare et une étude sérieuse et approfondie du sujet. Il le compare aux plus beaux morceaux de poésie latine, et le trouve bien supérieur.

Après avoir cité le passage suivant :

« *Qui d'entre les Dieux est semblable à vous? Qui vous est semblable, vous qui faites paraître avec éclat votre sainteté, qui méritez d'être loué avec une frayeur religieuse, et dont les œuvres sont autant de merveilles? Vous avez étendu votre main, et la terre les a dévorés.*

» Cet admirable récit, dit-il, est suivi d'un magnifique retour de louanges. La grandeur du miracle demandait cette vivacité de sentiment et de reconnaissance. Et quel moyen de ne pas se récrier et de ne pas sortir comme hors de soi-même à la vue d'une telle merveille! Interrogation, comparaison, répétition : toutes figures propres à l'admiration et à l'extase.

» Il était bien juste que la beauté du cantique répondît à la grandeur de l'évènement.

» Quelle beauté, quelle grandeur, quelle merveille n'y apercevrions-nous pas, s'il nous était donné de pénétrer dans les sens mystérieux cachés sous le voile et sous l'écorce de ce grand événement.

» L'on peut juger que les beautés du sens spirituel de ce cantique effaceraient celles du sens historique.

» De telles merveilles passent beaucoup mes forces, dit Hersan, en terminant. »

Rollin qui cite tout au long la savante analyse du célèbre rhéteur, son ancien maître, ajoute :

« La modestie de l'auteur l'avait tenu jusqu'ici comme enseveli dans les ténèbres : on ne sera point fâché que la juste reconnaissance d'un disciple plein de respect pour la mémoire de son maître, le fasse paraître un jour.

» A la qualité de maître, il avait joint à mon égard celle de père, m'ayant toujours aimé comme son enfant. Il avait pris dans les classes un soin particulier de me former, me destinant dès lors pour son successeur : et je l'ai été en effet en seconde, en rhétorique, et au collége royal. Je puis dire sans flatterie que jamais personne n'a eu plus de talent que lui pour faire sentir les beaux endroits des auteurs, et pour donner de l'émulation aux jeunes gens.

» L'oraison funèbre de M. le chancelier Le Tellier, qu'il prononça en Sorbonne, et qui est la seule pièce de prose qu'il ait permis qu'on imprimât, suffit pour montrer jusqu'où il avait porté la délicatesse du goût ; et les vers qu'on a de lui peuvent passer pour un modèle en ce genre.

» Mais il était encore plus estimable par les qualités du cœur que par celles de l'esprit. Bonté, simplicité, modestie, désintéressement, le mépris des richesses, générosité portée jusqu'à l'excès, tel était son caractère. Il ne profita de la confiance entière qu'un puissant ministre (Louvois) avait en lui, que pour faire plaisir aux autres.

» Quand il me vit principal au collége de Beauvais, il sacrifia, par bonté pour moi et par amour du bien public, deux mille écus pour y faire les réparations et les embellissements nécessaires. Mais les dernières années de sa vie, quoique passées dans la retraite et l'obscurité, ont effacé tout le reste. »

Il s'était retiré à Compiègne, lieu de sa naissance. Là, séparé de toute compagnie, uniquement occupé de l'étude de l'Ecriture Sainte, qui avait toujours fait ses délices, ayant continuellement dans l'esprit la pensée de la mort et de l'éternité, il se consacra entièrement au service des pauvres enfants. Il leur fit bâtir une école, et fonda un maître pour leur instruction. Il leur en tenait lieu lui-même : il assistait souvent à leurs leçons, il en avait toujours quelques-uns à sa table ; il en habillait plusieurs ; il leur distribuait à tous, dans des temps marqués, diverses récompenses pour les animer, et sa plus douce consolation était de penser qu'après sa mort, ces enfants feraient pour lui la même prière que Gerson avait demandée dans son testament à ceux dont il avait pris soin : *Mon Dieu, mon Créateur, ayez pitié de votre pauvre serviteur Gerson Jean.* (Gerson s'était fait par humilité maître d'école à Lyon, après avoir été recteur de l'Université), conduite digne de l'auteur de l'*Imitation de Jésus-Christ.*

Hersan, qui avait employé le reste de ses biens, en faveur des Sœurs de la Charité, pour l'instruction des filles et le soin des malades, mourut pauvre, au mois de septembre 1724.

« Cet illustre professeur, dit la Biographie universelle, a laissé peu d'ouvrages, mais ils sont très-remarquables par la pureté du style, la noblesse des sentiments, et surtout par le goût de l'antiquité qui caractérise les bons auteurs du siècle de Louis XIV. »

Voici la liste de ses principaux ouvrages :

Exercices sur les sacrements de Pénitence et d'Eucharistie, par des prières courtes et des élévations à Dieu, tirées des confessions de saint Augustin et de l'Evangile. Paris, Josset 1707, in-12 : on en a publié depuis d'autres éditions.

Discours (recueil de ses) *publics.* Paris; Quillau, 1728, in-12.

Idée de la religion chrétienne, où l'on explique succinctement tout ce qui est nécessaire pour être sauvé. Paris, François Jouenne, 1723 et 1735, in-12.

Hersan a eu part aux *Præceptiones rhetoricæ, optimis exemplis illustratæ.*

Rhétorique. Il avait fait entrer tout ce qu'il y a de plus exquis dans les anciens, citations trop abondantes selon Rollin, puisqu'elles ne peuvent dispenser des sources auxquelles il importe de remonter avant tout.

L'Oraison funèbre du chancelier Letellier, en latin, Paris, 1686, in-4°, est un chef-d'œuvre d'éloquence et de

sentiment : elle a été réimprimée, dans les « *Selecte orationes,* » publiée par Gaullyer, 1728, in-12; des vers
latins dans le « *Selecta carmina,* » publié par le même
éditeur, et qui sont autant de modèles du genre. L'Oraison
a été traduite en français, par Bonavit, docteur en Sorbonne, ou par Noël Bosquillon, de l'Académie de Soissons;
Paris, 1668, in-4° (1).

Louis HOROY, dit Montagne, Général de brigade,

né à Mouy-sur-Thérain.

1766—1799.

Charles-Clair *Horoy,* bourgeois de Mouy, était, vers
la fin du siècle dernier, fermier des terres et usines appartenant à l'évêque comte de Beauvais et au prince de
Conti, dans la vallée du Bas-Thérain (2). Il eut cinq fils,
qui tous payèrent leur dette au pays, soit aux armées,
soit dans l'industrie, soit enfin en exerçant des fonctions
publiques dans des temps difficiles.

---

(1) Rollin : *Traité des études,* tome II. — Michaud : *Biographie universelle.*

(2) Le domaine de Mouy, qui fut vendu en 1783, à Louis-Stanislas-
Xavier, frère de Louis XVI et plus tard roi lui-même sous le nom de
Louis XVIII, était venu aux mains de Jean-François de Bourbon-Conti,
qui le possédait en qualité de descendant d'Armand, prince de Conti,
frère de Louis II de Bourbon, prince de Condé. Ce dernier avait cédé le
comté de Mouy à son frère, après l'avoir reçu lui-même de Richelieu,
comme faisant partie de la dot de Claire-Clémence de Maillé-Brézé,
nièce du cardinal. Richelieu l'avait hérité de Henri du Plessis, son

Louis Horoy, dit *Montagne*, général de la République, aurait pu devenir une des illustrations militaires de l'Empire, si la mort n'eut brisé à trente-trois ans, sa carrière déjà glorieuse.

Il était né le 11 mai 1766, à Mouy, et était le quatrième des fils de Charles-Clair Horoy. Il n'avait pas dix-neuf ans lorsqu'il entra dans les gardes-françaises où il se lia d'une étroite amitié avec Lazare Hoche, le futur vainqueur et pacificateur de la Vendée. Cet illustre frère d'armes lui donna des leçons de mathématiques et lui inspira le goût de l'étude. L. Horoy conserva, même au milieu des camps, et jusque parmi les fatigues de la campagne d'Egypte, alors qu'il était arrivé au rang d'officier supérieur, le désir de s'instruire et l'amour du travail intellectuel. Mais aussi, l'amitié de Louis Horoy ne fut pas inutile pour Hoche, dont le caractère, naturellement fier et indépendant, contrastait avec les habitudes de discipline de Louis Horoy, son caractère doux et obligeant, mais surtout à l'égard des faibles et des petits. Louis Horoy exerça l'ascendant du caractère; Hoche, celui du savoir.

Louis Horoy figura parmi les vainqueurs de la Bastille; il en eut le brevet et la décoration. Il fut ensuite incorporé dans la garde nationale parisienne jusqu'au 6 septembre 1789. A cette date, il revint à Mouy et devint

---

neveu, mort sans enfants, à qui la dame d'Ansacq l'avait apporté en mariage. Cette dame d'Ansacq était l'héritière des de Vaudrey, grands partisans de Louis Ier de Bourbon-Condé et de Henri IV, considérés comme les soutiens du parti huguenot dans tout le Beauvaisis. Les de Vaudrey, seigneurs de Mouy, avaient commencé en la personne d'Artus, dont la mère était de la maison de Soyécourt. On trouve à Mouy la branche cadette de Soyécourt dès le treizième siècle. Artus de Mouy et son fils furent tués à Azincourt. Les seigneurs de Mouy avaient occupé des charges à la Cour et dans le Parlement.   (*Note de M. l'abbé Horoy.*)

commandant en second de la garde nationale, que son frère aîné commandait en chef.

Au mois de septembre 1792, il signa, l'un des premiers, l'engagement des enrôlés volontaires pour la défense de la patrie.

L'exemple du commandant Louis entraîna bon nombre de jeunes gens du canton de Mouy, qui s'enrôlèrent à sa suite. Le département de l'Oise fournit alors, pour la défense de la frontière, à l'armée de Sambre-et-Meuse, cinq bataillons formés de volontaires, qui nommèrent leurs officiers jusqu'au grade de capitaine. Louis Horoy, qui avait servi dans les gardes-françaises depuis le 19 mars 1785 jusqu'au 30 août 1789, avait obtenu le titre de sergent dans ce corps où nul ne pouvait devenir officier s'il ne faisait preuve de ses titres de noblesse. Aussi, lorsque les élections eurent lieu à Beauvais (dans l'ancien grand séminaire, rue Sainte-Marguerite), il fut élu capitaine, le 27 septembre 1792, et, bientôt après, c'est-à-dire le 11 octobre suivant, il fut élevé au grade de commandant du cinquième bataillon de l'Oise, incorporé dans la 49ᵉ demi-brigade, qui devint ensuite la 13ᵉ demi-brigade ou régiment de ligne.

Louis Horoy fit les campagnes du Rhin : il fut blessé à Maroiles, où une balle lui traversa les deux joues, tandis qu'il prononçait les paroles du commandement. Il combattit dans la Vendée, en Italie, en Egypte. Il était avec Lannes au passage du pont de Lodi et faisait partie de la même division. Il fut nommé chef de demi-brigade (trois bataillons) avant de partir pour l'Egypte, sur la rade de Gênes, aux cris de : *Vive Montagne !* On sait qu'à cette époque le nom de roi était désagréable aux oreilles des patriotes. Louis Horoy, pour ne pas laisser de doutes sur la pureté de son civisme, avait pris le nom révolutionnaire de *Montagne.*

L'intrépidité et le sang-froid qui distinguaient Louis Horoy lui firent confier la colonne d'attaque à l'assaut de Jaffa, et sa belle conduite lui valut un sabre d'honneur décerné par le général Bonaparte. Peu de temps après, lorsque Delgorde fut promu au rang de général divisionnaire, Louis Horoy le remplaça comme général de brigade. Le général Berthier, chef d'état-major, le fit reconnaître en cette qualité dans la revue qui précéda le départ pour Saint Jean-d'Acre, où Louis Horoy trouva la mort dans le second assaut. Le général fut blessé mortellement, lorsque déjà il était parvenu au centre de la ville. La place était gagnée s'il eût vécu, et l'armée française n'eût pas été obligée d'en abandonner le siége, après avoir perdu en vain beaucoup d'hommes. Cette mort glorieuse était une perte pour la patrie!

Les compagnons d'armes de Louis Horoy, au temps de sa mort, étaient Marin, chef de bataillon, qui devint plus tard général, et son compatriote le général de Bazancourt, qui fut dans la suite gouverneur de Paris. Mais il avait aussi pour amis ses soldats, les enrôlés volontaires du canton de Mouy et du département de l'Oise, qu'il n'avait cessé de commander, et qui étaient fiers de leur chef. Après plus d'un demi-siècle, les rares survivants de ses grenadiers et des volontaires ne parlent pas de Louis Horoy sans une vive émotion.

Les frères survivants du général Horoy demeurèrent à Mouy, où ils firent souche de bons citoyens et d'hommes utiles. Les uns se consacrèrent à l'industrie locale, et aidèrent à son développement par l'introduction des machines modernes et des procédés nouveaux; les autres se firent remarquer par leur esprit d'initiative dans les questions d'intérêt public, et notamment dans celle des chemins de fer du département de l'Oise. M. Adolphe Horoy, ancien notaire à Crépy-en-Valois, fut un des promoteurs de la ligne transversale qui, de Creil, doit rayonner vers l'est et l'ouest du département.

M. l'abbé Horoy, auteur d'une brochure sur les chemins de fer de l'Oise et de nombreux aticles de journaux, docteur en théologie romaine et en philologie, est un des membres les plus instruits du clergé diocésain. A l'occasion des affaires de Rome, il a publié une brochure intitulée *La véritable question romaine*, réponse à M. Edm. About; Paris, Lebigre-Duquesne, in-8°, 1860.

LABARRE (Eloi),

Architecte,

né à Ourscamp, arrondissement de Compiègne.

1764 — 1833.

Né à une époque de somnolence, suivie bientôt d'une période d'agitations, de troubles et de vicissitudes, ce savant artiste, quoique sans fortune, surmontant tant de circonstances défavorables, à force de travail, de persévérance et de goût, n'en n'a pas moins eu la gloire d'attacher son nom à l'un des plus beaux monuments de Paris, au palais de la Bourse.

« Dans l'exercice des arts de l'esprit, comme aussi du plus grand nombre de ceux auxquels on donne le nom d'*arts du dessin*, le manque de fortune ou de secours étrangers ne condamne point à l'inaction les facultés productives chez celui qui les possède. Une lice publique reste toujours ouverte à ses efforts et à son ambition. La dépense de son temps est la seule qu'il hasarde ; et si le succès ne répond point à ses espérances, il lui reste pour consolation la ressource d'accuser le public d'injustice et de recommencer l'épreuve.

» Il n'en n'est pas de même pour l'art de l'architecture ; on dira peut-être qu'il offre pour ressource à l'ambition trompée, d'entrer dans cette région de travaux purement lucratifs qui forment une partie de son domaine. Mais comme ici nous entendons ne parler que de l'art, et, par conséquent, de génie, de talent et de gloire, nous ne pouvons et nous ne devons pas nous occuper de l'espèce d'indemnité qui trop souvent les remplace.

» Ce n'est pas que cette partie, qu'on appelle *pratique*, doive, dans l'exercice de l'art, se trouver séparée de l'autre, puisque c'est à cette double capacité que, dans tous les temps, les maîtres ont dû leurs plus grands succès, ainsi que l'histoire des plus célèbres architectes en fait foi. Ce fut en suivant les traces de leurs pas et de leurs exemples, que M. Labarre, auquel nous consacrons cet éloge, a dû l'avantage d'illustrer son nom par des travaux importants. (1)

» Lorsqu'il naquit, en 1764, à Ourscamp, le moment n'était pas encore arrivé qui devait voir se renouveler les circonstances propres à l'entier développement des principes et à l'application des moyens et des effets auxquels l'art de bâtir a toujours été redevable de ses succès.

» Un assez long repos avait eu lieu dans les grands travaux de cet art, pendant tout le cours du premier demi-siècle qui suivit celui auquel Louis-le-Grand a donné son nom. Mais vers le milieu du dix-huitième siècle, des changements sensibles s'annoncèrent, et parurent

---

(1) *Eloge de Labarre*, par Quatremère de Quincy.

dus au réveil causé par le goût renaissant de l'antiquité.

» L'architecture fut effectivement, alors, la première en France à répudier, de la manière la plus authentique, le genre faux et capricieux dont les écoles de la bizarrerie, et surtout celle de Bernini, avaient propagé la contagion.

» Déjà deux monuments considérables à Paris, les églises de Sainte-Geneviève et de la Madeleine, s'annonçaient comme étant l'aurore d'un nouveau jour. Un autre monument, moins important par son étendue, l'Ecole de Médecine, par M. Gondouin, parut avoir pour objet de faire entièrement revivre les vrais types de la belle architecture.

» L'Académie comptait alors parmi ses membres des artistes dévoués au culte de l'antiquité et capables de donner, par leurs exemples et par leurs leçons, une impulsion nouvelle aux études et à la pratique de l'art. De ce nombre était M. Raymond, que les circonstances ont privé de pouvoir léguer à son pays des témoignages de son talent, autrement que par les habiles sujets formés à son école.

» C'est à cette école qu'eut l'avantage d'être adressé le jeune Labarre (1782). En dépit des contrariétés que la succession des événements révolutionnaires et ennemis des beaux-arts, durent apporter à ses études, il ne laissa pas de se montrer digne des récompenses scholastiques, et même de la plus honorable après celle du premier grand prix, c'est-à-dire le second, qui semblait devoir lui promettre, pour l'année suivante, la pension de Rome; mais ce puissant moyen d'encouragement avait été supprimé, et n'était pas encore rétabli. Il se vit ainsi frustré de l'avantage d'aller puiser des inspirations sous le beau ciel de l'Italie, et de féconder son talent dans l'antique patrie des arts.

» Il le regretta toute sa vie; il dut même, dans ces temps malheureux, se livrer à des occupations lucratives, qu'il sut faire tourner toutefois au profit de la pratique de son talent, en suivant, sous la direction de MM. Antoine et Chalgrin, l'exécution des travaux dont ces architectes étaient chargés.

» Mais son ambition ne tarda pas à saisir une nouvelle occasion de se mesurer avec ses rivaux, et plus en grand et dans un concours d'une plus haute importance.

» Le gouvernement de cette époque (15 avril 1801) venait de faire un appel aux architectes et une invitation à tous les talents indistinctement, pour la composition du meilleur projet d'un monument à élever sur les terrains du Château-Trompette à Bordeaux, et pour l'ensemble d'une nouvelle et utile distribution de tout cet emplacement. Vingt-neuf projets se disputèrent le prix. Un jury spécial nommé l'adjugea à M. Labarre, qui, par suite de ce brillant succès, se voyait à la veille de mettre son projet à exécution. Les circonstances ne permirent point de donner suite à cette vaste entreprise.

» Cependant, bientôt arriva le moment où un nouvel ordre de choses devait sortir les beaux-arts de cet état de langueur auquel la tyrannie populaire d'abord, et ensuite l'anarchie directoriale, les avait réduits. De cette anarchie devait sortir et surgir bientôt un nouveau pouvoir qui, attirant et concentrant en lui tous les moyens d'action, comprit que la gloire des armes, qu'il ambitionnait, avait besoin de s'associer la gloire des arts.

» Une grande expédition, dont la suite a révélé le but, mais annonçant alors le projet d'une descente en Angleterre, rassemblait sur les côtes du nord une immense armée, dont le quartier général était établi à Boulogne-sur-Mer. Cette armée expéditionnaire et la flottille ouvrirent, en vendémiaire an XIII (septembre 1804), une

souscription et un concours pour l'érection , sur la côte
de Boulogne, d'un monument historique consacré au chef
de l'Etat, et destiné à perpétuer la mémoire de l'expédition qui n'eut pas lieu.

» Ce fut encore M. Labarre qui, dans ce concours
comme dans celui du Château-Trompette, l'emporta sur
ses rivaux. Il fut en conséquence chargé de l'exécution de
ce monument, qui consiste en une colonne toute en marbre
français, et haute de 160 pieds.

» Il fut d'autant plus flatté de cette circonstance, qu'elle
lui procura l'occasion de découvrir et de faire apprécier
le marbre du Boulonnais, dont l'exploitation est depuis
cette époque l'une des principales branches de l'industrie
de cette contrée. On peut concevoir que la destinée de ce
monument dut suivre celle du motif transitoire qui lui avait
donné naissance.

« L'ouvrage, en effet, resta fort longtemps inachevé,
et languit dans un entier abandon, jusqu'à l'époque du
retour en France du souverain légitime Louis XVIII, qui
chargea M. Labarre d'en terminer la construction.

« Cette colonne offre l'aspect et l'idée d'un monument
qui aurait pu servir de phare. Comme ouvrage d'art, elle
tient un rang très honorable parmi ceux de ce genre que
l'antiquité et les temps modernes ont produit. Toutefois on
pourrait reprocher à son modeste auteur d'avoir négligé,
à l'égard d'un monument de cette importance, ces faciles
moyens de renommée dont tant de médiocrités abusent,
pour donner de la célébrité aux plus faciles productions.

« Eloigné du centre des ambitions, pendant cet assez
grand nombre d'années que lui coûta l'achèvement du
grand ouvrage de Boulogne, il ne se présenta à lui qu'une
seule occasion de développer, dans cette même ville, une
capacité souvent rare en architecture ; ce fut de triompher
dans l'érection d'une modique salle de spectacle, qu'il y

construisit, des difficultés et des sujétions d'un local aussi
ingrat qu'exigu, et d'y donner la preuve de ce qu'il aurait
été capable de faire ailleurs et plus en grand.

» Enfin, une magnifique entreprise, et sans contredit
la plus favorable que le siècle put offrir à son talent, sembla être à son égard, de la part de la fortune, une juste
indemnité des travaux qui l'avaient tenu si longtemps
éloigné de la capitale.

» Parmi les nombreux travaux d'embellissements et
d'utilité publique ordonnés alors, un grand projet d'architecture avait particulièrement souri au chef de l'Etat.
Paris voyait jeter les fondements d'une masse considérable
de bâtiments qui pût donner lieu d'y reproduire et de développer, à son extérieur, la magnificence architecturale
des grands édifices périptères de l'antiquité.

» C'était sur le programme d'une semblable ordonnance
que M. Brongniart avait reçu l'ordre de procéder, pour le
plan et les fondations du futur monument, dont la destination, quelque temps indécise, fut enfin déterminée
devoir être celle de la Bourse et du tribunal de commerce.

» Ce fut sous la condition de cet emploi que M. Brongniart, après avoir commencé un temple grec sur l'emplacement de l'ancien couvent des Filles-Saint-Thomas, lorsque la destination en fut changée, avait rédigé le projet
de l'édifice et en avait commencé l'exécution. Il était déjà
arrivé à une certaine hauteur, lorsque cet architecte mourut (1813). Son entreprise ne fut continuée qu'après la
Restauration.

» Il fallait, pour terminer un ouvrage de cette importance, trouver réunis, dans celui qui en était chargé, le
talent, la sagesse et l'expérience. Les travaux de M. Labarre avaient fixé sur lui l'attention; il fut désigné pour
succéder à M. Brongniart. Sans doute il restait peu à faire
pour l'invention, puisqu'au point où était arrivé l'édifice

à la mort de M. Brongniart, le public pouvait déjà se faire
une idée de son ordonnance générale; mais il restait beaucoup à faire sous les rapports de l'étude et des proportions,
de l'exécution et des modifications à apporter aux nom
breuses parties non terminées, et surtout à l'intérieur.
Aussi peut-on dire que les diverses améliorations qu'y apporta M. Labarre peuvent le faire participer à la gloire
de la création.

» Il consacra tout son temps à l'achèvement de ce bel
édifice, qui fait aujourd'hui l'un des principaux ornements de la capitale. Il y employa quatorze années de sa
vie, et s'acquitta de ce grand travail de la manière la plus
distinguée.

» Il eut à surmonter de grandes difficultés; il ne lui
fallait pas subordonner selon l'ordre ordinaire des choses,
et soumettre aux besoins et aux convenances de l'intérieur toute la construction et toute la décoration du
dehors; mais, au contraire, le luxe de l'ordonnance extérieure devenant, si l'on peut dire, le régulateur de tout
le reste, il fallait y assortir les besoins de disposition interne, sans que rien parût trahir la gêne de pareille
sujétion.

» Si, quant aux éléments constitutifs de l'architecture,
tout a été dit et redit; si, quant au type de l'ordonnance,
ni M. Brongniart, ni M. Labarre n'eurent rien à inventer, c'est par la raison qu'Ictinus lui-même n'inventa
rien, à cet égard, dans l'érection du temple de Minerve
à Athènes. Mais il en est de l'art de bâtir comme des imitations du corps humain, dans les autres arts du dessin.
Il n'y a pas à découvrir de nouveaux éléments; cependant, quant à l'emploi par l'imitation des éléments que
donne la nature, quant à leurs rapports et à leur ordonnance, quant à la justesse de leurs combinaisons et aux
résultats de leurs effets, il y a d'innombrables variétés

que l'artiste, dans le cours des siècles, n'épuisera jamais.

» Or, c'est ce qu'a démontré M. Labarre par l'ordonnance des diverses parties de l'édifice de la Bourse.

» Les colonnes de l'extérieur présentent à la fois élégance et gravité de proportion dans leurs fûts, justesse de mesure dans les entre-colonnements, précision et correction de galbe dans leurs chapitaux; et, quant à l'ensemble, un effet à la fois simple et sans monotonie, riche et varié sans redondance.

« Voilà, avec beaucoup d'autres mérites, ce qui pouvait ne pas se rencontrer dans l'œuvre de M. Labarre; et voilà ce qu'on est obligé d'y reconnaître.

» Il y aurait, à vouloir examiner l'ensemble de ce grand édifice, seulement dans sa masse extérieure, un très-grand nombre de qualités dont l'œil et l'esprit sont simultanément frappés, mais dont le discours ne saurait devenir l'intelligible traducteur. Comment, sans le secours des yeux, faire comprendre au sentiment la valeur abstraite de lignes ou de détails, caractères très-expressifs des idées qu'ils représentent, mais caractères muets pour qui ne connaît pas l'écriture de cette langue? »

Sans nous laisser entraîner trop loin par une analyse détaillée de l'édifice, nous nous arrêterons simplement dans la grande salle, et bornerons là nos considérations et notre examen.

C'est dans cette partie principale de l'établissement, c'est à la Bourse que l'architecte a consacré toutes les ressources de son art ; c'est pour ce sujet principal qu'il a réservé toutes les richesses de l'architecture.

Quand on admire l'étendue et l'aspect de cette magnifique salle, si l'on vient à l'examiner dans ses détails techniques avec l'attention et l'œil exercé du connaisseur, on apprécie l'ingénieux procédé de l'architecte, qui, obligé de prendre le jour par en haut, a substitué habi-

lement des armatures en fer, combinées de la manière la
plus savante, à la lourdeur d'une voûte en pierres, et
l'on est émerveillé de l'habileté avec laquelle il a su ménager, avec tant de solidité, des voussures légères tout à
l'entour du local, tout en pratiquant une vaste ouverture
pour l'introduction du jour.

Et quelle heureuse idée d'avoir, en place de sujets co-
lorés, employée la peinture en grisaille, ou clair obscur,
de manière à simuler les bas-reliefs que l'absence de la
pierre ne lui permettait pas d'obtenir du sculpteur! Pour
la vue, l'illusion est parfaite et la surprise est complète.
Ce procédé fut très-remarqué.

« A cet égard, jamais l'architecture ne fut mieux servie par la peinture, dans l'art de produire l'illusion des
ouvrages, ainsi que des matières qui entrent dans le domaine de la sculpture. »

Ces bas-reliefs sont la représentation allégorique, pitto-
resquement rendue par le pinceau, des quatre parties du
monde, de leurs provinces, de leurs villes capitales, ingénieusement personnifiées, tantôt par les emblèmes qui
les désignent, tantôt par les diversités de leurs productions : magnifiques choix de sujets les plus propres à
donner l'idée la plus noble et la plus étendue de l'édifice,
considéré sous le rapport général et politique du commerce vu en grand, traduction la plus éclatante pour le
spectateur des effets produits sur la civilisation universelle, au moyen de ces rapprochements dus au commerce
et à la circulation progressive des inventions et des travaux de l'industrie.

Après avoir été commis à l'achèvement de la Bourse
(1826), Labarre fut chargé de son entretien. Il a obtenu
toutes les distinctions les plus propres à honorer le talent.
Membre du jury d'architecture, chevalier de la Légion-
d'Honneur, membre honoraire du conseil des bâtiments

civils, et de l'Académie royale des Beaux-Arts (1827), il avait atteint le comble de la réputation par l'érection finale du plus grand monument de son époque.

On lui a reproché injustement, selon nous, d'avoir dénaturé la pensée de son prédécesseur.

Brongniart avait adopté l'ordre ionique. Forcé de donner plus d'élévation au bâtiment afin de loger convenablement dans l'attique les archives du tribunal de commerce et d'y ménager diverses autres dépendances qui suppléaient à l'insuffisance du premier étage, Labarre dut prendre l'ordre corinthien pour garder la disposition et la grosseur des colonnes en élevant plus haut l'édifice.

Labarre était devenu nne autorité. Il était encore plein de volonté et de génie, mais ses forces physiques l'abandonnèrent. Des prédispositions apoplectiques l'obligèrent à interrompre tous travaux et à vivre dans l'isolement. Il se retira à Vitry. Il y mourut à la suite d'une dernière attaque, le 20 mai 1833.

Labarre a laissé un mémoire sur la restauration du Panthéon français; Paris, Barbou, an VI (1798), grand in-4° avec cinq planches (1).

(1) Quatremère de Quincy : *Eloge de Labarre*, à l'Académie des Beaux-Arts, 1835.— Quérard : *France littéraire.* — *Biographie générale.*

LAMET (Adrien-Augustin de Bussy de),

Théologien et Docteur de Sorbonne,

né en Beauvaisis.

1621—1691.

Il appartenait à l'une des plus illustres familles de la Picardie. La maison de Lamet, branche cadette de la maison de Neuville, tirait son nom d'une terre qui lui était échue dans les Pays-Bas.

Le cadet, qui fut la tige des Bussy de Lamet, conserva ses armes originelles, *d'or frettées de gueule, à une étoile d'azur,* jusqu'à ce qu'un de ses descendants, à son retour de la première croisade en Terre-Sainte, les changea à l'exemple de beaucoup d'autres seigneurs, et porta : *de Gueule à la bande d'azur, accompagné de six croix recroisées au pied, fichées de même.*

Etablis en Picardie, les Bussy de Lamet occupèrent, sous les comtes de Flandres, qu'ils accompagnèrent dans la quatrième et cinquième croisade, les plus hauts rangs dans les armées; l'éclat de leur maison se soutint sous les maisons de Bourgogne et de France.

De bonne heure, le jeune Adrien de Lamet montra les plus heureuses dispositions. Son père Charles de Lamet ne négligea rien pour favoriser ses goûts studieux et sa riche intelligence en lui procurant une éducation conforme à sa noblesse et à son mérite. « Mais, dit un de ses biographes, ses sentiments n'étaient pas pour le siècle. »

Sa douceur, sa piété et son amour de la retraite lui firent préférer les paisibles occupations de l'enseignement et du sacerdoce à tous les honneurs mondains qui auraient pu lui être accordés.

Plus tard la fréquentation du célèbre coadjuteur de Retz ne le changea point.

C'est à l'âge de vingt-six ans qu'il se décida à venir en Sorbonne pour y suivre son cours de théologie, 1646. Il y fut accueilli avec la considération qu'il méritait déjà pour son savoir. Deux ans après, il soutint ses thèses pour la licence avec beaucoup d'éclat, et, en 1650, il était docteur en théologie.

Il avait à peine trente ans, et il était déjà un profond philosophe et un théologien consommé. Il quitta alors la Sorbonne où il remplissait les fonctions de prieur depuis trois ans.

Le cardinal de Retz, auquel il tenait par les liens de la parenté, l'attacha à sa personne. Lamet en obtint tous les services et les bons conseils que l'on pouvait attendre d'un homme aussi influent, sans néanmoins se détourner de ses habitudes paisibles. Car il ne paraît pas que le pieux théologien se soit mêlé en rien aux agitations de la vie politique du célèbre héros de la Fronde.

Lamet avait assisté le cardinal dans ses grandeurs, et l'avait servi dans sa prospérité ; il lui demeura fidèle dans la fortune adverse, et ne le quitta point dans ses disgrâces. Il tenait à lui par les liens de l'amitié comme par ceux de la reconnaissance. Subissant le charme de cet esprit entraînant, il l'accompagna en Angleterre, en Hollande et en Italie. Dans ses voyages, il se mit en rapport avec beaucoup de savants étrangers et s'attira également leur estime en se conciliant leur amitié.

Mais las d'une vie errante et qui ne lui paraissait pas assez sainte, il voulut rentrer dans une voie plus favorable à son salut, et où il serait plus libre de vaquer à l'étude et à la prière.

De retour à Paris, il fut de nouveau admis dans la maison de Sorbonne. Il y retrouva M. de Sainte-Beuve, qui se lia avec lui d'une amitié plus intime et s'en fit un auxiliaire utile en l'arrachant au repos qu'il désirait.

Casuiste profond, moraliste pur, M. de Sainte-Beuve avait souvent à tranquilliser les consciences scrupuleuses et faciles à s'alarmer. Des évêques, des chapitres, des curés, des religieux, des princes, des magistrats, et enfin des personnes de toutes conditions, le consultaient de toutes parts et l'accablaient de questions sur des cas de conscience, de morale et de discipline. Médecin des âmes, le pieux et charitable docteur ne pouvait suffire à tant de cures. Il appréciait la droiture de conscience de M. de Lamet, son vaste savoir, son jugement sain; il se l'associa. Depuis, il ne décida rien avant d'avoir pris son avis. De là vient que toutes les décisions de M. de Sainte-Beuve étaient aussi signées de M. de Lamet.

Bientôt ce dernier ne fut pas moins consulté que son vénérable ami. Lamet n'instruisait pas seulement par ses préceptes, il commandait par son exemple, et il n'inspirait pas moins de confiance par son savoir et la netteté de ses solutions, que d'estime par ses vertus. Ses nuits suffisaient à peine à la rédaction de ses lettres en réponse aux nombreuses demandes qui lui étaient adressées. Charitable jusqu'à l'excès, il rassurait les âmes timorées et les consolait dans leurs remords.

Il était d'un accès facile et d'une grande aménité de caractère. Il montrait une complaisance égale pour tous ceux qui venaient le consulter.

Lamet trouvait encore le temps d'aller faire des instructions et des exhortations dans plusieurs monastères dont ses supérieurs ecclésiastiques lui avaient confié la direction. Il allait aussi porter des conseils, des consolations et des secours dans les prisons, et essayait de ramener à Dieu les victimes du désordre et du libertinage. Il assistait les suppliciés et prodiguait ses biens comme son temps en œuvres pieuses et en aumônes. Il en employait une partie à l'éducation et à l'entretien de jeunes clercs sans fortune, qu'il reconnaissait aptes au sacerdoce et propres à faire des ministres utiles à l'Eglise.

Il ne s'était pourtant pas montré plus avide de biens matériels que de dignités ecclésiastiques, car on ne lui connait pas d'autre bénéfice que le prieuré de Saint-Martin de Brive-la-Gaillarde..Et ce faible revenu, uni à celui de la seigneurie de Serais, qu'il tenait de son patrimoine, suffisait à ses nombreuses aumônes.

Ce savant et saint ecclésiastique mourut le 10 juillet 1690. Il fut inhumé dans la chapelle de la Sorbonne.

Lamet transmit ses notes et ses divers écrits à son ami le docteur Germain Fromageau. Ce dernier les publia d'abord en simple traité, portant pour titre : *Résolutions de plusieurs cas de conscience touchant la morale et la discipline de l'Eglise*, par Aug. de Lamet et Germ. Fromageau; Paris, L. Guérin, 1714, in-8°.

« Ces cas de conscience, plus estimés que ceux de Pontas, ont été mis en ordre et revus par Sim. Mich. Trouvé, prêtre, docteur en théologie, avec préface contenant l'éloge et la généalogie de Lamet et l'éloge de Fromageau, écrite par le Père Fabre, puis refondue par Gouget. »

Cette préface est placée en tête de ce traité, publié sous le titre de : *Dictionnaire des cas de conscience*, par Adr. Lamet et Germ. Fromageau, par Gouget, deux volumes in-folio; Paris, 1733.

C'est un des meilleurs traités théologiques du temps. Il respire la plus saine morale. Les décisions sont fondées sur les autorités les plus respectables du droit naturel et

des écritures, et appuyées sur les règles les plus invariables et la tradition (1).

LA ROQUE (S.-G. de), Poète élégiaque,

né au village d'Agnetz, près Clermont.

1550 — 1615.

Il était de bonne maison. Après avoir reçu une éducation soignée, qu'il développa depuis dans ses voyages, il
embrassa la profession des armes, et vécut toujours dans
le grand monde et la société la plus cultivée de l'époque.
Il entretenait commerce de vers avec Florent Chrétien,
précepteur de Henri IV. Le cardinal Duperron et Philippe
Desportes, également ses amis, avaient engagé les mêmes
relations avec lui. Gentilhomme de mœurs élégantes et
d'une grande délicatesse de sentiment, il se sentait facilement entraîné vers cet échange de pensées gracieuses,
tournées en beaux vers, diversion agréable pour les gens
paisibles au milieu des troubles et des intrigues politiques
du temps.

Par ses premiers vers, La Roque appartenait à l'école
de Ronsard ; mais sa seconde manière se rapproche de
celle du poète Malherbe. Quoique né et élevé dans une
période peu favorable aux muses, il était pourtant fort

---

(1) *Dicture des anonymes.* — *Biographie universelle.* — Quérard :
France littéraire. — Sainte-Beuve : *Histoire de Port-Royal.*

lettré et versé dans la poésie ancienne et la poésie étrangère. Il connaissait le latin et l'italien, et s'inspirait également d'Ovide et d'Arioste. Il a même imité ces délicieux
poètes dans quelques-unes de ses productions.

On a de La Roque des sonnets, des élégies, des odes,
une pastorale et autres pièces sous forme d'épitre, etc.
C'est d'après un de ses sonnets qu'on le suppose né, selon
les conjectures les plus rationnelles, en 1550 ou 1551.

Comme la plupart des poètes de ce temps, il eut une
vie aventureuse et agitée : il porta les armes et fit d'assez
longs voyages sur terre et sur mer. Il le dit lui-même
dans un de ses sonnets :

> J'ay quarante ans passés, je sçay que c'est du monde ;
> J'ay suivi le Dieu Mars et celui des amours :
> J'ay veu de maints pays les cités et les tours,
> Et longtemps voyagé sur la terre et sur l'onde.

Le beau ciel de l'Italie et ses rapports avec les artistes
de cette patrie de l'art développèrent son goût pour les
vers. Ses différentes pérégrinations lui fournirent beaucoup de sujets d'observations et déroulèrent à sa vue
beaucoup de ces scènes qui portent à la contemplation ;
mais il ne prit de la vie que le côté sentimental. La fréquentation des grands et des cours allait à ses goûts pour
la haute société, dont il faisait l'ornement, par le charme
et les fleurs de son esprit.

Il fut gentilhomme, en même temps que Malherbe, de
Henri d'Angoulême, grand prieur et amiral de France,
et gouverneur de Provence, qu'il accompagna partout.
« Plus tard, il s'attacha à la reine Marguerite. La *Vie de
Malherbe*, attribuée à Racan, dit qu'il mourut à la suite
de cette princesse, par conséquent avant 1615. »

Les poésies de La Roque, imprimées à Rouen en 1594,
par parties détachées, furent réunies avec la date de 1595,
sous le titre de : *Premières œuvres du sieur de Larocque,*

de Clermont en Beauvoisis. Ce recueil, format in-18, contient : 1° Les Amours de Phyllis; 2° les Amours de Carithée; 3° la continuation d'Angélique d'Arioste; 4° les heureuses amours de Cloridan; 5° les OEuvres chrétiennes. »

Citons encore : Des *Mélanges*; *la Chaste Bergère*, pastorale en cinq actes; une *paraphrase des psaumes pénitentieux.* L'*Epître de Didon à Enée*; celle de *Léandre à Héro*; *les Amours de Pyrame et de Thisbé*; *le Jugement de Paris*, etc.

Une édition, plus complète sans doute, puisqu'elle était divisée en six parties, parut à Rouen en 1599 et 1600; elle est citée dans les *Jugements des Savants*, de Baillet, et, d'après eux, par Moréri. Enfin une dernière édition, avec Epître dédicatoire à la reine Marguerite, fut donnée, en 1609, in-12.

Saint-Marc, dans la *Table raisonnée des poésies de Malherbe*, fait l'éloge de la versification de Larocque, et cite cette édition qui est encore rappelée, ainsi que quelques pièces de l'auteur, dans le recueil intitulé *les Poètes français jusqu'à Malherbe*; Paris, Crapelet, 1824, 6 volumes, in-8°.

Voici quelques jugements portés sur ce poète :

« Bien que Larocque se soit essayé en plusieurs genres de poésie, sonnets, stances, chansons, épîtres, élégies, poëmes, cantiques, etc., il ne montre guère de variété. Chez lui tout est monotone et languissant, les idées comme la diction. Du reste, il avait de la facilité et du nombre; mais déjà ses qualités n'étaient plus remarquables à l'époque où il écrivait, et elles n'ont pu le sauver de l'oubli. » (Michaud.)

Ailleurs, il est dit : « La Rocque ne manquait pas de goût. On trouve dans la plupart de ses ouvrages autant d'esprit que de sentiment; son style est simple, mais

agréable; sa versification a de l'aisance et de la douceur. »
(Poëtes français jusqu'à Malherbe.)

Colletet, qui compare ses sonnets à ceux de Desportes,
les considère comme supérieurs à ceux de Grévin et de
Binet ses compatriotes, et à ceux de Rapin, Sainte-Marthe
et autres.

Ces derniers jugements sont plus conformes à la vérité.
Mais pour mieux encore faire juger les œuvres poétiques
de La Roque, il nous suffira de quelques citations.

Voici des stances chrétiennes d'une bonne facture et
que Malherbe lui-même ne désavouerait pas :

> Tout tremble sous le sceptre où reluit ton empire;
> Grand Dieu! Nul ne résiste aux assauts de ton ire;
> Pour empêcher ta force, il n'est rien d'assez fort :
> Et ceux qui sont privés du soleil de ta grâce,
> Sont ainsi que les fleurs que l'orage terrasse,
> Montrant en un matin leur naissance et leur mort.
>
> C'est ton divin soleil objet de ma pensée,
> Duquel soudainement la terre est traversée,
> Qui voit tout en ce monde et ne bouge des cieux :
> On a beau se couvrir des ailes de l'ombrage,
> Les roches, que je vois dans ce désert sauvage,
> N'ont rien d'assez caché qui nous cache à tes yeux.
>
> O Seigneur! Devant toi passe un siècle d'années,
> Comme font devant nous les plus courtes journées;
> Nos secrets à tes yeux ne sont jamais cachés :
> Tu vas comptant les pas du soir et de l'aurore;
> Les heures, les moments, les minutes encore,
> Tour à tour devant toi rapportent nos péchés.
>
> Les roses de nos ans, de l'orage battues,
> Nous semant dans le cœur des épines pointues,
> Y laissent l'aiguillon d'un triste souvenir :
> Ceux qui sont enchantés de ces erreurs mondaines,
> Changeant leurs yeux honteux en amères fontaines
> Et, plaignant le passé, redoutent l'avenir.
>
> Seigneur! remplis nos yeux de ta vive lumière,
> Et nos âmes de foi, nos bouches de prière;
> Veuille dedans nos cœurs ton service ordonner :
> Ne nous fais point ouïr cette voix criminelle
> Que tu prends quand tu sors pour juger l'infidelle,
> Mais celle que tu prends quand tu veux pardonner.

Convertis cette tourbe errante et fugitive,
Qui, s'égarant de toi, de soi-même se prive;
Change en paix notre guerre, en plaisirs nos douleurs :
Si l'homme naît en pleurs, augurant sa tristesse,
Seigneur, fais-le mourir tout comblé de liesse,
Et détruis les péchés et non point les pécheurs.

Ces stances sont très belles, malgré les antithèses un peu emphatiques; il y a dans cette poésie comme un avant-goût du style cornélien.

Voici maintenant le genre érotique et badin :

CHANSON.

Que j'estime votre beauté,
D'avoir rangé ma liberté,
Qui jamais ne fût tributaire !
Sus donc ! Vantez-vous en tous lieux
D'avoir fait d'un trait de vos yeux
Ce que cent mille n'ont sçu faire.

Les amours savants et rusés,
Les soupirs des cœurs déguisés,
Ne pouvaient rien sur ma jeunesse :
Tout en vous séduit ma fierté,
Jusqu'à votre naïveté
Qui vous sert d'extrême finesse.

Mais s'il vous plaît en la prison
Retenir longtemps ma raison,
Faites que l'espoir y demeure :
Autrement, rebuté d'amour,
Comme je fus pris en un jour,
Vous me reperdrez en une heure.

C'est déjà l'esprit cherché de Voiture et la poésie précieuse de Benserade.

Dans les vers suivants, La Roque aborde le genre satirique :

CONTRE ORPHÉE.

O toi qui porte au chef la couronne de flamme,
Qui préside à l'entour des esprits de là-bas,
Je ne viens pas ici pour retirer ma femme,
Mais bien pour te prier de ne la rendre pas.

> Retiens-la pour jamais en cet obscur repaire,
> Pour augmenter le mal des esprits ténébreux ;
> Car il n'est rien plus vrai qu'une femme peut faire
> D'un luisant paradis un enfer langoureux.
>
> Si je blâme, Pluton ! la race féminine,
> C'est aussi le fléau de la terre et des cieux ;
> Et je crois que tu n'as épousé Proserpine,
> Que pour rendre l'enfer encore plus odieux.
>
> On dit qu'en ton palais, sous la nuit triste et brune,
> Sept têtes a le chien qui vit dessous tes loix :
> Tu le croiras, Pluton ; ma femme n'en a qu'une,
> Mais elle est plus mauvaise et plus fière cent fois.
>
> Malheureux est ça-bas celui qui se marie,
> Parmi l'horreur, l'ennui, la peine et le courroux :
> Et quand le triste enfer n'aura plus de furie,
> On en pourra trouver chez un mari jaloux.

Ces citations suffisent mieux que tous les éloges pour nous faire juger du style original et du ton aisé de ce poète qui mêle une certaine harmonie poétique aux duretés de langage du temps.

Si La Roque récrimina si fort contre le beau sexe, c'est que sans doute, trop sensible à ses charmes, il eut souvent à déplorer son inconstance ; mais il est probable que les femmes n'eurent pas moins à se plaindre de son infidélité. Les voyages autant que la poésie, durent contribuer à le rendre aussi volage qu'accessible aux émotions du cœur (1).

---

(1) Les poètes français jusqu'à Malherbe. — Violet-le-Duc : *Bibliothèque poétique.* — *Biographie universelle.* — Baillet : *Jugement des Savants sur les Poètes modernes.* — Moréri : *Grand dictionnaire historique.* — Colletet : Manuscrits de la bibliothèque du Louvre.

LECLERC DE LA BRUÈRE (Charles-Antoine), Auteur dramatique,

né à Crépy en-Valois.

1714—1754.

On n'est d'accord ni sur le lieu ni sur la date de sa naissance. Il était allé à Rome, en 1749, comme secrétaire d'ambassade, à la suite du duc de Nivernois. Il composa en collaboration avec ce prince, en 1751, un opéra, paroles et musique. Le poème et la partition furent brûlés en 1793. Ce ne fut pas une bien grande perte (1).

On a de lui : *Les Mécontents*, comédie en un acte, précédée d'un prologue et suivie d'un divertissement, le tout en vers libres; Paris, Utrecht, 1735, in-12; 1740, in-8°.

Les Voyages de l'Amour, ballet en quatre actes et un prologue en vers libres; Paris, 1736, in-4°.

Dardanus, tragédie lyrique en cinq actes et un prologue; Paris, 1739, 1744, 1760, 1763, 1768, 1769, in-4°; la même en quatre actes, avec des changements, par Guillard; Paris, 1784, in-4°; la même, en trois actes; Paris, 1785, 1803, in 8°; 1786, in-4°.

Histoire de Charlemagne; Paris, 1745, 2 vol. in-12.

Erigone, ballet en un acte, 1748, 1750, in-8° : ce ballet a été ajouté sous le titre de *Bacchus et Erigone*, comme deuxième acte aux *Fêtes de Paphos*, ballet héroïque, 1758, in-4°.

---

(1) Quérard : *La France littéraire.*

Le prince de Noisy, ballet héroïque en trois actes ; 1749, 1750, 1752, in-8° ; Paris, 1760, in-4°.

En 1744, Leclerc de la Bruère avait obtenu avec Fuselier le brevet et privilége du roi pour la composition du *Mercure* ; en 1749 il abandonna ce travail par suite de son départ pour Rome.

LECLERC DE MONTLINOT (Charles-Antoine – Joseph), Administrateur et Publiciste,

né à Crépy-en-Valois.

1732—1801.

Il débuta par étudier la médecine, et était déjà docteur lorsqu'il embrassa l'état ecclésiastique. Devenu docteur en théologie, il obtint un canonicat dans la collégiale de Saint-Pierre à Lille. Plusieurs Académies lui ouvrirent leurs portes, il jouissait tout jeune encore de l'estime de ses confrères et de la considération du monde savant : il se trouvait réunir toutes les conditions favorables à une existence aussi heureuse qu'honorable ; mais l'indépendance de ses opinions littéraires et les assertions hardies qu'il laissa échapper dans son *Histoire de la ville de Lille,* lui firent des ennemis.

Obligé de quitter cette ville et de résigner son bénéfice, à la suite d'une querelle littéraire, devenue scandaleuse, il vint à Paris. Il s'y établit comme libraire, en 1765. Mais, quelque temps après, le commandant de la Flandre française le fit reléguer à Soissons en vertu d'une lettre de cachet : il y fut bien accueilli par l'intendant de la généralité et placé à la tête du dépôt de mendicité de cette ville, où il demeura jusqu'à la révolution.

Favorable au mouvement, il revint à Paris où il se livra à la vie de publiciste et au journalisme. Il fut l'un des auteurs de la *clef du cabinet des souverains* (avec MM. Pommereul, Peuchet, etc.). Il s'y distingua par des travaux du plus haut intérêt pour la morale publique et la philanthropie.

En 1779, il avait publié : *Discours qui a remporté le prix de la société d'agriculture de Soissons*, à Lille, réimprimé en 1780, in-8°. La question était : Quels sont les moyens de détruire la mendicité et d'occuper utilement les pauvres?

En 1789, *État actuel du dépôt de Soissons, précédé d'un essai sur la Mendicité*; in-4°, l'*Essai* fut imprimé à part in-8°.

« Montlinot avait publié antérieurement quatre comptes-rendus de l'établissement de Soissons, à la tête duquel l'avait préposé le gouvernement. Ces différents rapports furent assez bien reçus du public, et l'expérience de l'auteur, dans cette branche d'administration, le fit associer aux travaux du comité de mendicité de l'assemblée constituante. » (*Biographie universelle.*)

Sur la demande du ministre des finances, il publia : *Observations sur les enfants trouvés de la généralité de Soissons*, 1790, in-8°. Cette courte brochure abonde en renseignements précis et en observations ingénieuses. C'est une statistique curieuse sur la progression effrayante du nombre des enfants abandonnés dans cette généralité. Il l'accompagne de réflexions d'une haute philosophie et indique des améliorations importantes sur un sujet si affligeant pour la morale.

Il demande, pour l'abolition de la bâtardise, la diminution de la mendicité et le désencombrement des hôpitaux, d'interdire aux curés de baptiser les enfants avec l'indication de *mère inconnue*, et de donner aux enfants *illégitimes* le nom de la mère (1), de faire nourrir par les communes ceux qui sont abandonnés, et de lier les établissements de charité par des comités de bienfaisance, etc., etc.

Voici les observations du *Moniteur* (n° 243, 1790), sur ses travaux philanthropiques.

« Dans ses comptes, dont le cinquième a paru l'année dernière, M. Montlinot a rassemblé tous les faits et toutes les idées qu'une longue expérience, un grand talent d'observation, une âme sensible, un esprit juste et exempt de préjugés, l'ont mis à portée de recueillir. Ces rapports faits avec la plus scrupuleuse exactitude, et écrits d'un style noble, élégant et correct, peuvent être regardés comme le recueil le plus précieux qui existe en France sur ces matières, comme l'ouvrage le plus propre à donner des lumières sur la mendicité, et à faciliter l'exécution des moyens qui en peuvent tarir la source.

» Ces recherches de M. Montlinot, que le jugement des hommes éclairés voit honorés d'une si grande estime, l'assemblée nationale vient de les consacrer, en quelque sorte, par une nouvelle espèce d'honneur, en associant cet excellent citoyen aux travaux de son comité de mendicité. »

Après avoir rempli avec le même scrupule et le même soin différentes charges publiques où il porta le concours de ses grandes lumières, Leclerc de Montlinot mourut à Paris en 1801.

Voici, d'après Quérard, la bibliographie de ses ouvrages :

___

(1) Ces mesures ont été depuis adoptées et mises en pratique.

Préjugés légitimes contre ceux du sieur Chaumeix ; 1759, in-12 : « L'année suivante , dit Barbier, cet écrit fut intitulé : *Justification de plusieurs articles de l'Encyclopédie, ou préjugés légitimes,* etc.; les auteurs de *La France littéraire de* 1769 , trompés par la diversité de ces titres, ont cru qu'il s'agissait de deux ouvrages différents. »

Etrennes aux Bibliographes, ou notice abrégée des livres les plus rares, avec leurs prix; Paris , 1760 , in-24.

L'Esprit de Lamothe-Levayer, par **M. C. D. S. P. D. L.** (M. de Montlinot, chanoine de Saint-Pierre de Lille) ; (Paris), 1763 , in-12.

Dictionnaire portatif d'Histoire Naturelle, précédé d'un discours sur l'histoire naturelle; Paris , 1763 , 2 vol. in-8°.

Histoire de la Ville de Lille, depuis sa fondation jusqu'en 1434 ; Paris, 1764 , in-12.

Etat actuel du dépôt de Soissons, précédé d'un *Essai sur la mendicité;* Soissons, 1789 , in-4°.

Leclerc de Montlinot a travaillé aussi au *Journal Encyclopédique.*

LECOMTE (Jean),

Poète et Professeur de belles lettres,

né à Beauvais.

1688—1707.

Professeur au collége Mazarin, où il enseigna les belles lettres avec beaucoup d'éclat, il cultivait la poésie latine avec succès, et l'on dit que Santeuil, dont la vanité supportait difficilement la critique, rendait hommage à son goût exquis, lui soumettait les pièces de vers qu'il composait et les corrigeait même d'après ses avis.

On a de lui : 1° *Sermo horatianus, satira bicornis*, à laquelle le journal de Trévoux (décembre 1703) donna de grands éloges. C'était une satire contre les Aristotéliciens en faveur des Cartésiens. Pourchot son ami, en faveur duquel il l'avait faite, et qui professait les nouvelles méthodes, inséra plus tard cette satire, avec des notes, dans sa *défense du sentiment d'un philosophe contre la censure d'un rhéteur*, 1706, in-12. C'est ainsi qu'il qualifiait Gilbert, contre lequel il soutenait une polémique, parce qu'il soutenait les anciennes méthodes. Dans ses *carmina selecta*, 1727, in-12, Gaullyer recueillit avec cette satire les autres poésies de Lecomte, qui laissa en outre une *paraphrase* en vers latins, de six psaumes de David, et une traduction de la *Lettre politique de Cicéron à son frère Quintus*; Paris, 1697, in 12 (1).

LECONTE (Antoine), en latin Contius,

Jurisconsulte,

né à Noyon.

1526 — 1586.

Il naquit à une époque où la fréquence de nos rapports

----

(1) Michaud : *Biographie universelle.*

avec l'Italie tendait à substituer la jurisprudence romaine
au droit coutumier, et à faire prévaloir le droit civil sur
le droit canonique. Il étudia ces différentes lois en elles-
mêmes et dans leurs rapports. Un des premiers, il sentit
la nécessité de les réformer l'une par l'autre en les confor-
mant aux besoins du siècle et aux principes de la raison.

En lui dévoilant l'antiquité, la renaissance stimula son
ardeur studieuse et exerça sa pénétration. L'esprit d'in-
novation et de réforme, qu'il porta dans la chaire, ajouta
beaucoup à l'éclat de son enseignement.

Egalement instruit dans les lettres, les humanités et la
jurisprudence, il s'attira la bienveillance de l'illustre
Marguerite, princesse de Savoie, sœur du roi Henri II
de France. Protectrice éclairée des lettrés et des savants,
cette généreuse bienfaitrice de L'Hospital et de Grévin,
cette généreuse princesse combla Leconte de ses bienfaits.
Elle le gratifia d'une pension et l'obligea d'enseigner à
Bourges le Droit, qu'il continua ensuite de professer à
Orléans.

Leconte attira à ces deux chaires un grand nombre
d'élèves dont plusieurs devinrent célèbres, tels que
de Thou; il eut pour ami et continuateur de ses doctrines
et de son enseignement le célèbre Cujas, qui fut renvoyé
à Bourges par la maladroite ingratitude des Toulousains,
ses compatriotes. Il fallait qu'il eût produit une bien
grande impression sur ce jurisconsulte, destiné à une
réputation bien plus grande que la sienne, car Cujas,
qui le regardait comme un homme très-docte et très-judi-
cieux, et n'en parle qu'avec les plus grands éloges, a
poussé la modestie, chose bien extraordinaire dans un
homme de cette valeur, jusqu'à convenir que ce professeur avait plus de génie que lui pour le Droit, et qu'il
aurait bien mieux réussi, s'il eût su se rendre plus constant et plus assidu au travail.

C'est que Leconte, qui ne trouvait d'inspiration réelle et facile qu'en portant la parole, plus spontané que réfléchi, dépensa sa principale force dans la chaire du professorat; il a eu le sort réservé aux orateurs, qui est de ne laisser qu'une pâle ombre d'eux-mêmes, parce qu'ils parlent beaucoup plus qu'ils n'écrivent.

En arrivant à Bourges, où il devait répandre les lumières de son enseignement si fécond, Cujas se vit en butte aux intrigues de Doneau, d'Hotman et de Darin : il fut bien accueilli et soutenu par Leconte, qui devinait son génie et avait eu lui-même de fréquentes disputes avec les partisans de la routine.

En religion, Leconte fut hostile aux Huguenots; quoique compatriote et cousin germain de Calvin, il ne cessa de le décrier et de l'attaquer à outrance.

Il mourut dans la force de l'âge, à soixante ans, et dans tout l'éclat de son talent.

Il a peu écrit et ne se donna même pas le temps de publier ses œuvres, comme si sa réputation dans le présent lui eût fait perdre le souci de sa renommée future.

Ses ouvrages, recueillis par Edmond Merille, ont été publiés sous ce titre : *Antonii Contii opera omnia;* Paris, in-4°; Naples, 1725, folio.

« Il mourut en la ville de Bourges, l'an 1586, et fut enterré dans l'église de Saint-Hippolyte, auprès du cercueil du fameux Duarin. Ainsi le ciel voulut que ces deux excellents hommes, qui s'estaient tousiours tourmentéz l'un l'autre, et qui n'avaient jamais peu s'accorder pendant leur vie reposassent ensemble après leur mort. » (Sainte-Marthe, élog.) (1)

---

(1) Scevole de Sainte-Marthe : *Elosges des hommes illustres,* traduits du latin par G. Colletet. — Struvius : *Bibliotheca juris selecta.* — D. Simon : *Nouvelle bibliothèque historique et écrits des principaux auteurs.* — Camus : *Bibliothèque choisie des livres de droit.*

LEFEBVRE DE VILLEBRUNE (Jean-Baptiste), Professeur au collége de France,

né à Senlis.

1732—1809.

Il débuta par être docteur en médecine, et possédait quelque savoir en histoire naturelle et dans les sciences exactes. Il quitta la pratique de la médecine pour l'étude des langues. On prétend qu'il en apprit treize, tant anciennes que modernes, et se servit de cette connaissance pour traduire toutes sortes de livres de l'espagnol, de l'italien, du suédois, de l'anglais, de l'allemand, du grec, du latin. Il devint en 1792 professeur d'hébreu et de syriaque au Collége de France, puis bibliothécaire en chef de la Bibliothèque nationale à la fin de 1793. Cette place fut supprimée lors de l'organisation d'un corps de conservateurs en 1795.

Une lettre où Villebrune attaquait la constitution républicaine l'obligea, en 1797, à quitter Paris, après le 18 fructidor. Il séjourna dans plusieurs départements, et finit par se fixer à Angoulême, où il obtint la chaire d'histoire naturelle à l'école centrale. Il l'échangea ensuite contre celle d'humanités, et ne chercha point à revenir à Paris, où il trouvait que son mérite n'était pas apprécié.

Les philologues contemporains estimaient peu Lefebvre de Villebrune, qui avait beaucoup plus de prétention que de mérite. Son œuvre la plus importante est une traduction d'Athénée : *Le banquet des Savants*, traduit du grec, tant sur les textes imprimés que sur plusieurs manuscrits; Paris, 1789-1791, 5 vol. in-4°. Cette traduction n'est ni élégante ni fidèle ; mais l'ouvrage d'Athénée offre tant de difficultés à un traducteur, qu'il faut savoir gré à Lefebvre de les avoir surmontées en partie. Son commentaire n'est pas non plus à dédaigner, bien qu'il contienne beaucoup de légèretés et d'erreurs. Schæfer a jugé la traduction et les notes dignes d'être reproduites dans son édition des *Deipnosophistæ* ; Leipzig, 1796.

On a encore de Lefebvre une édition de Silius Italicus : *Caii Silii Italici* de Bello punico secundo *ad fidem vet. monumentorum castigatum, fragm. auctum. Operis integri editio princeps* ; Paris, 1781, in-8°. D'après ce titre pompeux, on croirait que Lefebvre a donné la première édition complète de Silius Italicus ; cependant il n'a fait qu'insérer dans le seizième chant, après le vingt-septième vers, trente-trois autres vers, qu'il prétend avoir trouvés dans un manuscrit de Paris, et qui se trouvent, avec quelques changements, dans le sixième chant de l'*Africa* de Pétrarque. Les meilleurs critiques ont rejeté ce fragment, comme apocryphe. L'édition est du reste médiocre. La traduction du même auteur, par Lefebvre de Villebrune, ne vaut guère mieux ; elle parut en 1781, 3 vol. in-12.

Parmi les autres éditions de Lefebvre, on remarque : *Hippocratis Aphorismi, ad fidem veterum monumentorum castigati latinè versi* ; Paris, 1779, in-12 ; le docteur Bosquillon attaqua vivement cette édition, que Lefebvre défendit dans une *Lettre très-honnête à M. Bosquillon en réponse à la critique maladroite répandue en son nom, concernant la nouvelle édition des* Aphorismes d'Hippocrate ; Paris, 1779, in-8°.

On a de Lefebvre de nombreuses traductions ; les principales sont, outre celles qui ont été citées plus haut : *Les Nouvelles de Cervantes*, traduites de l'espagnol, avec des notes ; Paris, 1775, 2 vol. grand in-8° ; — *Les Mé-*

moires *de D. Ulloa*, traduits de l'espagnol ; Paris, 2 vol.
in-8°; — *Les Lettres américaines de Carli*, traduits de
l'italien en français; Boston (Paris), 1788, 2 vol. in-8°.
— Il a publié aussi un *Dictionnaire des particules anglaises*, *précédé d'une Grammaire raisonnée*; Paris, 1774,
in-8°.

Lefebvre de Villebrune mourut à Angoulême, le 7 octobre 1809. (1)

Jean LE FÉRON, Héraldiste,

né à Compiègne.

1504 — 1570.

Il était avocat au parlement de Paris, et pouvait dans
sa propre famille et dans celle de ses nombreux alliés (2),
recueillir une multitude de faits piquants, de particula-

---

(1) *Nouvelle biographie générale.*

(2) Au quinzième siècle, la famille Le Féron, de même que la famille
Boucher ou Le Boucher, restait divisée en plusieurs branches. Il y
avait les Boucher de Compiègne, ceux de Paris et ceux d'Orléans. En
1429, lors du fameux siége d'Orléans, la Pucelle logeait chez Jacques
Boucher, parent de Marie Leboucher de Compiègne, et trésorier du duc
d'Orléans. L'historien nous apprend qu'elle couchait à Orléans (selon
son usage, de prendre pour compagnes de ses nuits *les bonnes et prudes
femmes* des lieux où elle se trouvait), avec la fille de son hôte, Jacques
Boucher (voy. *Chronique de Cousinot*, 1859, in-18, p. 285). Au seizième
siècle, la généalogie des Le Féron était « peinte au logis desdits Féron
à Compiègne. » Cette famille existe encore dans le pays, où elle a pour
représentant M. Le Féron de Guise, qui possède de riches documents
généalogiques.

rités intimes, vivant commentaire de l'histoire. Etienne Pasquier, qui l'avait connu, l'appelle M° Le Féron, « grand rechercheur d'armoiries ». — « Il s'adonnoit plus, dit Loisel, à escrire des généalogies et armoiries, qu'à son estat d'avocat. » Le Féron avait réuni une collection très-nombreuse de chroniques et mémoires, et sa passion était de compiler.

Ouvrages imprimés de Le Féron : *De la primitive Institution des roys, héraults et poursuivants d'armes*; Paris, Maur Meisnier, 1555, in-4°. Personne, peut-être, mieux que Le Féron ne pouvait traiter ce sujet intéressant, d'une manière aussi curieuse qu'instructive. Ce traité n'est malheureusement qu'un exorde, qui se termine avant que l'auteur entre en matière.

Le Symbole armorial des armoiries de France, d'Ecosse et de Lorraine (ibidem, in-4°). Le meilleur livre imprimé de Le Féron est son *Catalogue des Connestables de France, Chanceliers et Prévôts de Paris*; Paris, Vascosan, 1555, in-folio. Souvent réimprimé et amélioré depuis Le Féron, il est devenu la base de l'*Histoire généalogique de la maison de France et des grands officiers de la couronne.*

Ouvrages manuscrits de Le Féron, à la Bibliothèque impériale de Paris, rue de Richelieu : *Chroniques de France*, etc., Manuscrit du roi, fonds français, 9631.

Catalogue des Ducs, Connestables, etc., 9811.

Généalogie de la Maison d'Harcourt, 9811; 3.

Armorial de Picardie, 10395, C. Baluze.

Armorial des Rois de France; Saint-Germain-des-Prés, 2036 et 1392.

Armorial universel en 3 volumes in-folio; Gaignières, 853, 1 à 3. A la liste de ces ouvrages, qui paraissent tous provenir de Le Féron, il faut ajouter encore « l'*Histoire armoriale* contenant douze volumes, dont il se déclare l'auteur dans le *Symbole armorial de France et d'Ecosse,* déjà cité, folio 23.

Ouvrages possédés et annotés par Jean Le Féron : *Annales d'Aquitaine,* par Jean Boucher; Paris, 1524, in-folio gothique, au département des imprimés de la Bibliothèque impériale, L. 359 réserve.

La Chronique normande de Pierre Cochon de Rouen, manuscrit du roi, 9359, 3, Colbert.

La Geste des nobles François de Cousinot le chancelier, manuscrit du roi, 9656.

Etienne Pasquier déclare avoir vu parmi les livres de Jean Le Féron : uu *Traité manuscrit de Robert Ciboule,* *sur la Pucelle.*

La Chronique de France par le hérault Berry, manuscrit 8415, B, paraît avoir appartenu à Le Féron et porter de ses annotations marginales. Enfin, Jean Le Féron a certainement possédé, sous le titre de *Chronique de Cousinot,* un corps d'annales d'un très-grand intérêt. Cette chronique remontait au berceau de la monarchie, et s'étendait jusqu'au règne de Louis XII. On ignore aujourd'hui ce qu'elle est devenue (1).

____

(1) Vallet de Viriville : *Nouvelle Biographie générale.*

LE MASSON (Innocent),

Théologien, Ecrivain religieux, quarante-neuvième Général
de l'ordre des Chartreux,

né à Noyon.

1628 — 1703.

L'historien du temps, qui nous fait connaître la vie
publique de cet homme remarquable, ne nous a rien
appris sur sa famille, sur ses premières années, ni sur le
genre d'instruction qu'il reçut.

C'est seulement à l'âge de dix-neuf ans qu'il se consacra
à la vie religieuse. Il entra dans la Chartreuse de sa ville
natale. Dans ce lieu saint, refuge ordinaire des âmes recueillies et des natures graves et réfléchies, le jeune religieux, partageant son temps entre l'étude et la prière,
ne tarda pas à se distinguer non seulement par la régularité de ses mœurs et la ferveur de sa piété, mais il développa ses talents naturels par un riche fonds de connaissances qui le rendirent parfaitement propre à servir
partout et à défendre contre ses adversaires la cause qu'il
avait embrassée. Il s'avança rapidement à la perfection de
son état.

Il joignait à la profondeur du savoir des tendances pratiques qui le rendaient propre aux fonctions administratives comme aux luttes de la controverse.

Ses supérieurs, dont il avait acquis la confiance et
l'estime, songèrent à utiliser sa capacité. Le Masson fut
nommé successivement aux premiers emplois de sa maison.

Il remplissait les fonctions de visiteur de la province

de Picardie lorsqu'il fut élu supérieur général de l'ordre, le 15 octobre 1675. Ce fut dans l'exercice de cette charge importante que Dom Le Masson déploya toute l'activité et toutes les ressources de son esprit. Un incendie ayant détruit presque en totalité les bâtiments de la grande Chartreuse, il les fit reconstruire sur un plan nouveau. Les soins qu'exigeait la surveillance des ouvriers, les détails journaliers dans lesquels il était obligé d'entrer, ne ralentirent point son zèle pour la conduite de son ordre, et il trouva encore du temps pour l'étude et la composition de nombreux et importants ouvrages de piété.

Bien plus : il prit part aux disputes religieuses de son temps et se mêla aux controverses qu'elles suscitaient.

Les Jansénistes, dans leurs querelles avec les Molinistes persécutés, condamnés par le gouvernement de Louis XIV et par le Pape, inquiétés même dans leur établissement de Port-Royal, exclus aussi de la Sorbonne, s'étaient réfugiés dans le Beauvaisis ; ils rencontrèrent dans Le Masson un de leurs plus ardents adversaires. Le zélé chartreux s'attacha surtout à préserver les siens de tout mélange avec ces *hérétiques*. Peu de temps avant sa mort, il écrivit au père La Chaise pour le supplier de lui procurer le pouvoir de punir ceux de son ordre qui seraient soupçonnés d'être de ce parti.

Dom Le Masson mourut le 8 mai 1703, dans la soixante-seizième année de son âge. Ce religieux, aussi laborieux que fervent, a laissé de nombreux ouvrages.

Il n'était encore que prieur de la Chartreuse de Noyon lorsqu'il fit imprimer une *Théologie morale*.

Il fit ensuite imprimer une traduction du *Cantique des cantiques* avec des notes. Sa lettre au père La Chaise contre les Jansénistes, qui ne parut qu'après sa mort, fit beaucoup de bruit.

Dom Lemasson avait fait imprimer, en 1700, à Lyon,

le livre du père Le Porq, de l'Oratoire, contre Jansénius, et il le donnait en présent afin de susciter des adversaires à ceux qui professaient les doctrines du Jansénisme.

Il écrivit aussi contre le système de la grâce de Nicole : ses remarques sur ce système sont contenues dans une de ses lettres adressée à D. Payelle, religieux de son ordre. On trouve l'extrait de deux de ses lettres sur ce sujet dans les *Mémoires de Trévoux*, octobre 1712.

Mais son meilleur ouvrage est sa nouvelle collection des *Statuts des Chartreux*, avec des notes savantes; Paris, 1703, in-folio, sous ce titre : *Disciplina seu statuta et constitutiones ordinis carthusiensis;* on en réimprima le frontispice et les premiers feuillets; l'exemplaire complet en est très-rare; le premier volume parut en 1687. A ses éclaircissements, il joignit les bulles des Papes.

Dans son *Explication de quelques endroits des anciens statuts de l'ordre des Chartreux,* avec des éclaircissements donnés sur le sujet d'un libelle qui a été composé contre l'ordre et qui s'est divulgué secrètement, in-4° de cent soixante-six pages, sans date, en réponse à la lettre de l'abbé de Rancé à un évêque, datée du 20 juillet 1689, extrêmement rare, les Chartreux y étaient accusés d'avoir laissé affaiblir leur règle et de s'adonner au relâchement. On trouve ordinairement à la suite une petite pièce intitulée *Aux vénérables Pères de la province* de N.... C'est une circulaire adressée à tous les visiteurs de l'ordre.

On a encore du même auteur : *Vie de Jean d'Aranthon, d'Alex., évêque d'Annecy;* Lyon, 1697, in-8°.

Eclaircissements sur la vie de Jean d'Aranthon, avec de nouvelles preuves de son zèle contre le Jansénisme et le Quiétisme; Chambéry, 1699, in-8°.

Introduction à la vie intérieure et parfaite; Lyon, 1677, in-8°; quatrième édition, Paris, 1701, deux volumes in-8°. C'est un recueil de pensées et de maximes extraites de l'*Imitation de Jésus-Christ*, qui, selon Barbier, s'y trouve presque en entier avec des notes marginales, des explications et des *OEuvres de saint François de Sales*. Dom Le Masson y donna, en 1692, un *Appendice*, qu'il traduisit en suite en latin et publia sous le titre d'*Enchiridion salutis*, etc.; La Correrie, 1700, in-8°. *Nouveau directoire pour les novices des deux sexes*. Enfin quelques ouvrages ascétiques peu importants, tel que le *Directoire des mourants*, rempli d'exhortations des plus touchantes et des plus affectives.

Il s'appliqua à une traduction française, selon le sens littéral, de l'*office de la sainte Vierge*, de l'*office des morts*, des *sept psaumes de la pénitence* et du *psaume Beati immaculati*. Après en avoir donné le sens littéral, il y ajoute une paraphrase très-instructive et il y joint un très-grand nombre de sujets de méditations, exercices habituels de sa vie de religieux.

« Enfin, ce grand homme, chargé d'années et encore plus de mérites, dit Moréri, accablé des travaux de la pénitence, aussi bien que ceux d'un long généralat, » finit fort regretté de tout son ordre (1).

---

(1) Moréri : *Dernière édition complétée par Goujet*. — Barbier : *Dissertation sur soixante traductions de l'Imitation de Jésus-Christ*. — Michault : *Biographie universelle*. — *Nouvelle Biographie générale*.

LENGLET (Pierre de),

Professeur d'éloquence et Recteur de l'Université de Paris,

né à Beauvais.

1620 — 1697.

On le suppose de la même famille que l'abbé Lenglet, son homonyme, et, comme lui, né dans la même cité (1).

Il était sans fortune et dut son avenir à ses heureuses dispositions et à son travail persévérant. Homme de méthode et de jugement, il savait concilier l'élégance et la mesure à la verve et à la vigueur de son exposition. « Ses vers, dit Baillet, ont assez de feu pour que l'on puisse deviner qu'il était buveur d'eau. Mais il paraît qu'il doit plutôt sa qualité de poète à son industrie particulière et à ses études qu'à sa naissance et aux faveurs gratuites des muses. »

Ces différentes qualités le prédisposaient aux succès qu'il obtint dans l'enseignement des belles lettres.

Professeur de rhétorique au collége du Plessis, il devint principal de celui des Grassins, ensuite professeur d'éloquence au collége Royal; il fut fait recteur de l'Université, en 1660.

Il avait du goût et de la facilité pour les vers latins particulièrement; mais il ne s'y livrait guère que dans les occasions importantes, lorsque les convenances ou le devoir lui commandaient d'exercer sa muse. Ce ne fut pourtant

---

(1) Voir la notice sur Lenglet du Fresnoy.

qu'en 1673 qu'il se décida à publier un recueil de vers héroïques, choisis parmi un grand nombre d'autres pièces qu'il laissa inédites. Toutes ces pièces, choisies avec un grand discernement, témoignent de la finesse du goût de leur auteur. Le style en est pur, la latinité parfaite, l'expression noble et pleine de propriété. Mais il avait plus d'art que d'inspiration. C'est sa grande finesse de goût et son extrême amour de la perfection qui le portèrent à ne publier que celles de ses compositions qu'il jugeait irréprochables.

« Il écrivait avec beaucoup de facilité et d'élégance ; ses poésies latines, imprimées en 1673 et 1692, in-8°, l'ont fait considérer comme un des meilleurs poètes en cette langue, qui aient vécu sous le règne de Louis XIV. » (Michaud.)

La prise de Namur, l'une des plus belles conquêtes de ce grand roi, fut chantée par une foule de poètes. M. Despréaux, dit le *Journal de Savants* (année 1693), la célébra dans la langue du vainqueur, et M. de Lenglet dans celle des vainqueurs du monde (*Namurum expugnatum*). Ce dernier, ajoute le journaliste, excelle en toutes sortes de genres, soit qu'il s'assujettisse aux pensées d'autrui, soit qu'il donne aux siennes une pleine liberté.

Malgré son extrême tempérance, Pierre de Lenglet tomba dans une caducité précoce. Il prolongea cependant sa vie jusqu'à sa soixante-dix-septième année ; il mourut le 28 octobre 1697 (1).

---

(1) Goujet : *Mémoire historique et littéraire sur le Collége royal de France. — Journal des Savants.* — Baillet : *Jugement des Savants.* — Michault : *Vie et ouvr. de l'abbé Lenglet du Fresnoy.* — Moréri : *Grand Dictionnaire historique.*

LENGLET DU FRESNOY (Nicolas),

Prêtre Licencié de la Faculté de Théologie de Paris,
Ecrivain et Bibliographe,

né à Beauvais.

1674—1755.

Le dix-huitième siècle fut l'âge de fer de l'Eglise. Les
maux dont elle fut alors accablée, et dont on accuse la
philosophie, peuvent en partie être imputés aux scandales
du clergé et à l'abaissement du caractère ecclésiastique..
L'abbé Lenglet du Fresnoy nous en offrira un déplorable
exemple.

Fils d'un perruquier de Beauvais, il se montra, par la
vivacité de son esprit et son intelligence active et dévo-
rante, très-capable de s'élever au-dessus de la condition
de son père : il reçut une bonne éducation qu'il justifia
par la rapidité de ses progrès; heureux si son humeur
inquiète et sa nature inconstante n'en n'eussent souvent
fait un mauvais usage.

Elevé à Paris, où il fit des études brillantes, il étudia
ensuite la théologie. C'était alors la voie la plus sûre pour
amener aux emplois élevés ceux qui en étaient empêchés
par leur défaut de fortune ou de naissance.

Comme il était d'un commerce agréable, il sut de bonne
heure s'attirer de hauts et puissants protecteurs.

Le cardinal de Rohan, son contemporain au séminaire,
qui appréciait sa vivacité d'esprit, l'avait pris en grande
estime, et lui donna par la suite des marques réitérées de
sa bienveillance. En le recommandant à l'abbé Oliva, son

bibliothécaire, il mit au comble de ses vœux un lettré ardent qui put puiser à pleines mains dans les trésors littéraires qu'avait rassemblés à grands frais l'illustre prélat, pour la composition d'importants ouvrages.

L'abbé Lenglet compulsa avec tant d'ardeur dans les livres des savants et des érudits, qu'il fut capable de débuter de bonne heure dans la carrière d'auteur qu'il devait poursuivre si laborieusement et avec une fécondité incroyable.

Dès l'âge de vingt-deux ans, en 1696, il lança un opuscule théologique si profond et si remarquable qu'on l'attribua à un savant dominicain de l'époque. Cet essai, publié sous forme de lettre de vingt-deux pages in-12, qu'il adressa à messieurs les syndic et docteurs en théologie de la Faculté de Paris, était un aperçu critique sur une vie de la Vierge ayant pour titre : *La Mystique Cité de Dieu*, composée par la mère Marie de Jésus, supérieure du couvent de l'Immaculée Conception d'Agréda, et traduite de l'espagnol en français par le P. Thomas Croset, récolet.

Ecrite d'une manière vive et piquante, cette lettre qui avait trait à un sujet très curieux pour l'époque, fit une grande sensation. Elle scandalisa les dévots et fut censurée par la Sorbonne. Il n'en fallait pas davantage pour attirer sur son auteur l'attention générale.

La réponse qu'y firent les Cordeliers, en 1697, engagea l'auteur à approfondir la matière. Et il répliqua à ses adversaires par un *Traité historique et dogmatique des apparitions, visions et des révélations*, à l'adresse des mystiques. Mais comme on travaillait alors à la canonisation de sainte Marie d'Agreda, il se vit retardé dans la publication de ce nouvel ouvrage qui ne parut qu'en 1751, considérablement grossi, en deux volumes, in-12. Après avoir été approuvé verbalement par Benoît XIV, il fut lu par le chancelier d'Aguesseau, et le permis d'imprimer, mais sans privilége, fut accordé.

En 1698, l'abbé Lenglet publia, en forme de prières, une *Imitation de Jésus-Christ.*

Peu après il fit paraître, avec notes historiques et critiques, une édition du *Nouveau Testament.*

Cet ouvrage, imprimé dans les Pays-Bas, était sans nom d'auteur. Un chanoine régulier de Sainte-Geneviève, professeur de théologie au séminaire de Rheims, se l'attribua et en donna une nouvelle édition, qu'il distribua à ses confrères, sous son nom.

Mais les journalistes de Trévoux, qui surent par le moyen de l'imprimeur, le véritable nom de l'auteur, découvrirent la fraude. Le chanoine alors quitta son couvent et alla cacher sa confusion et sa honte chez les Grisons, où il professa la philosophie jusqu'à la fin de ses jours.

Ainsi, dès ses premiers pas, le jeune auteur donnait des preuves de cette vivacité et de cette fécondité d'esprit qui le distinguèrent par la suite.

L'abbé Lenglet publia encore une continuation de la chronologie du P. Petau, depuis 1631, jusqu'en 1702, avec dissertations et notes critiques, et une traduction en français du Diurnal romain. Ce dernier ouvrage, exécuté à la demande de la princesse de Condé, le faisait connaître encore plus avantageusement.

La réputation du jeune théologien grandissait. On attendait de lui quelque ouvrage qui le posât définitivement dans le monde savant, lorsqu'il se jeta brusquement dans la carrière diplomatique. Il trouvait là de quoi exercer la sagacité de son esprit, mettre à profit ses rares connaissances et améliorer sa position. Il avait été présenté au marquis de Torcy, ministre des affaires étrangères, dont il fut favorablement accueilli.

En 1705, ce ministre l'envoya à Lille, près de l'électeur de Cologne, Joseph Clément de Bavière : Il eut l'occasion de rendre un service important à ce prince, par la découverte d'un complot tramé contre lui. Premier secrétaire d'ambassade pour les langues latine et française, et chargé en même temps de la correspondance étrangère de Bruxelles et de Hollande, il avait aussi mission spéciale de veiller à ce que le baron Karggrand, chancelier, et le baron Siméoni ne fissent rien contre le service du roi. Ses fonctions étaient délicates ; il y fit preuve de tact et d'esprit.

Quand l'Electeur se fut retiré à Valenciennes, en 1708, aux approches du prince Eugène et de Malborough, qui venaient de faire le siége de Lille, il commit le jeune secrétaire à la garde de ses effets. Après la prise de la ville, l'abbé Lenglet se fit présenter au général vainqueur, et le prince Eugène lui accorda, sur sa demande, une sauvegarde pour les meubles et effets de la Cour électorale.

Sa correspondance étrangère, qu'il continua toujours, le mit sur la trace des trames secrètes de plusieurs traîtres que les ennemis avaient su gagner en France. C'est ainsi qu'il apprit qu'un capitaine des portes de Mons s'engageait, moyennant cent mille piastres, à livrer, outre la place confiée à sa garde, les Electeurs de Cologne et de Bavière. Le traître fut convaincu par des preuves matérielles, et rompu vif.

La diplomatie n'éloigna pas absolument l'abbé Lenglet de la théologie. Il s'était distrait des ennuis du siége en composant un *Traité historique et dogmatique du secret inviolable de la Confession.* Ce fut à l'occasion des troubles suscités dans les diocèses d'Arras et de Tournay, à cause de quelques prêtres que l'on accusait d'avoir violé les secrets du confessionnal.

Maîtres de Tournay, en 1709, les alliés donnèrent les canonicats et les bénéfices de la cathédrale à des jansé-

nistes, suspects de leur avoir servi d'espions, et ils y réussirent, malgré l'opposition du chapitre qui avait invoqué,
mais en vain, l'intervention du jeune diplomate. C'est en
cette occasion que l'abbé Lenglet composa ses *Mémoires
sur la collation des canonicats de Tournay*. Etant venu à
La Haye, il les publia et les présenta aux Etats-Généraux,
qui, pour toute réponse, le firent arrêter. Mais il fut
rendu à la liberté par l'intervention du prince Eugène,
qu'il avait su mettre dans les intérêts du chapitre, et par
les ordres duquel il avait agi.

Cette mission temporaire eut pour effet de décider de
la vocation de l'abbé Lenglet. Il y avait pris des goûts
mondains qui l'éloignèrent définitivement de la théologie
et du sacerdoce. Prêtre sans bénéfice et diplomate d'aventure, il se livra sans retour à la profession qui convenait
le mieux à son naturel épilogueur et à son caractère ennemi de toute contrainte : il se fit homme de lettres. Il
donna à la littérature, à la bibliographie et à l'histoire
tout le temps que ne lui enlevèrent pas la polémique
passionnée qu'il provoqua par des attaques indiscrètes et
des critiques trop libres et trop hardies, inspirées plus
souvent par l'orgueil que par l'amour de la vérité. Et il
s'abandonna à cette fécondité exubérante qui donna le jour
à tant d'ouvrages qui causèrent plus de scandales qu'ils
ne renferment de vérités, et qui attirèrent à leur auteur
plus de persécutions et d'ennemis que de considération et
de partisans.

Dès lors commença pour lui cette existence décousue,
cette vie pleine d'agitations et de tourments qu'il s'attira
par son caractère excentrique et bizarre, une liberté dé-
réglée et l'absence de toute mesure dans ses procédés et
dans ses actes. Aussi peut-on lui reprocher avec justice,
comme homme et comme écrivain, d'avoir manqué trop
souvent, dans ses actes et dans ses écrits, de cette délica-

tesse que commandent le goût et la morale, et d'avoir
ainsi nui à sa réputation d'homme savant et d'auteur laborieux.

Trop indépendant pour se plier aux devoirs du sacerdoce, il se livra à la pédagogie, qui convenait mieux à
son allure frondeuse. Il aimait l'histoire; il en avait étudié ou parcouru et observé les monuments avec une avidité fiévreuse et une précipitation inouïe. Après en avoir
appris beaucoup, il voulut en faciliter l'étude au public,
et il publia deux amples méthodes, l'une pour l'histoire
proprement dite et l'autre pour la géographie, ouvrages
qu'il compléta plus tard par ses tablettes chronologiques.

Il fit précéder ces traités didactiques de deux longues
préfaces, où il ne s'attache pas moins à faire valoir l'excellence de ses méthodes qu'à décrier celles des autres.
S'il y fit preuve de savoir et de nombreuses lectures, il
aurait dû y faire paraître plus de modération envers ceux
qui avaient traité les mêmes matières que lui. Mais le
scandale est le moyen ordinaire pour attirer l'attention du
vulgaire.

Il ne manqua point son but. La nouveauté de ses productions attira le public. Mais les opinions trop hardies
qu'il afficha, les sarcasmes et les personnalités injurieuses
qu'il prodiguait sans ménagement, choquèrent plusieurs
gens de lettres qui ne lui épargnèrent ni attaques acerbes,
ni critiques virulentes. L'abbé Lenglet n'était pas homme
à se laisser troubler, ni alarmer par des querelles et des
disputes littéraires. La polémique n'était qu'un jeu pour
lui; elle lui était une diversion agréable dans laquelle il
trouvait son profit. Il avait pour principe que c'est en
passionnant le public que l'on excite l'intérêt et que l'on
arrive à la renommée.

Cependant, l'habitude qu'il prit dans ces querelles, de

tout dire sans aucun ménagement, devait plus tard l'exposer à bien des persécutions et lui faire beaucoup d'ennemis. Les circonstances, peut-être l'ambition et surtout l'envie de la célébrité, vinrent encore l'interrompre dans le cours de ses travaux.

La conspiration de Cellamare lui offrit une occasion de se signaler encore dans la diplomatie (1718). C'est lui que le ministre choisit pour pénétrer les intrigues d'Albéroni.

Il eut recours, pour atteindre à son but, à des procédés qui font plus d'honneur à son habileté qu'à sa délicatesse. Il se fit mettre à la Bastille comme auteur d'un prétendu mémoire du parlement en faveur du duc du Maine, et il s'attira ainsi la confiance de ceux que la même cause avait fait ses compagnons de captivité. Il eut soin, toutefois, d'exiger qu'aucun des coupables, qu'il surprendrait et livrerait à la justice, ne subirait la peine capitale. Cette promesse lui fut fidèlement tenue.

Il aurait pu obtenir de ses services, en cette grande occasion, de bien plus grands avantages que la pension qui lui fut accordée par le roi et dont il jouit toute sa vie. Mais avant tout il sacrifiait à ses fantaisies et la vie d'auteur faisait ses délices.

Ce ne fut même pas le dernier service qu'il rendît au pouvoir. Dans la guerre de 1741, il signala au ministre de France un général étranger qu'il avait connu pendant son séjour en Hollande et en Allemagne. Ce général, qui était parvenu au commandement de l'armée, avait la confiance d'un de nos principaux alliés. L'abbé Lenglet fit valoir les raisons qui devaient rendre cet étranger suspect, et l'évènement justifia ses assertions.

Pour le moment, il avait à effacer la tâche d'avoir servi de *Mouton* à la Bastille. Sa disparition subite eut peut-être encore pour objet principal de détourner des accusations et des soupçons plus graves. Il quitta de nouveau la France, visita l'Allemagne et arriva à Vienne à la fin de l'année 1721. Il y rencontra un autre Français célèbre, dont il utilisa encore les services comme il l'avait déjà fait dans les Pays-Bas. C'était l'infortuné Jean-Baptiste Rousseau, qui s'était, dans son exil, attaché au prince Eugène, qu'il accompagnait partout, et qui, s'il faut en croire notre abbé, devenu depuis son ennemi, remplissait le métier d'*espion* et de *picoreur* de nouvelles.

Quoi qu'il en soit, Rousseau le présenta au prince qui, malgré certaines appréhensions, lui rendit toute sa bienveillance.

Mais bientôt la jalousie et des griefs réciproques séparèrent deux compatriotes que les services rendus auraient dû tenir liés, et malgré l'éloignement commun de la patrie si bien fait pour les tenir rapprochés, ils devinrent irréconciliables.

Ces rapports avec le poète exilé causèrent de l'ombrage au gouvernement français. Mais les informations prises sur Lenglet par ordre du cardinal Dubois sur sa conduite à Vienne n'eurent d'autre résultat que d'apprendre qu'il faisait un livre de chronologie, et qu'il ne fréquentait que le violoniste Piani, marié à une Française. Il n'en fut pas moins arrêté à son retour à la frontière.

Enfermé dans la citadelle de Strasbourg, 1723, il y fut détenu pendant six mois. La protection du prince Eugène, qui le préserva, dit-on, de condamnations flétrissantes, mit fin à sa captivité.

Mais, après sa mise en liberté, l'abbé Lenglet n'échappa point au procès de l'opinion. Un journaliste hollandais publia sur lui des faits graves. Il raconta que la magnifique bibliothèque de M. Bignon, qui lui avait été confiée, avait subi les conséquences de son infidélité. Pendant qu'elle était fermée, après la vente qui en avait été faite au fameux Law, l'abbé Lenglet avait trouvé le moyen de s'y introduire, et bientôt on y chercha inutilement une infinité des meilleurs livres. C'est pour se dérober à des recherches compromettantes que le coupable bibliomane se serait sauvé en Allemagne.

L'abbé Lenglet se borna à accuser Rousseau de sa disgrâce et tourna tout son ressentiment contre lui.

C'est Rousseau qui, pendant leur liaison, avait présenté Lenglet au Conseil suprême des Pays-Bas; ensuite il lui procura, dans un besoin pressant, une somme considérable, en lui faisant vendre, au prince Eugène, un manuscrit très-curieux et un livre original de l'évêque de Malaga contre les Jésuites.

Mais l'abbé Lenglet, qui accusait le célèbre poète de l'avoir fait arrêter par des avis donnés secrètement au ministère, s'autorisa de cette prétendue trahison pour lancer contre son ennemi un libelle diffamatoire à la faveur du pseudonyme.

L'offensé fit arrêter le cours de l'impression et saisir les feuilles imprimées de cette affreuse satire, et sans se soucier de se compromettre avec l'agresseur.

« La nature des calomnies qui y sont répandues, dit-il, me dispensent d'y répondre, quand même la grossièreté du style et la diffamation du nom de l'auteur ne me serviraient pas d'apologie. Il l'a bien senti lui-même, puisqu'il s'est cru obligé de se cacher sous un autre nom. »

Mais rien ne doit étonner quand il s'agit d'un homme qui, par sa faute, s'attira de si fâcheuses aventures. L'abbé Lenglet, qui poussait l'amour de la liberté jusqu'à la licence, s'exposa bien souvent à la compromettre, si bien que le séjour de la Bastille était passé chez lui en habitude.

On n'exagéra que de moitié en disant qu'il y fut enfermé de dix à douze fois.

Il y fut mis une première fois en 1718; il y rentra en 1725; une troisième fois en 1743 ; pour la quatrième en 1750, à cause de son *Calendrier historique* ; pour la cinquième et dernière fois en 1751, comme coupable d'avoir écrit au Contrôleur général une lettre réputée insolente.

Il acceptait ces aventures peu agréables avec beaucoup d'enjoûment et de philosophie. Dès qu'il voyait venir l'exempt chargé de lui transmettre les ordres du Roi, il lui adressait le premier la parole. *Ah, bonjour, M. Tapin! Allons vite,* disait-il à sa gouvernante, *mon petit paquet, du linge, du tabac, etc.,* puis il suivait gaîment l'exempt.

L'abbé Lenglet aurait joui d'un destin plus heureux s'il eût su ou pu sacrifier son amour de l'indépendance à ses intérêts. Mais il voulait écrire, penser, agir et vivre librement.

« Il ne pouvait pas souffrir qu'on lui retranchât une seule phrase ; et s'il arrivait qu'on lui rayât à la censure quelqu'endroit auquel il fut attaché, il le rétablissait à l'impression. »

Il préférait aller en prison plutôt que d'imposer silence à son amour-propre d'auteur, et renonçait à tout plutôt qu'à une ligne de ce qu'il écrivait.

Liberté! liberté! disait-il, « telle est ma devise. » Et pour elle il ne voulut, ni se mettre sous la dépendance des puissants protecteurs que sa bonne fortune lui fit rencontrer, ni rien sacrifier à l'amitié, ni même respecter la vérité : dans ses remarques comme dans ses jugements aussi caustique et aussi mordant que Guy Patin, son compatriote, il déchirait plus que les autres les censeurs avec lesquels la pétulance de sa plume le mettait très souvent aux prises. Frondeur de toutes les coutumes et de tous les usages, dans ses formes et dans ses manières : « *Je veux,* disait-il, *être franc-Gaulois dans mon style comme dans mes actions.* »

Comme il n'épargnait personne dans ses satires, il s'attirait parfois de cruelles représailles.

Un des censeurs, qu'il avait le plus maltraité de ses invectives, lui fit faire jusqu'à cent cinquante cartons à une nouvelle édition de la *Méthode pour étudier l'Histoire,* quoiqu'il eût approuvé la première.

Homme très versé dans la littérature, laborieux, d'une sagacité singulière et d'une facilité d'écrire d'autant plus grande qu'il était moins châtié, l'abbé Lenglet, auteur de nombreux ouvrages souvent utiles et agréables, justifiait bien des critiques par la bizarrerie, la témérité de ses jugements et la licence de ses peintures.

En 1739, on vit paraître un ouvrage allégorique, dans le goût de ces pièces ingénieuses où l'on proposait une réforme du Parnasse français, ayant pour titre : *Relation de ce qui s'est passé dans une assemblée tenue au Parnasse pour la réforme des belles-lettres.*

L'auteur anonyme y faisait paraître Lenglet, déclamant d'une manière ridicule contre l'histoire en faveur des romans; et, le mettant en butte aux traits ironiques d'une foule d'auteurs qu'il avait cruellement déchirés dans ses ouvrages, il le plaçait en face d'un journaliste qui l'instruisait complaisamment des jugements du public sur ses productions, et en ces termes : « Lorsqu'il paraît un ouvrage rempli de mauvais raisonnements et de contradictions, d'une érudition puisée dans les sources les plus décriées, d'anecdotes scandaleuses, d'injures et de médisances atroces, où l'on nomme les personnes par leur nom, sans aucun égard à la bienséance ni aux bonnes mœurs; de saillies pleines d'impiétés, qui font frémir la religion; de discours indécents qui font rougir la pudeur; joignez à tout cela une manière d'écrire, soit disant libre et enjouée, mais froide et plate, sans suite, sans ordre, sans liaison, confondant pêle-mêle le sacré et

le profane, le vrai et le faux, le sérieux et le burlesque :
*Voilà, dit-on, voilà infailliblement un ouvrage de l'abbé
Lenglet.*

» De pareils écrits, continue le charitable journaliste,
seraient dignes du feu ; mais c'est l'affaire du magistrat.
Mon devoir est borné à décrier ces sortes d'ouvrages pernicieux : heureux! si je pouvais me flatter d'en inspirer
l'horreur et le mépris qu'ils méritent. »

Lenglet défiait trop hardiment la critique pour être
sensible à ses traits. Il se sentit cependant poussé à bout
par les journalistes de Trévoux.

Voici comme les bons pères Jésuites, qui rédigeaient ce
journal, présenté sous forme de mémoire, annoncèrent
son livre de l'*Usage des Romans :*

« S'il était vrai, comme on l'assure, qu'un catholique
romain fut le père de cette monstrueuse production, c'est
à l'école de Cythère et de l'épicuréisme le plus grossier
qu'il en a formé le plan. Dans la morale cynique qu'il veut
établir sur les ruines de la pudeur et de la probité, on
ne reconnaît point la religion de l'écrivain, et encore
moins dans le nouveau genre d'héroïsme qu'il tâche de
substituer à celui des Alexandres et des Césars. Aussi
M***, qui a eu le malheur de passer pour l'auteur de
ce mauvais ouvrage, s'inscrit en faux contre le public, etc. »

Les jugements que ces mêmes journalistes de Trévoux
prononcèrent contre lui sur quelques autres de ses ouvrages ; les appréciations qu'ils en firent étaient si sévères,
si violentes, que l'abbé Lenglet fut sur le point d'en poursuivre la vengeance juridiquement. Mais la réflexion lui
fit sacrifier des Mémoires très vifs qu'il avait faits en réponse à leurs attaques : il aima mieux se taire que de se
voir en présence d'adversaires tels que les jésuites.

Il essaya même de démentir son ouvrage par l'*Histoire*

justifiée contre les Romans, 1735 ; mais il n'accoucha que d'une composition froide et peu goûtée.

Bientôt dans : *Lettre de M. l'abbé Lenglet, du Fresnoy, à l'auteur des observations sur les écrits modernes, au sujet de la méthode pour étudier la géographie* (1739), le malin auteur faisait une réponse ironique aux *révérendissimes* journalistes. Les accusant d'oublier les services qu'il avait rendus aux jésuites dans les Pays-Bas, il les remerciait du soin qu'ils prenaient de perfectionner ses ouvrages par leurs corrections. « C'est, ajoutait-il, une marque sensible de leur amitié ; c'est même une preuve de l'estime qu'ils font de ce qui vient de moi. »

De tous les ouvrages de l'abbé Lenglet, le plus estimable et le plus estimé est sa *Méthode pour étudier l'histoire*. Il y trace la marche à suivre pour la lire utilement, la mesure à garder pour ne pas se fourvoyer dans ses lectures. Et il joint à l'appui un catalogue des meilleurs historiens.

C'est le traité le plus complet qui eût été composé jusque là. L'auteur y fait preuve de ces vastes connaissances bibliographiques qui l'ont toujours distingué. Il y a mis une épigraphe tirée de Cicéron :

Nescire quid anteà quam natus sis acciderit, id est semper esse puerum. (De Oratione.)

Sur la fin, il se rangea au goût du siècle, en publiant nombre de petits abrégés qui lui coûtaient peu de travail, lui occasionnaient moins de frais, et attiraient beaucoup plus d'acheteurs.

Il publia ainsi : *Géographie des Enfants, ou Méthode abrégée de la Géographie, divisée par leçons*, avec la liste des principales cartes nécessaires aux jeunes gens ; Paris, 1736, in-12 ;

Principes de l'Histoire pour l'éducation de la jeunesse, par années et par leçons ; Paris, Mutier, de Bure et Rollin fils, 1736, 1737 et 1739, in-12.

Ce sont des abrégés de ses grands ouvrages sur les mêmes sujets; de même que son traité : *De l'usage et du choix des livres pour l'étude des Belles-Lettres, avec des catalogues raisonnés des auteurs utiles et nécessaires pour se former dans les diverses parties de la littérature;* Paris, 1736, in-12, vingt-deux pages. Ses autres abrégés et ses autres bibliothèques ne lui coûtèrent pas davantage.

Dans ses articles : *Constitution de l'Empire* et *Diplomatique*, insérés dans l'*Encyclopédie moderne,* il attaque, avec plusieurs savants, l'authenticité des livres et des chartes du moyen-âge, ce qui lui attira la répartie des deux Bénédictins auteurs de la nouvelle *Diplomatique.*

Dans sa curiosité fiévreuse, l'abbé Lenglet abordait indistinctement toutes les branches des connaissances humaines.

« En vain se flatterait on de pouvoir faire de grands progrès dans la chimie, sans le secours de la physique et de l'histoire naturelle. Cependant l'abbé Lenglet, peu instruit des mystères de la nature, se livra tout entier, sur la fin de sa vie, à la science du grand œuvre hermétique. Il alla jusqu'à y altérer sa santé, et s'y serait ruiné, s'il avait pu l'être (1). »

On prétend même qu'il chercha la pierre philosophale.

Son *Histoire de la Philosophie hermétique,* accompagnée d'un *Catalogue raisonné* des écrivains de cette science, avec le *Véritable Philalèthe,* revu sur les originaux; Paris, Costelier, 1742, in-12, 3 vol., fit du bruit à cause d'un portrait de Jacques Cœur, allusion présumée à un ministre en place. Dans sa préface, il abonde encore plus qu'à l'ordinaire en singularités.

« Jamais écrivain ne fut plus fécond. Auteur inépui-

____

(1) Michaud : *Abrégé de la vie de l'abbé Lenglet.*

sable, infatigable éditeur, dans le profane et dans le sacré,» sur le siècle passé, où il montre plus d'érudition que de goût, il a, dans son langage gothique, plutôt l'air d'un savant du XVIe siècle que d'un littérateur du XVIIIe.

Doué de talents propres à lui attirer la considération, avec des chances capables de l'amener à la fortune et à la prospérité, il fut toujours pauvre, persécuté, décrié.

« Il voulait écrire, penser, agir et vivre librement. Il dépendit de lui de s'attacher au prince Eugène, qui l'amena à Vienne, ou au cardinal Passionnéi, qui aurait désiré l'attirer à Rome, ou à M. Le Blanc, ministre de la guerre : il refusa tous les partis qui lui furent proposés.

» Dans ses dernières années même, où son grand âge sollicitait pour lui un loisir doux et tranquille, il aima mieux travailler et rester seul dans un logement obscur, que d'aller demeurer avec une sœur opulente qui l'aimait et qui lui offrait chez elle, à Paris, un appartement, sa table et des domestiques pour le servir. Il eut été plus à son aise, mais sans doute moins heureux. Accoutumé à faire ce qu'il voulait, tout l'aurait gêné. L'heure fixe des repas eût été pour lui un esclavage.

Inhabile à sacrifier aux devoirs de l'amitié, il ne fut, malgré son mérite, adopté par aucune Académie. Ce n'est pourtant pas l'ambition qui lui fit défaut, mais plutôt la persévérance nécessaire pour en réaliser les vues.

» Cet éloignement pour la servitude s'étendait jusque sur son extérieur : il était ordinairement assez mal vêtu, mais il ne croyait pas l'être. Malgré cela on le recevait avec plaisir dans plusieurs maisons, parce qu'il avait beaucoup de feu et d'agrément dans l'esprit, et surtout une mémoire admirable. »

Il en donna une preuve des plus éclatantes chez Mme de Graffigny à M. Duval, bibliothécaire de l'empereur d'Autriche. Il fit une longue énumération des livres et des manuscrits qui composaient la bibliothèque de l'empereur Charles VI, quoiqu'il l'eut. perdue de vue depuis trente-cinq ans, en indiquant leur titre et leur place, au grand étonnement du bibliothécaire, qui confirma que l'arrangement de la bibliothèque de l'empereur régnant était encore conforme aux déclarations du savant abbé.

L'isolement auquel il se condamna par son trop grand amour d'indépendance, après lui avoir suscité bien des aventures fâcheuses, lui occasionna une fin aussi funeste que tragique.

Il avait déjà atteint l'âge de quatre-vingt-deux ans, sans infirmités et sans que ses facultés intellectuelles se fussent altérées bien sensiblement. Le 16 janvier 1755, en rentrant chez lui, sur les six heures du soir, il prit un livre nouveau qu'on lui avait envoyé : c'était les *Considérations sur les révolutions des arts*, par l'abbé de Méhégan ; mais à peine en avait-il lu quelques pages qu'il sentit son cerveau s'appesantir et il tomba dans le feu : il avait la tête brûlée quand ses voisins arrivèrent pour le retirer. Il fut enterré à Saint-Séverin.

L'abbé Lenglet joignait à un naturel doux, un commerce facile et beaucoup d'enjouement. Sa prodigieuse érudition, dont il savait user avec art dans la conversation, n'altérait en rien la vivacité de son esprit. Il parlait et écrivait avec la même rapidité ; mais sa parole, plus naturelle, avait, grâce à la soudaineté de sa conception, plus de charme que ses écrits.

Savant bibliographe, et toujours à la piste des livres qu'il connaissait parfaitement, il était aussi adroit à en tirer parti et en faire un commerce avantageux que fin pour les découvrir et se les approprier.

Il n'eut pas le temps d'achever son *Plan de l'Histoire*

générale et particulière de la Monarchie française; Paris,
1754, in-12. Il n'en publia que trois volumes qui furent
très-critiqués, pour le fond et pour la forme, pour la
méthode et pour le style. Il en détacha, comme épisode,
une *Histoire de Jeanne-d'Arc, Vierge, Héroïne et Mar-
tyre d'État, etc.,* 1753, in-12.

Le *Journal des Savants,* — L'abbé d'Artigny dans ses
Mémoires d'histoire, de critique et de littérature, — Le
Journal littéraire, — et surtout le *Journal de Trévoux,*
son plus violent adversaire, nous font connaître l'abbé
Lenglet dans ses entreprises et dans ses travers.

Tout en appréciant sa vaste érudition, on lui reproche
des erreurs grossières, et, chose plus blâmable encore,
d'avoir trompé aussi souvent qu'il se trompait, sans souci
de la vérité, lorsque quelque motif particulier le poussait
à écrire contrairement à sa pensée.

L'abbé Lenglet, avons-nous dit, a beaucoup écrit et
publié, tant par nécessité de défendre ses doctrines et ses
opinions que de les mettre au jour. Et, quoique beaucoup
d'ouvrages soient dus à sa plume, le nombre de ceux auxquels il a pris part comme éditeur, commentateur et collaborateur, est bien plus grand encore. L'abbé Goujet
en signale souvent dans sa *Bibliothèque française.* — Michault en dresse le catalogue raisonné à la suite de sa vie;
Londres, 1751, un volume in-12.

Quérard, dans la *France littéraire,* fournit tout au
long le catalogue de ses nombreuses publications et de ses
éditions répétées. En voici le résumé bibliographique,
d'après la nouvelle *Biographie générale :*

*Lettre à MM. les doyen, syndics et docteurs en théologie
de la faculté de Paris,* 1696, signée E. E. T. S. M. M. D.
L. et P., c'est-à-dire : *Étudiant en théologie sous MM. de
Lestocq et Pirot,* et relative à la dénonciation faite à la
faculté de théologie de Paris, du premier volume de la

Vie de la sainte Vierge, traduit de l'espagnol, attribué à la mère Marie de Jésus ; la Sorbonne ayant censuré cette lettre, à laquelle le P. Clouseil avait répondu, Lenglet répliqua par un nouveau mémoire sur le même sujet, et écrivit, le 30 juin 1697, une lettre latine au P. Matthieu, prieur des Carmes-Déchaussés de Madrid.

Lettre d'un chanoine de Lille à un docteur de Sorbonne, au sujet d'une prière hérétique ; 1707, in-12.

Traité historique et dogmatique du secret inviolable de la confession, 1708, in-12 ; augmenté en 1713 ; réimprimé en 1733.

Mémoires sur la collation des canonicats de l'église de Tournay, 1711, 1712, 1713, in-8.

Méthode pour étudier l'Histoire, avec un catalogue des principaux historiens ; 1713, deux volumes in-12 ; cinquième édition, 1729, quatre volumes in-4° ; 1735, 1737 ; supplément en 1740, deux volumes in-4°. La meilleure édition est celle en quinze volumes in-12 ; Paris, 1772, dont le catalogue des historiens, augmenté par Drouet, est encore le plus complet que nous ayons eu en français.

Méthode pour étudier la géographie, avec un catalogue des cartes géographiques, des relations de voyages, et des descriptions les plus nécessaires pour la géographie ; 1716, quatre volumes in-12, 1718, etc. L'édition la plus estimée est celle de 1768, dix volumes in-12, dont le catalogue a été augmenté par Drouet et Barbeau-Labruyère.

Tables chronologiques de l'histoire universelle ; 1729 ; réimprimées en 1733.

De l'usage des romans, avec une bibliothèque des romans ; 1734, deux volumes in-12 ; publié sous le nom de Gordon de Percel, contenant une violente satire contre J.-B. Rousseau, et dont les Etats-Généraux ordonnèrent la suppression.

L'Histoire justifiée contre les romans; 1735, in-12 ; réfutation de l'ouvrage précédent, qui avait été censuré par la police ; ces deux ouvrages ont été réimprimés en Hollande.

Histoire de la philosophie hermétique, accompagnée d'un catalogue raisonné des écrivains de cette science, avec le véritable Philalète, revu sur les originaux ; 1742, trois volumes : ouvrage très critiqué.

Tablettes chronologiques de l'histoire universelle, sacrée et profane; 1744, deux volumes in-8° ; réimprimées plusieurs fois et revues par M. Picot.

Calendrier historique pour l'année 1750, avec l'origine de toutes les maisons souveraines; 1750, in-12 : ouvrage qui fit emprisonner l'auteur, parce qu'il traitait le roi Georges d'usurpateur du royaume d'Angleterre aux dépens du prince Edouard.

Traité historique et dogmatique sur les apparitions, les visions et les révélations particulières, avec des observations du R. P. dom Calmet sur les apparitions et les revenants; 1751, deux volumes in-12 : la préface de cet ouvrage est une de ses meilleures.

Recueil de Dissertations anciennes et nouvelles, sur les apparitions, les visions et les songes, avec une préface historique et un catalogue des auteurs qui ont écrit sur les esprits, les visions. les apparitions, les songes et les sortiléges; 1752, quatre volumes.

Histoire de Jeanne d'Arc, vierge, héroïne et martyre d'Etat, suscitée par la Providence pour rétablir la monarchie française, tirée des procès et autres pièces originales du temps; 1753, in-12, divisée en deux parties.

Plan de l'Histoire générale et particulière de la monarchie françoise; 1754, trois volumes in-12 : ouvrage non terminé.

L'abbé Lenglet du Fresnoy a en outre édité un très

grand nombre d'ouvrages, qu'il a enrichis de notes et de
préfaces. On lui a attribué plusieurs livres dont il n'est
pas l'auteur (1).

(1) Michault : *Mémoire pour servir à l'histoire de la vie et des ouvrages
de l'abbé Lenglet du Fresnoy*; Paris, 1761. — Quérard : *la France littéraire*.

BIBLIOTHÈQUE DU BEAUVAISIS.

LEBRUN (Pierre-Marie), dit Lebrun-Tondu,

Publiciste et homme d'Etat,

né à Noyon.

1754 — 1794.

La tradition ne nous a conservé que des détails incomplets sur l'origine et les premières années de ce personnage, à qui sa participation aux grands événements de la révolution a valu une certaine notoriété.

Telle est l'obscurité qui règne sur sa naissance, que, personne à Noyon, dit la biographie Michaud, ne s'est souvenu de lui avoir connu une famille : elle paraît, dans tous les cas, sinon illégitime, du moins des plus obscures, ainsi que le laisse supposer le sobriquet de *Tondu*, qu'il porta d'abord, et qu'il dut peut-être à son éducation ecclésiastique.

Le chapitre de Noyon, qui le recueillit et dirigea ses premières études, frappé de ses dispositions heureuses, l'envoya les continuer au collége de Louis-le-Grand, à Paris, où il fut connu sous le nom de l'abbé Tondu-Lebrun : il fit de grands progrès dans les sciences, et fut ensuite reçu comme pensionnaire du roi, à l'observatoire, dans la section des mathématiques.

Jeté dans le monde, il s'aperçut de son manque de vocation pour l'état ecclésiastique et, par le plus brusque changement, quittant la soutane pour endosser la capote de soldat, il s'engagea dans un régiment d'infanterie. Il comptait à peine deux ans de service lorsqu'il quitta le régiment, selon les uns, exempté par Louis XVI, et selon d'autres, comme déserteur. Quoi qu'il en soit, impatient de toute discipline et en proie au trouble qui gagnait déjà toutes les natures vigoureuses, il se trouva dans l'embarras et l'indécision qu'éprouve toute personne désireuse de parvenir, mais plus jalouse encore d'une indépendance impossible. Il tomba alors dans de tels écarts et se laissa aller à tant de désordres qu'il devint suspect au pouvoir. Le ministre des affaires étrangères, M. de Vergennes, lui envoya l'ordre de quitter la France.

Lebrun alla s'établir dans le pays de Liége. Il s'y employa d'abord comme imprimeur et ensuite comme journaliste. Il publia le *Journal de l'Europe,* et les circonstances ne tardèrent pas à devenir favorables à la propagation de cette feuille, qu'il animait du souffle des idées françaises et de la philosophie du XVIII⁵ siècle.

Liége, qui vivait depuis longtemps dans un de ces états de paix profonde, que Mme de Staël appelait : « le bonheur du sommeil, » fut soulevé tout à coup par le procès de Noël Levoz. Cette affaire, qui devint pour les partis une occasion de faire éclater leurs différents et leurs rivalités, donna lieu au journaliste d'exercer sa verve satirique et de mettre au jour son talent d'écrivain. Bientôt les troubles prirent un caractère assez grave pour attirer l'attention des puissances étrangères, que Lebrun ne ménageait guère.

Dès que l'impératrice de Russie sut qu'un journaliste français jouait un certain rôle dans les affaires du Brabant, elle réclama son expulsion, et aussitôt les Etats ordonnèrent la suspension de sa feuille et en interdirent la circulation dans toute la province.

Ruiné par cette mesure despotique, Lebrun passa en Autriche pour réclamer auprès de l'Empereur contre une si grande injustice.

Après des démarches sans résultat, il revint s'établir à Herve, dans le Limbourg, où il reprit sa publication; il commençait à se relever lorsque, en 1789, les troubles éclatèrent avec une nouvelle recrudescence : l'embrasement gagna tout le pays. Les réformes, que l'empereur avait essayé d'établir, insuffisantes aux yeux des patriotes, avaient irrité le clergé et les nobles, qui se servirent des Prussiens pour exclure les Autrichiens et substituer un joug odieux à l'autorité de ces derniers.

Lebrun, qui avait pris parti pour l'Empereur, s'était évertué en vain à l'éclairer sur les menées de ses adversaires. Furieux de voir la liberté trompée par une réaction perfide, il n'épargna ni railleries, ni sarcasmes, à Van-Eupen, prêtre hypocrite, et à Vander-Noot, avocat intrigant. Il dirigea surtout les traits de sa mordante ironie contre ce dernier, qui, après s'être élevé à la dictature, en trompant les patriotes par de faux airs de libéralisme, s'était fait l'instrument du clergé et de la noblesse dans l'espoir de prolonger son odieuse tyrannie. Mais ses efforts, sans profit pour la cause de la justice et de la liberté, ne lui attirèrent que de plus grands dommages. Il vit de nouveau son journal suspendu et prohibé, sans qu'il lui fut possible d'obtenir du nouvel empereur Léopold, le remboursement des pertes que lui avait causées son dévouement aux intérêts de son père.

A bout de moyens, il se décida à abandonner une terre ingrate et à profiter des événements qui lui rouvraient l'entrée de son pays. En 1791, de retour à Paris, il se présenta au club des Jacobins, y parla avec chaleur et y fut parfaitement accueilli.

Il se lia d'amitié avec Brissot qui le présenta aux Girondins. Dumouriez, qui appréciait ses talents diplomatiques, l'appela dans ses bureaux, à son avènement au ministère des affaires étrangères, et rencontra en lui un employé intelligent et un travailleur infatigable. Lebrun vit dès-lors sa carrière toute tracée. Après la journée du 10 août il fut appelé au ministère des affaires extérieures que Servan dut quitter. « L'on récompensa, dit M. Thiers, dans sa personne, l'un de ces hommes laborieux qui faisaient auparavant tout le travail dont les ministres avaient l'honneur. C'était au reste un homme faible, mais attaché aux Girondins par ses lumières. »

Dans ce torrent tumultueux qui confondait tout, où l'action et la parole étaient prédominantes, où l'homme de conseil était effacé par l'orateur, où le bruit, si je puis m'exprimer ainsi, étouffait le silence, où les formes politiques et leurs représentants se succédaient à vue, Lebrun, homme modeste et absorbé par ses spéculations profondes, comme bien d'autres, passa, en partie, inaperçu ; il ne resta pas assez longtemps aux affaires et mourut trop jeune pour donner sa mesure.

Mme Roland qui, dans ses portraits satiriques, immola toute la Gironde à son mari, s'exprime en ces termes sur ce ministre :

« Lebrun, employé dans les bureaux des affaires étrangères, passait pour un esprit sage, parcequ'il n'avait d'élans d'aucune espèce, et pour un habile homme parce qu'il était assez bon commis. Il connaissait passablement sa carte diplomatique, et savait rédiger, avec bon sens, un rapport ou une lettre. Dans un temps ordinaire, il eut été fort bien placé au département qui est le moins chargé, et dont le travail est le plus agréable à faire, mais il n'avait rien de l'activité d'esprit et de caractère qu'il eût fallu développer à l'instant où il y fut appelé. Mal instruit de ce qui se passait chez nos voisins, envoyant dans les cours des hommes qui, sans être dénués de mérite, n'avaient aucune de ces choses qui leur servent de recommandation, et pouvaient à peine passer l'antichambre de quelques grands, il ne savait employer ni l'espèce d'intrigue, au moyen de laquelle on eut donné chez eux de l'occupation à ceux qui voulaient nous attaquer, ni l'espèce de grandeur, dont un état puissant doit investir ses agents reconnus pour se faire respecter. « Que faites - vous donc ? lui demandait parfois Roland. A votre place, j'aurais déjà mis l'Europe en mouvement et préparé la paix de la France, sans le secours des armes. Je voudrais savoir ce qui se passe dans tous les cabinets, et y exercer mon influence. Lebrun ne se pressait jamais (1). »

A cette époque d'exaltation et de fièvre, la douceur était accusée de faiblesse et la circonspection de lenteur.

Bien qu'il professat le plus vif amour pour la liberté et qu'il se fut lancé avec enthousiasme dans le mouvement révolutionnaire, Lebrun garde dans tous ses écrits la plus parfaite mesure; ses rapports, ses mémoires, ses lettres, écrits avec élégance et clarté, contrastent par leur ton modéré et leur forme simple et facile avec les déclamations furibondes et l'exagération des contemporains.

Il ne manqua cependant aucune occasion de signaler son patriotisme. Plusieurs fois on le vit à la barre de l'assemblée législative, avec des députations de patriotes Liégeois : il leur servit toujours depuis d'interprète.

Une courte analyse de ses rapports à la Convention, fera connaître le ministre.

Le 25 septembre 1792, il donna à cette assemblée quelques détails sur les ouvertures de paix faites par la Prusse. Continuant ensuite par un exposé de la situation politique

----

(1) Mme Roland : *Mémoires*, tome II, page 4.

de l'Europe, il représenta la république, raffermie au dedans, au dehors, excitant les espérances des peuples et réveillant la terreur dans le cœur des rois. Tous les mystères de la diplomatie, disait-il, se ramènent à ce double effet : « D'une part, la haine des gouvernements pour nos principes, et d'une autre part les secrètes dispositions des peuples pour les adopter. »

« J'ose affirmer que les hommes de tous les pays n'ont pas cessé de faire des vœux pour nos succès, malgré les exagérations, les mensonges, les calomnies, dont on a essayé de nous flétrir, malgré même les excès vraiment déplorables qui ont fait quelque tort à la plus belle des causes. »

Dans un tableau plein d'intérêt, il mit à jour la jalouse ambition de la Russie, plus présomptueuse que redoutable, l'impuissance de la féodale Autriche, les tergiversations de la Prusse sa rivale naturelle, la neutralité suspecte de l'Angleterre et de la Hollande et la faiblesse de l'Espagne, enfin les moyens de contenir les grandes puissances en entrenant des divisions parmi elles, et de gagner les petites en encourageant leurs tendances à se rapprocher de nous.

Considérant qu'en de telles conjonctures, le devoir d'un ministre était d'imposer à l'ennemi par sa fermeté et de se faire des partisans par la franchise de ses actes, la justice et la loyauté de sa conduite, il termina par la remise d'un dépôt qui consistait : en tabatières, montres, bagues à brillants, boîtes à portraits et autres effets précieux, en déclarant qu'un diplomate honnête n'avait *d'autres présents à offrir aux peuples que justice et liberté.*

Le 2 octobre 1792, Lebrun, qui mit l'assemblée au courant des négociations entamées avec la Prusse, résuma ainsi son rapport : « Ce qui s'est passé dans cette circonstance, montrera la nation française sous le point de vue respectable qui lui convient. Toutes nos démarches ont été énergiques et franches. Nous avons abandonné la ruse et la faiblesse à nos ennemis ; et l'Europe entière reconnaîtra dans notre conduite un peuple qui sait apprécier la paix, mais qui ne craint pas la guerre. » L'assemblée satisfaite ordonna l'impression de ce mémoire pour le répandre dans les départements.

Le 12 novembre, il présenta sa fille, née la veille, à la municipalité, et en mémoire de la victoire de Jemmapes, il lui donna Dumouriez pour parrain, et lui fit prendre les noms de Civilis-Victoire-Jemmapes-Dumouriez-Lebrun.

Dans ses négociations, Lebrun fut toujours ferme, sans cesser d'être conciliant, vis-à-vis des neutres : autant qu'il dépendit de lui, il s'efforça d'éviter la guerre générale, sans toutefois accéder à aucune concession désavantageuse ou déshonorante pour la république. Mais l'exécution de Louis XVI, le 20 janvier 1793, qu'il aurait voulu empêcher, et que, comme membre du pouvoir exécutif, il fut obligé de signer, précipita l'événement qu'il s'était efforcé de prévenir.

Le gouvernement anglais, que les conquêtes de la France alarmaient vivement, avait, depuis le 10 août 1792, interrompu toutes communications officielles. En février 1793, il rompit sa neutralité par l'expulsion de Chauvelin, ambassadeur de la république.

Lorsque le ministre des affaires étrangères vint dénoncer ce fait, et, en même temps, les circonstances qui avaient forcé l'ambassadeur Bourgoing à quitter l'Espagne, l'assemblée déclara la guerre à ces deux puissances.

On n'en imputa pas moins à Lebrun de l'avoir provoquée *la guerre*, en indisposant les puissances contre la France, comme si les actes de l'assemblée n'étaient pas alors la cause efficiente de toutes choses.

La Montagne, qui aspirait à diriger seule le mouvement révolutionnaire, était impatiente de se débarrasser de ses rivaux d'influence.

Robespierre reprocha aux Girondins, qui formaient le conseil des 12, leurs tendances aristocratiques, les accusa de comploter contre la république une restauration monarchique, et déclara que Lebrun, président du pouvoir exécutif, compromettait le salut de l'Etat, en ne poursuivant pas avec assez d'activité les ennemis qui le menaçaient, et en ne procédant pas contre eux avec une rigueur conforme à la gravité des circonstances. Il les fit ensuite dénoncer par les sections.

Englobé, le 12 mars, dans le décret qui frappa les Girondins, Lebrun fut, sur l'accusation du comité de sûreté générale, arrêté à domicile le 5 juin.

Le 5 septembre, Billaut requit contre lui en ces termes : « Dans un moment où le peuple appelle la justice nationale sur la tête de tous les coupables, il est un homme bien criminel que vos décrets n'ont pas encore atteint ; je veux parler de l'ex-ministre Lebrun, de cet homme qui nous a brouillés avec toutes les puissances de l'Europe, de cet homme qui a eu l'impudeur d'appeler Dumouriez grand homme après sa trahison. Si la Convention avait ouvert les yeux sur les crimes de ce traître, il aurait déjà payé de sa tête toutes ses perfidies. »

Mis en accusation le même jour, Lebrun parvint à s'échapper le 9 septembre. Arrêté de nouveau par Héron, le 24 décembre, il fut condamné à mort le 7 nivôse, 27 décembre 1793. Le jugement portait : « Lebrun, abbé, journaliste, imprimeur et ministre, âgé de 39 ans, né à Noyon, condamné à mort comme contre-révolutionnaire, ayant été appelé au ministère par Brissot, Roland, Dumouriez, ayant à cette époque été l'âme du parti d'Orléans, et comme ayant appuyé de tous ses efforts, avec Clavière et Roland, la proposition de Kersaint de fuir au-delà de la Loire avec l'assemblée législative, le conseil exécutif et Capet (le fils de Louis XVI). »

Lebrun mourut sous le coup de cette banale accusation de royalisme, dirigée contre le parti qui voulait concilier l'ordre avec la liberté. Il appartenait en effet à cette fraction girondine qui, en poussant à la guerre, favorisa l'expansion révolutionnaire que la Montagne voulait concentrer à l'intérieur.

M. W. Miles, diplomate anglais, a publié des lettres de Lebrun, sous ce titre :

Anthentic correspondence With M. Lebrun, *the french minister, aud others, to februarg* 1793, London 1796, in-8°. — On peut consulter en outre : Michaud, *Biographie universelle ;* — Chaudon et Delandine, *Biographie des contemporains ;* — Le Moniteur universel de 1792 et 1793, an I et II.

LESCOT (Charles), Ingénieur,

né à Pont-Sainte-Maxence.

1759—1801.

Sorti de l'école royale des Ponts et Chaussées, il travailla d'abord au desséchement des marais de Rochefort. Le 27 ventôse an VIII, il fut nommé ingénieur en chef et attaché à l'armée d'Italie. Après la bataille de Marengo, il fut désigné pour diriger la moitié de la route du Simplon, sous l'inspection de Céard et du général Turreau. Les difficultés presque insurmontables du terrain, les neiges qui couvrent la terre huit mois de l'année dans ces montagnes, l'empêchèrent longtemps d'arrêter un tracé définitif (entre Brieg et Algaby). Les besoins de son service l'ayant appelé à Milan, il partit sans s'arrêter aux dangers du passage, et dans la plus mauvaise saison de l'année, en nivôse. Il fut atteint à son retour d'une pleurésie qui mit fin à ses jours. Houdouart fut chargé de la continuation des travaux (1).

C'est une belle gloire pour Lescot d'avoir attaché son nom à deux des entreprises les plus utiles, les plus grandes des temps modernes ; d'avoir substitué, par le desséchement de marais fétides, des terres fertiles en moissons à des eaux stagnantes qui n'engendraient que fièvres mortelles ; d'avoir, par le tracé d'une voie grandiose, matériellement rapproché deux nations moralement unies.

LEVAVASSEUR (Bernard-Marc-Francis),

Littérateur,

né à Breteuil.

1775 — 1830.

Cet honnête et classique écrivain figure avec honneur dans le cours de littérature de Noël et Delaplace, à cause de sa traduction en vers français du livre de Job. Il était fils du maître de poste de Breteuil, et fit d'excellentes études au collége de Lisieux, à Paris. La révolution n'était guère favorable à la littérature. M. Levavasseur se fit maître de poste comme son père, et devint par la suite maire de Breteuil et conseiller général de l'Oise.

Levavasseur fut mieux qu'un bel esprit : il fut un homme utile. Non content de contempler la nature et de cueillir les

---

(1) Documents particuliers communiqués à la *Nouvelle Biographie générale.*

fleurs de la poésie, il voulut les féconder par des travaux utiles.

Partisan déclaré des nouvelles méthodes de culture, il s'associa dans le département à tous les progrès et en prit souvent l'initiative.

En 1820, il fut nommé correspondant du comité d'agriculture de Clermont. Le *Moniteur* de cette année, page 254, mentionne ainsi ses titres à cette faveur :

« Clermont (Oise), M. Levavasseur (prairies artificielles, introduction de la lupuline ou luzerne dorée, multiplication et amélioration des bestiaux, culture en grand de la pomme de terre, dessèchements, plantations très-considérables, introduction du peuplier suisse). »

Tout en perfectionnant la culture de ses fermes, il ne négligeait pas l'industrie des transports, et l'entreprise Levavasseur voitura longtemps la clientèle picarde entre Amiens et Beauvais, depuis que le poète avait mis Pégase à l'écurie.

Il mourut, le 1er février 1830, presque subitement à Clermont (Oise). Il avait été décoré de la Légion-d'Honneur.

Le *Moniteur*, tome Ier, 1830, page 156, mentionne ainsi sa mort : « Dimanche dernier, des affaires particulières l'avaient appelé à Clermont, où il expira. Il n'était âgé que de cinquante-cinq ans. C'était un père de famille très-estimable ; il avait fait de bonnes études, etc. Il sera universellement regretté dans son département. »

On a conservé de M. Levavasseur : 1° *Ode à l'éternel*, 1820. 2° *Le Livre de Job*, traduit en vers français avec le texte de la Vulgate en regard, suivi de notes explicatives. Paris, 1826 (1).

---

(1) Graves : *Statistique du canton de Breteuil.* — *Nouvelle Biographie générale.* — *Moniteur universel,* 1820-1830.

Jean de LIGNIÈRE, Bourgeois de Beauvais.

XVe SIÈCLE.

Pendant les longues guerres du moyen-âge, toutes de surprises et de dévastations, nulle ville n'eut plus à souffrir et à conjurer de maux, par de glorieuses résistances, que la ville de Beauvais. Trois fois brûlée par les Normands, au ixe siècle, puis au xe et au xie siècle; en 1018 et l'an 1180, elle fut souvent inquiétée dans toutes les guerres ultérieures, féodales, civiles ou étrangères, comme ville frontière et l'une des places fortes des Marches de Picardie. C'est au généreux dévouement et au brillant courage de plusieurs de ses bourgeois que cette ville a dû d'être à jamais célèbre par sa glorieuse persévérance à défendre ses libertés communales et son indépendance nationale. Plus desservie que protégée par ses évêques féodaux, elle fut exposée à de fréquents désastres pendant la Jacquerie, qui fut suivie de la hideuse guerre des Bourguignons et des Armagnacs. La guerre de cent ans lui fut plus funeste encore.

Nous avons signalé, dans les volumes précédents (1859, 1860), le Grand-Ferré et Jeanne-Hachette; nous allons faire connaître maintenant Jean de Lignière qui figure aussi avec honneur parmi les libérateurs de Beauvais; c'est un légitime tribut de reconnaissance à payer à ces généreux dévouements.

Pendant la guerre des Anglais, les habitants de Beauvais, qui s'étaient déclarés pour Bourgogne, ne purent se soustraire absolument à l'influence des alliés de Philippe-le-Bon. Ils surent du moins se tenir dans une juste indépendance entre les deux partis, qui ne purent marcher longtemps d'accord. Dans une situation si délicate, ils eurent la sage précaution de ne recevoir de garnison ni anglaise, ni bourguignonne. Aussi, en 1429, quand l'apparition de Jeanne-d'Arc eut rappelé la France au sentiment de sa nationalité compromise; parfaitement libres de disposer d'eux-mêmes, en dépit des factions organisées par Pierre Cauchon, leur évêque, les Beauvaisiens se rallièrent avec empressement à la cause de Charles VII, qui était alors celle de la France. Il suffit d'un envoyé du duc de Bourbon pour recevoir leur obéissance, et toutes les villes environnantes, jusqu'à Reims, suivirent cet exemple. Ainsi fut ouverte la route pour le sacre.

Mais la fortune, qui soumet à tant d'épreuves ceux qui poursuivent l'accomplissement des grandes choses, sembla incliner vers de fâcheux retours.

Après le siége de Compiègne, les mêmes châteaux, Creil, Gournay, etc., furent repris, et celui de Rouen, où s'étaient renfermés les sieurs de Boussac, de Fontaine-Lavaganne et de Mouy, en s'y introduisant par surprise, ne put tenir malgré la longue résistance et à cause du petit nombre de ses défenseurs.

Encouragés par des succès, qui semblaient se renouveler depuis qu'ils avaient cru détruire, par le supplice de la sorcière, le charme qui avait causé leurs précédents revers, les Anglais eussent fait payer cher à Beauvais, s'ils avaient pu la prendre, ce qù'ils appelaient sa défection; mais les Beauvaisiens étaient sur leurs gardes.

Le 7 juin, jour de la Trinité, une troupe considérable d'ennemis se répand sur le territoire de Beauvais, qu'elle pille et ravage à l'envi; puis, s'avançant brusquement vers les murs de la ville, ils se précipitent par la porte de l'Hôtel-Dieu, mal gardée à ce moment. Les premiers qui s'avancè-rent étaient déguisés, les uns en femmes, les autres en paysans chargés de fagots; ils tuèrent à petit bruit les por-tiers occupés à lire leurs saufs-conduit, et se précipitèrent à travers la porte ainsi livrée, suivis de leurs compagnons postés près de là en embuscade. Déjà beaucoup d'entre eux avaient pénétré par cette issue, et l'absence de Moutier-Raulet, capitaine de la ville, favorisait leur entreprise. Beauvais courait le plus grand danger de tomber aux mains de ses envahisseurs si un secours inespéré ne venait changer la situation.

Le dévouement, la présence d'esprit et l'intrépidité de deux généreux citoyens y pourvut.

Ces deux vaillants hommes s'appelaient Guehnies ou Guehengnies et Jean de Lignière. Ce dernier survécut seul à son exploit, mais leurs noms restent inséparables.

Le premier, lieutenant du roi, commandait à la place du capitaine; le second, titulaire du fief de l'orfèvrerie et d'autres relevant de l'évêché, combattait en volontaire.

Guehegnies, comme commandant de place, accourut le premier et s'empressa d'organiser la résistance ; Jean de Lignière l'avait suivi de près pour seconder ses mouvements, et tandis que celui-ci, à la tête d'une poignée de soldats et des quelques citadins qu'il avait ralliés autour de lui, résistait aux Anglais, introduits déjà en grand nombre au-dedans de la ville, et les contenait avec fermeté, les chassait jusque en dehors de la porte extérieure; le second montait en toute hâte sur le mur, surmontant la porte occupée, et arrivait auprès de la herse ou porte à coulisse suspendue entre les deux portes. Là il coupa si adroitement les cordes qui la retenaient, qu'en la faisant tomber, il ferma toute issue aux ennemis, restés encore au dehors. Tous ceux qui se trouvaient au-dedans furent taillés en pièces.

Guehegnies et ses compagnons qui avaient effectué si à propos leur sortie, eurent malheureusement le même sort en s'opposant à l'entrée d'un plus grand nombre d'ennemis, mais leur généreux dévouement assura le salut de la ville.

Les braves trépassés furent ensevelis dans l'église de Saint-Sauveur, et tous les ans, à la Trinité, jour anniversaire de ce fait glorieux, les habitants vinrent processionnellement sur leurs tombes, prier pour leurs âmes.

Un des ponts de Beauvais a depuis porté le nom de Lignière, en commémoration de ce brillant fait d'armes (1).

LOISEL (Antoine),

Avocat au Parlement, Jurisconsulte et Historien,

né à Beauvais.

1536 — 1617.

IN SOLO JESU NATUS.

Tel est l'anagrame de son nom latin *Antonius Loisellus :* pieuse devise qu'il découvrit lui-même, qu'il adopta comme sa loi morale, et toute sa vie fut l'explication et la confirmation de cette sainte parole, car il ne fut pas moins remarquable par la beauté du caractère, la pureté et l'excellence des mœurs que par l'éclat du talent.

Né au beau temps de la Renaissance, dans ce XVIe siècle, qui fut un âge de lutte et de transformation, Loisel apparait comme un des grands acteurs de cette œuvre de régénération et d'enfantement de nos institutions nouvelles.

---

(1) Loisel : *Mémoires de Beauvaisis,* in-4º, fait recueilli par Adrian, avocat. — Simon : *Supplément aux Mémoires de Loisel,* in-12. — Doyen : *Histoire de Beauvais.*

Les circonstances lui furent des plus favorables, et ses dispositions à y répondre des plus heureuses.

Il vit le jour au sein d'une famille où la vertu était traditionnelle; et il se fit légiste au moment où le barreau appelait les plus hautes capacités et où le Parlement avait la haute main dans les affaires publiques. L'homme privé et l'homme public offrent un modèle également beau à suivre.

Sa famille, d'ancienne bourgeoisie, était l'une des plus respectables de Beauvais. En parlant de ses ascendants, dans ses *Mémoires de Beauvoisis*, il ne remonte qu'à la quatrième génération. Il semble ignorer, du reste, l'origine de son nom de l'Oisel ou l'Oiseau, et se contente d'en plaisanter à l'occasion du nom de son grand oncle, *Jean Avis*, médecin des rois Louis XII et François Ier, directeur de la maladrerie de Saint-Lazare de Beauvais. Un mot de plus sur lui; il nous tiendra lieu d'une biographie spéciale : « Jean Avis, dit Eloy (1), prit le bonnet de docteur à la Faculté de Médecine de Paris, fut reçu à la régence, en 1498, et choisi doyen en 1504, 1505, 1506. Sa réputation fut si grande qu'elle avait inspiré à Antoine Loisel le désir d'être médecin et un goût pour la médecine qu'il conserva toute sa vie. »

Telle était l'estime dont jouissait Jean Avis parmi ses collègues, que le corps des médecins le nomma parmi les députés qui assistèrent, au nombre de quatre, aux conférences tenues à Paris, en 1473, pour la condamnation des *Nominaux*, secte philosophique très-célèbre. Jean Avis, qui mourut en 1521, laissa un fils, Philippe Avis, qui fut lieutenant-général et président à Senlis, et père d'un président de la Cour des aides, conseiller d'Etat : sa sœur fut abbesse de Penthemont.

---

(1) *Dictionnaire historique de médecine.*

Loisel avait connu son grand père et sa grand'mère et douze de leurs enfants vivants, desquels son père était l'aîné, à l'exception de ceux qui étaient religieux. Mais nous le laissons parler lui-même sur ses ascendants et sur sa vie privée.

Ces scènes de la vie de famille aujourd'hui si rares, aujourd'hui perdues, ont leur charme et leur moralité.

« Je penseray estre blasmable, dit-il (1), et reprehensible du péché d'ingratitude si j'oubliois de mettre au nombre des personnes de renom de Beauvais Nicolas l'Oisel mon ayeul, pour avoir esté l'un des plus hommes de bien, des plus heureux en sa vie et en sa mort, et qui a reçu plus de bénédictions de Dieu en sa postérité qu'il se scaurait dire, et que je serais côtraint de remarquer en tout autre que ne m'appartiendroit en riē de la ville ou du païs. Car outre ce qu'il était dévot envers Dieu, d'une vie innocente et bienfaisant à un chacun, il rencontra un heureux et fécond mariage avec Marie Walon, vivant ensemble plus de cinquāte ans avec toute amitié et concorde, voyant douze de leurs enfans pourveus, lesquels ils assēblaient tous les dimanches à souper en leur maison, et biē souvēt les enfans de leurs enfans : me souvenant moy qui estoy le douziesme et dernier de nostre maison, de les y avoir tous veus : ce qu'ils faisoient afin de les entretenir en amitié. Comme de faicť ils y continuerent, de sorte qu'ils firent partage des biens qui se trouverent après leurs deceds sans employer ny greffier ny notaire, estans tous majeurs. Le bon homme décéda le premier, aagé d'environ quatre-vingts ans et sa femme en la même année. Il avait vu un de ses fils cordelier, qui lui donna l'habit de sainct François en sa mort, et fut ainsi porté en terre avec beaucoup de

---

(1) *Mémoires de Beauvaisis.*

deuil et de solennité, les visage, mains et pieds descouverts, selon que sa représentation se veoit en pierre, dans les Cordeliers, sur l'autel qu'on y fyst bastir, auquel se célèbrent les messes de fondation sur lequel pareillement ses douze enfants sont représentés, et la plupart d'eux enterrés en ce lieu. Il était fils de Pierre L'Oisel, petit-fils de Robert, tous bourgeois de Beauvais. »

C'est dans cette famille patriarcale que le jeune Antoine puisa les solides principes qui dirigèrent depuis toute sa conduite.

Son oncle, Jacques Loisel, dont il parle plus haut, avait été d'abord maistre ès-arts, et régent à Paris, docteur en théologie. Devenu cordelier, à Beauvais, il se rendit célèbre comme prédicateur et plus édifiant encore par ses bonnes œuvres.

Son père fut Jean Loisel et sa mère Catherine d'Auvergne, fille de Nicolas d'Auvergne, seigneur d'Autheuil. Il naquit le 16 février 1536, et reçut au baptême le nom d'*Antoine*. L'intelligence vive et précoce de ce Benjamin de la famille était de bon augure. On prit d'autant plus de soins de son éducation qu'il y répondait plus parfaitement. De l'école primaire, il passa au collége de la ville. En 1549, on l'envoya à Paris, au collége de Presle, dont Ramus était principal. Ce célèbre professeur le prit en si grande amitié, que plus tard il le nomma son exécuteur testamentaire et lui légua le quart de son mobilier. Le jeune Loisel suivit le cours de philosophie de M. Amariton qui, selon les principes du maître, procédait par les commentaires des bons auteurs. Il tirait ses doctrines des épîtres d'Horace. L'élève prit goût à des leçons qui s'inspiraient du charme et de la finesse du poète épicurien.

Il continua ses cours durant cinq années, et employa les dernières à suivre les leçons grecques et latines de Ramus, de Strazel et de Turnèbe ; aussi était-il déjà très-versé dans ces deux langues lorsqu'il songea au choix d'une profession.

Il inclinait pour la médecine, mais son père, qui fondait déjà sur lui les plus belles espérances, pensait « qu'un médecin ne pouvait être qu'un médecin, au lieu qu'un avocat pouvait devenir président et chancelier. »

Antoine Loisel, qui ne céda qu'à regret aux vues de son père, alla à Toulouse en 1554. Il retrouva dans ce centre des hautes études les saines traditions du droit romain et le génie de *Cujas* pour le ressusciter. Les leçons d'un aussi grand interprète lui en rendirent l'étude aussi attrayante qu'elle lui avait paru fastidieuse dans la barbare exposition des autres professeurs. Il écouta aussi celles de Tavart pendant quelque temps.

Mais Cujas seul le captivait tout entier. Il le suivit à Cahors et ensuite à Bourges. C'est là qu'il rencontra *Pierre Pithou*, son digne émule, avec lequel il vécut dès lors en fraternité de cœur et d'œuvres, au point de ne former, pour ainsi dire, qu'une âme et qu'un esprit dans un même corps.

La plus parfaite réciprocité de sentiments s'était aussi établie entre le maître et ses deux élèves favoris. Loisel n'avait encore que dix-neuf ans que déjà Cujas lui donnait le titre « d'*adolescentis et humanissimi et supra œtatem eruditi*, » jeune homme des plus lettrés et d'une érudition bien supérieure à son âge.

Cependant Cujas, dont la rivalité avec *Duarin* s'était changée en animosité, quitta la Faculté de Bourges pour se rendre à Paris (1557). Les deux inséparables l'y suivirent, puis le rejoignirent à Valence où il alla ensuite. Là ils logèrent dans sa maison, travaillant dans sa bibliothèque jusqu'à deux ou trois heures après minuit. Bientôt le maître trouva de dignes collaborateurs dans deux élèves qui s'étaient imbus de ses doctrines au point qu'ils l'égalaient presque en pro-

fondeur. Identification bien digne de remarque et aujour-
d'hui sans exemple! Car il y a je ne sais quel génie occulte
interposé dans les rapports des professeurs et des disciples
pour les glacer et les stériliser.

Loisel eut deux grands maîtres qui constituaient pour
lui une paternité nouvelle : et il leur fit conjointement cette
épitaphe sur les tombeaux de ses pères :

PETRI RAMI ET JIACI CVIACCII

Præceptorum epitaphum.

Vos præceptores liceat censere parentum
In tumulis, nati qui me coluistis amore,
Rame parens logicæ, Cujaci juris asylum.

Vous, mes précepteurs, qu'il me soit permis de vous supposer dans le
tombeau de mes pères, qui m'avez chéri comme votre enfant, Ramus,
père de la logique; Cujas, asile du droit.

Quels maîtres et quels élèves!
Dans une épitaphe grecque, il appelle encore Cujas :
l'œil et le coriphée des hommes de loi.

Ὀφθαλμὸς νομικῶν ἐβεβίακεν καὶ κορυφαῖος.

Loisel avait terminé son droit; le moment était venu
d'aborder le barreau : c'est à Paris qu'il se proposait de
débuter. Il ne voulut pas quitter les riches bords du Rhône
sans faire plus ample connaissance avec la nature méridionale.

Il partit de Valence, et, passant par Romans, il visita
successivement Grenoble, Chambéry et Genève. Les délicieuses vallées de l'Isère, les ravissants paysages de la
Savoie, et surtout le magnifique panorama des Alpes et le
splendide miroir du Léman charmèrent son imagination de
poète et d'observateur. Il revint, par Lyon et Bourges, à
Paris, où il arriva la veille de Noël, en 1559.

Il s'y installa riche d'émotions, de savoir et de projets

d'avenir. Mais les débuts sont difficiles. Pithou et lui mé-
prisaient l'intrigue; ils se voyaient délaissés du public qui
les ignorait encore. Incertain sur ce qu'il allait faire,
Loisel alla rendre visite à un de ses frères (1) alors lieutenant général à Senlis. Il fut gracieusement accueilli et
entouré des soins les plus empressés dans la maison de ce
frère qui lui prodigua les attentions pour le retenir près
de lui. A force de sollicitations, il se décida à plaider, et
fixa tout aussitôt l'attention générale. Les parents l'épiaient,
les jeunes filles soupiraient; on lui parla du plus grand
parti de la ville : la nouveauté a tant d'attrait. Le jeune
débutant n'eut garde de se laisser éblouir; un autre avenir
le préoccupait. Ainsi il l'exprime dans son langage d'une
naïveté pittoresque : « Il lui sembla que, parmi tous ces
aises et advantages, il n'était point dans son eau; et ne
cessa qu'il ne vînt demeurer à Paris, après les Pasques de
1560, pour y suivre le Palais, y ayant été receu avocat dès
le mois de février précédent. » Il n'y trouva pas plus d'encouragement que la première fois.

Pithou et lui demeuraient ensemble, hantant les au-
diences assiduement, et, bien qu'il se crût, disait-il, aussi
capable que beaucoup d'autres, il restait sans emploi.
Débuter à tout prix était le seul moyen d'arriver. Loisel
s'employa dans l'étude d'un procureur avec la perspective
et la promesse d'obtenir des causes : il n'eut la première
qu'en 1563.

« Il n'en n'eut pas plustôt plaidé trois » qu'il se vit remarqué et même pris en grande considération. M. Dumesnil, avocat du roi, avec lequel il était entré en relations
au Parquet, l'attira dans sa maison et lui proposa en mariage sa nièce Marie Goulas, fille orpheline de M. Léonard

____

(1) Philippe Loisel.

Goulas, ancien avocat au Parlement. Loisel, qui ne songeait pas encore au mariage, n'eut cependant garde de s'attirer, par un refus formel, la disgrâce d'un homme aussi influent. Mais ses parents, dont il réclamait le concours pour avoir un prétexte honnête d'éluder ce mariage, s'empressèrent au contraire d'en arrêter la conclusion, et les noces furent célébrées le 2 juillet. Les mariages viennent du ciel, disait-il dans son ébahissement!

Les causes lui arrivèrent dès lors plus nombreuses, et sa réputation le fit comprendre au nombre des substituts du procureur général; il y fut reçu en même temps que son ami Pithou. Cette charge était dévolue aux avocats les plus capables, pour servir de conseil aux procureurs généraux dans les affaires les plus importantes. Il eut une occasion plus éclatante de mettre à jour son profond savoir.

Lorsqu'en 1566, Cujas songea à publier son Code théodosien, et qu'il voulut y joindre les nouvelles de quelques empereurs, ce fut Loisel qui lui fournit celle de l'empereur Majorien, et plus tard celle d'un jurisconsulte inconnu, placée en tête des soixante consultations de l'auteur.

Loisel qui, en 1567, était allé aux grands jours de Poitou, revint le mois suivant à Paris, qu'il trouva assiégé par les protestants.

Sa femme lui avait déjà donné plusieurs enfants, lorsque, le 2 août, sixième année de son mariage, il perdit M. Dumesnil, au moment où il devenait capable des plus grandes affaires, et qu'un si puissant patronage lui était encore fort utile.

Loin de se décourager, il songea à se concilier des partisans parmi les personnages les plus éminents de la magistrature. Comme il lui vint un nouveau-né l'année suivante, il convia pour parrains MM. de Pibrac et de Thou, et pour marraine Mme de la Guesle, femme du premier procureur général, et il était en grande faveur auprès des premiers présidents de Thou et de Harlai.

Il s'occupait avec plus d'assiduité que jamais de ses plaidoiries, lorsqu'il devint conseiller du trésor par suite de la retraite de son beau-frère, M. Goulas, qui en était le titulaire. L'exercice de cette charge lui fournit l'occasion de connaître des domaines et des droits de la couronne : il l'occupa pendant cinq années.

Exécuteur testamentaire de Ramus, mort victime de la Saint-Barthélemy, le 24 août 1572, Loisel ne réussit guère. Il ne put parvenir, malgré ses efforts, ni à recouvrer les rentes dont les titres avaient été pillés, ni à réaliser la fondation d'une chaire de mathématiques, conformément aux dispositions du testateur. Il adressa, sur ce dernier projet, à des savants étrangers, plusieurs lettres en latin dont on retrouva les copies parmi ses papiers.

En 1573, compris dans le conseil des avocats du duc d'Alençon, il y obtint la préséance ; ses remontrances et les plaidoyers, qu'il prononça et publia, pour les affaires du prince, furent remarqués par tout le conseil, et la reine Catherine de Médicis, dont il était également l'avocat, lui en fit des éloges. Dès ce moment, il fut employé dans les affaires majeures du prince et de sa royale mère, surtout pour ce qui concernait les communautés et le Chapitre de Notre-Dame de Paris. Nommé avocat du Clergé pour la réforme de la Coutume, il composa à ce sujet un Traité dont l'extrait a été retrouvé parmi ses œuvres, ayant pour titre : *De plusieurs négatives pour affirmatives, et affirmatives pour négatives.* Il grandissait en considération, et les faveurs lui vinrent sans sollicitation aucune de sa part. M. d'O, très bien en cour auprès du roi Henri III, qui l'avait retenu dans son conseil, lui fit alors donner, pour ses enfants, deux prébendes à Laon et à Beauvais. Un peu avant, madame d'Angoulême, qui l'avait également retenu dans son conseil, l'avait fait pourvoir d'un état de conseiller de Montmorency, et lui avait fait donner le prieuré de La Chaise au Perche, près de Belesme.

Aux grands jours de Poitiers, auxquels il vint en qualité de substitut, avec l'élite des hommes du barreau et de la magistrature, en 1579, Loisel n'eut pas seulement à produire sa science de jurisconsulte, il y trouva l'occasion d'y exercer sa muse poétique.

On parla beaucoup de ces grands jours, destinés à assurer le rétablissement du service divin, tant pour la bonne justice qui s'y rendit « que pour la gentillesse de plusieurs braves esprits et grands personnages qui y étaient, lesquels, faisant trève à l'étude, daignaient bien toucher le luth d'Apollon, et laisser là Barthole et les sacs pour quelques heures, se rafraichissant par un plus agréable labeur, qui est celui de la muse. » Une aventure assez gaie contribua surtout à l'exciter : Pasquier et mademoiselle des Roches en fournirent le sujet.

Les dames des Roches avaient publié des poésies remarquables : elles attiraient par les grâces de leur esprit toute la société lettrée; la fille était en outre admirablement belle et chaste. Comme il causait avec elle, Etienne Pasquier aperçut une puce qui s'était, dit-il, parquée au beau milieu de son sein. Envieux du bonheur de cette puce, sur laquelle il n'osait, malgré son désir, porter la main, vu qu'elle estoit *en lieu de franchise,* il voulut la célébrer par ses vers. Tous ses amis l'imitant (1), il s'en suivit une série de pièces françaises et latines, dont il fit et publia un Recueil, que l'on retrouve parmi ses œuvres, sous le titre

---

(1) Brisson, Mangot, Cl. Binet, Chopin, J. Scaliger, Turnèbe, Rapin, Catherine des Roches, La Couldraye, P. Pithou, etc., etc.

de La Puce *ou Jeux Poétiques*. Il y en eut même en italien et en espagnol.

Le *Pulex Pictonicus* d'Antoine Loisel, qu'il adressa à Monsieur de Harlay, fut fort admiré. Rhanutius Gherus l'inséra dans sa collection, intitulée : *Delitiæ poëtarum Gallorum illustrium*, publiée en Allemagne, 1609; et Etienne Pasquier la tourna en vers français. Ces vers élégants sont assez peu connus et répandus pour qu'il nous soit permis d'en citer un passage :

Fallimur? An mentes falsâ sub imagine captos,
Errantes ve oculos species deludit inanis?
Non est hic pulex, non est, mihi credite, pulex,
Qui pluteos vatum et consultorum atria pulsans,
Cunctorum passim mentes ac pectora turbat.
Sed paulla ista, animi formam quæ sordibus æquat,
Fœda, tribas, frictrix, subigatrix, mascula sapho,
Invidia atque audiis pictæ commota puellæ.
Huc procul ad placide labentis littora Clanis,
Pyctorumque arces, à Lesbo dæmona fuscum.
Fallacemque suum nigro sub tegmine misit,
Dœmona, qui formam mentitus pulicis atri,
Virginis occultum venis inspiret amorem.
Nec mora, susceptæ genius mandata capessens,
Fit levis ac pullus pullo de dœmone pulex :
Atque puellares cætus impune subintrans,
Incantam petit, inque sinum ac præcordia mordax,
Interque et vestes et lævia pectora crebro
Adsultu crepitans, pulchroque in corpore ludeus,
Virgineos omnes aditus, omnesque recessus,
Quos nec fas homini in cesto contingere, lustrat,
Si cæcos fibris atque ossibus implicet ignes.
  Vidi, aderam, fateor, neque noxia lumina feci,
Sensit et erubuit virgo : etc.

IMITATION D'ETIENNE PASQUIER.

Je me trompe; une image en mes sens mal bastie
D'un object fantastic vainement me repaist :
Ce n'est point, croyez m'en, une puce, ce n'est,
Si de bien augurer j'ai le nom de mon père,
Cette faffre sapphon du monde l'impropere
Vilaine, infame, duite à tresmousser son corps
Ingénieusement en mil honteux accords,

> Jalouse des vertus qui logent en la belle,
> Qui les hommes en mœurs en doctrine précelle,
> Non fille vrayment, mais un Dieu poitevin,
> Envoya de Lesbos son démon sur le Clin,
> Qui se voulut voiler d'une noire vesture,
> De la puce emprunta l'habit et la figure,
> Pour d'elle practiquer quelque folastre amour.
> Habile il obéit, et sans aucun séjour
> Se fait léger et noir tout ainsi qu'une puce
> Et sous ce masque-là dedans son sein se musse.
> La prend à l'impourveu, et d'un doux aiguillon
> La pique doucement, ores le teton,
> Or sur tous les endroicts de son beau corps voltige :
> Et peut-estre se perche au plus près du beau tige
> (Que nul n'osa jamais, tant fut il chaste, voir)
> Pensant par ses attraicts la vierge decevoir.
> Je le sçay, je l'ai veu, sans offenser ma veuë,
> La fille fut espointe et doucement esmeuë,
> D'un feu tout virginal, dont les traces je vis.

Il y a dans cette collection des vers beaucoup plus conformes au français de nos jours et infiniment gracieux, témoin ceux de La Couldraye et de mademoiselle Catherine des Roches. Mais ils sont étrangers à notre sujet.

Loisel s'était encore plus distingué dans ses fonctions juridiques que par ses vers; le pouvoir voulut l'en récompenser. Lorsqu'il fut de retour à Paris, M. d'O, surintendant des finances, lui fit donner quatre cents écus de la part du roi.

Il était alors question du mariage du duc d'Anjou avec la reine Elisabeth d'Angleterre. Comme avocat du prince, Loisel fut chargé de réviser les articles de ce projet, « pour y donner son advis, et pourvoir aucunement aux seuretés des accords et conventions d'iceluy. » Après un sérieux examen, le grand jurisconsulte se pénétra si bien de l'importance de l'affaire et de la responsabilité que faisait peser sur lui une si grave commission, qu'il ne jugea pas suffisant d'en parler *à la façon des advocats ordinaires du Palais;* il voulut s'en expliquer amplement et en homme d'Etat. Dans sa lettre à l'évêque de Mende, chancelier du prince, il arriva à conclure que ce mariage n'était : ni utile à la chrétienté, quant au rétablissement de la religion catholique en Angleterre, ni avantageux pour la France, ni honorable, ni conforme à la dignité de leur maître.

En 1580, pendant que la peste désolait Paris, il se retira à Pontoise avec sa famille, et employa ses loisirs à des recherches sur les antiquités de cette ville, qu'il publia sous ce titre : *Pontoise*.

A la paix de Fleix (1), 1580, le roi accorda aux protestants une chambre de justice, en Guyenne, pour la pacification de cette belle province, toute ravagée par les guerres religieuses. Henri III, qui avait déjà pris Loisel pour procureur « dans le procès qu'il fit intenter assez extraordinairement au baron de Viteaux, » le nomma avocat général dans cette chambre. C'était une des plus hautes commissions de justice qui eussent jamais été données en France, tant par les bons effets qu'elle était appelée à produire, que parce que les hommes les plus éminents de la magistrature y étaient délégués.

Loisel hésitait pourtant à l'accepter. Elle le dérangeait de ses habitudes et compromettait sa position, en l'éloignant beaucoup de sa famille, du centre de ses affaires et du Palais, et en l'obligeant à se démettre de ses autres charges et à l'abandon de sa clientèle qui se grossissait de jour en jour de princes, de seigneurs et de bourgeois. Mais il y voyait une entrée dans les Etats, et l'emploi de ce riche fonds de connaissances, dans les lois, l'histoire et les lettres anciennes et modernes, qu'il avait acquis à grand travail, et qu'il savait employer avec talent; par dessus tout, les encouragements de ses amis et la satisfaction de

____

(1) Château situé en Périgord.

ne pas se séparer de son intime Pithou, nommé procureur
général dans la même chambre; enfin la promesse qui lui
fut faite, mais qui ne fut pas tenue, de lui laisser la faculté
de revenir au bout d'un an; ces dernières considérations
l'emportèrent sur les premières. Il se décida et partit en
décembre 1581.

C'est à Bordeaux, en janvier, que la Chambre tint sa
première séanee. Loisel donna pour titre à sa remontrance :
L'œil des Rois et de la Justice. C'était une exhortation à recevoir la compagnie « avec'éjouïssance et asseurance d'y
obtenir justice esgale, suivant les édits de pacification. »
Il l'envoya au président Achille de Harlai qui lui en avait
fait la demande. Il en envoya aussi l'argument à Michel
Montaigne, alors maire de Bordeaux, qui lui avait ex-
primé tout le plaisir qu'il avait pris à écouter sa harangue.

Il profitait de temps en temps des loisirs que lui laissaient les travaux de la chambre, pendant son séjour à
Bordeaux, pour faire diverses excursions, avec de Thou,
de Thumery, Pithou et autres, aux bains des Pyrénées, à
Bayonne, ou dans les villes environnantes, entre autres à
Libourne et à Blaye; il en rapporta un recueil d'observations dignes de sa pénétration et de ses talents d'antiquaire.

A Agen, en octobre, il traita « *de l'Amnistie, ou ou-
bliance des maux faits et récents pendant les troubles, et à
l'occasion d'iceux*, » deuxième remontrance qu'il envoya à
Chiverny, garde des sceaux, pour lui donner pleine lumière sur les travaux de la séance. Son œuvre fut continuée par Pithou, procureur du roi, à la clôture des
séances, mai 1583.

A Périgueux, où la chambre fit l'ouverture de ses
séances le 4 juillet, il prononça son *Homononce*, ainsi
appelée, parce qu'il y parla de l'accord et union des sujets
du roi; il la compléta à Agen. Il avait envoyé la précédente à M. de Villeroi, et il donna cette sixième à M. Chil-

laut, alors maire de Périgueux, « afin qu'il la fît publier dans le pays, pour ce que ce peuple là tenant quelque chose de son nom, c'est-à-dire de la dureté des pierres et rochers du pays, et estant fort porté à la violence, à l'injustice, à la discorde et à la désobéissance. »

Cette remarque montre avec quelle justesse Loisel observait et jugeait. Le Périgord est en effet rempli de roches calcaires, très-dures. Il renferme aussi du minerai de fer, dont l'essence se communique aux vins chauds et secs, et aux fruits savoureux qui alimentent les populations et excitent leur humeur querelleuse.

A Saintes, dans sa remontrance intitulée *Euzébie* (la piété), il fut bien servi par ses nombreuses lectures de l'Ecriture et des Pères. Il y prononça sa huitième remontrance, qu'il intitula *Dice*, ayant pris pour sujet la justice.

Ces discours, si utiles pour l'histoire du temps, dont ils nous dépeignent l'état moral, mettent au jour en même temps l'avocat, l'érudit, l'antiquaire et le moraliste. Les citations des poètes, des philosophes et des textes sacrés; les maximes de la sagesse antique et de la morale chrétienne s'y succèdent à propos pour concourir au même but, la conciliation : ils sont, en outre, un événement politique. Dans la décadence des institutions du moyen-âge, quand le pouvoir civil aspire à la suprématie morale, c'est la magistrature qui exerce le véritable sacerdoce. Loisel avait compris toute la gravité de ses fonctions.

Telles sont les principales harangues que l'orateur choisit entre deux mille plaidoyers qu'il prononça pendant les trois années que dura sa mission.

Il ne négligea pourtant pas absolument la poésie.

Dans son voyage de Périgueux à Saintes, à travers d'affreux chemins, sa femme se cassa la jambe, près de Brantôme, où il revint. Il y composa un petit poème de circonstance, qui prit le nom de cette petite ville.

En dédommagement, M. de Villeroi lui fit compter trois mille livres, somme minime, à la suite d'une mission « qui lui avait dépensé le meilleur de son esprit et de son corps. »

Au renouvellement des troubles qui y vint mettre fin, sa position devint des plus précaires et des plus difficiles. Il rentra à Paris, juin 1584, le jour même où le duc d'Anjou était porté à Saint-Denis. Sa clientèle se trouvait dispersée, « le Palais ne le connaissait quasi plus. » A défaut d'offices pour le récompenser, le roi lui octroya des lettres de noblesse, qui lui furent, par une faveur spéciale, conservées sous Henri IV.

Et lui et Pithou, *son perpétuel collègue,* aimèrent mieux rester avocats et recommencer leur carrière, que de courir celle des emplois publics aux conditions qu'il fallait y mettre désormais. Ils avaient « déjà quitté tout à fait, dit Cl. Joly, la fonction de substitut au parquet : car ces emplois ayans estés érigés en titres d'offices et *rendus vénaux,* par édict du mois de may de la même année, ils n'y voulurent plus rentrer, quoyque les partisans eussent offert à chacun d'eux une charge *gratuitement pour establir plus aisément leur édict, attirant à eux deux hommes d'un tel mérite.* Mais ils aymèrent mieux renoncer courageusement à cet advantage et profit qu'ils pouvaient faire en prenant ces charges, quand ce n'eust esté que pour les vendre, que de servir d'instrument à l'establissement d'un édict bursal et qui faisait préjudice au corps des advocats, auxquels ces emplois étaient particulièrement affectés. »

Loisel se remit donc à la plaidoirie et aux consultations. Il eut la clientèle de plusieurs maisons princières ou seigneuriales, entre autres celle de l'ordre de Malte, alors très-riche et très-puissant, et celle de Monsieur de Longueville, qui le prit pour *chef de son conseil ;* il fut l'avocat de toute la famille qui l'honorait d'une grande estime.

De nouveaux troubles vinrent encore le déranger dans ses habitudes et changer l'ordre de ses travaux.

Au mois de may, 1588, survinrent les *barricades*, qui troublèrent non-seulement la ville, mais tout le royaume. « Ce qu'ayant préveu, dit-il, je m'en allai à Beauvais pendant les vacations, pour essayer si j'y pourrais faire ma retraite. Mais je la trouvai autant infectée de la Ligue que Paris, où je fus contraint de me tenir, puisque j'y estois et que l'on ne me chassa point. Pendant lequel temps j'eus tout le loisir d'apprendre les maux qu'apporte avec soy une anarchie et la révolte d'un peuple contre son roy; y ayant veu toutes les afflictions que Paris endura pendant cinq ans, dont il ne faut point parler ici davantage, en ayant escrit un gros cayer par forme de journal, depuis le 9 may 1588, jusqu'au 9 décembre 1593. »

Etranger aux mauvaises passions du temps, il employa en travaux charmants et utiles les jours si malheureusement dépensés par d'autres, et s'occupa assidûment à lire, à étudier ou à composer la plupart des ouvrages dont plusieurs ont été publiés parmi ses *Opuscules.*

La perturbation des villes, lui faisant mieux apprécier la vie paisible des campagnes, il composa un ouvrage en trois livres, qu'il intitula : *De l'origine, noblesse, profit et plaisir de l'agriculture,* se promettant bien de s'y livrer « quand Dieu lui en donnerait les moyens par une bonne et salutaire pacification des malheurs qui estoient alors. »

Il composa dans le même temps divers traités *sur les droits du Roy et de la Couronne.*

Mais il ne se borna point à de pures théories ou à des vœux stériles pour le bien public. Dès que le moment lui parut favorable, il travailla de son côté comme Pithou travaillait du sien à favoriser la reddition de Paris et l'entrée de Henri IV. « En effet, voyant que les esprits étaient las de la guerre et commençoient volontiers à entendre à des propositions de paix, il en insinua lui-même doucement quelques propos à M. Luillier, prevost des marchands, son voysin et amy, pour le porter à consentir à la reddition de la ville; et finalement lui fait si bien sentir les advantages qui lui en devaient arriver, et au public, qu'il le persuada non-seulement d'y donner les mains, mais aussi de se joindre à la négociation qui se faisait pour ce grand coup d'estat, et qui fut le salut de la France (1). »

Henri IV les récompensa par les témoignages d'estime que lui donna, ainsi qu'à Pithou, les missions honorables qu'il leur confia : 1° en les choisissant, lui, comme avocat général, et son ami comme procureur général, pour réinstaller provisoirement ce qui restait des magistrats du Parlement de Paris *en attendant la venue de ceux qui estoient à Tours*; 2° en chargeant encore les frères Pithou et Loisel, avec le conseiller du Vair, « pour vaquer à la recherche exacte de tout ce qui avait été mis pendant la ligue dans les registres du Parlement qui pouvaient être injurieux au roi ou donner quelques pernicieux exemples à la postérité, à fin d'en supprimer et d'en abolir à tout jamais la mémoire. »

Dans son discours de réinstallation, en présence du chancelier, assisté de quantité de pairs et autres grands officiers de la Couronne, Loisel fit voter l'institution d'une

---

(1) Le bon sens d'Erasme, la probité de l'Hospital, ce fut le double programme de ces politiques d'abord raillés par tout le monde. . . . . .
. . . .
mais laissez faire le temps, laissez les passions s'amortir, laissez l'esprit français avec sa logique droite se retrouver dans ce pêle-mêle, et ce parti grandira et on saura les noms des magistrats intègres qui l'appuient , Tronson, Edouard Molé, de Thou , Pasquier, Le Maistre, Guy-Coquille: Pithou, Loisel, Motholon, L'Estoile, de Laguesle, Harlai, Seguier, Duvoir, Nicolai... (Charles Labitte : *De la Démocratie chez les prédicateurs de la Ligue.)*

procession annuelle commémorative du grand événement qui mettait fin aux troubles de la France; il y assista avec toute l'assemblée, le 22 mars. S'associant pleinement à la joie publique, il avait mis en tête de sa harangue cette strophe d'Horace, félicitant Auguste à son retour d'Espagne à Rome :

> Hic dies vere mihi festus atras
> Eximet curas : Ego nec tumultum,
> Nec mori nostro metuam tenente
> Cæsare regnum.

« C'est avec le même zèle qu'il travailla à la reddition de sa ville natale. Les maire et pairs de Beauvais reçurent une lettre de leur célèbre compatriote Loisel, retourné depuis peu à Paris. Ses sages conseils au prévôt Luillier, son ami, avaient hâté la réduction de cette ville. Il suppliait ses concitoyens d'entrer en accommodement. Avec l'autorité de son caractère et de sa position, il leur démontrait l'inutilité de la résistance et les avantages de la paix. Laon venait de se rendre au roi; les Espagnols étaient en fuite : la religion était à l'abri de tout danger (1). »

Son invitation eut plein effet : le 4 septembre, les articles du traité entre le roi et la ville furent publiés à son de trompe, et le retour de la paix fut solennisé par une procession, par un *Te Deum* et par des amusements publics. Odet Loisel, seigneur de Flammermont, l'un des frères d'Antoine Loisel, fit partie de la nouvelle municipalité.

Messieurs de Tours (le Parlement) étant rentrés à Paris, Loisel retourna à ses fonctions d'*avocat* du *commun* ou du *public*, et se borna aux travaux du cabinet.

En 1595, dans son ouvrage *Sur la juste et canonique*

----

(1) Dupont-White : *La Ligue à Beauvais*, page 198.

absolution du Roi, il repoussait les dernières calomnies de la Ligue.

Il s'adonna dès lors aux travaux qui devaient perpétuer sa mémoire.

Au commencement de l'année 1595, par un heureux effort de critique, il tira de l'oubli le poême de la *Mort*, seul ouvrage qui nous soit resté à peu près complet de cet Hélinand, poète de Beauvais, qui fit les délices de la société la plus choisie de son époque. Loisel rendit ainsi à son pays et à la France l'un des premiers poètes qui aient chanté en notre langue, et il sut l'apprécier avec toute la finesse du goût le plus exercé.

Après cette citation :

> Mors qui m'a mis muer en muë
> En telle estuve où li cors suë
> Ce qu'il fit au siegle d'outraige
> Porce ai changié mon visaige
> Et ai laissié et jeu et raige
> Mal se moüille qui ne s'essuë

il ajoute :

« Ces vers me semblent si élégants que je pense que nous ne ferons que bien si après avoir rendu le nom, et esté comme les parrains d'une si belle et précieuse mort, nous lui rendons la vie après quatre cents ans tout entiers. Car outre la naisveté de l'ancien *Roman-François*, que nous y devons reconnaistre, et apprendre avec plaisir, je trouve son style bien orné et grandement figuré, son oraison plaine, sentencieuse, et morale, et sa rythme si riche et coulante, qu'il ne se trouve en chaque douzain, dont cet œuvre est pleinement composé, que deux lizières : et pour le dire en un mot, j'estime cet eschantillon se pouvoir parangoner, non seulement à beaucoup d'escrits de nos modernes ; mais aussi surpasser plusieurs ouvrages anciens, et des nostres et des estrangers, que nous prenons peine d'apprendre, et lisons avec admiration. Comme aussi cet auteur les devance tous en aage et ordre de temps. Ce qui me confirme de plus en plus en mon opinion, que non seulement les estrangers ne nous ont rien appris en ce sub-jet de poësie vulgaire, *Léonine* ou *Saturnienne* : mais au contraire que les François les ont surmontez : et presqu'en toute chose monstré le chemin de bien faire et bien dire.

» J'adjousteray deux ou trois choses que j'ay depuis appris de Helinand et de ses vers de la *Mort* : l'une qu'il s'en trouve esquels quelques-uns de ceux qui sont en ceux que j'ai fait imprimer ne sont point, et d'autres qui ne sont point aussi au mien. L'autre qu'en ceux que j'ai veu à la librairie de Saint-Victor, il y a qu'un abbé de leur maison en est l'auteur : qui est chose non véritable. Et la troisième que c'est notre Hélinand qui a écrit le mar-tyre de Saint-Gérion et de ses compagnons qui est dans les tomes de Surius : lequel est très digne d'estre leu pour estre de tout autre estile que le commun des légendaires. Je crois que Vincent de Beauvais et Antonin Florentin sont en partie cause de la perte de son histoire pour en avoir inséré la plupart dedans leurs livres. »

« Le poëme de la *Mort* contient quelques traits assez beaux et qu'on lit encore avec une sorte de satisfaction, dit l'abbé Goujet. » L'abbé Massieu traite au contraire d'hy-perbole l'éloge de Loisel. « On fait bien de la grâce, dit-il, à Hélinand quand on se donne la peine de le lire. Quel-ques endroits naïvement exprimés, quelques moralités assez bonnes, mais rendues en termes presqu'inintelli-gibles, voilà tout ce que j'y ai vu. » Ce n'est pas le seul critique ignare qu'ait eu à subir le moyen-âge.

« On a reproché au poète qu'il était un peu caustique, et ce reproche est fondé. En effet, il est aigre et mordant, et quelquefois il attaque sans ménagement ce qu'il y a de plus respectable parmi les hommes. Comme quand il dit :

> Rome est li mail qui tot assomme...
> Qui fait aux simoniaux voile
> De Cardonail et d'Apostoile, etc.

où par le nom d'Apostoile il entend le Pape, que nos anciens écrivains appellent de ce nom. Ce trait de satire n'aurait pas dû lui échapper, et il convenait moins dans la bouche d'un religieux qui faisait profession d'une piété rigide que dans celle de tout autre.

« C'est au reste sur la foi de Loisel que l'on donne à Hélinand les vers sur la *Mort* dont nous venons de parler ; car on trouve dans quelques manuscrits d'autres vers sur le même sujet, compris en cinquante-quatre strophes de douze vers chacune, qui sont au moins aussi anciens que ceux qui sont aussi attribués à Hélinand, et d'habiles gens qui ont examiné les uns et les autres et qui sont plus versés que nous dans ce genre sont en doute lesquels doivent passer pour l'ouvrage de notre poète (1). »

Ce travail sur la mort fait par Loisel était une espèce de pronostic, dit son biographe, de tout ce qu'elle allait lui enlever de plus cher.

Le 22 août, il perdit, après trente-deux ans de mariage, sa femme, qui lui avait donné douze enfants, dont quatre morts avant elle.

L'année suivante, la peste lui enleva deux de ses fils, dont l'un nommé Edouard, était filleul du président Molé, et chanoine de Beauvais. L'infortuné vieillard, alors si gêné d'argent, qu'il accepta avec reconnaissance cent écus d'or, que lui envoyèrent M. et Mlle Ollier, avec une lettre de condoléance, se transporta à Beauvais pour y chercher une diversion à sa douleur. Il partit de Saint-Maur sur une simple haquenée, son fils Gui, le seul alors

______

(1) *Bibliothèque française*, tome IX.

auprès de lui, l'accompagnant à pied. En passant à Presles, il fut accueilli par le président Nicolai, qui, n'ayant pu parvenir à le retenir dans sa maison, lui fournit un de ses gens et des chevaux qui le conduisirent jusqu'à Beaumont, d'où il arriva le lendemain à Beauvais.

Un coup bien terrible l'attendait encore à son retour à Paris.

« Comme il fut premièrement au palais, après la Saint-Martin de l'année 1596, M. Pasquier lui annonça le décès de M. Pithou : Ce que les siens lui avaient célé, sçachant le grand deuil qu'il en aurait : Car ce fut un rengregement de ses douleurs, ayant perdu le plus grand ami qu'il eut en ce monde : dont il avait eu quelques sentimens et advertissements, tant de nuict que de jour, voyant longtemps qu'il avait été sans recevoir de ses lettres, estant l'un et l'autre assez soigneux de s'entrèscrire. »

En 1599, 16 février, il composa à l'occasion de son soixante-quatrième anniversaire, son *Androclus christianus* ou *Psalmus climactericus*, que Rhanutius Gherus inséra dans ses *Deliciæ poëtarum gallorum*. L'année suivante, il en fit une semblable sous le titre de *Psalmus meracclimactericus*, où il exprimait son désir de se retirer tout à fait des affaires du palais, pour être tout à Dieu et à soi-même. Et c'est dans ces derniers temps de sa vie, qu'il fit la plupart de ses extraits des lettres saintes, et particulièrement les prières et les louanges à Dieu, tirées des psaumes et autres parties de l'écriture sainte.

Néanmoins, consulté, en 1599, sur le divorce du roi avec la reine Marguerite de Valois, il composa un écrit : *Des divorces des rois de France pour la dispense du mariage du roi.*

En 1600, il publia la vie de P. Rutilius Rufus, romain, l'un des plus grands jurisconsultes de son temps, tirée des auteurs grecs et latins qui en avaient parlé, et qu'il dédia à M. le Fevre, son bon ami, précepteur de feu M. le Prince. Il fait preuve d'une grande science critique et d'un talent réel d'historien, dans la vie de ce personnage consulaire qui porta les armes sous Scipion Emilien, et comme lieutenant de Metellus, dans la guerre contre Jugurtha, fut chargé par son général de remettre le commandement de l'armée entre les mains de Marius. Descendant de l'ancienne race des Rutiliens, qui comptait plusieurs consuls ; comme tribun, Rutilus fit exclure du sénat Mancius, pour cause d'incivisme, comme consul, commanda l'exercice de l'escrime au senat, etc., l'an de Rome 648. Loisel publia ensuite la vie de Dumesnil, son oncle, l'un des meilleurs avocats de son temps.

La troisième vie fut celle de Pierre Pithou, de Savoie, son ami, comme lui avocat du roi au parlement. C'était un juste tribut que l'auteur payait à l'amitié.

« Il me souvient, dit-il, que la première connaissance que j'eus de lui fut dans la boutique d'un libraire, où disputant d'un livre de Papinian de *officioso testamento*, il se rendit d'autant plus admirable qu'il estait si jeune, que nous l'appelions d'ordinaire le petit Pithou. Mais il crut si fort en peu de temps, et de corps et d'esprit, qu'il mérita à bonnes enseignes d'être appelé le grand Pithou. » Cujas écrivait de lui en ces termes : « Petrus Pithoeus Trecensis, adolescens probus et doctus, et juris disciplinœ optimè studiosus, etc., etc. » Et le grand jurisconsulte allait jusqu'à confesser qu'il avait appris beaucoup de choses de lui.

Josias Mescerus et Papyrius Masso avaient déjà écrit en latin la vie de ce savant homme, de cet érudit plein de sagacité, à qui l'on doit tant d'excellentes éditions des anciens historiens français et tant d'ouvrages et de commentaires sur le droit ancien et coutumier, sur l'histoire, les écritures, les pères, la littérature grecque et latine.

Mais il appartenait au témoin oculaire de la plupart de ses actions, et à son compagnon intime d'études de nous faire connaître l'homme tout entier.

Telle était l'étroite et constante fraternité qui avait régné entre ces deux sujets admirables, du jour où ils commencèrent de vivre pour la science, jusqu'au jour de leur cruelle séparation ; telle était la conformité de mœurs et de maximes de ces deux êtres si vertueux que le survivant, en écrivant la vie du défunt, écrivait indirectement la sienne.

Tous les deux, disciples préférés du même maître, ils avaient exercé la profession d'avocat et rempli ensemble les hautes charges du ministère public, tant en Guyenne qu'au parlement de Paris, et y avaient apporté le même amour, le même zèle pour le bien public, pour la tranquillité et la prospérité de leur pays. Le même esprit les avait animés dans leurs études et leurs ouvrages, au point qu'ils semblent se commenter les uns par les autres.

Ces Vies furent suivies de son Histoire des avocats, qu'il composa en 1602, sous le titre de *Pasquier, ou dialogue des avocats du parlement de Paris.*

De nouvelles et cruelles pertes lui inspirèrent ses *Tumuli familiares,* tombeaux de famille, qu'il publia en latin et en français. C'était la substance de ses méditations sur les sages des temps passés. En ses derniers jours, il en recommanda la lecture à ses petits enfants par le distique suivant.

Ad nepotes

Debita post patriæ natali vota soluta
   Bellovaco, ac Cunis reddita justa meis,
Accipite, o nati, si quidquam nostra Catonis
   Carminibus priscis reddere musa potest.

Colletet donna ensuite une nouvelle traduction ou paraphrase, en vers français, de ces distiques moraux.

Loisel publia sa *Guyenne* en un volume in-8°, 1605, renfermant son *Plaidoyer de l'Université*.

Dans ce plaidoyer il démontrait avec une grande puissance de dialectique et une haute érudition que l'Université n'était point laïque ou payenne, ainsi que quelques personnes voulaient bien le prétendre, ayant pris naissance dans le giron de l'église, elle était exclusivement ecclésiastique.

Il dédia la *Guyenne* au chancelier de Sillery, et l'*Université*, en particulier, au président Molé.

Il publia également une harangue qu'il avait autrefois prononcée à Alençon, et quelques vers de circonstance.

Cependant la magistrature réclamait encore le concours de ses hautes lumières et de sa grande expérience. Vers la fin de cette année (1605), à la suite du voyage qu'il fit à Limoges, le roi eut l'idée d'envoyer dans cette ville une Chambre de justice dont la présidence était réservée à Edouard Molé. Il fit proposer à Loisel d'y remplir la charge d'avocat général. Empêché par son grand âge, le vieillard trouvait dur de s'arracher à des travaux qu'il considérait comme sa tâche la plus sérieuse; seulement il n'aurait pas voulu déplaire au roi par un refus.

Le détachement de tout ce qui était extérieur le gagnait de plus en plus. Les incommodités et maladies, dont il était atteint, s'aggravèrent dans l'année suivante. Au mois de juin il eut une *défaillance,* cum deliquio, dit-il, animi et corporis, *en plaine salle du palais.* Mais il recouvra la santé si parfaitement, qu'il put pleinement vaquer à ses études comme à l'ordinaire.

En 1607, il livra à l'impression ses *Institutes coutumières ou Manuel de plusieurs règles du droit coutumier et plus ordinaire de la France;* elles faisaient suite à l'*Institution du droit français* de Guy Coquille. « Ces deux ouvrages allaient merveilleusement ensemble; celui de Coquille développant les principes *ex professo*; celui de Loisel les résumant dans la forme de rédaction la plus énergique et la plus abrégée (1). »

« Claude Joly apprécie avec justesse ce labeur d'Antoine Loisel, lorsqu'il dit : « que ce *Recueil*, quoique petit, ne laisse pas d'être d'une très-grande utilité, estant un ramas où l'on peut trouver en peu de mots les décisions les plus douteuses et controversées de nostre droit français. Et, en effet, ce petit ouvrage est peut-être celui qui lui a le plus coûté de faire. Au moins il n'en n'a fait aucun où il ait employé plus de temps, tesmoignant en la préface de ce libelle, lequel il n'adressa qu'à ses deux fils, qu'il avait travaillé à cette compilation depuis *quarante ans et plus*. »

« Pour moi, je suis si convaincu de l'importance et de l'utilité de cet ouvrage, ne fut-ce que sous le rapport historique, que je me suis résolu d'en donner une nouvelle édition qui, je l'espère, suivra de près la publication du *Dialogue des avocats.* »

Ce recueil, de toutes les règles générales du droit français, a pour commentaire la décision des questions les plus douteuses et les plus controversées qu'il renferme.

Ces modernes institutes ont eu plusieurs éditions, dont les principales par : Challine, 1566, in-8°; Launay, 1688, in-8°; Laurière, 1710, 1758 et 1783, 2 vol. in-12. Le chancelier d'Aguesseau en recommande la lecture dans sa quatrième instruction, de même que dom Mabillon dans son *Traité des études monastiques*. Son *Pasquier* n'est pas seulement le meilleur, c'est le plus intéressant de ses ouvrages. C'est une marque honorable d'affection dernière qu'il laissait à son ordre. Aussi recommande-t-il, dans son testament, à ses héritiers, de le publier.

---

(1) Dupin : *Notice.*

« Je ne connais pas d'écrit plus capable d'intéresser tous les membres de la magistrature et du barreau : il y a des leçons et des exemples pour tous, pour ceux qui sont avocats, pour ceux qui sont devenus magistrats, et aussi pour ceux qui, après avoir quitté leur profession, seraient tentés d'y rentrer (1). »

Ce *Dialogue* avait été composé à l'occasion d'une ordonnance offensante pour le barreau, rendue en 1602 (ordre de Blois, art. 161). Loisel y montre combien il était jaloux de la dignité de son ordre dans les paroles qu'il leur tient par la bouche de Pasquier : « *Enfin vous devez vous efforcer de conserver à nostre ordre le rang et l'honneur que nos ancestres luy ont acquis par leurs mérites et par leurs travaux pour le rendre à vos successeurs.* »

C'est dans sa conscience qu'il trouva toutes les ressources de son art et le secret de sa rhétorique. Les hommes de vanité préfèrent la forme au fond ; ils cherchent dans l'éclat d'une élocution plus solide que nourrie, et dans les artifices de la parole, leurs plus beaux succès, ils ont pour eux les gens superficiels. Loisel pensait tout autrement. « Je désire en mon avocat, disait-il, le contraire de ce que Cicéron requiert en son orateur, qui est l'éloquence en premier lieu, et puis quelque science du droit ; car je dis tout au rebours que l'avocat doit surtout être savant en droit pratique et médiocrement éloquent, plus dialecticien que rhéteur, et plus homme d'affaires et de jugement que de grand ou long discours. » Tel était Loisel lui-même. Sa logique serrée, nourrie des faits et forte de sens, semblait dédaigner l'éclat frivole du discours. Aussi excellait-il dans les affaires sérieuses qui exigent toutes les ressources de la science. La sienne était vaste et des plus variées. Il était

______

(1) Dupin : *Notice.*

fort lettré et connaissait parfaitement ses auteurs anciens et nouveaux, et citait avec autant d'à-propos que de jugement et de goût les meilleures maximes des sages et les plus beaux distiques des poètes. Sa facilité de travail était prodigieuse et son esprit était apte à tous les genres d'exercices littéraires. Loisel fut le premier avocat de son temps.

« *Le Dialogue des Avocats* contient l'histoire de la magistrature aussi bien que celle du barreau. Car dans les trois premiers siècles qui suivirent l'établissement du Parlement rendu sédentaire (de 1302 à 1602), on voit presque tous les magistrats commencer leur carrière dans la profession d'avocat *pour y faire montre de leur suffisance aux affaires*, et les plus renommés par leur habileté et *prud-hommie* prendre de là leur volée pour passer aux états de conseillers, *advocats du roi, procureurs généraux et chanceliers.* »

« Pour toute cette époque, on peut dire avec raison que Loisel a été le *Plutarque des gens de robe.* »

« Quelque peu qu'il dise sur chacun, il les caractérise si bien, et chemin faisant, il rattache si habilement à son dialogue les faits généraux et particuliers que son œuvre, pleine de charme à lire, malgré la rudesse mais aussi à cause de la naïveté de son vieux style, est restée la meilleure biographie de ces premiers temps (1). »

En 1608, lorsqu'on parla de nouveau de mettre à exécution le projet qu'avait formé le roi d'envoyer à Limoges une chambre de justice, Loisel *fut* « *mandé* par M. le chancelier de Sillery, pour être procureur général en cette chambre « au lieu d'advocat. » Mais le temps n'ayant pas permis d'y donner suite, il eut le loisir de continuer l'agréable travail qu'il prenait à revoir ses ouvrages. « Il

---

(1) Dupin : *Notice.*

s'appliqua surtout à recueillir et rassembler ses vers latins dont il livra à la presse la majeure partie en 1609. Ce qu'il y a de remarquable dans ce recueil, qui ne fut tiré qu'à un très-petit nombre d'exemplaires, c'est la grâce avec laquelle il exprime le vif attachement qu'il avait pour ses amis, parmi lesquels figurèrent les hommes les plus éminents de la magistrature et du barreau.

Non seulement il s'était retiré des affaires, mais encore il avait simplifié les siennes par l'abandon de ses biens à ses enfants, afin d'avoir plus de liberté de vaquer le reste de ses jours *à Dieu et à ses livres.*

« Au commencement de 1610, il prit plaisir à revoir les proverbes français qu'il avait autrefois *recueillis de ses vieux livres* et *manuscrits.* » Il en composa un recueil par ordre alphabétique, qu'il intitula : *Proverbes ruraux et vulgaires, anciens et modernes*, et l'adressa à Marescot, avocat, son gendre.

Pour faire suite à son *Histoire de la ligue,* il commença un journal des affaires du temps et le continua jusqu'en 1617. Ces deux pièces importantes que Cl. Joly n'eut pas sans doute le temps de publier, ont été malheureusement perdues.

Il était assez fréquemment interrompu dans ces intéressants travaux par des chagrins domestiques. Depuis 1601, il avait eu la douleur de voir mourir la femme de son fils aîné et les enfants nés de ce mariage. Vers la fin de 1610, la mort de ce fils aîné, Antoine Loisel, conseiller au parlement, y mit le comble. Il n'eut pour toute consolation qu'un fils posthume, né en 1611, du second mariage d'Antoine Loisel avec Anne Bailly, fille d'un président de la chambre des comptes. Il retint auprès de lui jusqu'à la fin de ses jours ce rejeton chéri, comme il le témoigne par ce distique.

AD VIDUUM FILIUM

Quis Civilliacá lateat, si quæris, cremo.
Laërtesque senex, telemachusque puer.

En 1612, Loisel se chargea de publier l'*Histoire du Ni-vernais*, de Guy Coquille, sur le manuscrit autographe de l'auteur, qui lui fut remis par Claude Joly, lieutenant-général de la Connétablie, son gendre.

Lors de la tenue des Etats de 1614, il composa un mémoire dans lequel il remarquait avec grande raison, dit M. Dupin, « que c'estoit se moquer des Estats de les faire assembler pour donner au roi des moyens de pourvoir aux abus de son royaume, si l'on n'estoit contraint d'observer ce qui y serait advisé et ordonné. »

Et sur ce, il trace le plan d'établissement d'une sorte de Cour de cassation qu'on eut composée de Conseillers pris dans chaque Parlement : « laquelle Chambre jugera en dernier ressort, entre toutes sortes de personnes, ecclésiastiques, officiers et autres de quelque qualité et condition qu'ils soient, des *Contraventions aux Edits*. »

Gravement malade à la fin de cette année, il trouva son soulagement et sa consolation dans la méditation des écritures. Après son rétablissement, il composa un *Index des Psaumes*, publié en tête du livre de ses *Observations ecclésiastiques*.

Les années n'ôtaient rien à la vigueur de son esprit. En 1615, pendant qu'il songeait à une nouvelle édition de ses œuvres, il put mettre la dernière main à ses *Mémoires de Beauvoisis*, qu'il publia l'année suivante. C'était le terme de ses travaux.

C'est un grand ouvrage qui renferme des documents précieux et des remarques judicieuses.

« Cette histoire renferme de précieux vestiges échappés aux Normands du ixe siècle, aux Anglais et aux Bourguignons du xve. (1) »

----

(1) Dupont-White, procureur du roi à Beauvais : discours de rentrée de 1843.

Il se sentait bien aise d'avoir pu achever ce grand ouvrage et consacrer ses dernières années à l'honneur de la patrie par un titre à sa reconnaissance éternelle.

C'est ce sentiment qu'il exprime en latin au frontispice de son livre.

> Extremum hunc mihi, Christe Deus, concede laborem,
> Gratus ut in patriam moriar, vivamque superstes.

Il trouva si largement à glaner dans le champ parcouru avant lui par Pierre Louvet, qu'il put faire un livre plus substantiel et plus ample que celui de son prédécesseur (1), neuf et rempli d'antiquités, de chartes et de titres tombés dans l'oubli, tant était grande sa science archéologique.

Il le fit paraître en 1616 et eut ainsi le temps de recevoir les félicitations de ses nombreux amis. Il mourut l'année suivante en relisant ses ouvrages jusqu'au dernier moment et les chargeant d'annotations nouvelles. Ses dernières paroles montrent jusqu'à quel point il en était jaloux.

« Je désire, dit-il, que tous mes livres, papiers et écrits demeurent à mon fils, pour conserver mes livres à son neveu, mon petit-fils, s'il en est capable, et ce pour le prix qu'ils seront estimés, avec quelque petite crüe; comprenant entre mes livres, mes médailles, antiquailles et tableaux. Que si mon petit-fils Antoine Loisel n'estait de nostre profession et incapable de faire son profit de mes livres (ce que Dieu ne veuille), je laisse à la discrétion de mon fils d'en disposer à tels de ses nepveux Jolys et Marescots qu'il advisera. Ailleurs : Mon fils ce qu'il et autres de ses amis trouveront bon entre mes papiers, et singulièrement mes advocats et mes vers, avec ce que j'y ai adjousté; et si l'on

---

(1) Louvet n'avait encore publié que la première partie de son ouvrage si diffus.

r'imprime ce que j'ay cy-devant baillé, ce sera selon les corrections que j'y ai faites.

Ces livres méritaient bien d'être conservés à cause des notes précieuses dont il avait chargé les marges.

Ses volontés n'eurent malheureusement qu'un commencement d'exécution. Claude Joly, son petit-fils et son biographe, n'a publié que ses *Opuscules*, in-4°, 1652. On regrette de n'y pas trouver des ouvrages qui auraient aujourd'hui une si grande importance, tels que le *Journal des Malheurs de Paris*, du 9 mai 1588 au 9 décembre 1593, et un autre *Journal des affaires du temps*, de 1610 à 1617, y faisant suite. Joly en promettait des éditions que l'on attend encore et que l'on attendra en vain désormais, vu que les manuscrits sont probablement perdus (1). Il en est de même de son livre d'*Agriculture* et de ses *Proverbes*, qui étaient comme un appendice des *règles du vieux droit françois*.

Frédéric Luidenbrogius a cité son Eugraphius, et Bouchel, ancien commentateur de Térence, son Grégoire de Tours, son Philippe de Beaumanoir et son Pierre de Fontaines. Ceux qui ont donné depuis des éditions de ces deux derniers auraient bien dû, dit M. Dupin aîné, travailler sur l'exemplaire de Loisel.

M. Dupin, qui avait publié le *Pasquier*, en 1818, à la suite des *Lettres de Camus*, en a donné une édition séparée suivie d'une notice sur Antoine Loisel, etc., in-12, Paris, 1844, chez Videcoq. C'est assez dire sur la valeur de cet ouvrage.

Antoine Loisel finit à l'âge de quatre-vingt-un ans, après s'être préparé à la mort par la lecture des psaumes. En considérant ses admirables vertus, qu'aucun vice, que nul défaut ne démentait, Claude Joly concluait par ces mots : *Qu'il ne doutait pas que son père ne fvt un sainct.*

---

(1) Le père Maimbourg les a cités dans son *Histoire de la Ligue.*

On trouvait dans ses papiers, « escrit, sur son nom la-tin, *Antonius Oisellus :* »

In solo Jesu natus.

C'était sa vie, sans tache, toute remplie par le travail et l'accomplissement de ses bonnes œuvres jusqu'à sa dernière heure.

Dès 1609, il avait composé et inséré parmi ses vers son épitaphe ainsi conçue :

> Bellovaco genitum, Regina Lutetia ephebum
> Excipit atque docet : summoque amandat habendum
> Juris doctori, primi dein castra secutum
> Militiamque fori, ditat lare, conjuge, natis.
> Consilio incautos dextràque, et voce juvantem,
> Privato ac plures resecantem in limine lites;
> Rex patronorum regni suffecit honori,
> Justitiæ ac pacis præconem Aquitaniæ et Vrbi.
> Vltima, Christe Deus, concede tibique, mihique
> Tempora defendi : miseri ac miserere sepulti.

Cet homme de bien, d'une science si profonde et d'une prudence si consommée, n'eut que des titres à l'admiration et à l'estime publiques dans tout le cours de sa longue car-rière. Au milieu des passions ardentes, qui se firent jour de son temps, il n'eut un cœur et un esprit que pour aimer et servir, avec un dévouement sans bornes, ses concitoyens, son pays et son roi. Dans toutes ses actions et particulière-ment dans ses écrits, se révèle avec une modestie et une naïveté charmantes, l'expression de sa bonté naturelle, toujours on y voit l'homme qui joint au sentiment de l'honneur des mœurs aussi simples que candides. On y remarque partout les traits singuliers d'un bon fils, d'un époux et d'un père tendre, d'un parent digne et d'un ami sincère et dévoué au point de s'oublier lui-même. On sait combien il fut reconnaissant envers les maîtres qui lui communiquèrent la science, cette seconde source de vie qu'il sut rendre si éclatante.

Aussi n'eut-il que des amis parmi lesquels il peut compter

avec un juste orgueil : le chancelier de l'Hôpital, le président Brisson, de Harlay et de Thou, Pasquier, Claude du Puy, de Sainte-Marthe, et autres grands caractères et talents sublimes, l'honneur de leur siècle, qui tous parlent de lui avec éloge et s'accordent à vanter ses mœurs antiques et son érudition profonde (1).

Sa longue vieillesse l'exposa à des pertes cruelles. De ses douze enfants, il ne lui restait plus qu'un fils, Guy Loisel, conseiller en la grande chambre et chanoine de l'église de Paris, et un fils de son aîné, appelé Antoine, comme son aïeul et son père, et conseiller au parlement, qui tous les deux marchèrent sur les traces de leur père.

Plusieurs des siens figurèrent dans les assemblées de la révolution de 1789. Lorsque l'un d'entr'eux réclama en 1791, que les restes d'Antoine Loisel, son aïeul, fussent transférés au Panthéon, un autre député fit observer que Loisel avait émis cette maxime despotique : *Si veut le roi, si veut la loi*, et la proposition fut rejetée à l'unanimité.

Les passions politiques d'une autre époque ne lui pardonnèrent pas une parole conforme à l'esprit du temps; mais la France, mais son pays natal surtout, se souviendront de son extrême sollicitude pour tout ce qui pouvait contribuer à leur bonheur et à leur gloire (2). »

Loisel n'est pas seulement l'honneur du Beauvaisis par le talent et par les mœurs : c'est un homme qui honore la France.

---

(1) *Eximiæ probitatis atque doctrinæ Senex* S. J. Marthe dans l'él. d'Et. Pasq.

Optimum doctissimumque Senem Bignon *Cm. sur Marc.*

(1) *Vie de M. Antoine Loisel*, par Claude Joly, son petit-fils, ancien avocat au Parlement, puis chanoine de l'église de Paris, publiée en tête des *Opuscules de Loisel.* Paris, 1656, in-4°. — *Journal de Du Fayet. Pasquier* et *Notice sur Antoine Loisel*, par Dupin aîné, procureur général à la Cour de cassation, in-12, 1844, Videcoq. — Dupont-White : *Discours*

Pierre **LOISEL**, Conventionnel,

né à Beauvais.

1750 — 1812.

Il était descendant d'Antoine Loisel et avait embrassé comme son ancêtre la profession du barreau. Révolutionnaire par principe, dès l'origine, il devint administrateur par raison et fut un des plus dociles fonctionnaires du régime impérial.

« En 1790, dit la *Nouvelle biographie générale*, il fut nommé vice-président du Directoire de l'Aisne, et, en septembre 1791, membre de l'Assemblée législative pour le même département qui le renvoya l'année suivante à la Convention nationale. Dans cette assemblée, il s'occupa surtout des questions relatives aux monnaies.

Lors du procès de Louis XVI, il vota la mort du roi sans appel au peuple ni sursis.

Il passa au Conseil des Anciens en l'an III (1795), et le 20 mai 1798 fut nommé administrateur de l'Enregistrement. Il devint ensuite préfet de l'Empire à Maëstrich, puis à Turin, et fut nommé, en 1809, conseiller-maître à la Cour des Comptes. Il mourut à son poste en 1812.

On a de Pierre Loisel quelques brochures sur la circulation du numéraire et un *Manuel du Receveur de l'Enregistrement*, aujourd'hui tombé en désuétude (1).

---

d'installation, 1843; *la Ligue à Beauvais*, in-12, 1846. — Dumoulin. — Niceron : *Vie des grands hommes.* — Lacroix Du Maine et Du Verdier : *Bibliothèque française.* — L'abbé Goujet : *Bibliothèque choisie.* — Jacques Lelong : *Bibliothèque historique de la France*, in-folio. — Moréry : *Dictionnaire historique.*

(1) *Réimpression du Moniteur universel*, Paris, Plon, éditeur.

LOUVET (Pierre), Jurisconsulte et Antiquaire,

né à Rienville ou à Verderel, près Beauvais.

1569 — 1646.

Je ne voy guère histoire où l'auteur ait traité
Nettement son sujet, sans flatter ou mesdire
Mais à Pierre Louvet je ne trouve que dire
Car il est en un mot *la pure vérité.*

(Par un contemporain).

La pure vérité est, en effet, l'anagramme de son nom,
que Pierre Louvet justifie par la vie et par les œuvres de
sa longue et laborieuse carrière.

L'histoire ne nous dit presque rien de l'enfance d'un
homme aussi estimable, qui « s'absorba tellement dans les
antiquités de son pays qu'il s'y oublia lui-même; » c'est le
sort de beaucoup d'antiquaires. Nous savons seulement
qu'il s'adonna de bonne heure à la jurisprudence et à
l'histoire dans la connaissance desquelles il se montra très-
versé.

Après avoir fait son droit il exerça la profession de
jurisconsulte et se fit recevoir avocat au parlement. Il
s'établit à Beauvais où il eut une nombreuse clientèle, ce
qui ne l'empêcha point d'écrire et de publier de longs et
savants ouvrages, employant tout le temps que lui laissaient ses consultations et ses plaidoiries à de patientes
recherches sur les antiquités du Beauvaisis.

Par ses richesses et l'étendue de sa juridiction, le clergé
tenait la plus large place dans les affaires du pays. Louvet,
qui devint le conseil de beaucoup de membres de ce corps
puissant, approfondit la juridiction ecclésiastique.

L'une de ses causes les plus importantes fut celle du père Triboulet, prieur des Dominicains, et qui fut par la suite procureur général de son ordre. Le révérend père avait été autorisé par le gouvernement de Louis XIII, à établir un collége dans le couvent des Jacobins de Beauvais, pour la réforme des études et de la discipline. Mais ses confrères, d'une humeur trop mondaine, se révoltèrent contre la sévérité de ses statuts et de ses réglements. Au mépris des volontés du roi ils emprisonnèrent le malencontreux réformateur.

Cet acte de violence donna lieu à un procès. Avocat défenseur du moine persécuté, Louvet rédigea à cet effet un savant mémoire très-développé, sous ce titre : *Abrégé des constitutions et réglements, tant des chapitres généraux que provinciaux et particuliers, pour les études et réformes du couvent des Jacobins de Beauvais.* Il l'envoya, puis l'imprima en 1618, avec une épître dédicatoire au roi, de qui il réclamait l'élargissement du religieux.

Le savant avocat publia ensuite : *Nomenclatura et chronologia rerum ecclesiasticarum diocœsis Bellovacensis. Parisiis*, 1618, in-8°.

« La Nomenclature, dit J. Lelong, est une espèce de pouillé des bénéfices du diocèse de Beauvais. Quant à la Chronologie, c'est un calendrier où il est fait mention, sous plusieurs jours de chaque mois, de divers événements relatifs à l'histoire ecclésiastique du diocèse, sous ce titre : *Breve ecclesiasticorum monumentum Diocœsis Belvacensis calendariis collectum.* »

Il avait déjà publié la première partie de son grand ouvrage sous ce titre : *Histoire et Antiquités du pays de Paris;* Beauvais, 1609, in-8°.

En 1613, la reine Marguerite le prit pour son maître des requêtes. Ce surcroît de travail n'empêcha point Louvet de publier une nouvelle édition de son histoire, sous

ce titre modifié : *Histoire de la ville et cité de Beauvais :*
Rouen, 1614. Après quelques observations et remarques
sur les anciens noms du pays, il traite en particulier des
fondations en privilèges des églises et de la juridiction
spirituelle de la pairie commune et des personnes de
renom. Plus complète que les précédentes, son édition
de 1631, Beauvais, in-8°, un fort volume, comprend plusieurs titres nouveaux de fondations d'églises, de monastères et autres institutions ecclésiastiques. Il la dédia à
MESSIRE AUGUSTIN POTIER, *évesque, comte et chastelain de*
Beauvais, prince et dame de Gerbroy, pair de France et
grand aumônier de la reine, etc., et MESSIEURS DE SON SACRÉ
SÉNAT ET COLLÉGE.

Dans cette dédicace, d'un style très-poétique et figuré,
il caractérise ainsi son ouvrage : « En la composition de
cette histoire j'ai suivy l'exemple des auettes qu'on appelle
oysillons des muses, lesquelles voletans et parcourans les
vergers et parterres du père de famille durant le printemps, l'esté et l'automne, pour recueillir la manne et les
influences du ciel qui tombent sur les herbes et fleurs odo-
riférantes, colligent et font trois choses : le miel blanc, le
miel jaune et la cire que le père de famille, au commencement d'hyver, trouva assemblez en leur ruche. Ainsi, en
feuilletant les anciens cayers, tiltres et cartulairs du Beauvaisis, durant le printemps, l'été et l'automne de mon âge,
j'ay colligé grande quantité de fleurs et singularités que
j'ai creu devoir donner à Dieu et à ma patrie, et pour cet
effet devoir être divisées en trois parties : en l'une desquelles
est rejecté ce qui concerne les priviléges, les jurisdictions
spirituelles et les personnes sainctes et vertueuses de l'estat
ecclésiastique ; en la seconde ce qui concerne les priviléges,
les jurisdictions civiles et temporelles, et des personnes
vertueuses de la noblesse et tiers estat : et én la troisième ce
qui concerce l'histoire des uns et des autres. Et d'autant,

Messieurs, que le premier livre de la première partie qui vous concerne et regarde se trouve achevé, j'ay pensé que c'estoit mon devoir de vous le présenter et voüer, en attendant que la faveur divine me donne l'heur de mettre la seconde de la première avec les deux autres parties en lumière. »

L'apparition de ces deux premières parties produisit une sensation très-grande et générale, particulièrement dans le pays. Les hommes les plus capables et les plus justement considérés d'entre ses compatriotes lui en adressèrent l'éloge en vers, latin-français. Pierre-Aubert Gerberoy, lieutenant général, lui adressa trente et un hendeca syllabes, que l'on trouve en tête du second volume, suivis des autres. T. Leulier, avocat, tourna les vers suivants sur son anagramme.

PIERRE LOUVET

La pure vérité.

Louvet, j'ai fort longtemps blasmé les anagrammes,
Pour voir en ce travail également sçavants
Le docte, l'ignorant, les hommes et les femmes,
Et où la grande adresse est la perte du tans ;
　　　Mais depuis que par cette voye
　　　J'ay veu qu'on te cognoist si bien,
　　　Je ne sçaurois que je ne croye
Qu'il y a du divin au rencontre du tien.

Oui, Louvet, pour ce coup, je change de pensée,
Et croy que quand jadis on t'imposa le nom
Dieu qui, du haut du ciel, disposait ta fusée,
Inspira ce rencontre, augurant ton renom,
　　　Et que celui de qui la peine
　　　Nous a découvert ce dessein,
　　　Poussé d'une céleste veine,
S'est rendu truchement de l'éternel destin.
Qui ne le penserait, puisqu'on voit que ta vie,
Tes discours, tes escrits, tout ton raisonnement,
Sont ennemis du fard et de la flatterie
Et que la vérité te conduit seulement.

Cette pièce de vers se termine ainsi :

Et l'on verra par ton histoire
Quel pouvoir a sur tous la pure vérité.

Louvet ne fut pas non plus à l'abri des médisants et des détracteurs ; on le voit par l'épître qu'il adresse à monseigneur messire Charles de Monceaux, aumônier du roi, sous la protection duquel il met son *Histoire du diocèse de Beauvais.*

« Cet auteur est assez curieux ; mais il écrit d'une manière sèche et languissante, » dit Lenglet du Fresnoy.

Loisel, que le savant bibliographe, si bon juge en fait d'histoire surtout, dit : « auteur exact et curieux, » est suspect aux yeux de Lelong, d'avoir pris trop chaudement le parti des membres du chapitre de Beauvais dont il était l'avocat à Paris. Loisel avait pourtant cessé ses fonctions d'avocat avant la publication de ses Mémoires qui ne parurent que la dernière année de sa vie (1617). Selon le Père Lelong, cet auteur se serait plaint, à l'apparition de l'histoire de Louvet, qu'on lui eût dérobé son ouvrage ; il faisait par là l'éloge de ce dernier. Louvet n'a point volé Loisel. Sa compilation, estimable par les nombreuses pièces justificatives qu'elle renferme, patiemment recueillies, classe et offre une mine abondante à tous ceux que leur goût pour les choses anciennes et les institutions abrogées portera à rechercher ce que l'histoire en a conservé. Mais il n'y a, du reste, nulle critique et nulle vue propre à l'auteur, ni idée générale qui fasse un tout des pièces éparses qui forment sa collection. Ses deux volumes, l'un de huit cents et l'autre de neuf cents pages, ne forment que la première partie du grand ouvrage que l'auteur se proposait de publier, et se bornent à l'histoire du clergé de la province.

L'auteur n'a rempli que la première moitié de son programme. Les deux autres parties, où il devait traiter de la

noblesse et du tiers-état, n'ont point vu le jour; il y a sup-
pléé en partie par ses remarques citées plus bas, ouvrage
encore incomplet. Ce n'est donc point une histoire, car
l'histoire raconte, critique, juge; elle fond ses matériaux et
en fait un tout qui s'éclaire, qui s'anime de la lumière et
de la vie du présent. « Il n'était pas, dit Hermant, moins
hardi pour avancer des faits sans preuves, que crédule et
facile à avancer de bonne foi tout ce qui était conforme à
son inclination. »

L'ouvrage de Loisel est au contraire une véritable histoire complète, abondante, variée, toute remplie d'obser-
tions, de faits et d'aperçus, renfermés dans un cadre relativement assez restreint, exprimés dans un style très-com-
préhensif, qui suggère à l'esprit plus de pensées qu'il
n'en énonce. Il y a de l'actualité. L'archéologie en est la
solide base, les preuves en sont la confirmation, et la biographie y orne les faits généraux rendus plus saillants
par la critique. Aujourd'hui même encore la lecture en est
aussi intéressante que profitable.

Ni avant, ni après lui, Loisel n'eut point d'égal parmi
ceux de ses compatriotes qui essayèrent d'écrire sur l'histoire de leur pays.

Louvet a publié la seconde partie de son grand ouvrage
sous ce titre : *Histoire des antiquités du pays et du diocèse
de Beauvaisis*, in-8°, Beauvais, 1635.

Les deux autres parties, où il devait traiter de ce qui
concernait les priviléges, juridictions civiles et temporelles,
et les personnes vertueuses de la noblesse et du tiers-état
n'ont point vu le jour.

Outre ces ouvrages, Louvet avait encore publié en 1615
une Conférence des coutumes de Senlis, Amiens, Clermont
et Montdidier, avec celle de Paris, sous ce titre : *Coutumes
de divers bailliages observées en Beauvaisis*, Beauvais,
1615, petit in-4°. Il faut être fort en garde contre les ré-

ductions de mesures que l'auteur fait, page 237 et suiv. de ce livre : elles sont pleines de fautes et ont induit dans des erreurs qui ont été très-préjudiciables depuis. M. Borel les relève dans son *Histoire générale du Beauvaisis*, qu'il composa avec l'aide de M. Bucquet, procureur du roi au présidial de Beauvais, où Borel était lieutenant général, et du chanoine Danse (1).

Cet auteur fondit dans son ouvrage les mémoires de Loisel, son trisaïeul, et eut surtout à rétablir, dit Lelong, les chartes et actes dont quelques-uns n'y sont point copiés avec toute l'exactitude possible. Car Loisel, ajoute-t-il, qui était avocat des évêques de Beauvais à Paris, soutient leurs droits avec une chaleur qui dégénère en partialité dans ses mémoires. Il fut aidé, ajoute-t-il encore dans son travail, par Raoul Adrien, célèbre avocat de Beauvais, qui y mourut en février 1626. Loisel s'appuie, en effet, dans plusieurs occasions sur le témoignage de ce personnage très-capable.

Louvet publia un autre petit ouvrage intitulé : *Histoire de la virginité de sainte Marie de Letheuse.*

En 1631, il publia ses anciennes remarques sur la noblesse beauvaisienne et sur plusieurs familles de France, par lettres alphabétiques, tome 1er, Beauvais, 1631, in-8°. En 1840, il donna une nouvelle édition de ce tome, le seul qu'il ait imprimé. Il va de la lettre A jusqu'à L inclusivement. Il est suivi de la lettre M du tome II et d'une feuille de la lettre N, les seules pages de ce volume que l'on ait imprimées et dont la Bibliothèque impériale et possède trente feuillets. Le travail finit au mot *Mallet.*

« Quoique cette histoire soit très-imparfaite, elle ne laisse pas d'être recherchée parce qu'elle est rare (2). »

____

(1) Cette histoire est restée inédite.

(2) Moréri : *Dictionnaire historique.* — Michaud : *Biographie univer-*

(LENCLET DU FRESNOY, *Méthode historique*, tome XIII, page 42.)

Louvet mourut dans un âge très-avancé.

Vitam impedere vero (1).

Telle fut la devise de cet auteur laborieux qui consacra tant d'années à ce qui pouvait être utile à son pays, et qui lui a conservé tant de matériaux précieux pour son histoire, et qui tous concernent des institutions abolies depuis et qui n'ont de place aujourd'hui que dans la mémoire de la postérité toujours curieuse de demander au passé l'intelligence et l'amélioration du présent.

LOUVET (Pierre),

Docteur en médecine et Historiographe,

né à Beauvais.

1617 — 1681.

Médecin sans vocation et sans clientèle, professeur par nécessité, Louvet devint un historiographe plus remarquable par le nombre que par le mérite de ses ouvrages.

Il était d'une autre famille que l'avocat Louvet, son ho-

----

selle. — *Mémoires du temps.* — Le P. Lelong, de l'Oratoire : *Bibliothèque historique de la France.* — Lenglet du Fresnoy : *Méthode historique.* tome x, page 412, in-12. — G. Hermant : *Histoire de Beauvais.*

(1) Ce fut aussi la devise adoptée plus tard par J.-J. Rousseau.

monyme, ainsi qu'il l'affirme lui-même. Son père était
d'Amiens : il n'appartient donc que par sa naissance à
Beauvais et ne l'habita que pendant sa jeunesse.

Il fit ses études au collége de cette ville, qui possédait
alors des hommes de mérite. M. Prichard lui enseigna
les humanités. C'est à Paris qu'il fit sa philosophie, sous
Claude Tristan, qui fut par la suite l'un des vicaires généraux du diocèse de Beauvais pendant l'épiscopat agité de
M. de Buzenval. Le père Louvet, dominicain, l'emmena
ensuite à Lyon.

Louvet était sans fortune; il lui fallait pourvoir à son
avenir par le choix d'une carrière. Mais l'incertitude est
toujours grande pour qui n'a pas une vocation bien marquée ou qui tend vers un but trop éloigné que l'on n'a pas
les moyens de poursuivre. Après huit mois de séjour à
Lyon, il n'avait pris aucun parti et il était toujours aussi
indécis que le premier jour; optant enfin pour la médecine,
il alla en Provence, où il habita quelque temps, et de là à
Montpellier, où il poursuivit sérieusement ses Cours : il fut
enfin reçu docteur en médecine et songea à un établissement définitif.

Ses souvenirs d'enfance et ses affaires, sans doute, l'appelaient à Beauvais, où il se lia d'amitié avec Guy-Patin.

Mais il rencontra peu de ressources dans sa ville natale,
et comme il n'avait guère d'autre fortune que celle que
pouvait lui rapporter son travail, il revint en Provence
où il avait l'espoir d'une position plus lucrative.

Il avait peu de goût pour la médecine pratique; mais
comme il aimait l'étude et qu'il avait du savoir, il accepta
la proposition qui lui fut faite d'entrer dans l'enseignement,
et il professa pendant huit ou neuf ans la rhétorique et les
humanités. Pendant sa résidence à Sisteron, il s'y maria et
y fut en grande estime, particulièrement auprès de l'évêque. L'étude de la géographie et de l'histoire l'occupaient

principalement, et, sur ce théâtre de tant d'évènements et de souvenirs si lointains, il fit de grands progrès dans ces deux sciences.

Il professait la rhétorique à Digne, lorsqu'il fit la connaissance du célèbre Gassendi. La conversation de ce profond philosophe, si grand mathématicien, lui fut, comme il l'avoue lui-même, des plus profitables ; ce qui prouve qu'il y était bien préparé. Là fut le terme de sa carrière de régent.

Il alla à Marseille, où se présentèrent à lui plusieurs occasions éclatantes de se faire connaître. A l'activité du picard, il joignait une vivacité toute méridionale. Il ne craignait pas même de se produire en place publique pour démasquer un imposteur. Un charlatan avait attiré autour de lui, par sa vaine faconde, la majeure partie d'un public avide et curieux de nouveautés, et parfaitement dupe de sa crédulité. Cet empirique professait l'omniscience, ce qui coulait surabondamment de son babil exercé et de sa verve à tout venant. Il traitait de la médecine, de la magie, de l'astrologie, des éclipses et annonçait les résultats les plus étonnants : il offrait le moyen de tout prévoir et promettait de tout prédire ; pour lui il n'y avait plus de mystères, il connaissait tout. L'auditoire était ébahi ; l'infatigable et inépuisable parleur était au plus beau moment de son éphémère succès, lorsque Louvet, qui l'avait laissé discourir à son aise, l'interrompit enfin contradictoirement. Le charlatan essaya de payer d'audace, mais Louvet le réfuta avec tant de force et de solidité, il dévoila ses faussetés et démontra d'une manière si palpable la vanité de ses propositions, qu'il le confondit complétement et le réduisit au silence.

Honteux de sa crédulité, l'auditoire combla de louanges et d'honneurs le véritable savant. C'était un complet triomphe : car s'il est facile de démontrer un faux savant, il l'est moins de ramener au vrai ceux qu'il illusionne. Mais il est des moments où les preuves matérielles vous servent admirablement. Comme on était à la veille d'une éclipse, Louvet profita avec beaucoup d'à-propos d'une circonstance aussi opportune : sa réputation était faite.

Il se vit recherché depuis du public le plus éclairé de Marseille. Les médecins surtout, dont il avait pris le parti, contribuèrent grandement à répandre sa renommée en faisant partout son éloge; ils informèrent même de cette aventure leurs collègues de Montpellier. Aussi, celui qui en était le héros, fut-il accueilli de la manière la plus flatteuse et la plus honorable par les médecins de cette ville, où il revint quelques temps après pour y séjourner de nouveau, non plus comme élève, mais en maître.

Pendant son séjour à Montpellier, Louvet ouvrit des leçons publiques de géographie et eut la satisfaction de voir figurer parmi ses auditeurs plusieurs présidents et conseillers de la Cour des aides, qui ne dédaignèrent pas de s'avouer ses élèves.

Telles sont les particularités de sa vie qu'il retrace dans sa lettre à Guy-Patin. Il s'occupa des histoires du Midi jusqu'en 1678, où l'importance des événements généraux l'appela à la rédaction du *Mercure hollandais*, fondé en 1778 à Amsterdam.

Il était à Béziers lorsqu'il écrivit cette lettre, le 17 janvier 1657. Cinq jours avant il avait présenté aux États de Languedoc, assemblés dans cette ville, un volume in-4° qui avait pour titres : *Remarques sur l'histoire de Languedoc, de ses princes sous la seconde et troisième lignée de nos rois jusqu'à sa réunion à la Couronne, des États généraux de la province et des particuliers de chaque diocèse.* Cet ouvrage, peu estimé, depuis que l'on possède de meilleures histoires de cette province, ajouta beaucoup alors à sa réputation. Contrairement aux usages aujourd'hui reçus, il lui fallut présenter le manuscrit, pour se conformer à l'ordonnance de l'assemblée, tenue à Carcassonne, laquelle ne permettait la réception d'un livre dédié aux Etats qu'après l'examen des commissaires délégués à cet effet. Mais, dès que son ouvrage eut été lu, il fut accueilli avec applaudissement, et on ne lui donna plus de commissaires que pour la forme. Il reçut même tous les honneurs les plus dignes de flatter l'amour-propre d'un auteur. Admis à l'une des séances des Etats, il y parla avec beaucoup de talent et son discours fut vivement applaudi. L'assemblée lui députa le premier consul de la ville, en chaperon, pour le complimenter : conduite bien digne d'une assemblée composée d'hommes assez grands pour que le talent ne leur causât ni envie, ni ombrage !

La même année Louvet imprima son livre à Toulouse et en donna une seconde édition à Nîmes, en 1662, sous le titre de : *Abrégé de l'histoire de Languedoc et des princes qui y ont commandé,* etc.

Il publia ensuite : *Discours historique de l'an jubilaire de la paix, depuis celle de Câteau-Cambrésis, en 1559, jusqu'à celle des Pyrénées, en 1659, avec une relation de ce qui s'est passé à Toulouse en la publication de la paix,* in-8°, Toulouse, 1660.

Cette histoire n'a paru depuis digne de tant d'estime que parce qu'on n'avait point alors à lui comparer rien qui fût susceptible d'en mettre au jour les défectuosités ; les auteurs français du pays même étant encore rares. Mais elle n'inspira depuis que du dédain à Lenglet du Fresnoy. « *Médiocre auteur,* » dit en plusieurs endroits le malin critique.

Louvet manquait plutôt d'art que de connaissances, et il composait trop vite pour être à même de fournir une bonne histoire dont les matériaux seuls exigent de longues recherches et une critique opiniâtre, aussi sévère que judicieuse et bien pesée. Ses ouvrages sont assez nombreux.

On a de lui : un *Traité en forme d'abrégé de l'histoire d'Aquitaine, Guyenne et Gascogne, depuis les Romains jusqu'à présent.* Bordeaux, 1659, in-4°.

Projet de l'histoire du pays de Beaujolois, Villefranche, 1669, in-4°.

Histoire de Villefranche, capitale du Beaujolois. Lyon, 1672, in-4°, qui fait dire encore à L. du Fresnoy : « Médiocre auteur. »

Abrégé de l'histoire de Provence, contenant plusieurs mémoires qui ont été inconnus aux auteurs qui ont écrit l'histoire de ce pays. Aix, 1676, in-12, 2 vol. Le premier volume contient un abrégé de l'histoire des comtes de Provence, et le second traite de l'état ecclésiastique de cette province. Le même auteur a fait des additions et illustrations sur ces deux volumes; Aix, in-12, David. Mais tout ce qu'il a fait sur cette histoire est si mal écrit et si peu estimé, qu'il est généralement dédaigné et sans autorité parmi les savants Cependant cet auteur, pour faire valoir son abrégé, dit que les ouvrages des sieurs Nostradamus, de Ruffi, Bouche, Pithou, sont plutôt des pièces de cabinet que des livres à la main, et que, pour être d'une longue lecture et mal commodes à la main, ils embarrassent l'esprit plus qu'ils ne l'instruisent.

Histoire des troubles de Provence, depuis son retour à la *couronne* (1481), *jusqu'à la paix de Vervins* (1598). Aix, 1679, 2 vol. in-12. Les mémoires de Louis Fabri, sieur de Fabregues, assesseur et consul d'Aix, grand partisan de la Ligue, ne paraissent plus; mais Louvet, dans la seconde partie de ses additions, en a inseré une grande partie tout au long, depuis l'année 1581 jusqu'à la fin de 1601, de la page 130 à la page 319. Il paraît par les fragments de Fabregues, qu'il était habile négociateur.

« On voit, par la plupart des titres de ces ouvrages, que Louvet a beaucoup écrit sur l'histoire de Provence, et il croyait avoir bien écrit ; mais tout ce qu'il a fait sur cette matière est d'un style mauvais, mal digéré et si peu estimé parmi les savants de Provence, qu'on ose à peine le citer (1). »

Louvet a écrit aussi plusieurs ouvrages d'histoire générale.

La France dans sa splendeur, tant par la réunion de son domaine aliéné que par les traités de Munster, des Pyrénées et d'Aix-la-Chapelle, et par les conquêtes du roi, 2 vol. in-12, Lyon, 1674.

Le Mercure hollandais ou *les Conquêtes du roi* (Louis XIV) en Hollande, en Franche-Comté, en Allemagne et en Catalogne, et généralement ce qui s'est passé dans l'Europe pendant la guerre, depuis l'an 1672 jusqu'à la fin de 1679, 10 vol. in-12, Lyon, 1673. Jusqu'en 1680, l'auteur y prend avec le titre de docteur en médecine, celui de historiographe de Son Altesse royale, souverain de Dombes. Le premier volume contient tout ce qui s'est passé dans la république de Hollande, depuis sa naissance jusqu'en 1671. Les autres volumes regardent les conquêtes de Louis XIV, de 1672 à 1680, des guerres de l'Europe de 1672 à 1677. « Ouvrage qui vient d'une main peu exacte, dit Lenglet-Dufresnoy, mais il peut avoir son utilité, et tenir sa place dans une vaste et grande bibliothèque. »

Cet ouvrage de Louvet a plus de mérite que ne lui en accorde son compatriote. Il est intéressant et d'une exposition assez rapide : l'auteur y fait preuve de talent et de savoir en histoire. Il présenta le premier volume qui contenait l'*Histoire de la république et des provinces unies des Pays-Bas,* à la municipalité de Lyon.

Dans un voyage qu'il fit à Paris, pour aller offrir à

____

(1) Lenglet du Fresnoy : *Méthode historique*, tome x, in-12.

S. A. R. souveraine de Dombes l'*Histoire de ses pays de Beaujolais et de Dombes*, Louvet conçut l'idée d'un ouvrage dont l'ignorance des nouvellistes de toutes sortes faisait sentir la nécessité. C'est à Lyon qu'il en conçut le plan à la représentation de la fable de Midas, faite sur le pont de la Saône, faisant allusion à l'orgueil des bourgeois parvenus de la Hollande, dont l'audace ne semblait plus avoir de bornes. Et c'est ainsi qu'il débuta par une description des Pays-Bas, pour initier le public aux événements de la guerre que Louis xiv poursuivait contre « cette insolente république », comme il l'appelle. Louis xiv était alors dans tout l'éclat de sa gloire, jusqu'alors ascendante. L'engouement était général. Il va sans dire que Louvet partage cette admiration universelle, et qu'il trouve aussi audacieux qu'ingrats les Hollandais qui osent regarder en face ce soleil d'où leur viennent tant de biens.

En résumé, Louvet a trop écrit pour produire des ouvrages dignes de la postérité, mais il fut très-goûté de son temps. Il avait de l'esprit, le travail facile, et surtout l'art de se produire : il sut user de toutes ces qualités pour se faire une position honorable et des amis éminents par leur mérite ou par leur rang, et il jouit d'une grande considération jusqu'à la fin de ses jours (1).

---

(1) Moréri : *Dictionnaire historique*, in-folio. — Lelong, in-folio. — Lenglet du Fresnoy : *Méthode historique*, in-12.

MALLET (Philippe), Mathématicien,

né à Bazancourt, près de Gerberoy.

1606—1679.

Il était le troisième fils de Pierre Mallet, écuyer, sieur des Equennes. Cadet d'une famille de gentilshommes, il se distingua de bonne heure par ses goûts studieux. Ses progrès rapides, qui lui concilièrent l'amitié et l'estime de ses maîtres, attirèrent l'attention de ses parents qui l'envoyèrent continuer ses études à Paris où il vint commencer ses humanités. Il était fort lettré, mais il excella surtout dans les mathématiques. L'étendue de ses connaissances, aussi profondes que variées, le firent rechercher même de grands personnages. C'est dès-lors qu'il commença à recueillir le fruit de ses travaux.

Le fils de lord Dygbi l'appela auprès de lui; frappé de son mérite, il l'emmena en Angleterre et l'attacha à sa personne en qualité de secrétaire. Là, Mallet fut produit à la cour et se fit connaître avantageusement des grands. Les hommes politiques eurent tant de confiance en son jugement et en ses hautes lumières, qu'ils l'employèrent même, quoique étranger, dans des négociations diplomatiques. Deux fois il passa la mer pour soutenir à Paris les intérêts de la reine Henriette de France, femme de Charles Ier. C'était faire preuve de dévouement et de courage dans des circonstances si critiques. Il y mettait d'autant plus de zèle qu'il trouvait l'occasion de servir son pays en même temps que la cause d'une princesse française. Cependant il se lassa de démarches inutiles : l'état désespéré des affaires de cette infortunée reine, l'abstention du gouvernement et le débordement des passions révolutionnaires qui succédait à toute action raisonnée, tout contribua à le dégoûter d'un mouvement politique où la modération ne trouvait plus de place. Il voulut revenir à sa vie paisible, à ses études chéries, et repassa une troisième fois en France pour ne plus quitter son pays. Il s'y livra à l'étude des mathématiques qu'il professa avec beaucoup de succès pendant quarante-trois années. Les cours qu'il ouvrit gratuitement au collége de Bourgogne furent fréquentés par un grand nombre d'amateurs et d'écoliers.

On doit à ce savant, aussi zélé que consciencieux, plusieurs traités de mathématiques très-estimés de son temps. Comme il cultivait la poésie, il voulut en importer les formes dans la science, les considérant comme un moyen plus aisé de répandre les principes pratiques des études abstraites. C'est à cette fin qu'il tourna en vers un *Traité des fortifications* et un *Cours de mathématiques élémentaires*.

Mallet mourut à Paris à l'âge de 73 ans. C'est à cet âge avancé qu'il termina une vie aussi estimable par l'honnêteté de ses mœurs que par la profondeur de sa science.

Pour plus de tranquillité, il avait gardé le célibat (1).

MANASSES I, Seigneur de Bulles.

XIIe SIÈCLE.

Il accompagna Louis VII dans la croisade de la Terre Sainte, lorsque la prise d'Edesse par les Sarrazins excita le

---

(1) *Mémoires du temps.* — Moréri : *Grand dictionnaire historique.*

zèle de ce roi, animé par les prédications de Saint-Bernard. Ce Manasses prit la croix avec lui pendant les fêtes de Pâques de l'année 1145; et ceux qui ont écrit l'histoire de cette croisade, dans laquelle la fleur de la noblesse de France et des Pays-Bas servit avec l'empereur et quelques princes d'Allemagne, le mettent au nombre des barons que la cause de Jésus-Christ et de la religion porta à aller risquer leur vie au-delà des mers.

« Il faut qu'il ait été d'une grande considération dans son siècle, dit Hermant, puisque ceux qui ont escrit l'histoire mettent son nom avec ceux de Simon de Vermandois, prince du sang, évesque de Noyon ; de Godefroy, évesque de Langres, cousin de Saint-Bernard, et de Herbert, abbé de Saint-Pierre-le-Vif, près Sains; de Thibault, évesque de Sainte-Colombe, dans le même diocèse; d'Ausulfe, comte de Saint-Gilles; de Thierry, comte de Flandres; de Henry, fils de Thibauld, comte palatin de Troyes et de Blois ; de Guillaume, comte de Nevers; de Renaud, frère, comte de Tonnerre; de Robert, comte de Dreux, frère du roy Louis-le-jeune; d'Yves, comte de Neelle, comte de Soissons, de Guy, comte de Ponthieu; de Guillaume, comte de Gavenne; d'Archambaud de Bourbon; d'Enguerrand, sire de Coucy; de Geoffroy de Rauçon; de Guillaume de Montargis ; d'Itier de Foucy, de Gautier de Montgay, d'Evrard de Breteuil, de Dreux de Moucy, d'Auseau de Garlande, de Guillaume Le Bouteillier et de Guillaume Agullon de Frie. »

« La chronique de Marigny ajoute, que l'armée française ayant souffert de grands obstacles dans l'exercice de cette entreprise par le défaut de vivres et par la perfidie d'Emanuel Comnène, empereur de Constantinople, il en cousta la vie à Manasses de Bulles, en traversant la montagne de la petite Laodicée, par de chemins forts étroits (1) ».

---

(1) G. Hermant : *Histoire ecclésiastique de Beauvais et de Beauvaisis.*

MAUCROIX (François de),

Poète et prosateur, chanoine de Notre-Dame de Reims,

né à Noyon.

1619 — 1708.

Pour passer à la postérité, il ne suffit pas toujours de la grande réputation dont on a joui parmi les contemporains, il faut encore que la renommée la transmette de siècle en siècle : sans cette bouche aux cent voix on passe bientôt inaperçu ; François de Maucroix en est un mémorable exemple.

Cet enfant gâté des muses et des sociétés lettrées, que la fortune du barreau et la perspective d'un fauteuil académique ne purent tenter, et que ses relations avec tant de célébrités du xviiᵉ siècle ne réussirent pas à retenir à Paris, mais que des amours romanesques attachèrent à la province, serait presque tombé dans l'oubli sans l'amitié de La Fontaine, son collaborateur, et de Tallemant des Réaux, son historien.

Jusqu'à la publication des œuvres complètes de ces auteurs, la plupart des faits et gestes de la vie privée de Maucroix, le côté le plus piquant et le plus curieux de ses aventures et de ses productions, le tout renfermé dans le cercle de l'intimité, était resté enseveli dans le mystère des archives manuscrites des bibliothèques de Paris et de Reims.

Les récents travaux des érudits modernes et leurs publications successives (1820, 1835 et 1854), nous permettent aujourd'hui de rétablir en entier une existence si singulière, tour à tour agitée et studieuse, féconde en incidents et en traits, pleins d'originalité, qui traverse tout le grand siècle et réfléchit les phases diverses de sa littérature si souvent modifiée et si remplie de contrastes : nous nous empressons de livrer l'homme ainsi exhumé tout entier à la curiosité de ses compatriotes.

Il vit le jour sous le ciel de la Picardie qui a vu éclore tant de poètes, d'écrivains spirituels et positifs, tant de créateurs souples, légers et gracieux de la langue et de la littérature qui fait aujourd'hui loi en Europe, tant de re-présentants purs de l'esprit français.

François de Maucroix naquit à Noyon le 17 janvier 1619. Il appartenait à une famille bourgeoise qui, par ses services, avait gagné la particule nobiliaire. La position de cette famille le vouait au barreau où l'appelait aussi son talent; mais ses goûts l'entraînaient vers la littérature, et un dépit amoureux le jeta brusquement dans le canonicat.

Son père exerçait les fonctions de praticien, à Noyon, où il faisait les affaires des bourgeois et des nobles du lieu et des alentours. Comme il visait pour ses fils à des positions plus hautes, il sut faire concourir ses amis à un but si louable.

L'influence d'un M. de Cany, dont il était lieutenant, lui ouvrit, pour Louis de Maucroix, son fils aîné, les portes du collége de Château-Thierry. Il est probable que François alla bientôt rejoindre son frère et que c'est dans ce collége que les deux Maucroix connurent d'abord La Fontaine.

Par sa vive et précoce intelligence, François attira bien vite l'attention et de ses maîtres et de son père qui porta aussitôt sur lui ses plus belles espérances. Aucun sacrifice ne sembla trop grand à l'heureux père pour développer les belles qualités du fils. Cet enfant, que la nature desti-nait à l'exercice de l'art littéraire et même de la parole, s'il y eut porté la volonté nécessaire, se montra tout aussitôt apte à fournir la plus belle carrière. A Paris, où son père l'amena de bonne heure, il fit les plus brillantes études.

Le rêve du père était de voir ce fils primer au palais comme au collége. Mais François qui goûtait les anciens et qui souriait déjà aux heureux essais des modernes, tournait le vers, fréquentait le monde, était fou des plaisirs et des fêtes; il ne se décida à compulser Gaius et Barthole que par condescendance : car la lecture des poètes ou des orateurs avaient beaucoup plus d'attrait pour lui que les sèches formules des Institutes.

Il réussit cependant dans ces études peu attrayantes, grâce à sa supériorité intellectuelle. Une mémoire heureuse, un esprit cultivé, plein de saillies, de spontanéité, et habile à manier le sarcasme ou la pointe, lui permettaient de briller partout. Ses débuts au barreau furent ceux d'un avocat plein d'avenir. Dans les cinq ou six affaires qu'il plaida, on admira généralement la grâce de son débit et son élocution élégante que relevait encore un certain vernis poétique. Aucun encouragement ne lui manqua.

Patru, la lumière du barreau et l'oracle du goût en littérature, protecteur toujours désintéressé du talent naissant, fut des premiers à l'accueillir, à le prôner, à le produire, dans le temple de Thémis et dans le séjour de Muses, et à l'introduire au Parnasse, dont Conrart, le législateur de la langue, s'empressa de lui faire les honneurs. Mais Patru, qui sacrifiait tant à la littérature et si peu à la plaidoirie, était plus propre à stimuler son jeune ami par ses conseils que par son exemple (1). Maucroix s'exagéra les obstacles d'une profession qu'il n'aimait point; mais si le barreau perdit un de ses plus brillants représentants, les muses conservèrent un de leurs plus gracieux interprètes.

Il ne mit point la persévérance nécessaire pour surmon-

---

(1) Il ne venait guère au palais pour y plaider, ni pour y être consulté, dit V. Marville, sinon sur les difficultés du langage, par un certain nombre d'admirateurs qui se rangeaient à son pilier.

ter une extrême timidité qui comprimait ses élans et l'empêchait de donner plein cours à son éloquence, pas plus que pour vaincre son dégoût pour la chicane. Autant il avait d'éloignement pour les pâles affaires du cabinet et les débats fatiguants de la plaidoirie, autant il trouvait d'attrait dans les réunions d'un monde choisi et ardent aux plaisirs. Là il donnait libre cours à sa prédilection pour le beau sexe et pour ses conversations piquantes, dans lesquelles son esprit pétillant et sa parole vive et enjouée lui promettaient un succès, toujours certain, toujours facile.

Maucroix arrivait à une époque toute de transition. « On sortait, dit Sainte-Beuve, de la langue du xviᵉ siècle : que cette prose de Rabelais, de Montaigne, de d'Aubigné, et de tant d'autres, fût en partie très-regrettable et préférable à celle qu'on essayait de former, ce n'était pas la question, puisque la société n'en voulait plus et prétendait, depuis Malherbe, s'en composer une moderne, plus choisie et toute réformée à son usage. Dans ce dessein, il fallut, à cette époque intermédiaire, des professeurs de grammaire et de rhétorique qui donnassent la loi et fixassent ses règles au langage nouveau. Balzac, et après lui Vaugelas, d'Abancourt, Patru, furent chacun dans son genre de ces excellents professeurs, et ils se continuèrent jusqu'à Pellisson et à Fléchier (1). »

Maucroix se rapprocha de tous ces beaux esprits. Il fut accueilli avec grande faveur à l'hôtel de Rambouillet, l'un des principaux centres de leurs réunions ; on saluait en lui avec la même faveur, et les grâces de la jeunesse et les fleurs du talent, dans tous ces salons où s'épurait la langue, où se formait le goût littéraire du grand siècle, où enfin, sans perdre le respect du passé, on disait : « Place à l'avenir. »

____

(1) *Causeries du lundi*, vie de Patru, page 223.

Dans ces réunions brillantes, Maucroix eut bientôt pour amis les personnages les plus illustres par le talent et la position sociale. Outre : Patru, Conrart et Pellisson, ses Mentors; La Fontaine et des Réaux, ses intimes, il connut : Voiture, d'Ablancourt, les deux Corneille, et plus tard Racine et Boileau, et en outre de hauts fonctionnaires et dignitaires de la cour et du clergé. Il se livra au charme de la société des gens aimables, des femmes belles, et trouva plus de plaisir à tourner un madrigal, à composer un sonnet qu'à donner une consultation ou à faire un plaidoyer. Et il s'éloigna de plus en plus du barreau jusqu'à ce que ses amours l'en détachèrent tout à fait.

François de Maucroix était accessible à la vanité et à l'ambition; il vivait au milieu du plus merveilleux concours de poètes, de prosateurs et de grands talents en tous genres; il était accueilli avec autant d'empressement que de faveur à l'hôtel de Rambouillet, l'académie libre, où se forgeaient les matériaux de la langue, que l'académie officielle, sous l'impulsion de Conrart, était chargée de classer et de fixer dans le fameux *Dictionnaire* : il se trouvait mêlé aux beaux esprits de toutes les cabales et fréquentait toutes les petites coteries littéraires. Il prit ainsi goût à la fréquentation du grand monde.

Mais si la finesse de son esprit et son extérieur agréable lui permettaient d'y figurer avec avantage, l'état de sa fortune l'obligeait à s'y produire avec une modestie peu en harmonie avec son désir de paraître. Dans son impatience juvénile, il était trop pressé de jouir pour attendre d'un travail incessant les moyens de suffire à un plus grand train de vie. Ainsi poussé par la mobilité de son esprit et par la vivacité de ses passions, il prit une résolution subite qui devait le porter plus tard, par les conséquences qui en résultèrent, à prendre un parti extrême et tout à fait inattendu de sa part.

Quelque sentiment secret le pressait sans doute de renoncer au bel avenir qui lui était offert à Paris pour le rendre sourd aux conseils de Patru et insensible à l'amitié tendre de des Réaux et de Pellisson! Quoi qu'il en soit, on ne fut pas peu étonné de le voir se déterminer brusquement au séjour de la province, en acceptant une position qui ne semblait guère conforme à sa taille.

M. de Cany, l'ancien protecteur de sa famille, l'avait proposé et présenté à M. de Joyeuse, baron de Saint-Lambert, alors lieutenant du roi, en Champagne, comme un avocat qui, bien que jeune, était parfaitement capable de rétablir l'ordre dans ses affaires. C'est ainsi que le jeune jurisconsulte entra dans la maison où devait s'écouler la partie la plus dramatique de sa vie.

Singulière maison que celle de M. de Joyeuse! Parmi les détails scandaleux que Tallemant des Réaux nous en donne, nous ne prendrons que ce que la décence autorise.

Mme de Joyeuse, née Anne Cauchon, fille du baron de Tur et d'Anne de Gondi, avait épousé, le 2 juillet 1619, Robert de Joyeuse. Fort jolie femme et passablement coquette, elle avait fait fureur dans le monde et possédait tout pour plaire. Étincelante d'esprit, la baronne de Saint-Lambert faisait des vers et jouait délicieusement de la harpe. « Merveilleuse d'esprit et de bonté, a dit d'elle un poète rémois, les miracles qu'elle opère sur le luth et sur la harpe ne sont ignorés que des sourds, et ses grâces que des aveugles. »

De ce mariage était née Henriette-Charlotte de Joyeuse, dont l'auteur des *Historiettes* fait ainsi le portrait : « Elle avoit de l'esprit, chantoit joliment, étoit de la plus fine taille qu'on pût voir, avoit les yeux admirablement beaux; avec tout cela ce n'étoit pas une grande beauté, mais, à tout prendre, on ne pouvoit guère trouver une plus aimable personne. Elle n'avoit que quatre *ans* (quatorze ans) quand Maucroix, alors jeune garçon, suivant ou voulant suivre le

barreau, sentit qu'il avoit de l'inclination pour elle. Le père
de ce garçon avoit été intendant d'un parent de M. de
Joyeuse, homme de bonne maison, nommé M. de Cany;
cela avoit fait la connoissance. Et comme ce garçon est bien
fait, a beaucoup de douceur et beaucoup d'esprit et fait
aussi bien des vers et des lettres que personne, à quinze
ans, elle eut de l'inclination pour lui. Il étoit fort familier
dans la maison, et le père et la mère n'étoient pas des gens
trop réguliers. »

Jurisconsulte, poète et musicien, Maucroix avait tous les
avantages nécessaires pour prendre pied dans la maison de
Joyeuse, en se rendant utile au baron comme conseil,
agréable à Madame, avec laquelle il chantait au salon, et
amusant pour la société par ses saillies, son talent de beau
diseur et le récit de la correspondance piquante qu'il entretenait avec les beaux esprits de Paris. Ses impromptus
étaient souvent des plus spirituels.

Devenu l'homme indispensable dans la maison de
Joyeuse, Maucroix l'accompagnait partout, à Grand-Pré,
à Saint-Lambert, à Tur, à Paris et à Reims, où le baron
était retenu une partie de l'année à cause de ses fonctions :
mais un charme bien plus grand l'y attachait.

Il voyait grandir sous ses yeux Henriette-Charlotte de
Joyeuse, « aimable enfant à qui notre poète était chargé
d'enseigner les belles choses : j'entends l'art de lire les auteurs et de les comprendre. » Et il s'embrasait au feu du
beau regard qui ne faisait que réfléchir avec candeur les
flammes qu'allumait dans le cœur de la jeune fille l'éloquence du bel instituteur. Cet amour naissant, auquel le
poète s'abandonna bientôt tout entier, devint un nouvel
aliment pour sa muse folâtre et légère.

Il exprime dans ce madrigal ses premières impressions :

> Mon Iris chaque jour croît et devient plus belle;
> Cet astre en s'élevant augmente sa clarté;

> Ma passion aussi croît avec sa beauté,
> Et plus elle a d'appas plus je brûle pour elle.
> Mais il faut bien enfin que le ciel en ce jour
> Achève ses beautés et borne mon amour;
> Leur excès ne peut plus s'accroître davantage.
> Je vois dessus son front tout ce qui peut charmer,
> Le ciel ne saurait plus embellir son visage,
> Et moi je ne saurais davantage l'aimer.

Une résolution honnête et courageuse l'eut sauvé de l'écueil où il s'abîma. Au lieu de s'abreuver de l'amertume d'une passion malheureuse, il eut gardé le souvenir d'un sentiment profond qu'aucun désir impur n'eût altéré et conservé au fond de son cœur l'idéal qui inspira la muse de Dante et de Pétrarque.

Mais le trouble des sens l'égara, et sa passion se trahit déjà dans ces vers, qui figurent parmi les premiers de son recueil :

> Jamais fille à mes yeux n'avait coûté de larmes;
> Je parlais de l'amour comme d'un dieu sans armes :
> Et tous ses désespoirs, ses plaintes, ses tourments
> Passaient dans mon esprit pour feintes de romans.
> Olympe, que ce jour fut fatal à ma joie!
> Quand de tes doux attraits mon cœur devint la proie!
> . . . .
> . . . .
> J'éprouvai de tes yeux l'invincible pouvoir,
> Et je fus aussi prompt à t'aimer qu'à te voir.

En décrivant son mal avec tant de complaisance, l'auteur montre assez combien il s'y complait. Et il se garde d'autant mieux de rompre sa chaine que l'espoir l'invite à la river plus fortement.

Ainsi il reprend dans une autre élégie amoureuse :

> Mais, qu'ai-je dit, Amour? Garde bien de guérir
> Un mal qui m'est si cher que j'en veux bien mourir.
> Il est vrai qu'à mes vœux Philis est inflexible;
> Mais peut-être qu'un jour elle y sera sensible :
> De tes feux, tôt ou tard, les cœurs sont enflammés;
> Les fidèles amants à la fin sont aimés,
> Et l'on voit rarement que la plus inhumaine
> Paie un amour constant d'une constante haine.

> Dieux pourrois-je espérer que ma longue amitié
> Pourra peut-être un jour mériter sa pitié?
> Quoi! Peut-être qu'un jour j'entendrai ma déesse
> Me dire en rougissant : Tyrsis, je le confesse,
> On ne hait pas toujours ce qu'il faudrait haïr,
> Et souvent la raison se fait mal obéir.

Son vœu fut bientôt exaucé. « Un jour qu'étant à Reims, dit l'auteur des *Historiettes*, Henriette (ou Philis) feignit de se trouver mal, afin de laisser sortir sa mère et de demeurer seule avec Maucroix. »

> Il la fléchit, et cette belle
> Perdit lors pour Daphnis le titre de cruelle.

Sa passion, encouragée par la certitude d'être aimé, osa prétendre à plus encore; il a Philis, il veut posséder Diane.

> J'aime toujours Diane ou plutôt je l'adore,
> Une inquiète ardeur sans cesse me dévore;
> En vain pour m'assoupir d'un moment de repos,
> La nuit répand sur moi le jus de ses pavots
> Quand partout sous le ciel la nature sommeille;
> J'ai beau fermer les yeux, le chagrin me réveille.
> Je ne puis faire trève avecque mes douleurs,
> Et je baigne mon lit d'un déluge de pleurs.

L'ambition et la vanité entraient-elles pour une part quelconque dans ses sentiments? Il semble vouloir se dissimuler à lui-même une pareille idée et en détourner même le soupçon.

> Qu'importe toutefois si je languis pour elle?
> Un téméraire espoir ne me rend point fidèle.
> Que la terre à mes pieds s'ouvre pour m'abimer
> Si je cherche en l'aimant que le bien de l'aimer!
> C'est là tout mon désir; car enfin si je l'aime,
> C'est seulement pour elle et non pas pour moi-même.
> . . . .
> Quand je pense aux grandeurs dont l'éclat l'environne,
> De sa témérité mon courage s'étonne
> Je doute du beau feu dont je me sens épris,
> Et ne puis croire encore d'avoir tant entrepris,

> Mais l'amour prend plaisir d'égaler toutes choses,
> Ce dieu voit d'un même œil les pavots et les roses,
> Et, sans distinction de richesse et de sang,
> Il veut que ses sujets soient tous du même rang.

Cependant les parents ne partageaient pas sa théorie. Le baron songeait à marier sa fille, mais à un homme de haute lignée. L'esprit plein de naturel et de vivacité de la jeune Henriette ne contribuaient pas moins que sa beauté et sa fortune à la faire rechercher : de nombreux prétendants arrivèrent.

Les deux amants n'en furent que plus intimes dans un amour qui empruntait un nouveau charme au mystère dont il leur fallait l'entourer. Dans leurs tête-à-tête, devenus plus fréquents, ils se prodiguaient les protestations et les serments de fidélité. Mais plus Maucroix était heureux alors que la jeune fille aussi candide que tendre lui livrait son cœur, plus il devenait inquiet et défiant.

> Hélas! on m'oblige à céler
> Le mal dont mon âme est atteinte,
> Et pour mieux le dissimuler
> On me défend jusqu'à la plainte!
>
> Pour plaire à l'objet que j'aime,
> Je tâche d'être discret :
> Mais quand l'amour est extrême
> Il a bien peu de secret.

Parfois le scepticisme qui naît de l'expérience le poussait jusqu'à l'épigramme :

> L'excès de mon bonheur m'étonne,
> Mon Iris m'a donné sa foi,
> Puisqu'elle ne peut être à moi,
> Qu'elle ne veut être à personne...
> Mais de tels discours bien souvent
> Autant en emporte le vent.

Et en effet, le cœur de la fille fléchit devant les volontés du père qui la fiança, sans la consulter, au marquis de Lénoncourt, « jeune homme plein d'espérance ; seul et dernier rejeton d'une illustre maison de Lorraine qui naguère avait fourni un archevêque à la ville de Reims et un cardinal à la chrétienté. » A la grandeur de son rang, le marquis joignait tous les avantages que donne la nature et l'éducation. Le mariage fut aussitôt agréé, mais différé parce que le fiancé, qui était gouverneur de Lorraine, fut obligé d'aller occuper son poste à la reprise des hostilités.

Pour comble d'humiliation et de douleur, l'amoureux éconduit devint le confident du prétendant préféré, qui était loin de soupçonner en lui un rival. Maucroix fut chargé, comme poète, de rédiger la lettre d'adieu du fiancé : c'était aussi écrire la sienne. Il s'acquitta d'autant mieux de la commission que lui aussi peignait ses douleurs.

Pour la marquise de Lenoncourt.

Faut-il que je vous quitte, et qu'un cruel devoir
Me prive si longtemps du plaisir de vous voir,
    Beauté dont mon âme est ravie?
Que mon astre me voit d'un œil plein de courroux!
Avec bien moins d'effort je quitterais la vie
    Que je ne m'éloigne de vous.

Il se vengea ensuite de ces tortures et de son rival par cette épigramme :

Ce petit noble ou soi-disant,
Fait grandement le suffisant,
Et nul ne le vaut, ce lui semble.
Quant à moi, je ne pense point
Qu'on puisse être un sot de tout point
Jusqu'à ce qu'on lui ressemble.

Maucroix fit ses adieux à la famille; mais avant de s'acheminer vers Paris, il lança le trait du Parthe dans ce sonnet à l'adresse de l'infidèle :

Où sont tant de serments, de constance éternelle?
J'aurai donc tant de fois vainement soupiré!
Quoi! votre hymen s'avance après m'avoir juré
De ne brûler jamais d'une flamme nouvelle!

> Que j'avais bien prévu cette douleur mortelle !
> Toujours à ce malheur je m'étais préparé ;
> Un bien si précieux n'est jamais assuré,
> Et je craignais toujours en vous voyant si belle,
>
> Qu'un autre aurait le bien que j'avais mérité.
> Il faut bien obéir à la nécessité ;
> Mais si mes feux passés méritent récompense,
>
> Quand cet heureux amant, vous tenant au secret,
> Contre sa passion vous verra sans défense ,
> Songez à moi, cédez, mais cédez sans regret.

En perdant l'amie de son cœur il retrouva l'ami du reste de sa vie. A Château-Thierry, il renoua connaissance avec La Fontaine qui faisait alors comme lui des poésies badines.

« Après quelques semaines passées à se distraire chez son cher La Fontaine, Maucroix, encore tout éclopé de sa mésaventure amoureuse, revint à Paris. Ses amis le reçurent à bras ouverts et résolurent de l'enlever à ses souvenirs de Champagne. Tallemant nous assure que Maucroix n'eut pas à lutter longtemps pour se créer d'agréables aventures. » Cet ami, avec lequel il n'avait cessé d'entretenir par lettres la plus piquante causerie, l'y engageait de tous ses efforts. Mais sa mélancolie, qu'il gardait au fond du cœur, lui revenait surtout auprès des femmes ; il devenait alors âpre et caustique.

Deux jeunes beautés, en présence desquelles il fut mis, ne contribuèrent qu'à lui rappeler plus vivement Henriette de Joyeuse. Il ne répondit à leurs agaceries que par cette épigramme qui peint bien l'état de son âme :

> Je n'engage ma liberté
> Qu'à des filles de qualité.
> Ta beauté, Philis, est extrême,
> Chacun se range sous tes lois :
> Mais comment veux-tu que je t'aime?
> Ton père n'était qu'un bourgeois!

« Cependant, nous dit Tallemant, il devint amoureux

d'une jolie fille, et l'aînée de cette fille devint amoureuse de lui. Il n'aimait que la cadette, et était aimé de l'une et de l'autre. » Ce qui est confirmé par cette épigramme si peu galante pour la dédaignée :

> Je l'avoue, amour dans vos yeux
> Fait luire une assez pure flamme,
> Et le ciel honora votre âme
> De ses dons les plus précieux.
> Toutefois, quoique parfaite,
> Vous avez un défaut qui nous déroute tous :
> C'est, Philis, que votre cadette
> Est beaucoup plus belle que vous.

« Tout cela n'alla, dit Tallemant, qu'à de petites privautés. »

Ses amis, cependant, redoublaient leurs instances et le pressaient de plus en plus pour lui faire contracter une alliance moins ambitieuse que celle qu'il avait rêvée. Mais le cœur ne transige pas ; Maucroix aimait une femme et se souciait peu du mariage qui ne pouvait être amené par l'amour. Il s'explique sur ce sujet délicat par cette petite pièce que tous les recueils poétiques du temps s'empressèrent de publier :

> Ami, je vois beaucoup de bien
> Dans le parti qu'on me propose :
> Mais toutefois ne pressons rien.
> Prendre femme est étrange chose !
> Il faut y penser mûrement :
> Sages gens en qui je me fie
> M'ont dit que c'est fait prudemment
> Que d'y songer toute sa vie.

Un coup de fortune vint le rendre à ses illusions un moment évanouies. Le marquis de Lénoncourt, gouverneur de Lorraine et de Clermont en Argonne, en venant visiter les travaux du siége de Thionville, le 25 juin 1643, « reçut une mousquetade au-dessus de l'œil qui le renversa mort, aux grands regrets de ceux qui connaissaient son mérite.

A cette nouvelle les distractions de Paris firent place au souvenir de Saint-Lambert et de Grandpré; Maucroix reprit le chemin qu'il s'était cru à jamais fermé. Le poète dissimula mal la joie de l'amant dans l'hommage public qu'il rendit à la mort de celui dont l'infortune le rendait au bonheur, surtout dans ses compliments de condoléances à celle qui devait en être plus tard la si triste victime.

> Chacun plaint d'Alcidon la triste destinée !
> Si près de voir l'hymen allumer son flambeau,
> La mort le précipite en la nuit du tombeau,
> Et de ses heureux jours la course est terminée.
> Quand on pense à l'éclat dont brillent vos beaux yeux,
> Philis, avec raison on croit que sous les cieux
> Mortel ne fit jamais une perte pareille.
> Le bruit de son malheur est partout répandu ;
> Mais qui ne vous a vue, adorable merveille,
> Ne saurait croire encore combien il a perdu.

STANCES

A Mademoiselle de Joyeuse.

> Philis, votre Alcidon fut-il pas malheureux ?
> Si près à son hymen de vous voir asservie,
> Au plus beau de ses jours par un coup rigoureux,
> La mort, au lit d'honneur, lui fait perdre la vie.
> Que ce funeste coup fut traitre à ses désirs,
> Et qu'il lui coûta cher d'éterniser sa gloire !
> Pour moi, j'aimerais mieux un peu plus de plaisirs,
> Et laisser de mon nom un peu moins de mémoire.
> Que sert, quand on n'est plus, un trépas glorieux ?
> Cette vaine chimère est par trop recherchée.
> Philis, en bonne foi, ne valait-il pas mieux
> Mourir entre vos bras que dans une tranchée ?

Le dernier trait est cruel.

De son côté, mademoiselle de Joyeuse n'était plus la naïve Philis d'autrefois. Depuis ses fiançailles, formée par l'usage à la coquetterie, plus expérimentée, elle réfléchissait trop aux dangers de sa position pour ne pas désirer la résolution la plus prompte : elle ne languit pas longtemps dans ce veuvage anticipé.

Lorsque Louis de Bourbon, à son retour de Fribourg, passa à Reims, il fut accueilli par des fêtes qui attirèrent une foule d'étrangers des environs. « Parmi ceux-ci, M. de Joyeuse avait choisi pour hôte Tiercelin, marquis de Brosses, dont il connaissait de longue main et la famille et la fortune. C'est à ce personnage que le baron de Saint-Lambert réservait le soin de faire oublier Lenoncourt et Maucroix. »

Le baron, qui peut-être, dit Walknaër, avait soupçonné la liaison de sa fille avec Maucroix, s'empressa de la sacrifier à ce marquis, « un des compagnons de ses plaisirs, homme affreux, roux, brutal, et qui ne rachetait ses difformités et ses vices par aucune qualité aimable. Mademoiselle de Joyeuse, qui se sentait coupable, n'osa pas résister aux ordres d'un père dont elle redoutait la violence. Elle céda; mais les craintes qu'elle avait manifestées sur les suites de cet hymen se réalisèrent promptement. Non-seulement son mari la maltraita et eut envers elle les procédés les plus outrageants, mais il altéra même, dit-on, sa santé par le fruit de ses débauches. »

Le désespoir de Maucroix fut extrême. En voyant s'évanouir pour jamais le bonheur de sa vie, il s'y abandonna tout entier. Mais, aux douleurs de l'amant trahi, succède bientôt le dépit, et il s'en prend tour à tour à chacun des nouveaux époux qu'il persifle à l'envi :

> Diane, à quoi servent ces larmes
> Où vos beaux yeux cachent leurs charmes.
> De ces heureux destins le ciel n'est point jaloux,
> Et ce que vous pleurez et qui fait tant d'envie,
> En bonne foi voudriez-vous
> Le garder toute votre vie?

Mais c'est surtout contre son nouveau rival qu'il aiguise la pointe acérée de l'épigramme ; le marquis y prêtait parfaitement :

> Vieux débauché, tu te maries,
> Et ta femme est des plus jolies;
> Tu ferais mieux, en bonne foi,
> De prendre en main tes patenôtres;
> Mais tu veux qu'on fasse pour toi
> Ce que tu fis jadis pour d'autres.

Et il ne tint pas à lui plus tard qu'il n'en fut ainsi. Il cherche d'abord de vaines diversions :

> J'ai bu pour calmer les ennuis
> Que l'amour cause dans mon âme.
> Mais le vin n'éteint pas ma flamme;
> J'aime, tout ivre que je suis.

Il en prend cependant son parti :

> Autrefois j'aimais Isabelle,
> Maintenant je n'ai plus pour elle
> Ni d'estime, ni d'amitié;
> La raison est qu'on dit à Rome,
> Que la moitié d'un vilain homme
> Est une vilaine moitié.

Puis il se résigne.

CONSEIL.

> Laisse donc là cette infidèle!
> Qu'elle cherche qui voudra d'elle,
> Et ne t'obstine pas sans fruit
> A vouloir suivre qui te fuit.

Enfin il prend une grande résolution.....

Henriette-Charlotte de Joyeuse épousa Henri-Pierre de Tiercelin, marquis de Brosses, le 24 juin 1646 : le 8 avril 1647, Maucroix fut nommé chanoine de Reims. Le changement ne s'était pas fait sans délibération.

Maucroix avait de nombreux amis qu'il était allé rejoindre à son second départ de Reims. Il était en liaison intime avec Racine et Boileau. « Le surintendant Fouquet, alors tout puissant, dit Walkenaer, madame de Rambouillet, célèbre par son esprit, Bruslart de Sillery, évêque de Soissons et membre de l'Académie française, ainsi que beaucoup d'autres personnages célèbres, accueillaient Maucroix et recherchaient sa société. » Il avait nombre d'autres liaisons avec les lettrés les plus enjoués, les plus badins. Qu'allaient-ils dire de sa nouvelle détermination, qu'en penseraient les nombreux témoins de ses joyeusetés?

Dans ses hésitations, Maucroix consulta l'ami de son cœur, Jean de la Fontaine, qu'il trouva à la veille de prendre femme pour obéir à son père, qui lui transmettait sa charge de maître des eaux et forêts. Le naïf poète lui répondit par les vers qu'il s'était peut-être déjà appliqués à lui-même :

> Quant à vous, suivez Mars, ou l'amour, ou le prince,
> Allez, venez, courez, demeurez en province,
> Prenez femme, abbaye, emploi, gouvernement,
> Les gens en parleront, n'en doutez nullement.

Maucroix n'hésita plus. Il alla rejoindre son frère Louis, déjà pourvu, depuis dix ans, d'un canonicat en l'église de Reims. Son nouveau titre n'impliquait point alors la nécessité d'une vie de retraite et d'abnégation.

Maucroix trouva dans sa prébende plutôt le repos de l'esprit que la paix du cœur :

> Dans ce triste séjour éloigné de sa vue,
> Du bien que j'ai perdu le souvenir me tue.
> . . . .
> Ne dois-je jamais voir la fin de mon martyre.
> Mourrai-je sans pouvoir te dire :
> Iris, c'est pour toi que je meurs !....

Ailleurs il se lamente :

> Elle occupe en mon cœur toujours la même place,
> Je ne puis l'oublier.

Les circonstances apportèrent bientôt à ses maux le remède tant désiré. L'indigne époux de Philis nécessita le rappel de l'amant, qui se décida, non sans quelque hési-

tation, cette fois, à revenir pour consoler et protéger l'é-
pouse malheureuse :

> Suivons dans ce péril extrême
> L'ordre fatal de mon amour
> Qui m'attache à ses lois et m'arrache à moi-même.

Les deux amants se revirent à Reims, où ils résidaient
l'un et l'autre, et leur passion, dit Walkenaer, s'augmenta
encore et prit un caractère plus tendre par le malheur de
l'une et la pitié de l'autre. Par sa science des affaires,
Maucroix devint nécessaire au marquis de Brosses dont il
modéra les brusqueries à l'intérieur, mais qu'il abandonna
à son libertinage du dehors. Il devint en même temps et le
conseil de l'époux et le consolateur de l'épouse, qui, n'ayant
permission de recevoir d'autre société que le complaisant
chanoine, car le mari croyait avoir à redouter d'autres
courtisans, en apparence plus dangereux, se conformait
sans peine à cette restriction sévère. « Les deux amants se
virent donc encore tête-à-tête, non plus comme autrefois,
avec mystère, avec crainte et à la dérobée, mais ouver-
tement, sans gêne et sans contrainte. »

« La marquise de Brosses avait les passions plus vives
que Maucroix, moins que lui de prudence et de réflexion,
et cependant ce fut d'elle que vinrent les obstacles à leur
liaison. » Un directeur de conscience s'était interposé dans
leurs plaisirs. « Ainsi entraînée par son amour et retenue
par ses scrupules, la marquise de Brosses saisissoit et évi-
toit tour à tour les occasions de se trouver seule avec de
Maucroix. Elle prolongeait avec lui des entretiens pleins
de charme. »

« Reprenant comme malgré elle les habitudes d'un commerce intime et familier, il lui arrivait quelquefois de lui
prodiguer ses caresses : mais, lorsque se confiant à ces
apparences il se préparait à ravir les dernières faveurs,

elle se dérobait subitement d'entre ses bras et se renfermait seule en versant un torrent de larmes (1) ».

Maucroix ne comprenait guère des scrupules qu'il ne partageait point, et s'étonnait d'une résistance qui faisait contraste avec tant de passion ; il en soupçonnait pourtant la cause :

> Volontiers, disoit Alison,
> Je ferois avec vous la folle,
> Mais le confesseur me désole,
> Il n'entend rime ni raison.
> Alison parle avec sagesse :
> Gens de Reims, amasseurs d'écus,
> Si l'on n'alloit point à confesse
> Ma foi, vous seriez tous c....!

« Une circonstance solennelle mit pourtant fin à cette lutte impossible. C'était un jour que la marquise, dans l'excès de ses douleurs, établissait un parallèle entre l'époux et l'amant, relevait la difformité des traits de l'un, la corruption de son cœur, la bassesse de ses inclinations, les explosions bruyantes de sa colère, son ignorance et son ineptie, et s'exaltait d'autant plus sur les regards enchanteurs de son amant, sa séduisante figure, les grâces de son maintien, le son harmonieux de sa voix, ce caractère d'une douceur inaltérable, cet esprit si vif, si brillant, cette âme si délicate et si pure, ce cœur si sensible et si bon ; et elle se complaisait tellement dans la peinture de cette longue extase de bonheur qui aurait rempli sa vie entière si elle avait pu être liée à celui qui s'était montré si digne d'elle, que, cédant entièrement à son enthousiasme et s'abandonnant à l'excessive émotion qui la dominait, elle combla de caresses, elle couvrit de baisers en l'arrosant de ses larmes celui qui en était l'objet : c'était le dernier chapitre de ce roman d'amour. Arrachée soudain à son amoureux délire, la mar-

____

(1) Walkenaer.

quise prit la fuite, en s'écriant avec l'accent du désespoir :
« Ils disent que ce serait un sacrilége! »

Henriette de Brosses suivit à Paris sa cousine, la marquise de Mirepoix, et Maucroix exhala son dépit dans cette épigramme :

> Je suis de tous les amoureux
> Sans doute le plus malheureux,
> Parce qu'un point manque à ma joie.
> Cruel caprice de mon sort,
> Hélas! en cette mer, faut-il que je me noie
> Après avoir touché le port!

Maucroix se consola en poète, de sa dernière déconvenue.

CONGÉ.

> Adieu donc, aimable Céphise.
> De vos mains pour jamais je reprends ma franchise,
> Et sans plus me ronger d'un amoureux souci,
> Puisque vous m'oubliez, je vous oublie aussi.
> Certes, mon amitié, si grande, si sincère,
> Méritoit de trouver un plus digne salaire;
> Je vous ai bien aimée, et j'ose me flatter
> Qu'un amant tel que moi se fera regretter.
> Mais un amour sans bruit est pour vous sans amorce,
> Et je n'ai pas dessein de vous aimer par force.
> Votre volage cœur aime à changer de lieu;
> Aimez qui vous voudrez belle Céphise, adieu.

La marquise de Brosses fut présentée à la cour. Dans cette société brillante, elle fut entourée d'adorateurs contre lesquels elle lutta toujours avec une heureuse coquetterie. L'amant délaissé s'en vengeait par ses satires. Maucroix n'était si acerbe que parce qu'il ne pouvait éloigner de son esprit l'image de celle dont l'absence le tourmentait et dont les légèretés l'alarmaient. En bien ou en mal, sa muse en était sans cesse occupée.

> Oui, j'aime encore Diane, et l'aimerai toujours.
> On verra le soleil naître au rivage more,
> Et terminer son cours sur les champs de l'aurore,
> Avant que je l'oublie, et qu'un autre vainqueur
> Sous le joug amoureux asservisse mon cœur.

Quand la marquise revint à Reims : « Maucroix qui n'était point guéri, la revit : il fut frappé du changement qui s'était opéré dans ses manières. » « Il souffroit, dit Tallemant, plus qu'une âme damnée. Je le persuade de venir à Paris. Il n'y est pas plutôt qu'elle y arrive ; il disoit : « Je la fuis et elle me suit. Mais la vérité est qu'il n'y était venu qu'à cause qu'il espérait qu'elle y viendrait. »

A Paris, la voix du confesseur faisait défaut à la marquise pour la préserver de la contagion de l'exemple d'une cour raffinée.

La grâce du marquis de Vardes la séduisit de prime abord ; mais l'égoïste fatuité de ce courtisan, si heureux dans tant d'autres intrigues, n'échappa point à sa perspicacité ; elle s'en dégoûta. Un autre fat, Fabri de Fabregues, qui osa la tenter par ses richesses, fut repoussé avec dédain.

Le comte d'Armagnac, Louis de Lorraine, grand écuyer, ne put arriver au but qu'il poursuivait en amant éperdu : la belle et fine marquise l'amusa sans cesse par ses adroites coquetteries. Celle qui avait joué si bien le drame avec le chanoine de Reims pouvait bien jouer la comédie avec les plus habiles courtisans.

Mais ce n'était pas en vain qu'elle s'était mise en contact avec cette dépravation raffinée : elle avait perdu tous ses scrupules. Maucroix la revit aussi belle, aussi tendre, plus gracieuse et plus séduisante que jamais, mais pour lui bien moins dangereuse. Le froid de l'expérience avait attiédi son âme ; et sa raison, rendue plus calme par la réflexion, lui montra la femme sous son vrai jour.

Cet amant, dont la marquise maintenant comprenait toute la supériorité et dont elle subissait plus que jamais l'influence, devint pour elle un ami dévoué qui lui resta fidèle jusqu'au dernier moment.

« De rudes épreuves vinrent bientôt traverser la fortune et changer la physionomie de la maison de Joyeuse. La marquise de Brosses, après cette vie si agitée, se vit définitivement abandonnée par son mari. » « Il la laissa en Champagne, sans un sou, malade, et lui s'en alla en Touraine où était son bien. »

Epuisée par tant d'émotions, rongée par le remords, la marquise vit sa santé, déjà bien altérée, consumée par une fièvre lente; elle alla mourir dans la maison du chanoine, entourée de tous les soins de la charité, de l'amitié la plus tendre. Depuis trois jours la marquise s'était recueillie tout entière; elle n'avait pas adressé une seule parole à Maucroix qui ne quittait plus son chevet. « Il priait à genoux au pied de son lit, désirant la mort, et regrettant de ne pouvoir obtenir de cette mourante un regard de pardon. » Ce n'est qu'au dernier moment qu'elle lui fit signe, et alors sans pouvoir tourner la tête vers lui, elle saisit sa main, la porta sur son cœur, et peu d'instants après, sans proférer une parole, elle rendit le dernier soupir, à la fleur de l'âge, après trois années de mariage.

Maucroix fut plus de quatre ans inconsolable. Trente ans après cette perte cruelle, il faisait encore, sur Henriette de Joyeuse, le huitain suivant :

> Depuis deux fois quinze printemps
> Je pleure et regrette Silvie,
> Que les fiers destins m'ont ravie
> En la fleur de ses jeunes ans.
> Je ne veux point vanter ses charmes,
> Ni son esprit, ni sa douceur :
> Qu'on en juge par la longueur
> De mes regrets et de mes larmes !

« Là, là, disait-il dans sa correspondance badine avec une dame de Reims, en 1686, voici bien de quoi convaincre toutes celles qui voudroient m'accuser de légèreté; par le plus grand bonheur du monde, j'ai recouvré un portrait

de la personne que j'ai le mieux aimée; combien y a-t-il?
plus de quarante ans! Ce sont bien des ans! J'en fais faire
une copie; la copie est presque achevée, elle ressemble fort
à l'original qui ressemblait fort à la belle. J'en ai une joie!
Je ne me sens pas! Et Margot, donc, Margot! Je ne don-
nerois pas mon portrait pour toutes les margots du monde!
Toutes mes plaies se sont rouvertes; je suis tout rouge de
sang, ma pauvre chère! je n'en ai presque plus dans les
veines, etc. »

Nous avons raconté tout au long cet amour romanesque
qui eut tant d'influence sur la vie et la destinée de Maucroix; et maintenant que nous savons l'homme par cœur,
achevons de faire connaître le poëte.

« L'ode à Conrart, que nous rapportons à cette époque,
dit **M. L. Paris**, est un joli pastiche du maître, et tous les
recueils du temps se sont empressés d'en reproduire les
stances. La versification en est à peu près irréprochable.
On y trouve un choix, un enchaînement de syllabes sonores
et harmonieuses, qui prouve à quelle perfection, avec
un peu plus de travail, Maucroix eût pu atteindre. Ces
deux dernières strophes, qui sont une heureuse réminiscence des stances si connues de Malherbe à du Périer, ont
été souvent citées comme modèle :

> La mort de ses rigueurs ne dispense personne,
>   L'auguste éclat d'une couronne
>   Ne peut en exempter les rois.
> N'espère pas, Conrart, que ton mérite extrême
>   Ni la muse qui t'aime,
> Te mettent à couvert de ses fatales lois.
>
> Ta sagesse, il est vrai, fait honneur à notre âge;
>   Mais de quelque rare avantage
>   Dont un mortel soit revêtu,
> Son terme est limité : le rocher de la Parque,
>   Dans une même barque,
> Passe indifféremment le vice et la vertu.

Son ode à Patru renferme aussi de grandes beautés poétiques :

> Maintenant, que l'hiver désole les campagnes,
> Que la neige blanchit prés, forêts et montagnes,
> Et cache au laboureur l'espoir de ses moissons ;
> Que les fleuves gelés sont durs comme des marbres,
> Et qu'on voit aux branches des arbres
> Pendre le cristal des glaçons.

Le reste de sa vie s'écoula dans le doux commerce de
l'amitié et dans les laborieuses distractions de l'étude. A
Reims comme à Paris, il était également goûté et apprécié,
et il se partagea entre deux cités assez rapprochées, où il
avait une élite d'amis.

« Avant qu'il ne fut dans les ordres, dit M. L. Paris,
M. de Maucroix, jurisconsulte et littérateur, attaché à la
grande maison de Joyeuse, et marchant sur un certain
pied d'égalité avec ses hôtes, inspiroit à la bourgeoisie
rémoise plus de crainte que de sympathie. On ne vouloit
voir en lui, malgré ses qualités, qu'un étranger bel esprit
que l'on supposoit fort dédaigneux, et qui n'avoit rien de
ce qui pouvoit aller à la façon rémoise. Mais, dès qu'on le
sut chanoine de la cathédrale, une révolution toute en sa
faveur s'opéra dans la ville. Ce ne fut plus un avocat, un
poète, un étranger, mais un homme aimable qui se faisoit
enfaut du pays, et qui partant de ce jour fut accueilli et
traité en véritable enfant gâté. »

« Maucroix était donc à Reims l'homme à la mode, que
chaque cercle se disputa. Avocat et poète, il sembloit exclusivement voué au monde titré : homme d'église et chanoine,
il appartenoit à tout le monde. »

C'est dans l'intérieur de la famille des Réaux, que Maucroix chercha d'abord une diversion à sa douleur. Dans
ses relations, grâce à son caractère léger, sa gaîté reprenait
son empire.

Lorsqu'à la faveur des troubles de la Fronde, les Espagnols envahirent la Champagne, Maucroix, inquiet des siens, « et du pays natal qu'il n'avait cessé d'aimer, ou peut-être bien en vue de régler les affaires de la succession de sa mère, fit un voyage à Noyon, et visita la Picardie, qui, non moins que le pays de Reims, avait souffert de l'invasion. »

Les misères des populations émurent son cœur de poète; il en offrit un tableau si pathétique dans un mémoire dont L. Paris cite un extrait, qu'il émut la charité des villes, et de nombreuses aumônes firent face aux plus pressants besoins des victimes de l'invasion.

Dans l'églogue de Damon et de Tircis, il chante ensuite le retour de la paix et les fêtes du sacre à Reims :

TIRCIS.

Mais quelle est cette ville à mes yeux inconnue,
Où cent clochers hautains s'élèvent dans la nue?

DAMON.

C'est l'illustre cité du sacre de nos rois,
Reims, la gloire et l'honneur du climat champenois.
Vois-tu ce temple saint, dont la superbe masse,
Dans le milieu des airs, occupe tant d'espace?
Considère ces tours dont l'ouvrage mignard
Semble de l'architecte avoir épuisé l'art.
Qui le croirait, Tircis? ce délicat ouvrage
De cinq siècles entiers a surmonté l'outrage.
Là jamais les mortels n'implorèrent en vain
De la Reine du Ciel le pouvoir souverain.
Là cent prêtres sacrés, imitateurs des anges,
Du Très-Haut, nuit et jour, célèbrent les louanges.

C'est du séjour de La Fontaine à Reims, où l'immortel fabuliste vint dans l'hiver de 1656, que date réellement la carrière littéraire de notre poète chanoine.

« Maucroix n'avait encore rien publié, car les recueils de Sercy, Lacroix et Richelet, qui le classoient au premier rang parmi les poètes du genre léger, n'avoient point paru, mais la plupart de ses jolies bluettes n'en étaient pas moins sorties de son portefeuille. » « Conrart avait enrichi ses *Miscellanées* de vingt pièces inédites du chanoine de Reims. »

Vers 1661, Maucroix fit un voyage en Italie, chargé d'une mission par Fouquet, l'ami de La Fontaine. La chute précipitée du surintendant mit fin dès le début à la carrière diplomatique du chanoine qui avait pris, en cette occasion, le titre d'abbé de Cressy, d'un prieuré qu'il possédait près de Reims.

Dès l'année 1664, Maucroix vécut plus retiré qu'auparavant. Il passa son temps entre la société de belles lettres et des nobles dames qui vivaient à Reims (1), et l'étude des grands écrivains de l'antiquité. Il en fut distrait par sa promotion à l'un des sénéchalats du chapitre alors vacant.

« Le sénéchalat était moins une dignité dans l'église de Reims qu'un emploi qui pouvoit devenir pénible selon les circonstances ; c'est au sénéchal qu'entre autres attributions sont confiées la défense des intérêts matériels du chapitre, la direction des affaires contentieuses et la charge de représenter le corps devant les différentes juridictions. Maucroix, qui jusqu'alors s'était soustrait aux dignités, aux titres purement honorifiques, ne put rester sourd à l'appel qu'on faisait à son dévouement et à son intelligente activité ; il se résigna et accepta des fonctions qui allaient pour trois ans lui susciter, avec des tracasseries de tout genre, d'ardentes et nombreuses inimitiés. Le sénéchalat, en vertu de réglements qui avaient force de loi, conféroit virtuellement et de fait à celui qui en étoit revêtu,

---

(1) Il entretint, à cette époque, un agréable commerce d'amitié avec Mme de Rambouillet, abbesse de Saint-Etienne.

le titre de premier conseiller de ville, et lui donnoit par cela même le droit et le devoir d'assister aux séances des délibérations de l'échevinage. » Ce fut le 27 octobre 1667 que Maucroix prêta serment en qualité de sénéchal et prit siége à l'hôtel-de-ville. C'est dans ses *Mémoires*, que Maucroix raconte les ennuis de ses longs démêlés avec l'archevêque.

« Les *Homélies au peuple d'Antioche*, de Jean Chrisostôme, semblent le premier ouvrage du genre grave auquel Maucroix ait travaillé. Cette traduction parut au commencement de l'année 1671, sous les auspices de M. Le Tellier, encore co-adjuteur. »

« Que pourrait-on offrir, dit-il, dans son épître dédicatoire, à un grand archevêque qui fût plus digne de lui que ces divines homélies, qui, autrefois, eurent la force de consoler le désespoir d'une ville, et de persuader à un peuple voluptueux que la douleur était plus agréable que le plaisir? Je confesse pourtant que mon auteur a perdu entre mes mains beaucoup de ses ornements ; mais il est si riche, que quelque perte qu'il puisse faire, il serait difficile de l'appauvrir. C'est un souverain dépouillé, qui, au milieu de sa mauvaise fortune, conserve toujours des marques de sa première grandeur. »

La censure et la critique s'accordèrent à prodiguer les louanges à M. de Maucroix.

« N'est-ce pas quelque chose de bien hardi, dit M. le théologal censeur, que de faire parler Saint-Chrisostôme en notre langue? Quelques beaux esprits l'ont entrepris en nous donnant de ses ouvrages, et je veux croire qu'ils n'ont pas mal réussi. Mais quand je lis et que j'examine la fidélité, la politesse et l'éloquence françoise, dont les homélies de ce grand saint sont parées et revêtues dans cette nouvelle traduction, je ne considère et n'admire plus la hardiesse de ceux qui ont tant osé. Je doute, et avec raison, si le peuple d'Antioche recevoit plus de contentement en écoutant le grec de cette *bouche d'or,* que celui de France en lisant le françois de son illustre traducteur, duquel je puis dire sans crainte que la bonté et l'amitié qu'il m'a toujours témoignées me rendent suspect, que ces expressions, si elles ne sont aussi dorées dans la copie que dans l'original, ont au moins la pureté et la blancheur de l'argent, dont parle le proverbe : *eloquia casta, argentum probatum et purgatum.* Je n'ai rien ici trouvé qui soit contraire à la foi de l'Eglise, ni aux bonnes mœurs. J'en demeurerai là si on veut, ajoutant seulement que le docteur approbateur n'appréhende point d'avoir trop dit, puisque l'auteur, chanoine, son cher ami, a si dignement répondu à la grandeur de son sujet, c'est-à-dire, en un mot, à la pompe, à la magnificence de ce Chrysostôme, le plus relevé et le plus majestueux de tous les pères de l'Eglise. C'est le jugement de celui qui a autant de respect pour le maître qui a écrit, que d'affection pour le disciple qui a traduit.

Signé : A. LE VAILLANT. »

« L'habile traducteur, dit le *Journal des Savants,* n'a rien oublié pour exprimer dignement les pensées du plus éloquent de tous les pères, et pour lui prêter des paroles dont la force approchât de celles qui le firent autrefois admirer par un des auditoires les plus délicats de l'univers. »

La manière dont Maucroix saisissait, en effet, le sens de ses auteurs était une véritable révélation qui a aidé puissamment les modernes traducteurs eux-mêmes.

Le singulier pendant de cette publication, c'est: *La Vespière,* ébauche de comédie, qu'il composait vers ce temps, et que l'on retrouve dans le recueil de M. L. Paris.

Peu de temps après la publication de sa traduction, Maucroix fut chargé d'un travail plus important. Devenu

archevêque de Reims, Letellier, qui voulait combattre
l'hérésie, eut recours à la plume du chanoine comme à
l'une des plus propres à seconder ses vues. Le prélat chargea Maucroix de faire une traduction nouvelle de l'ouvrage
latin de Sanders (ou Sanderus) sur l'état de la religion
en Angleterre pendant la persécution. Cet ouvrage quoique rempli des faits curieux, n'était guère propre à suggé-
rer le style délicat et noble des homélies.

« Sanders, de son vivant, professeur de théologie à
l'université de Louvain, et victime lui-même de la persécution, parut à Maucroix un historien trop partial des faits
qui, pour être odieux aux yeux de tout bon catholique,
n'avoient pas besoin d'être exagérés. » En rectifiant et
épurant la pensée, le récit et le style de l'écrivain, il fit en
quelque sorte un nouvel ouvrage, que les critiques tels
que Burnet, Baillet, le *Journal de Savants* (15 février
1677), et Bayle, s'accordent à louer à divers titres. L'auteur accompagna son travail, ainsi adouci, d'une épître,
qui me semble, dit L. Paris, « un morceau précieux
de style, de raison et de louanges délicates. »

En 1675, Maucroix perdit Valentin Conrart, l'un de ses
plus illustres et chers amis, et qui, avec Patru, avait été l'un
des premiers à apprécier et à prôner ses talents naissants.
Il publiait alors, comme second volume et appendice de son
Histoire du Schisme d'Angleterre, la *Vie du cardinal Paulus*,
traduite de Becatel, archevêque de Ravenne, et longtemps
secrétaire intime du ministre de Henri VIII, et celle du
cardinal Campège, composée par Sigonius, ami de ce prélat
et parfaitement informé. Les circonstances politiques du
moment ajoutèrent beaucoup au succès d'un livre qui semblait un des signes précurseurs de la révocation de l'édit de
Nantes.

C'est vers ce temps que Patru l'invitait, par sa lettre
du 4 avril 1677, à la collaboration d'un ouvrage dont l'op-

portunité et l'utilité se faisaient plus généralement sentir : C'était le *Dictionnaire de Richelet.* Patru, pauvre, dit Sainte-Beuve, s'était décidé de payer en nature les services de secrétaire et de lecteur de ce savant encore plus pauvre que lui : « Nous sommes convenus que, pour ta part, disait-il à notre chanoine, non-seulement tu ferois la même chose pour tes propres ouvrages (garder le secret de sa collaboration), mais de plus, garde-toi de dire non, pour tout Balzac. Il a été réglé, ordonné, nous réglons, ordonnons que tu fourniras cette tâche. Richelet est sûr de cinq ou six auteurs vivants qui, pour avoir le plaisir et l'honneur d'être cités eux-mêmes, fourniront d'autres extraits pardessus le marché, et chacun gardera le silence pour mettre sa petite vanité à l'abri, comme de raison. Je m'en suis ouvert au Rapin et au Bouhours qui s'y jettent à corps perdu. Allons, notre ami, travaille et beaucoup et promptement; songe que nous n'avons pas comme toi un bréviaire bien payé, quoique mal récité. Adieu, nous nous aimions à la buvette, aimons-nous toujours. »

« C'est ainsi que ce travail, qui n'était pas seulement une œuvre d'utilité publique, mais un bienfait pour Richelet, dont l'existence était difficile, malgré ses livres et son savoir, fut enlevé en quinze ou seize mois de temps. » *Le Dictionnaire françois, contenant en général tous les mots de la langue françoise,* parut in-4° à Genève, en 1680. Son apparition fit une profonde sensation; le scandale causé par la malignité des citations de l'auteur, provoqua une nouvelle édition, Lyon 1681. Ce qui distinguait cette œuvre, c'est qu'au lieu de se borner comme l'Académie à des définitions et à des jugements purs, elle les appuyait sur des citations de bons auteurs qui, joignant l'application à la règle, la rendaient plus pratique.

Maucroix demeura étranger à la terrible lutte qui s'engagea entre Richelet et Furetière, auteur du *Grand Dic-*

tionnaire, dans laquelle s'était engagé son ami le bon La Fontaine. C'est vers ce temps, 1ᵉʳ février 1679, qu'il perdît son frère Louis de Maucroix.

Maucroix, en vieillissant, dit L. Paris, n'avait rien perdu de son goût pour la société des femmes. Il mettait à ses petits soins une persévérance qui prêtait quelquefois à rire. « Ah! monsieur de Maucroix, lui dit un jour la belle La Framboisière, parler sans cesse amour, avec cet habit et à votre âge! » Et chacun de railler le pauvre chanoine, qui, sans se déconcerter, improvisa ce quatrain :

> À ne vous rien dissimuler,
> Nous sommes d'humeur bien contraire :
> Vous le faites sans en parler,
> Et moi j'en parle sans le faire!

Maucroix, en effet. tout entier à ses travaux sérieux, ne parlait guère d'amour que comme d'un passe-temps agréable et propre à animer le discours en société.

En 1680, il publia une traduction de Lactance : *De la mort des persécuteurs de l'Eglise.*

L'année suivante, au passage du roi à Reims, Racine et Boileau, qui faisaient partie de la cour, en qualité d'historiographes, retinrent leur logement chez le chanoine Maucroix, leur ami; Boileau fait plus tard allusion à cette visite dans sa lettre imprimée à Maucroix.

Les affaires de la *Régale* et la fameuse déclaration des quatre articles amenèrent une assemblée d'évêques et des députés des chapitres parmi lesquels figura Maucroix. Dans cette imposante assemblée, notre chanoine dut à sa réputation littéraire un honneur qu'il était loin d'avoir prévu. « Il fut nommé secrétaire général de la session. Le moyen de refuser des fonctions qui lui étoient dévolues par Bossuet et l'archevêque de Paris, et que les voies de l'assemblée, appuyés des plus vifs applaudissements, lui conféroient unanimement! Maucroix balbutia, fit la révérence, et, tout ébahi, se prépara aux rudes travaux de l'emploi. »

Notre épicurien chanoine fut moins préoccupé de l'honneur qui en rejaillirait sur son nom, apposé au bas des plus célèbres délibérations, que de l'ennui que lui causa sa participation à ces actes mémorables.

« Combien d'ambassades ! écrit-il ; j'ai failli en être décollé, je veux dire étouffé ! Ils me veulent faire accroire qu'ils ont fait un choix ! Il faut voir, diable emporte, si je le crois ! *Vult decipi, decipiatur.* J'ai quasi envie de leur dire : Parbleu, Messieurs, médecins vous-mêmes !... »

Toutes ses lettres témoignent de l'impatience qu'il avait d'en finir. Nous citerons la suivante entre autres :

4 février. « Ce fut hier une rude journée pour nous ; soir et matin nous fûmes assemblés, et tout cela dura près de huit heures. Notre prélat harangua très-magnifiquement une bonne heure entière, ensuite il lut une lettre qu'il a écrite au pape au nom de l'assemblée, et puis un acte par lequel le clergé consent que la Régale soit introduite dans toutes les églises du royaume ; tout cela fut extrêmement applaudi, et, Dieu aidant, vous verrez un jour que ce n'est pas sans raison. Monseigneur l'archevêque de Reims a sans doute acquis beaucoup de gloire, ma foi ! Le voilà à la tête du clergé sans contredit ; d'autres peuvent avoir encore des partisans, mais la foule est pour nous ; nous ! c'est-à-dire monseigneur notre archevêque. Il est habile, sans doute, homme vif, d'un esprit pénétrant et droit, et d'un grand travail, je l'ai vu quelquefois enfermé dix ou douze heures. Sa peine n'a pas été perdue : il en a recueilli les fruits fort délicieux !... »

Ce nous employé incidemment indique d'une manière assez évidente quelle part avait notre auteur aux productions et aux succès de son archevêque.

Il faudrait trop multiplier les citations pour montrer avec quelle vivacité d'allure notre secrétaire donne plein cours à sa verve comique, comme diversion aux ennuis de ses laborieuses fonctions. La correspondance de Maucroix, par son allure familière appliquée à de graves sujets, nous rappelle les *Mémoires sur les grands jours d'Auvergne* par Fléchier.

« J'ai campo! et ne fais œuvre de mes dix doigts! Je n'ai qu'à mettre ce qu'on a dit en bataille. C'est de l'ouvrage, Monsieur! Je retournerai tout cousu de pistoles : ce sera la plus grande pitié du monde! Dieu me pardonne, je pense que je reporterai des flambeaux d'argent! »

« Ah! elles me plumeront, dites-vous! Eh bien! voilà pourtant, dès qu'on sait qu'un pauvre homme a quatre deniers, conjurations de tous côtés contre sa bourse!... Oh! on ne sait pas ce que l'argent coûte. A peine l'a-t-on, il y a des méchantes âmes qui ne pensent qu'à vous l'enlever! Vous qui êtes de mes amis, trouvons un peu quelque tempéramment à cela : n'y a-t-il pas moyen qu'elles se contentent de plumer mes canards, d'écailler mes brochets? Morbleu! j'apporterai une bourse à double cadenas, puis je me moquerai des traîtresses. »

Les travaux de l'assemblée et les cousines de Reims le préoccupent tour à tour :

« Hier on donna trois nouvelles commissions, trois nouveaux bureaux établis; l'un pour la religion, le deuxième pour les mœurs, le troisième pour les réguliers. La morale s'en va être secouée comme il faut! Adieu la probabilité! j'ai pour ma part un moine sur l'assiette tous les jours! Dire que ce sera moi qui leur remettrai la tête dans leur capuchon!... Or ça, mettez la main à la conscience : quand vous me voyez pestant, reniflant, hélas! eussiez-vous cru que j'eusse su tant bien faire? Ma foi, si l'on ne voit les gens en face, on ne sait ce qu'ils valent! Tenez, je n'ai jamais cru cela non plus; mais ils me disent : Vous ferez bien ceci, vous ferez bien cela. Je dis comme cet homme à qui on voulait persuader qu'il avait fait de si belles cures : vous dites, messieurs, pour vos raisons, que je ferai cela comme un ange ! Peste ! — Cette commission, vous vous en acquitterez à merveille. Diantre soit ! serois-je bien devenu habile sans y penser ! — Voici la fin, mon ami : nous autres gens du deuxième ordre, nous n'avons pas le mot à dire ; nous avons des prélats habiles, intelligents qui dirigent tout, et nous sommes là pour opiner doctement du bonnet. Sans vanité, je tiens là ma place aussi capable qu'un autre. Il y a pourtant, parmi ce deuxième ordre, des gens terriblement savants ! Mais revenons à nos cousines !...

« Encore, pourvu que je ne sois pas aussi noir que charbon ! Patience ! Nos cousines y prendront-elles garde de si près ? Elles voient bien des Huguenots, des Juifs, des Turcs ; pensez que nous ne serons pas pis que tous ces gens-là ! Pour un peu d'excommunication, les voilà bien alarmées (1) ! »

Dans cette petite correspondance, tous les propos se croisent : la régale, les femmes, la politique, les spectacles et la littérature.

La mort de Patru, qui, après avoir été l'un de ses *parrains* au barreau, était resté son ami, la perte d'un si digne homme l'affligea profondément ; plus âgé que lui de seize ans, Patru avait été son guide désintéressé et chaleureux ; Maucroix l'aimait presque à l'égal de La Fontaine et de Tallemant ; il lui fit cette épitaphe :

> Ci-gît le célèbre Patru,
> De qui le mérite a paru
> Toujours au-dessus de l'envie.
> Il a sagement discouru,
> Mais peu de la seconde vie :
> Heureux s'il n'a trouvé que ce qu'il en a cru !

---

(1) Le pape, à ce moment, était irrité et menaçant pour l'assemblée dont il désapprouvait la témérité.

Cependant le 19 mars, l'assemblée arrêtait et formulait les *quatre* articles célèbres qui formulent la doctrine de l'Eglise gallicane; le secrétaire de l'assemblée était tombé malade: Maucroix était atteint d'une inflammation aiguë à laquelle il faillit succomber.

Il envisagea la mort avec la tranquillité de l'honnête homme, qui, en dernier lieu, avait savouré les joies du monde sans rompre avec les bienséances, ne faisant pas plus de cas des forfanteries de l'athéisme que des pusillanimités de la fausse dévotion. La religion le trouva accessible à la sévérité de ses remontrances comme à la douceur de ses consolations.

« L'assemblée toute entière, dit L. Paris, prit part à ses souffrances, et l'archevêque de Reims, en cette occasion, lui témoigna les sentiments de la plus vive affection. Mais grâce à son tempérament, vigoureusement trempé, Maucroix sortit de cette crise. La sérénité de son âme au milieu du danger et la résignation avec laquelle il avait envisagé sa fin, n'enleva rien aux élans de sa joie, aux approches de la convalescence. Il avoit vu la mort sans effroi, il se remit avec transport à la vie. Les premières lettres qu'il écrit sont empreintes de ce double sentiment; mais la joie l'emporte, et avec le danger s'évanouissent une à une les belles et saintes résolutions. »

« Mon cher, écrit-il le 24 mars à son ami Favart, le bon Dieu n'a point encore voulu de moi. Il me semble pourtant que j'étois bien résolu à faire le grand voyage. Je le prie, ce seigneur et maître de la vie et de la mort, quand ce sera tout de bon, car il faut que cela arrive, et le terme n'en saurait être trop long, qu'il m'accorde les dernières consolations que j'ai trouvées dans ce dernier péril. »

Puis dans une autre lettre : « Je m'avance languissamment auprès de mon feu. Je vous écris pour avoir de la joie. Diriez-vous que la vanité ne m'a point quitté! En

ce misérable état, j'ai eu la hardiesse de me mirer! mais
j'en ai été puni! quel visage! Un nez effilé, les livrées de
la mort sur toute la face! Hélas! mon cher, ce n'étoit pas
la peine! Il faudra recommencer, et je n'avois plus besoin
que d'un coup d'éperon pour être au but!... »

Telle était la liberté d'esprit de notre poète au plus fort de
ses souffrances, que c'est dans les intermittences de la fièvre
qu'il improvisa ce joli madrigal à l'adresse de l'une de ses
plus aimables visiteuses :

A. FAVART.

> Divin objet de mes désirs,
> N'employez pas tous vos soupirs
> Dans le cours de ma maladie :
> Soupirs aux fièvres ne font rien!
> Gardez-m'en quelques-uns, je vous en prie,
> Pour quand je me porterai bien.

« Je ne suis pas fâché, non, de n'être pas mort. Je ne suis
pas si dénaturé que cela! Si Dieu, qui est le maître, m'eut
voulu tirer d'ici, il eût fallu obéir avec toute la soumission
dont j'étois capable ; mais je suis assez content de revoir le
soleil, même d'entendre les carrosses qui me rompent la
tête. Hombre, livres, petits repas consumeront ce qu'il
p'aira à Dieu qu'il me reste de vie, et un peu de griffon-
nage. »

Sa rentrée dans le conseil fut accueillie par les plus vifs
témoignages d'intérêt et de sympathie. « Le 4 mai, dit le
procès-verbal, le président (l'archevêque de Paris) a té-
moigné à M. de Maucroix, secrétaire, la joie qu'avait l'assemblée du recouvrement de sa santé, que tout le monde
savoit qu'il employoit si utilement pour le service de
l'église. (1) »

Sa reconnaissance pour les soins et l'assistance de l'ar-

---

(1) *Procès-verbaux du clergé*, an 1681-1682, t. v, g. 11.

chevêque de Reims, durant ses jours de péril, est profondément gravée dans le cœur de Maucroix.

« La vie, qu'il m'a conservée par ses soins, écrit-il, ne
saurait être mieux employée qu'à son service, aussi le sera-
t-elle si je lui suis utile à quelque chose. Enfin, mon cher,
Dieu aidant, je verrai ici la fin de l'assemblée ou celle de
mes jours. Quand tout sera fait, je m'en retournerai jouir
du repos de notre bonne ville, vous compter bien de belles
choses, achever de vieillir et mourir enfin au sein de ma
patrie, car Reims l'est devenue. Voilà l'intention du sire. »

Une rechute faillit encore l'emporter au mois d'août :
« Cette vilaine camuse (2 septembre), la mort, voulut encore me donner un coup de griffe ! Mais ce n'est pas encore
pour elle. Que diable a-t-elle tant à se hâter ! A-t-elle peur
que je m'enfuie ? Je m'y rendrai à l'heure marquée et sans
faillir. »

Enfin Maucroix put espérer, avec la fin de ses travaux,
son prochain départ : les honneurs étaient loin de le dédommager de la privation du chez soi. « Un prélat, que
Dieu bénisse ! m'a dit hier que l'assemblée pourrait bien
finir vers le mois de janvier. Le seigneur puisse l'avoir doué
du don de prophétie ! Mais n'êtes-vous pas bien ? Que vous
faut-il ? A la paille jusqu'au ventre ! Plus d'honneur, ma
foi, que vous n'en méritez ! Il est vrai et par delà ! Mais je
ne suis pas chez moi ; je deviens bossu à force de faire des
révérences ! Ce n'est pas là mon air. Il nous faudrait aller
promener à Cormontreuil, comme des compères ! La grande
lumière ne m'éclaire pas, elle m'éblouit : mes yeux ne sont
pas habitués à tant de clartés. »

Son souhait s'accomplit. De retour à Reims, et de nouveau à ses travaux littéraires, Maucroix donna, en 1683,
une nouvelle édition de son *Histoire du schisme en Angleterre*, et mit la dernière main à sa traduction du *Rationarium temporum*, du P. Peteau. Par une traduction simple,

exacte et fidèle, il restitua à ce savant ouvrage sa primitive valeur, que lui avait fait perdre la précédente traduction de Collin : et il dédia cette nouvelle publication à
Jean-Jacques de Mesme, président à mortier, fils du comte
d'Avaux. Son abrégé était la *Chronologie la meilleure du
temps*.

« L'amitié, qui n'avait cessé d'exister entre Maucroix
et La Fontaine, reçut en 1685 une grande consécration
publique, » par l'apparition des *OEuvres de prose et de
poésies des sieurs de Maucroix et de La Fontaine*. Maucroix
y exprime, dans la préface, sa haute manière de comprendre les anciens qu'il interprétait avec un mérite sans
précédents, et La Fontaine y joignit un avertissement, écrit
avec élégance et discernement sur la manière de lire et de
comprendre Platon.

Ce recueil, dont il fut donné une nouvelle édition en
Hollande (Amsterdam 1688, 2 vol. 12), comprenait : des
Fables, des *Contes*, *Philémon* et *Baucis*, les *Filles de Minée*,
et une charmante idylle, imitée de Théocrite, intitulée
Daphnis et *Alcimandre*, le tout de La Fontaine. Le second
volume, qui comprenait : les *Quatre Philippiques de Démosthènes*, la *Quatrième harangue de Cicéron contre Verrès*
(de Signis), et trois dialogues de Platon : *Eutiphron, Hippias*
et *Entidéme* étaient de Maucroix.

Depuis cette publication jusqu'à celle des *Homélies
d'Astérius*, en 1695, Maucroix n'avait rien fait paraître.
Il se proposait de faire suivre cette nouvelle publication de
celle de *la Vieillesse*, du *Traité de l'Amitié*, et de la première *Tusculane* de Cicéron, avec le dialogue *De Causis
corruptæ eloquentiæ*; il en fut détourné par la supercherie
d'un faux dévot, M. Dubois.

La vieillesse de Maucroix eut été des plus heureuses sans
la douleur, pour son cœur sensible, de survivre à ses meilleurs amis.

« Le 10 novembre 1692, mourut à Paris, dans sa maison, près de la porte de Richelieu, mon cher ami M. des Réaux : c'étoit un des plus hommes d'honneur et de la plus grande probité que j'aie jamais connus. Outre les grandes qualités de son esprit, il avoit la mémoire admirable, écrivoit bien en vers et en prose et avec une merveilleuse facilité. Si la composition lui eut donné plus de peine, elle auroit pu être plus correcte; il se contentoit un peu trop de ses premières pensées, car, du reste, il avoit l'esprit beau et fécond, et peu de gens en ont autant que lui. Jamais homme ne fut plus exact : il parloit en bons termes et facilement, et racontoit aussi bien qu'homme de France. »

L'année suivante, le 7 février 1693, mourut aussi Paul Pellisson, de l'Académie, remarquable par sa grandeur d'âme, ses talents et sa politesse. Maucroix lui accorde une appréciation également bien sentie : « C'étoit un homme de grand mérite... Son chef-d'œuvre, c'est l'*Histoire de l'A-cadémie;* sa préface des ouvrages de M. Sarrazin est aussi fort estimée. Il fit beaucoup de traités sur les matières de religion. Il mourut sans recevoir les sacrements, non par mépris de ces secours nécessaires aux chrétiens : la mort le surprit. Depuis sa conversion, je ne le vis jamais que dans des sentiments très-catholiques. C'étoit un fort honnête homme d'honneur. Peut-être qu'il ne manquoit pas un peu d'ambition; cela lui étoit en quelque sorte pardonnable, il étoit de Castres, d'ailleurs il étoit généralement applaudi. »

La mort de La Fontaine, 13 avril 1695, vint porter un coup encore bien plus sensib'e au cœur de Maucroix. Le célèbre imitateur des contes de Bocace, par un retour des plus édifiants, ne s'occupait plus, dans ses dernières années, que de mettre en vers les hymnes de l'Eglise. « J'espère, écrivait-il à Maucroix, 26 octobre 1694, que nous attraperons tous les deux les quatre-vingts ans, et que j'aurai le temps d'achever mes hymnes. Je mourrois d'ennui, si je ne composois plus. Donne-moi tes avis sur le *Dies iræ, dies illa,* que je t'ai envoyé. »

La Fontaine avait la pusillanimité naturelle aux natures sensuelles. Plus il approchait de ses derniers moments, plus il se sentait ému : « Tu te trompes assurément, mon cher ami, s'il est bien vrai, comme M. de Soissons l'a dit, que tu me crois plus malade d'esprit que de corps. Il me l'a dit pour tâcher de m'inspirer du courage, mais ce n'est pas de quoi je manque. Je t'assure que le meilleur de tes amis n'a plus à compter sur quinze jours de vie. Voilà deux mois que je ne sors point, si ce n'est pour aller un peu à l'Académie, afin que cela m'amuse. Hier, comme j'en revenois, il me prit au milieu de la rue du Chantre une si grande faiblesse, que je crus véritablement mourir. Oh! mon cher! mourir n'est rien ; mais songes-tu que je vais comparoître devant Dieu? Tu sais comme j'ai vécu. Avant que tu reçoives ce billet, les portes de l'éternité seront peut-être ouvertes pour moi. »

Profondément ému, Maucroix répondit immédiatement. 14 février 1695 : « Si Dieu te fait la grâce de te renvoyer la santé, j'espère que tu viendras passer avec moi le reste de ta vie, et que souvent nous parlerons ensemble des miséricordes de Dieu. Cependant, si tu n'as pas la force de m'écrire, prie M. Racine de me rendre cet office de charité, le plus grand qu'il me puisse jamais rendre. Adieu , mon bon, mon ancien et mon véritable ami. Que Dieu, par sa très-grande bonté, prenne soin de la santé de ton corps et de celle de ton âme. »

La Fontaine expira deux mois après, âgé de soixante-treize ans neuf mois et cinq jours. « Nous avons été amis plus de cinquante ans, dit Maucroix, et je remercie Dieu d'avoir conduit l'amitié extrême que je lui portois jusqu'à une assez grande vieillesse, sans aucune interruption ni aucun refroidissement, pouvant dire que je l'ai toujours tendrement aimé et autant le dernier jour que le premier. Dieu, par sa miséricorde, le veuille mettre dans son saint repos! C'était l'âme la plus sincère et la plus candide que j'aie jamais connue; jamais de déguisement, je ne sais s'il a menti en sa vie. C'était au reste un très-bel esprit, capable de tout ce qu'il vouloit entreprendre. Ses fables, au sentiment des plus habiles, ne mourront jamais et lui feront honneur dans toute la postérité. »

Maucroix, qui n'avait pu assister un tel ami dans ses derniers moments, se hâta d'en demander les détails à Boileau qui lui répondit :

« Les choses hors de vraisemblance, qu'on m'a dites de M. de La Fontaine, sont à peu près celles que vous avez devinées, je veux dire que ce sont ces haires, ces cilices et ces disciplines dont on m'a assuré qu'il affligeait fréquemment son corps, et qui m'ont paru d'autant plus incroyable de notre défunt ami, que jamais rien, à mon avis, ne fut plus éloigné de son caractère que ces mortifications. Mais quoi! La grâce de Dieu ne se borne pas à des changements ordinaires, et c'est quelquefois de véritables métamorphoses qu'elle fait. »

Maucroix, pour tout héritage, demanda, obtint et conserva pieusement ce cilice qu'avait porté La Fontaine. « J'ai vu, dit l'abbé d'Olivet, entre les mains de son ami, M. de Maucroix, le cilice dont il se trouva couvert, lorsqu'on le déshabilla pour le mettre au lit de mort. »

Après les paroles touchantes, accordées à la mémoire de leur ami commun, dans sa belle lettre à Maucroix, Boileau continue : « Pour venir à vos ouvrages; j'ai déjà commencé à conférer le dialogue des orateurs avec le latin. Ce que j'en ai vu me parait extrêmement bien. La langue y est parfaitement écrite. Il n'y a rien de gêné, tout y paroit libre et original. » Et il continue par différentes observations critiques, tant sur certain passage de l'œuvre que sur l'ignoble procédé de Dubois. Le célèbre législateur du Parnasse termine sa longue et admirable lettre par les témoignages de la plus vive affection qu'il résume ainsi :

« Mais vous, monsieur, est-ce que nous ne vous reverrons plus à Paris, et n'avez-vous point quelque curiosité de voir ma solitude d'Auteuil? Que j'aurois de plaisir à vous embrasser et à déposer entre vos mains les chagrins que me donne tous les jours le mauvais gout de la plupart de nos écrivains modernes. » (Le texte portait de nos Académiciens.) Voir *OEuvres complètes de Boileau,* tome III, édition de Saint-Marc, in-8°.

Maucroix répondit par une lettre non moins remarquable.

Il est curieux de voir la solidité de jugement avec laquelle il se prononce sur la fameuse querelle des anciens et des modernes. Lettre du 23 mai 1695 : « Notre siècle. il est vrai, produit de très-grands hommes en toutes sortes d'arts et de sciences. La magnanimité des Romains se retrouve tout entière dans Corneille, et il y a beaucoup de scènes dans Molière qui déconcerteroient la gravité du plus célèbre des stoïques. Mais nous ne sommes pas contents de ces loüanges, et, à moins de mettre les anciens sous nos pieds, nous ne croyons pas être assez élevés. Quand nous en serions nous-mêmes les juges, nous devrions avoir honte de nous prononcer nous-mêmes en notre faveur. C'est de la postérité qu'il faut attendre un jugement décisif; et il y a certainement peu de nos écrivains qui, comme vous, monsieur, ne doivent pas craindre de paroître un jour devant son tribunal.

» Pour moi et les traducteurs mes confrères, c'est inutilement que nous le craindrions. Vous m'avez dit plus d'une fois que la traduction n'a jamais mené personne à l'immortalité. Mettant la main à la conscience, je crois aussi que j'aurois tort d'y prétendre. Je ne m'en flatte point :

Oportet unum quemque de mortalitate aut de immortalitate sua cogitare. Ce mot de Pline-le-Jeune me paroit une des meilleures choses qu'il ait dites. Pour écrire, il me faudrait un grand fond de science et peu de paresse. Je suis fort paresseux et je ne sçais pas beaucoup. La traduction répare tout cela... Elle nous fait connaître parfaitement un auteur... Je vous avoue pourtant que si la fortune m'eut fixé à Paris, je me serois hasardé à composer une histoire de quelqu'un de nos rois. Mais je me trouve dans un lieu où l'on manque de tous les secours nécessaires à un écrivain. Aussi j'ai été contraint de me borner à la traduction. Je ne sçaurois m'en répentir si j'ai le bonheur de vous plaire un peu. Aimez-moi toujours, je vous supplie, et assurez le cher M. Racine que je seroi éternellement son très-humble serviteur aussi bien que de vôtre. »

Maucroix avait survécu à la plupart de ses vieux amis, mais sa nature bienveillante lui en avait attiré de plus jeunes, destinés à l'office de légataires envers lui. De ce nombre était Fabio Bruslart de Sillery, député du second ordre à l'assemblée du clergé de 1685, et, depuis 1689, évêque de Soissons, prélat que l'on a loué pour sa science et ses aimables qualités, de trente-six ans plus jeune que notre chanoine, et neveu de mesdames de Sillery, l'une abbesse et l'autre religieuse d'Avenay. Il était auteur de poésies légères qui avaient amusé sa jeunesse, ce qui établissait une sympathie plus grande entre lui et le chanoine, qui, en lui dédiant sa traduction d'Astérius, loue le talent de Sillery pour la chaire, relevé et perfectionné par l'étude des anciens. C'est à ce propos qu'il ajoute : « Les saints Pères des premiers siècles de l'Eglise ne se contentoient pas seulement de bien faire, ils s'étudioient encore à bien parler, comme les Chrysostôme et les Grégoire de Naziance, qui employèrent tant d'années à l'étude des belles-lettres ; Astérius se nomme aussi le nourrisson des muses, et fait connoître le commerce qu'il avoit avec Démosthènes, le plus excellent orateur de la Grèce. Tous ces grands personnages étaient bien éloignés de l'opinion de ceux qui se déclarent contre l'éloquence et qui voudroient même la bannir de la chaire de vérité ; ils prétendroient volontiers que l'Evangile ne doit être annoncé aux peuples qu'en des termes rudes et mal polis ; comme si un prédicateur devoit renoncer à un art qui n'a été inventé que pour détruire le vice et pour honorer la vertu. »

Une lettre aussi bien pensée, suffit pour donner la mesure et la valeur d'un écrivain.

C'est à l'évêque de Soissons que Maucroix dédia un petit poëme, intitulé *les Solitaires*, ouvrage d'un style pur, égal, élégant, au ton calme et d'une sagesse, aussi bien dans les idées que dans la forme, qui se soutient jusqu'à la fin , le tout concordant parfaitement avec la tolérance philosophique qui le distingua toute sa vie.

- Il .y établit que le mariage n'est point contraire à la vertu ; la modération seule suffisant pour y atteindre.

Au nombre des amis de Maucroix était aussi le célèbre Joseph Thoullier, d'abord jésuite, puis académicien, sous le nom de l'abbé d'Olivet. Le P. Thoullier, qui quitta l'Institut des jésuites en 1715, n'avait que vingt-deux ans lorsque Maucroix lui adressa la première des trois fameuses lettres, 1704, 1705, 1706, qui couronnent sa vie littéraire, prolongée si avant.

« Je vois qu'il ne tient pas à vous, mon cher père, dit-il en commençant, que je ne perde la mauvaise opinion que j'ai de moi... Hélas! je sais trop le peu que je vaux, et à présent je le sens mieux que jamais. Quelques années de mon bel âge, si je le pouvois faire revenir, me seroient plus agréables que cette immortalité dont on flatte les écrivains. Vos lettres me rappellent des idées de poésie et d'éloquence qui dissipent pour un moment les chagrins de la vieillesse; mais souffrez que je vous réponde à bâtons rompus, si j'ose ainsi dire, car le poids de quatre-vingt-six ans est une distraction continuelle. »

A propos du traité de rhétorique française projeté par Patru, il s'exprime ainsi :

« Je sais qu'il en avait formé le dessein et disposé même tous les chapitres : Voilà tout ce qu'il en a fait. Il n'étudiait que lorsqu'il n'avait rien à faire de meilleur, et souvent il croyoit avoir quelque chose de meilleur à faire que d'étudier. »

« Puisque vous suivez Malherbe, disait encore Maucroix à son jeune ami, songez une autre fois que c'est un guide qui peut égarer. Il a beaucoup d'élévation, mais il n'a presque ni douceur ni tendresse. Son grand travail, en quelques endroits, ne sert qu'à mieux faire voir qu'il n'est point naturel. Je me souviens d'avoir compté avec MM. Pellisson et de La Fontaine, près de quatre-vingts stances qui nous paraissent inimitables. Peut-être que je n'y en trouverois pas tant aujourd'hui. »

Quelle vivacité encore lorsqu'à quatre-vingt-huit ans, 29 avril 1706, il écrivait :

« A quoi pensez-vous, mon cher père, de me faire souvenir que je marquois, il y a quelques mois, que j'avais fait des réflexions sur l'art de remuer les passions? Je n'ai pu depuis ce temps-là vous écrire que des billets de six lignes, je n'ai vécu cet hiver que pour les rhumes et pour la toux. Il semble que tant de misères se réunissent à la fin de la vie pour que nous mourrions plus volontiers. Mais comment oserois-je parler d'éloquence, moi, qui n'ai de ma vie plaidé que cinq ou six fois et qui ne montai jamais en chaire. »

Ecoutez son parallèle entre Démosthène et Cicéron :

« Devinez à quoi je compare Démosthènes et Cicéron? Le premier à vos bons vins de Bourgogne, et le second aux nôtres de la Champagne. Dans le vin de Bourgogne, il y a plus de force et de vigueur : il ne ménage pas tant son homme, il le renverse plus brusquement : voilà Démosthènes. Le vin de Champagne est plus fin, plus délicat ; il amuse davantage et plus longtemps, mais enfin il ne fait pas moins d'effet : voilà Cicéron. Et comme tous les buveurs sont partagés sur l'excellence de ces deux vins, et qu'à une même table, où l'on sert de l'un et de l'autre, chacun se déclare pour son goût particulier, donnons au lecteur une semblable liberté sur ce qui regarde Cicéron et Démosthènes. Je finis sans façon à l'antique. Portez-vous bien et m'aimez toujours. »

Jusque dans les dernières années, il conserva de la verdeur, de la gaîté, et garda surtout cette égalité d'âme particulière au sage, par laquelle il légitime si bien cet éloge de son savant correspondant l'abbé d'Olivet, dans la préface qui sert d'introduction aux *OEuvres posthumes de Maucroix*.

« Vivacité, enjouement, délicatesse, naïveté, tout cela ensemble se trouvoit dans sa conversation, et tout cela ensemble ne forme qu'une légère idée de l'art qu'il avoit de plaire aux personnes spirituelles et polies... Sans être de l'Académie, dit le père Bonhours, il avoit tout le mérite d'un excellent académicien... Plus recommandable encore par sa droiture, par sa candeur et sa générosité, il ne laissoit pas, quoique son revenu fut modique, d'en faire part à ceux de ses amis qui étoient plus favorisés des muses que de la fortune. J'ajoute, c'est ce qui paroitra plus singulier, qu'il conserva toute sa belle humeur dans une extrême vieillesse, et toute sa fermeté d'esprit jusqu'au dernier soupir. »

Maucroix, avant de mourir, ne s'était guère occupé que de ses traductions, qu'il avait distribuées entre ses derniers amis. Ce sont presque les seules de ses œuvres qui pendant longtemps furent livrées à la publicité.

L'abbé d'Olivet publia les *OEuvres posthumes de F. de Maucroix*, Paris in-12. Ce volume contenait les traductions du *Dialogue des Orateurs* de Quintilien, des *Philippiques* de Démosthènes, des *Catilinaires* de Cicéron. Il était précédé d'une préface de l'éditeur, comprenant quelques détails sur la vie de l'auteur. Une nouvelle édition de ce volume fut donnée en 1712, sous ce titre : *Traductions diverses pour former le goût de l'éloquence sur les modèles de l'antiquité*; c'est sous ce dernier titre qu'il fut réimprimé en Hollande. Boileau avait revu avec soin cet ouvrage de son ami.

La marquise de Montmartin, à laquelle Maucroix avait inspiré le goût de la belle littérature et appris le latin et l'italien, publia : les *Nouvelles OEuvres diverses de l'abbé de Maucroix* 1726, comprenant la traduction des *Satires*, des *Épîtres* et de *l'Art poétique d'Horace*, et aussi celle de la première *Tusculane* et des traités de *l'Amitié* et de la *Vieillesse* de Cicéron.

Quant aux poésies de Maucroix, elles étaient restées pour la plupart inédites. C'est seulement en 1820 que Walkenaer publia, à la suite des œuvres diverses de La Fontaine, celles qu'il avait trouvées dispersées dans divers recueils, surtout dans celui de Sercy et dans Richelet. En tête de ces poésies, est une vie de Maucroix. On y inséra des pièces inédites, découvertes par l'éditeur, et MM. de Mommerqué et Raynouard, in-8°, 1823.

« Les poésies de Maucroix, dit le savant éditeur, prouvent de la facilité et de l'esprit, et montrent quelquefois des traces d'un talent poétique; mais la plupart sont faibles et prosaïques. Ses traductions furent longtemps les meilleures de celles qui existaient en français, et elles ont contribué à former et enrichir notre langue, en l'habituant à s'approprier les formes énergiques, graves et majestueuses de l'antiquité; mais aujourd'hui que la plupart des auteurs, sur lesquels Maucroix avait travaillé, ont été traduits de nouveau et avec plus de succès, sa célébrité est particulièrement fondée sur ses liaisons avec les grands hommes de son siècle, et surtout avec La Fontaine. Tout était pareil entre ces deux hommes excellents : Dans leur jeunesse, même goût pour les plaisirs, même inclination pour la poésie ; et dans tout le cours de leur vie, même dédain pour les richesses, même sensibilité de cœur, même franchise de caractère, même chaleur dans l'amitié : aussi leur attachement, qui avait commencé presqu'au sortir de l'enfance, n'éprouva pas, durant leur longue carrière, le moindre nuage. Maucroix, qui montrait avec attendrissement le cilice de La Fontaine, répétait souvent qu'il n'y avait jamais eu d'âme plus sincère ni plus candide que celle de son ami. »

Walkenaer a encore publié : *Poésies diverses* d'Antoine Rambouillet de La Sablière et de François de Maucroix, avec les vies de ces deux auteurs, in-8°, 1825. Il n'a donné qu'une idée imparfaite de Maucroix dont les œuvres les plus saillantes restaient encore inconnues.

On retrouve encore un petit nombre de pièces nouvelles dans l'édition de 1826-1827.

Louis Paris a publié : Maucroix, *OEuvres diverses, sa Vie et ses Ouvrages*, 2 vol. in-12, 1854. Cet auteur a tiré du manuscrit de la bibliothèque de la ville de Reims, des poésies nouvelles qui confirment les *Historiettes* de Tallemant-des-Réaux sur la vie agitée de notre auteur, sa jeunesse orageuse, les dissipations de son âge mûr et surtout les hardiesses de sa muse folâtre. Tous ces détails restaient dans le mystère des archives littéraires. On ne s'occupait plus même des traductions surannées du chanoine de Reims, on ne se souvenait guère que de l'ami de La Fontaine.

Mais c'est surtout en reproduisant la correspondance

d'un homme si remarquable, que M. Paris nous a révélé
l'écrivain vif, plein de verve, sarcastique, à l'humeur
tour-à-tour enjouée ou frondeuse, et qu'il a fait revivre
l'élégant prosateur, se jouant de tout dans le doux *farniente*
de sa vie de chanoine. C'est bien là l'esprit français, à la
fois vif, piquant, positif et caustique, et qui raille en se
jouant.

La belle place qu'il occupe dans le grand siècle et ses
rapports intimes avec tant d'écrivains et de personnages
illustres ; son influence sur le mouvement littéraire dont il
suivit lui-même toutes les phases ; enfin, les grands et glorieux souvenirs de l'aimable et savant chanoine de Reims,
méritaient d'être reproduits et transmis dans leurs plus
charmants détails.

Dans sa jeunesse, ses essais littéraires, ses poésies ne furent que des œuvres d'amateur. On y remarque ces jolis
archaïsmes de son temps dont il savait relever la grâce et
l'agrément. C'est dans l'âge mûr, lorsqu'il consacre à l'étude
et à la composition la plus grande partie du temps qu'il dé-
pensait auparavant dans les plaisirs mondains et des amusements futiles, quand il se voue tout entier au commerce des
muses, que son talent se forme ; c'est dans sa vieillesse qu'il
atteint à cette perfection et à cette exquise politesse de
forme dont ses relations choisies lui avaient donné le secret. Il en donna les plus beaux modèles, comme secrétaire
de la Régale et dans sa correspondance.

Contrairement à la muse de Boileau qui, selon la remarque de Sainte-Beuve, « eut de bonne heure les cheveux gris, les sourcils gris, la sienne, toujours jeune,
croît en verve et en chaleur, est toujours enjouée. »

François de Maucroix mourut le 9 avril 1708, âgé de
quatre-vingt-neuf ans trois mois deux jours. Il en avait
passé à Reims soixante-et-un comme chanoine de Notre-
Dame, et fut inhumé dans la chapelle des apôtres de l'église

de Reims. Il avait fait le chapitre de ladite église son léga-
taire universel (1).

MALINGUHEN (Pierre), Jurisconsulte,

mort en 1668.

Le continuateur de Loisel et de Louvet, le savant et modeste auteur du *Supplément à l'Histoire du Beauvaisis*,
Simon ne donne qu'une courte Notice sur Pierre Malinguhen, dont le nom de famille accuse une origine fla-
mande (2).

Son savoir en jurisprudence lui valut un brevet de conseiller d'Etat. Il devint ensuite *lieutenant-général*, — comme
qui dirait sous-préfet, — à Senlis. Esprit subtil et élevé, il
ne publia cependant qu'un ouvrage. On doit à Pierre Malinguhen de très-bonnes remarques sur la *Coutume de
Senlis*.

Cambry, dans la *Description du département de l'Oise*,
mentionne un Malinguhen qui a commenté les *OEuvres de
Tertullien*.

---

(1) Laroque : *Journal de Savants*, septembre 1683. — *Mercure*, de
mai 1708. — *Journal de Verdun*, 1708. — Tallemant-des-Réaux, *Mémoires*, tome v, manuscrits et édition Mommerqué, Chateaugiron et Tas-
schereau, 1835. — L'abbé d'Olivet : *OEuvres de et Notice sur Maucroix*.
— Baillet : *Jugement des savants*. — Titon du Tillet : *Parnasse français*. —
L'abbé Goujet : *Bibliothèque française*. — *Lettres* de Boileau, tome III des
OEuvres complètes, édition de M. de Saint-Marc. — Walkenaer : *OEuvres
diverses et Vies de La Fontaine, de Maucroix*. 1820, 1823, 1825, 1826,
1827, 1834, in-8°. — Louis Paris : *OEuvres de Maucroix; sa vie et ses
ouvrages*, 1854. — Quérard : *La France littéraire*. — Sainte-Beuve : *Causeries du lundi*, article Patru, etc., etc.

(2) Simon : *Supplément à l'Histoire du Beauvaisis*, Paris, 1704, in-12.

MARK (Martin), seigneur de la Salle.

13.. — 1435.

Pendant la guerre de cent ans, Mark, comme beaucoup d'autres seigneurs du Beauvaisis, avait pris parti pour les Anglais.

Il était maître-de-camp sous les ordres du comte d'Arondel, généreux capitaine, qui vint à la tête d'un corps d'armée anglaise pour surprendre le château de Gerberoy, que fortifiaient les Français ; mais le général rencontra une résistance à laquelle il était loin de s'attendre.

Cette forte position était déjà occupée par les plus vaillants capitaines de l'armée française. Pothon, Xaintrailles, commis à la garde du pays comme lieutenant-général à Beauvais, La Hire, messire Renaud de Fontaines, Philippe de La Tour, Guillaume de Flavi, Jacques de Chabannes et autres braves hommes de guerre, s'étaient décidés après conseil, de prendre l'offensive au lieu d'attendre un siège. En conséquence, Pothon et le seigneur de Fontaines s'avancèrent à la tête de la cavalerie de la place pour commencer la charge.

Les autres capitaines, à la tête de ce qui leur restait de troupes, allèrent au-devant d'un nouveau corps d'ennemis qui était parti de Gournay pour renforcer le comte d'Arondel. Inopinément chargés, les Anglais furent rompus, mis en déroute et poursuivis à outrance.

Il était plus difficile d'atteindre le camp anglais qui s'était fortement retranché. On fit venir en toute diligence l'unique couleuvrine que possédait le château. Dès la seconde décharge le comte d'Arondel fut atteint lui-même à la cheville et grièvement blessé. La Hire, qui revenait de poursuivre les fuyards, arriva à propos pour appuyer cette attaque. Complètement défait, l'ennemi perdit 240 hommes, dans cette dernière action, d'autres disent 700 ; le reste de la compagnie n'évita le même sort que par une fuite précipitée.

Le comte d'Arondel fut mené prisonnier à Beauvais, où il mourut des suites de sa blessure.

Martin Mark, son lieutenant, fut retrouvé au nombre des morts.

Le courage militaire resta héréditaire dans cette famille.

Martin Mark était de la race de Guédoin, qui mourut au premier siége de Gerberoy, en 1078. Nicolas, son petit-fils, capitaine de l'Oise (c'est ainsi que le désignent les chroniques du temps), assistait à la bataille de Montcontour, le 3 octobre 1569. Il était placé avec ses douze fils en tête des troupes catholiques. De cette nouvelle légion fabienne, il ne survécut que le chef.

Le duc d'Anjou, frère du roi, général en chef de l'armée victorieuse, voulut récompenser tant de dévouement et de valeur en consolant une si grande infortune. Les troupes campaient près de Saint-Jean-d'Angély, le 8 février, lorsque le vaillant et preux Nicolas Mark fut créé chevalier par le prince.

Nicolas laissa encore un fils, François, dont l'arrière-petit-fils, Philippe Mark, reçut plusieurs commissions honorables dans les armées du roi Louis XIII, et se distingua particulièrement au siège de Casal, en Italie (1).

---

(1) Jean Pillet : *Histoire du château et de la ville de Gerberoy.* in-4°, 1679, Rouen. — Simon : *Supplément à l'Histoire du Beauvaisis*, 1704, in-12.

MARTEAU (Pierre-Antoine), Médecin,

né à Grandvilliers.

1706—1770.

Artem experientia fecit,
Exemplo monstrante viam......

Cette épigraphe du *Journal de Médecine* est celle que s'est proposée, comme devise, le docteur Marteau, l'un des principaux rédacteurs de cette publication.

Nos recueils biographiques ont négligé jusqu'à ce jour le nom de ce savant modeste, de ce grand praticien qui rendit tant de services à l'humanité souffrante par ses soins vigilants, et à la science médicale par ses observations patientes : C'est un juste hommage à rendre au mérite consciencieux qui s'est oublié lui-même pour ne penser qu'à ses semblables.

Marteau qui a tant écrit sur différentes questions médicales n'a rien laissé sur lui-même, et nous ignorons l'état de sa famille, la manière dont il a été élevé et jusqu'à la date précise de sa naissance. Nous savons seulement, par ses ouvrages, qu'il fut reçu docteur médecin à Reims, à peu près dans le même temps que Lecat, de Blérancourt. son ami, qui devint médecin à l'hospice de Rouen.

Après de solides études à Paris, Marteau débuta, en 1748, par un *Traité sur la Chaleur*. Il s'attacha ensuite d'une manière particulière à la médecine et se montra très-habile et très-versé dans la thérapeutique.

Les maladies qui régnaient alors attirèrent particulièrement son attention. C'est à Paris qu'il vit les premiers cas des maux de gorge gangréneux qui furent de sa part l'objet de tant d'observations, de cures et de travaux remarquables (1749).

« De toutes les maladies qui affectent l'humanité, dit-il, aucune ne mérite autant l'attention du médecin que celles qui attaquent à la fois un grand nombre d'habitants d'un même lieu, surtout lorsqu'elles se propagent par contagion ; en un mot, les maladies qu'on a appelées épidémiques. Les maux de gorge gangréneux qui règnent depuis quelques années sont de cette espèce (1). »

Marteau profita si bien des observations que publia sur cette maladie le docteur Chomel, dès la première année où elle se manifesta à Paris, qu'il fut appelé pour la traiter à Aumale, en qualité de médecin de l'hospice de cette ville, vers 1752 ou 1753. C'est dès cette année, et particulièrement en 1754, qu'il suivit et étudia avec soin les progrès et les caractères de cette épidémie qui sévissait alors dans le pays de Bray, d'où elle n'a pas complétement disparu.

En praticien éclairé, il l'étudia dans ses effets et dans son principe. On le voit par une lettre qu'il adressa, en 1756, au docteur Raullin, médecin à Nérac, auteur d'un *Traité des maladies qui dépendent des variations de l'air.* Il résulta, des communications de ces deux savants, les observations hygiéniques les plus sages.

C'est en 1757 que Marteau attaqua la contagion avec le plus de succès. Dans son mémoire sur les cas gangréneux qui se manifestaient en Picardie comme en Normandie, il fit remarquer que les pluies et les brouillards y étaient défavorables, que les femmes et les enfants en étaient plus facilement atteints que les hommes et les vieillards, et il rendit compte de sa méthode curative.

Marteau transmettait tous les cas de pathologie interne

---

(1) *Journal de Médecine.*

qu'il traitait au *Journal de Médecine*, fondé à Paris en 1754. C'est ainsi qu'il y donna (t. xviii) l'histoire d'une dyssenterie qui régnait en 1750 en Picardie et à Aumale. Il avait donné auparavant la description de quelques dyssenteries épidémiques qui régnaient à l'abbaye de Rival (t. xii).

En 1757, il adressa, en ces termes, une description des pleuro-péripneumonies qui régnaient à Aumale en 1756. « Je n'écris point pour vanter mes succès, disait-il, je ne puis faire ici que l'histoire de mes malheurs. J'ai plus perdu de malades que je n'en n'ai sauvé. » Modestie qui relève beaucoup le mérite de ce médecin aussi judicieux qu'éclairé, dit un contemporain. Il transmit encore une expérience sur les effets funestes des noyaux de prunes avalés par imprudence. Il publia enfin divers autres cas d'opérations chirurgicales.

Ses grands travaux d'analyse sur les eaux minérales, alors si peu connues, valurent à Marteau les fonctions d'inspecteur de ces mêmes eaux. On peut dire du reste qu'il signala avec plus de succès leurs propriétés médicales que leurs éléments chimiques.

Dès 1752, Marteau avait commencé des études et des expériences sur les eaux de Forges. « Forges est un village du département de la Seine-Inférieure, situé dans un lieu assez élevé, à quatre lieues de Gournay, trois de Neufchâtel et neuf de Rouen. Ses eaux étaient connues depuis longtemps, on leur attribuait une grande vertu ; mais leur célébrité devint très-grande du jour où Louis XIII en fit nettoyer et arranger les sources pour y prendre les eaux avec la reine Anne d'Autriche et le cardinal de Richelieu. Très-fréquentées depuis cette époque, ces sources prirent les noms de la *Reinette*, de la *Royale* et de la *Cardinale*, en mémoire des trois grands personnages qui leur donnèrent une consécration nouvelle. Aussi ce village, déjà si agréable par sa situation, la beauté de ses alentours et l'air pur qu'on y respire, s'est embelli de belles promenades et enrichi de tout ce qui peut multiplier les distractions et varier les plaisirs de ses visiteurs. »

Marteau publia sur ces eaux un *Mémoire* (in-12, 1756). « Cette analyse, dit Patissier, parut excellente à l'époque où elle fut publiée. » Marteau était réputé savant pour son époque, seulement la science de la chimie n'était pas encore créée. Avant Priestley, qui signala les gaz, Lavoisier, Berthollet et Gui Morvau, créateurs de la chimie pneumatique, il n'y avait pas d'analyse sérieuse. On ne connaissait pas non plus les oxides, et dans l'ignorance des bases chimiques, on n'avait aucun moyen d'arriver à connaître la composition exacte des corps.

Aussi faut-il pardonner à notre docteur d'avoir confondu les gaz avec l'air et d'avoir pris pour du fer le sédiment jaune qui adhère aux tuyaux conducteurs. « Il n'est pas difficile, disait-il, de découvrir dans nos eaux un troisième principe qui est l'air. Lorsqu'on puise ces eaux à leur source, il pétille dans le verre comme un vin de Champagne. » En 1755, le bénédictin dom Mahon découvrit des eaux minérales près d'Aumale. En 1759, Marteau publia sur ces eaux une dissertation, in-12, qui fut critiquée par un autre médecin nommé Monnet. Cet ouvrage, dit Patissier (1), dénote des talents et de l'impartialité; on y trouve quarante-six observations. »

Marteau traita diverses autres eaux minérales qu'il mentionna dans le *Journal de Médecine*.

En 1758, il publia une observation sur l'endurcissement des parties charnues d'une femme qui passa à l'état de momie. « Nous ne pouvons nous dispenser, dit la rédac-

---

(1) *Traité des eaux minérales.*

tion, de témoigner à M. Marteau, notre reconnaissance par rapport aux observations dont il veut bien nous gratifier; nous ne sommes ici que l'écho du public qui trouve dans toutes ses observations des caractères d'intérêt ou de nouveauté et des preuves complètes, lesquelles partent d'un bon médecin et d'un homme très-instruit. »

Dans un autre travail, Marteau fait ressortir l'utilité des autopsies pour la science, dans les cas exceptionnels principalement. En un mot, on le voit toujours soucieux de tout ce qui peut avancer et servir la science et l'art du médecin ; ainsi il recommande les bains chauds, surtout des jambes et des cuisses, pour le traitement de la petite vérole. Il attaque dans un mémoire (1768) la méthode à la *Sangrado* de ses collègues qui consiste : « à saigner, purger, clystériser. » Il appuie sa doctrine sur une foule de cas qui en démontrent l'efficacité. On voit avec quelle persévérance le savant et habile docteur combattait par les données de l'observation, le système trop exclusif de la saignée et du purgatif, régime préconisé par Gui Patin, et encore en pleine vogue au XVIII⁰ siècle, malgré les plaisanteries de Molière et les critiques d'auteurs postérieurs.

Au lieu de professer un dédain systématique pour les remèdes nouveaux, Marteau les accueille avec discernement, les essaie avec précaution et recommande, en cas de réussite, ceux que sa propre expérience lui démontre doués de propriétés heureuses et de quelque efficacité. Il signale souvent le quinquina, si en vogue aujourd'hui, parfois l'émétique, et il emploie avec succès la belladone pour le traitement des cancers.

L'Académie de Bordeaux avait posé la question *de l'Utilité des bains d'eau douce et d'eau de mer*. Le savant mémoire de notre docteur obtint le prix en 1767. En 1769, il remporta également le prix à la même Académie pour son *Traité d'analyse des Eaux minérales*. Il mourut pendant l'impression de ce dernier ouvrage, le 1er août 1770. Il était alors en résidence à Amiens et membre de l'Académie des sciences de cette ville.

Les principaux ouvrages de Marteau sont :

Lettre sur la Chaleur, Paris, 1748, in-12 ;

Analyse des Eaux de Forges, Paris, 1756, in-12 ;

Analyse des Eaux minérales d'Aumale, Paris, 1759, in-12 ;

Description des maux de gorge épidémiques et gangréneux qui ont régné à Aumale et dans le voisinage, Paris, 1768, in-12 ;

Mémoire sur l'action et l'utilité des bains, soit d'eau douce, soit d'eau de mer, Amiens, 1770, in-12 ; Bordeaux, 1778, in-4° ;

Traité de l'analyse des Eaux minérales, Amiens, 1770, in-12 ; Bordeaux, 1778, in-4° (1).

MAUVOISIN (Samson de), Archevêque de Reims.

1100 — 1161.

Mauvoisin portait d'or à deux fasces de gueules.

Ce vénérable prélat était de l'ancienne maison de Mauvoisin ou Malvoisin, qui au xiie siècle figurait dans la noblesse de Beauvaisis. Plusieurs de ses membres se croisèrent : *Robert de Mauvoisin* fut l'un des principaux seigneurs de sa province qui prirent la croix en 1190. Dans la septième

---

(1) *Dictionnaire historique de la médecine ancienne et moderne*, tome III. Eysch. — Patissier : *Eaux minérales*, in-8°, 1750. — Quérard : *France littéraire*, in-8°.

croisade, en 1250, sous saint Louis, un Mauvoisin commandait un corps d'armée contre les Sarrazins : il est qualifié « un des hardis chevaliers de l'armée. »

A la même famille appartenaient encore :

Acard de Mauvoisin, un des fondateurs de l'abbaye de Bellosane ;

Menessier de Malvoisin, qui passa au service du roi Richard d'Angleterre ;

Richard de Mauvoisin, frère de Samson, était chevalier en Beauvaisis (1). Il est peut-être le père de celui qui marchait à côté de Philippe-Auguste, à Bovines, 1214.

Cette famille paraît être une branche collatérale des seigneurs de Rosny, en Normandie, qui ont pour souche, d'après Duchesne, Raoul de Mauvoisin, lequel vivait en 1080. La mère de Samson paraît être Adeline de Martigue, sœur de Renaud, mort archevêque de Reims, en 1138.

Destiné à l'état ecclésiastique, Samson fut élevé avec soin et travailla avec autant de fruit que d'ardeur. On lui attribue pour maître, les uns Yves de Chartres, qu'il connut du moins, quand il était archidiacre dans cette ville ; les autres Gilbert de la Porée, dont les doctrines furent condamnées dans sa ville épiscopale même.

Le sacre de Samson eut lieu en 1140 ; Josselin de Viersy, évêque de Soissons, en fit la cérémonie. Aussitôt après son installation, le nouveau prélat s'employa à l'œuvre de pacification et mit tous ses soins à rétablir la concorde dans son diocèse.

Samson de Mauvoisin inaugura son ministère épiscopal par sa participation à l'affaire la plus mémorable du siècle. C'est lui qui, le 2 juin 1140, présida, avec Henri Sanglier, archevêque de Sens, le fameux concile où comparurent les

____

(1) Simon : *Supplément à l'Histoire du Beauvaisis.*

deux plus grandes lumières du xii⁰ siècle, Abailard, comme accusé, et saint Bernard, qui remplit vis-à-vis du philosophe l'office de ministère public au nom de la théologie. L'esprit audacieux qui avait osé fronder l'autorité ecclésiastique par des explications indiscrètes ou des commentaires imprudents des vérités révélées, et qui, selon l'expression de son terrible contradicteur, avait osé franchir les bornes posées par les Pères de l'Eglise (1), vit ses doctrines condamnées et son ouvrage livré aux flammes. Encore fut-il heureux d'en être quitte *pour si peu*, devant l'adversaire qui disait : « C'est un dragon qu'il faut exterminer : Périsse l'homme plutôt que la société. » *Accingere gladio tuo ; conculcabis draco-nonem et leonem. Expedit nobis ut unus exterminetur homo a populo et non tot gens pereat.*

Ce ne fut pas le seul grand événement du glorieux épis-copat de Samson.

Après quelques dispositions relatives aux affaires de son diocèse, parmi lesquelles figure la confirmation de la fon-dation de la Chartreuse du Mont-Dieu, après la dédicace de l'église de cette même Chartreuse, l'archevêque de Reims assista à celle de l'église abbatiale de Saint-Denis (1144). Mais un incident plus grave en lui-même et par ses conséquences l'occupa ensuite.

Louis VII, qui venait de prendre la croix, était impa-tient d'accomplir son vœu. Comme il appelait l'onction sainte, l'archevêque de Bourges le couronna à Bourges. Mais cet acte, pour lequel il fut assisté de Josselin, évêque de Soissons, d'Alvise, évêque d'Arras, d'Eudes, évêque de Beauvais, de Thierry, évêque d'Amiens, de Pierre, évêque de Senlis, de Simon de Vermandois, évêque de Noyon, et de Geoffroy, évêque de Châlons-sur-Marne, fut traité en

---

(1) *Transgreditur fines quas posuerunt patres nostri :* saint Bernard.

cour de Rome d'usurpatoire et d'irrégulier, et sévèrement censuré. Le pape Eugène III, par une bulle en date du 26 mars 1146, priva l'archevêque de Reims du *pallium*, marque de sa dignité métropolitaine.

La cour de France témoigna un grand mécontentement d'une sentence qui retombait sur un prélat que le roi avait adjoint à Suger et à Raoul, comte de Vermandois, pour la constitution du conseil de régence. Saint Bernard lui-même, le prédicateur de la croisade, qui en fut extrêmement mortifié, écrivit tout aussitôt à Rome pour inviter le pontife à plus de modération. Eugène III se montra très-accessible aux réclamations qui lui furent faites. Il ne voulait point déplaire au grand abbé de Clairvaux, son ancien maître, qui avait été assez puissant pour faire un pape (1), et, d'un autre côté, il avait à se ménager une retraite en France pour échapper à la nouvelle rébellion des Romains : il se hâta de rappeler sa bulle et d'en infirmer toutes les dispositions.

Eugène III vint ensuite en France et ouvrit, le 22 mars 1148, dans l'église de Notre-Dame de Reims, un concile auquel assista l'archevêque avec des cardinaux et des évêques de France, d'Allemagne, d'Angleterre et d'Espagne. Saint Bernard y parut ; et, à sa voix, Gilbert de la Porée, assigné à cet effet, rétracta ses erreurs sur l'essence de Dieu. Samson y fit aussi condamner à la prison un certain gentilhomme breton appelé Eon de l'Etoile qui se faisait passer aux yeux du peuple pour le futur juge des vivants et des morts. Cet Eon s'appuyait sur ces paroles : *Per eum qui venturus est*, etc., *eum* (lui) se prononçait alors *eon*. Ce mauvais jeu de mots, qui ne prêterait qu'à rire aujourd'hui, agissait si bien alors sur une multitude, cré-

------

(1) Innocent II.

dule autant qu'ignorante, que le maniaque, qui en usait, s'était déjà fait beaucoup de disciples.

La même année, Samson accorda, à l'abbaye de Saint-Quentin-en-l'Ile, dans le diocèse de Noyon, l'administration de la léproserie de Saint-Quentin; il fit encore diverses donations, approuva des fondations pieuses, etc., etc.

En 1152, il assista au concile de Bruges.

Le vénérable prélat soutint avec fermeté les priviléges de son église contre de Coucy, archevêque de Sens. Le pape Adrien IV le chargea, en 1156, de l'examen de la sentence d'excommunication prononcée par Engelbaud, archevêque de Tours, contre Hugues-le-Roux, évêque de Dol.

Le 26 octobre 1157, Samson présida à Reims un concile contre les *Pifres*. C'était une secte d'Albigeois qui s'était formée dans la corporation des tisserands de la Picardie et des Pays-Bas. Les malheureux furent condamnés, la plupart à l'emprisonnement, et les plus infectés d'hérésie à être marqués d'un fer chaud !

Sur la fin de son épiscopat, Samson tint encore un autre concile à Reims en faveur de l'abbaye de Prémontré; et installa André de Paris sur le siége épiscopal d'Arras.

Ne songeant plus dès-lors qu'à son salut, pour mieux se recueillir, il prit l'habit de religieux et s'enferma dans l'abbaye d'Igny, où il expira le 21 septembre 1161; on l'enterra dans l'église de l'abbaye (1).

---

(1) La *France littéraire.* — *Gallia christiana.* — Le P. Labbe : *Collection des conciles.* — *Histoire de l'Eglise gallicane.* — Simon : *Supplément à l'Histoire de Beauvais,* Paris, 1704, in-12. — Rohrbacher : *Histoire universelle de l'Eglise catholique,* Paris, 1848, in-8°. — La Chenée-Desbois : *Dictionnaire de la noblesse,* tome IX.

MAZILE (Jean), Médecin de Charles IX,

né à Beauvais.

1517 — 1580.

 Les deux plus grands historiens du Beauvaisis ont consacré des notices spéciales à ce savant médecin, qui sut rester honnête homme au milieu d'une cour corrompue.

Godefroy Hermant commence ainsi la sienne : « Ce n'est pas un petit honneur au Beauvoisis d'avoir donné deux premiers médecins à nos rois en un mesme siècle et que Jean Mazile, fils de Symphorien, chirurgien à Beauvais, ait fait cette fonction aussi bien que Jean Fernel (1). »

« Dès ses premières études, qu'il commença dans sa ville natale, l'enfant se distingua par son ardeur studieuse et ses progrès rapides; il les poursuivit à Paris avec le même succès.

» La profession de son père l'éclaira de suite sur sa vocation et le père fut heureux de rencontrer dans son fils des goûts conformes à ses vues. Mazile alla suivre les cours de la célèbre faculté de Montpellier en 1537, et fut reçu docteur à la même faculté, en 1539. Il demeura encore quelque temps dans la ville de Montpellier pour s'y fortifier dans les hautes théories de la savante faculté, par le commerce et la fréquentation des savants maîtres qui la dirigeaient; puis il alla fréquenter la province voisine.

» Il s'arresta d'abord, dit Hermant, dans la petite ville d'Ambert, en Auvergne, où il épousa Catherine Faure,

---

(1) Fernel, qui fut avec Ambroise Paré un des Pères de la chirurgie française, est né à Montdidier.

fille de delfunt Armand Faure Marchand, et de dame Cusine, sa femme, en 1540, comme j'ai appris de son contrat de mariage qui m'a esté communiqué par ses descendans. Mais un si petit lieu ne fut pas capable de l'arrester. »

Il n'y avait peut-être été attiré qu'en vue de l'union qu'il venait de contracter. L'amour du pays natal le ramena à Beauvais; mais il n'était pas encore à sa place. Mazile excellait dans son art, ses cures étaient des plus heureuses: son mérite était généralement reconnu et apprécié quand lui seul semblait l'ignorer encore; son désintéressement, sa charité lui attiraient autant d'estime que son talent excitait d'admiration. La plus riche clientèle faisait appel à son ministère, et les pauvres n'en n'étaient pas moins bien traités.

Lorsque le cardinal de Chastillon vint occuper le siége épiscopal de Beauvais, il prit Mazile pour médecin. Ce prélat le jugea si capable qu'il ne crut pouvoir rien faire de mieux que de le proposer au roi Henri II, pour médecin des enfants de France.

Mazile fut présenté à la cour, s'y distingua par ses services et y reçut tous les honneurs que sa modestie eût déclinés sans doute, mais qu'il méritait par ses talents et ses vertus. L'habile docteur devint premier médecin du duc d'Alençon, et la reine Catherine de Médicis fut si satisfaite des bons soins qu'il donnait à ce fils chéri, qu'elle le prit pour elle-même.

Quand le roi Charles IX l'eut choisi pour premier médecin, Mazile fit mettre à sa place, auprès du duc d'Alençon, Pierre de Nully, son allié, docteur comme lui de la faculté de Montpellier. Un an avant la mort du roi son maitre, l'honorable médecin reçut de ce prince « l'abbaye de Saint-Vincent, de Senlis, vacante par la mort de Guillaume Thibault, qui estoit outre cela archidiacre du Beauvoisis, ce qui suppose qu'il estoit veuf en ce temps-là, dit Hermant.

Le brevet qui lui fut accordé pour cette abbaye, et que j'ai vu souscrit par le roy, dit Neufville, est daté de Paris le 3 octobre 1572. Grégoire XIII lui en expédia les bulles en la première année de son pontificat. »

Un an après, Charles IX expirait au château de Vincennes, baigné dans son sang qui s'échappait de son corps par tous les pores (1), le 30 mai 1574.

« On trouve, dit encore Hermant, à la fin du premier volume des *Eloges* de Papire Masson, le rapport qu'il (Mazile) fit de la dissection du corps du roi et qui fut souscrit avec lui par Vatierri, Alexis, Gaudin, Vigor, Fievée, et S. Pans, médecins de Sa Majesté; par Simon Pietri, Brigard, Laffilé, Duret, et par Paré, d'Amboise, du Bois, Portail, Eustache, J. Dionniau, Lambert, Cointe, chirurgiens du deffunt roy. J'ai vu parmi les papiers de sa famille une lettre de Vatierri, qui lui mandoit en latin, le 24 juin 1574, que le duc d'Anjou s'opiniâtrait à ne prendre aucuns remèdes dans sa maladie, qui paraissoit dangereuse à ses médecins. »

L'avènement d'un nouveau roi mit fin à la faveur dont jouissait Mazile. Nulle disgrâce pourtant n'était moins méritée. « Pendant la maladie du roi, ce médecin ne négligea rien de tout ce qui pouvait contribuer à sa guérison; il parla même à ce prince avec une vérité et une franchise qui partaient du grand attachement qu'il avait à ses devoirs. » L'homme consciencieux, pas plus que l'homme de l'art, n'avait fait défaut à sa tâche ou à sa mission.

Pierre de l'Estoille en donne le complet témoignage, dans ses mémoires publiés sous le titre de *Journal de Henri III:* « Le vendredi, dit cet auteur, dont le roi mourut le dimanche en suivant, sur les deux heures après midi,

______

(1) D'Aubigné, livre II, chapitre 8, page 129.

ayant fait appeler Mazile, son premier médecin, et se plaignant de grandes douleurs qu'il souffroit, lui demanda s'il n'étoit pas possible que lui et tant d'autres médecins, qu'il avoit dans son royaume, lui pussent donner quelqu'allégement en son mal, *car je suis*, dit-il, *horriblement* et *cruellement tourmenté* ; à quoi Mazile répondit que tout ce qui dépendoit de leur art, ils l'avoient fait, et que même le jour de devant, tous ceux de la faculté s'étoient assemblés pour lui donner remède, mais que pour en parler à la vérité, Dieu étoit le grand et souverain médecin en telles maladies, auquel il falloit recourir. « Je crois, dit le roi, *que ce que vous me dites est vrai, et n'y sçavez autre chose. Tirez-moi ma custode* (mon rideau) que j'essaye à reposer. »

L'assertion de l'Estoile infirme celle de Gui Patin, qui s'en est rapporté à des témoignages moins authentiques, et avance, sur la foi d'autres écrivains, que « Catherine de Médicis voulait faire pendre Mazile pour n'avoir fait voir le roi malade par fameux médecins de Paris. Chomel, qui justifie aussi Mazile, dans son *Essai sur la médecine en France*, dit que les médecins appelés pour la maladie de Charles IX furent : Simon Pierre et Nicolas le Grand, docteurs de la Faculté de Paris ; il ajoute cependant que la reine voulait faire punir le premier médecin (Mazile), parce qu'il avait trop tard appellé du secours; mais Astruc garde le silence sur cette dernière assertion. Ce n'est, d'après l'Estoile, que quatre jours avant la mort du roi qu'eut lieu l'assemblée des médecins. Tout espoir était perdu alors. »

Le mal était incurable en effet, et la reine-mère dut le reconnaître; car toute puissante comme elle l'était, après la mort de son fils surtout, elle aurait pu user de toute sa sévérité envers le médecin coupable, et cependant elle n'en fit rien. La cabale réduite à l'impuissance suspendit ses intrigues; mais elles redoublèrent au retour du nouveau roi, qui avait abandonné la couronne de Pologne pour ressaisir celle de France.

Marc Miron, qui avait donné ses soins à ce prince avant son avènement au trône, devint le premier médecin de Henri III. Mazile, au contraire, tombé en pleine disgrâce et, pour échapper à la méchanceté des hommes et à l'ingratitude des grands, dégoûté de vains honneurs qui n'avaient pu le rendre ambitieux, alla finir ses jours à Beauvais. Cette retraite ne le mit pas à l'abri de ses envieux. Irrités de n'avoir pu le mortifier et l'affliger davantage, pendant sa vie, ils attentèrent à sa réputation, même après sa mort. Mais les courtisans et les mignons furent trompés dans l'avidité qui avait servi de mobile à leurs dernières calomnies.

Ils supposaient qu'un médecin, qui avait joui si longtemps de la confiance et des faveurs de ses souverains, avait dû gagner beaucoup d'argent et se réserver des sommes considérables. Ils le persuadèrent au roi et obtinrent des ordres exprès de rechercher diligemment ce qu'avait pu laisser en mourant le défunt. Leur confusion fut grande. Le vertueux docteur, que l'on avait voulu rendre suspect d'avarice, avait gardé une somme si modeste que le commissaire préposé à cet effet eut honte de la saisir.

Rien ne relève la vertu calomniée comme la preuve de son innocence : elle éclate alors à tous les yeux et soulève l'indignation de toute âme digne de l'apprécier. Tel est le sentiment qui inspira les vers suivants à Antoine Loisel, qui, toujours admirateur de la vertu qu'il porta en lui à un si haut degré, s'est fait le biographe et le généreux apologiste de notre vénérable docteur. Ces vers terminent la notice que cet auteur a consacrée à Jean Mazile.

Loisel les a écrits en latin et en français; je cite les deux versions que l'on retrouve dans ses *Mémoires de Beauvaisis* :

Mazillum archiatrum delator ut aulicus audiit.
Pertæsum nostri, Plutonia regna petisse :
Aulicus ad parvas, senecæ ut prædivitis, ædes
Advolat, adque manú injectá, sibi vindicat æris
Ingentes, auri falsá sub imagine, folles.
Res tenuis, tenui ac numeroso herede minuta,
Atque impar decimæ, corvum delusit hiantem.
Aulice. Do veniam, justo quem errare fefellit
Mazilli meritum, Carlique profusio regis.
Debuerat sane regalis claviger ille
Adsiduus, tibi speratos contingere census.
Multa viro virtus, tecto tam curta supellex,
Jam delatori modo-non prædæque parata,
Effert æternam Mazilli ad sidera famam.
Henrici insontis minuit pulsatque pudorem.

L'affamé courtisan, sang-suë de la France,
Espion des moyens de la simple innocence,
Adverty que Mazil, nourriçon d'Apollon,
Las de servir nos Roys s'en alloit vers Pluton,
Pensa que sa maison d'Icus fust toute plaine,
Et ja les dévoroit; mais d'espérance vaine.
Car le courrier hastif, qui pour vingt mil escus
N'en trouva pas la disme en revint tout Camus.
Six mille francs, espoir d'une troupe meshaigne
D'héritiers lamentans, estoit tout son espargne.
Vrayment courtisan tu avois bien raison
De peser qu'vn Thrésor d'eust être en la maison,
De celui qui portant la clef d'un roy de France,
Devoit en peu de temps se combler de finance.
Mais en ce que tu as au milieu de sainct deüil
Trouvé si peu de chose auprès de son cercueil :
De Mazil' tu as faict d'autant le los accroistre
Que celui de Henry tu auras faict descroistre.

Si les courtisans furent confus, le roi, au contraire, se montra très-satisfait : « Je suis bien aise, dit-il, qu'on soit éclairci, car j'ai tenu Mazile pour homme de bien, encore qu'il fut un peu huguenot. »

Mazile, en effet, était mort pauvre. « On ne trouva dans ses titres, dit Hermant, aucune autre gratification qu'un don de 8,000 livres que le roy lui avoit accordé à Vincennes, le 20ᵉ février 1574.

» Je vois aussi la médiocrité de sa fortune par l'establissement de sa famille, ayant donné, pour femme, Gillies

Mazile, sa fille, à Pierre de la Croix, valet de chambre du duc d'Anjou, et N..... Mazile, son autre fille, à Florent Roisin, mon ayeule paternelle » (Hermant).

Mazile mourut le 5 mai 1580 à Beauvais, et fut enterré aux Cordeliers (1).

MÉDARD (Saint), Evêque de Noyon,

né à Salency, dans le Noyonnais.

457 — 556.

Inter christicolas quod actio vexit in astris
Pars tibi pro meritis magna Medarde patet.

FORTUNATUS *de sancto Medardo episcopo.*

Parmi les apôtres du Christ qui doivent leur renommée à leurs miracles et leur popularité à leurs services, à l'exemple d'une vie toute remplie des actions les plus pures, saint Médard tient avec raison une large place. Né dans l'opulence et également bien doué à l'endroit de l'intelligence et du cœur, il préféra, aux éphémères et trompeuses jouissances du monde, la satisfaction de guider ses semblables dans les voies du vrai et du bien qu'il éclairait des lu-

---

(1) Loisel : *Mémoires de Beauvais et du Beauvaisis*, in-4°. — G. Hermant : *Histoire ecclésiastique de Beauvais*, tome IV, page 1742, manuscrit de la bibliothèque impériale, in-folio. — Eloi : *Dictionnaire de médecine.* — L'Etoile : *Mémoires*, pages 87 et suivantes. — Papire-Masson : *Historia vitæ Caroli IX.*

mières de sa sagesse toute divine. Aussi, au lieu des honneurs vains et corrupteurs du siècle, il eut la renommée de l'un des plus grands saints et des prélats les plus illustres. Et c'est grâce à la pureté de ses mœurs, à sa charité ineffable qu'il se rangea parmi le petit nombre d'hommes d'élite qui contrastèrent par leur spiritualisme ardent avec la barbarie de l'époque.

Médard tenait par le sang, à la fois, de l'élément barbare et de l'élément gallo-romain, dont le mélange forma la société disparate et corrompue de la période mérovingienne.

Nectar, son père, était un des leudes ou compagnons des rois francs; il avait participé au partage des territoires à l'occupation desquels il avait contribué par ses armes. Protagie, sa mère, descendait de l'une des familles patriciennes de Rome qui étaient venues s'établir dans la Gaule. Cette dame, chrétienne fervente, avait gagné à sa foi celui qui conquit et son pays et sa main. L'on sait, du reste, que le prosélytisme par les femmes, fut parmi ces hommes de mœurs primitives, l'un des plus puissants auxiliaires de l'apostolat chrétien, au v⁰ et vi⁰ siècle, à l'occident et au nord de l'Europe. Riche de sa fortune patrimoniale, Protagie avait apporté en dot à son mari le territoire de Salency : c'est là qu'elle résidait lorsqu'elle mit au monde, en 457, l'enfant qui devait devenir un saint.

Elevé selon les croyances maternelles, Médard commença par se montrer un modèle de piété filiale. Dès que ses forces le lui permirent, on le vit vaquer avec diligence aux travaux de l'intérieur et suppléer son père dans la conduite de sa maison, surveillant les domestiques, les serfs, et ne dédaignant pas même de les aider dans la garde des troupeaux de son père. Rien n'égalait sa tendresse de cœur et sa compassion pour les pauvres.

Un jour, que sa mère lui avait donné une espèce de

chasuble (*casulam*), qu'elle avait confectionnée de ses propres mains, parfaitement propre à le protéger contre les intempéries de l'air, comme il était occupé à garder ses porcs, chemin faisant, il rencontra un aveugle presque nu auquel il donna ce vêtement. « Je n'ai pu voir ce malheureux ainsi exposé aux rigueurs du froid, sans être tenté de partager avec lui des vêtements qui me sont à mon âge moins nécessaires qu'au sien, dit-il, à son retour. » Soit qu'il allât aux champs ou qu'il se rendît à l'école, il donnait même aux malheureux ce qu'il avait emporté pour son repas, supportant d'autant plus facilement le jeûne, qu'il avait la satisfaction d'avoir soulagé l'humanité souffrante et s'imposant pour elle l'abstinence à l'âge où l'on sait le moins modérer ses désirs.

Un autre jour, à la vue d'un homme qui gémissait sous le poids d'un lourd harnais, il le força de prendre le cheval de son père qu'il s'était chargé de conduire à la prairie. Comme les domestiques avaient remarqué et annoncé l'absence de ce cheval favori, pour lever tout doute fâcheux, il avoua aussitôt l'emploi qu'il en avait fait. Touché de la belle action de son fils et plein d'admiration pour la générosité de son cœur, le père supporta facilement cette perte. Il n'eut pourtant pas longtemps à en souffrir, car, au grand étonnement des serviteurs chargés des écuries, l'animal fut retrouvé parmi le troupeau sans que l'on sut comment il y était revenu.

Médard commença ses études dans la ville de Vermand. Ses heureuses dispositions et ses mœurs édifiantes attirèrent l'attention de l'évêque du lieu qui se chargea de lui expliquer le texte des Ecritures dont l'adolescent traduisait si bien l'esprit dans tous ses actes. Le disciple étonna le maître par la rapidité de ses progrès.

A la cour de Childéric Iᵉʳ, qui résidait à Tournay, il ne se laissa point éblouir par le luxe désordonné de cette cour barbare. Egalement choqué de la brutalité des guerriers francs et de la bassesse des courtisans gaulois, il n'éprouva de sympathie que pour le jeune Eleuthère, qui, comme lui, s'affligeait des larmes qu'arrachait leur violence à de faibles victimes, au travailleur paisible, au pauvre laboureur. Il se lia d'amitié avec ce saint homme qui s'éloigna des fonctions civiles pour devenir prêtre à trente ans et ensuite évêque de Tournay.

Médard embrassa lui-même le sacerdoce à l'âge de trente-trois ans, en 490. Qu'il ait ou non assisté au baptême de Clovis, qui eut lieu six ou sept ans après, c'est ce qui est dénué de preuves et importe peu. Ce qu'il y a de certain, c'est la grande part qu'il eut à la conversion des païens devenus plus accessibles aux lumières de la foi chrétienne depuis le baptême de Clovis. Les leudes suivirent l'exemple de leur chef. A la voix de Médard, les cœurs les plus endurcis s'ouvraient à la parole évangélique, rendue plus douce par l'onction qu'il y mettait.

Lorsque la mort eut enlevé Alomer, évêque de Vermand, en 530, d'une voix unanime Médard fut salué comme son successeur par les fidèles et sacré par saint Remi, son maître et son métropolitain : tous avaient reconnu en lui l'homme de Dieu. Il continua de convertir les barbares. Nul apôtre ne se montra plus fervent et ne prêcha mieux d'exemple. On ne savait, disent les contemporains, ce que l'on devait le plus admirer en lui, de sa douceur, de son humilité et de son égalité d'âme, qui, ne se démentant jamais, le rendaient aussi supérieur à l'ivresse de la joie qu'aux faiblesses de l'abattement, en le maintenant aussi simple dans les choses prospères que calme dans l'adversité ; en un mot, aussi indifférent contre l'effet des vicissitudes humaines que tempérant dans l'usage des biens matériels ; il ne poussa à l'extrême que l'amour de Dieu et la charité envers son prochain.

Et il eut besoin de cette sérénité du vrai chrétien pour
parer aux coups qui vinrent affliger son âme et déchirer
son cœur en présence des calamités publiques. Les déchi-
rements de l'intérieur furent encore aggravés par les désastres de l'invasion.

Des barbares, que les chroniqueurs du temps désignent
sous le nom de Huns et de Vandales, bien que ces barbares
eussent effectué leur passage un siècle avant, envahirent
le Vermandois. Vermand, la ville capitale du pays, fut
réduite à un état si déplorable que son évêque fut obligé
de chercher un refuge dans la place forte de Noyon et d'y
établir le siége de son évêché. Une abbaye fut élevée sur
l'emplacement de l'ancien chef-lieu : Saint-Quentin, élevé
non loin des ruines de Vermand, fut depuis la capitale du
Vermandois.

Bientôt Médard eut la douleur de perdre Eleuthère son
aîné, son frère en bonnes œuvres, disciple aussi bien que
lui de saint Remi. Comme il assistait aux funérailles de ce
saint prélat, les fidèles de l'église de Tournay le prièrent
d'être leur pasteur. Médard ne voulait pas abandonner
son évêché, même pour un siége plus avantageux. Cependant, après force démarches et sollicitations, le saint se
résigna à gouverner les deux églises de Noyon et de Tournay qui restèrent unies pendant six cents ans. Le roi et le
métropolitain l'avaient désigné au pontife comme le pasteur
indispensable.

Les fidèles de Tournay ne pouvaient faire un choix
meilleur, ni en temps plus opportun. Une partie de ce diocèse était encore plongée dans les ténèbres du paganisme.
Pour parvenir à détruire l'idolâtrie et à propager le
christianisme, le saint prélat, malgré son âge avancé, surmonta tous les obstacles et brava tous les dangers. On eut
dit que la foi le conservait dans un état de verdeur parfaitement en harmonie avec l'ardeur de son zèle. Les périls,

qu'il courut plus d'une fois pour sa vie, et les fatigues qu'il eut à supporter, ne firent qu'augmenter sa persévérance. Aussi, grâce à l'effort de ses travaux et à l'effet de ses miracles, les nuages de l'erreur se dissipèrent devant les rayons de l'Evangile dans toute l'étendue de ses deux diocèses.

C'est parmi les anciens peuples de la Flandre, qui l'emportaient en férocité et en barbarie, sur toutes les peuplades des Gaules et sur les Francs ; c'est parmi des esprits, aussi étrangers à la civilisation romaine qu'à la morale chrétienne, que le saint éprouva le plus de peine. Mais rien ne put lasser sa patience et nul cœur ne sut résister à l'onction de sa parole.

Lorsque saint Médard fut de retour à Noyon, il y reçut une illustre pénitente, la reine sainte Radegonde, qui ne pouvait plus supporter de vivre avec le roi Clotaire, son mari, meurtrier de son frère. Décidée à se consacrer à Dieu, elle vint à Noyon pour y recevoir le voile des mains de l'évêque. Devenue religieuse, la sainte fut élevée à la dignité de diaconesse.

Sainte Radegonde avait connu le vénérable prélat, lorsqu'il résidait à Vermand et qu'elle occupait le palais d'Aties, où elle fut amenée, dès l'âge de huit ans, pour y être élevée en future reine des Francs. Cette princesse, dont l'étude des lettres avait développé l'imagination, dont la prière avait exalté la sensibilité, ne put se faire au commerce d'un roi barbare. Formée par le malheur à la compassion envers les pauvres, elle les aimait jusqu'à leur rendre les plus humbles services. Elle venait souvent à Vermand pour y soigner les malades, ce qui la mettait en rapport avec le saint prélat qui, devenu son confident, la fortifia dans sa foi, la soutint dans ses douleurs en lui prodiguant les consolations et les paternelles instructions.

Lorsque la pénitente, qui avait obtenu la permission
d'aller rendre visite à saint Médard, vint se jeter à ses
pieds, le suppliant de lui donner l'habit religieux, le vénérable évêque, étonné, surpris par la violence des officiers
du roi, qui avaient accompagné la reine et qui s'étaient
précipités dans le sanctuaire pour l'arracher de l'autel,
dès qu'ils s'aperçurent de ses desseins, hésitait encore sur
une détermination dont il était difficile de prévoir les conséquences. Radegonde, alors, entrant dans le sacrarium,
prit elle-même l'habit de religieuse, et s'avançant au pied
de l'autel : « Si vous différez de me consacrer, dit-elle
à l'évêque, si vous craignez plus un homme que le Seigneur, le Souverain pasteur vous demandera compte d'une
brebis que vous aurez laissé perdre. » L'évêque avait reconnu la volonté de Dieu !

Sublime influence de la vertu et de la foi, toutes les
grandeurs venaient s'incliner devant l'humble simplicité
du saint. Le tout puissant roi Clotaire, qui trouvait Dieu
si grand, puisqu'il faisait mourir un roi tel que lui, ce
monarque farouche, qui avait vu tout céder à son insatiable
ambition, vint à Noyon pour visiter saint Médard. Sans
doute il espérait, au contact de cet agneau sans tache,
purger ses crimes et laver ses mains encore souillées du
sang des fils de Clodomir son frère : telle est la vanité des
grandeurs mondaines qui portent un moment l'homme à
l'oubli de lui-même pour creuser à ses pieds le vide in-
sondable de passions que l'on ne peut assouvir !...

La vénération du monarque pour le saint s'étendit au-
delà de la tombe, et le culte qu'il lui rendit, continué par
ses successeurs, s'est perpétué dans les siècles suivants.

C'est le 8 juin 556 que mourut saint Médard, après avoir
vu trois générations de rois et accompli ses fonctions
sacerdotales sous Clovis et ses fils. Clotaire, qui fut d'abord
roi de Soissons, avant de réunir, sous ses lois, comme héri-

tier de ses frères et comme vainqueur des Bretons et des Austrasiens, les vastes et puissants états des Francs, ce roi si favorisé de la fortune, soit par conviction, soit simplement par déférence pour la popularité de saint Médard, ou tout ensemble, ne crut pas devoir trop sacrifier à la mémoire du prêtre dont la parole lui avait conquis tant de sujets. Il le fit ensevelir dans son domaine de Crouy, par delà l'Oise, près de Soissons, en lui imposant des honneurs que le saint eut déclinés pendant sa vie, et étalant sur ses dépouilles mortelles une pompe et une magnificence qui contrastait avec la simplicité dont il avait fait son unique parure. Le cercueil du saint, couvert des étoffes les plus précieuses, enrichies d'or et de pierreries, fut accompagné du clergé et du peuple, du roi et des princes ses enfants, que suivaient les principaux leudes et officiers de sa maison, de l'église de Noyon au lieu qui lui était destiné par la munificence royale.

On lui éleva un tombeau provisoire sur lequel fut dressé un petit oratoire en claies de bois. Clotaire, qui mourut en 560, ne put faire élever la belle église et le monastère qu'il s'était proposé de mettre à la place. Son fils Sigebert, roi d'Austrasie, exécuta les volontés du roi son père, en élevant les monuments projetés avec une magnificence digne de leur destination.

> En tua templa colit nimio Sigiberthus amore,
> Insistens operi promptus amore tui.
>
> *Fortunatus* de S. Medardo.

Les travaux furent poursuivis, en effet, avec une rapidité qui répondait à l'amour que le saint inspirait. Dès l'an 563, on vit le culte de saint Médard établi et pratiqué dans ces deux églises.

Les miracles, qui continuèrent sur son tombeau, firent tant de bruit, que les fêtes en l'honneur du saint prélat se généralisèrent, contrairement à l'usage, dans toutes les églises comme celles instituées en l'honneur de saint Martin.

Au temps même de Fortunat et de Grégoire de Tours, la fête de saint Médard, que l'on solennise le 8 juin, comme au véritable jour de sa mort, était si célèbre que les rois se rendaient à son tombeau de tous les endroits de la France pour y participer. Les diocèses de Soissons et de Noyon ne furent pas les seuls possesseurs d'églises consacrées à saint Médard : on en éleva dans toute la France et même en Angleterre.

Louis-le-Débonnaire rebàtit celle de Soissons, et la translation des reliques du saint y eut lieu sous Charles-le-Chauve qui voulut les porter sur ses épaules.

Le poëte Fortunat, contemporain et biographe du saint, dit que sa plume ne pourrait suffire à raconter tous les miracles accomplis sur son tombeau : il écrivait, en 570, sa notice.

Voici la mention de Grégoire de Tours, l'historien des Francs au viᵉ siècle. « Au temps de Clothaire roi, le saint évêque de Dieu, Médard, après avoir terminé le cours d'un bon œuvre, unique pour sa sainteté pleins de jours, mourut. (*Consummato boni operis cursu, et plenus dierum, sanctitate præcipuus diem obiit*). Le roi l'ensevelit avec de grands honneurs près de Soissons, et fit jeter sur son tombeau les fondements d'une basilique, qu'exécuta complètement Sigebert son fils. Au pied de ce tombeau du bienheureux, nous avons vu, gisantes et rompues, les entraves et les chaînes de fer; (que l'on avait employées à le lier). *Ad cujus beatum sepulchrum vidimus vinctorum compedes atque cathenas disruptas, confractas que jacere.* L. iv, cap. 19.

« Fortunat et saint Grégoire de Tours, qui vivaient dans le même siècle, rapportent que, de leur temps, la fête du saint évêque de Noyon se célébrait en France avec beaucoup de solennité. Il y avait autrefois une petite portion de ses reliques dans l'église paroissiale qui porte son nom à Paris (1) ».

Le monastère de saint Médard, à Crouy, élevé par la munificence royale, près de son tombeau et de son église, fut des plus célèbres et des plus puissants. Il avait été donné aux Bénédictins. Le pape saint Grégoire, qui le soumit immédiatement au saint siège, lui accorda les plus grands priviléges, et le fit chef de tous les monastères de France. On dit même que l'abbé avait le droit d'y battre monnaie. C'est dans l'église de ce monastère que saint Boniface couronna Pépin, roi de France; que Louis le *Débonnaire*; Pépin le *Jeune*, roi d'Aquitaine, y fut renfermé et tonsuré. Clotaire Ier et Sigebert, ses fondateurs, y furent enterrés aux pieds du saint; sur leurs tombes plates furent gravées leurs figures. On tint aussi plusieurs conciles au monastère de saint Médard.

Saint Médard est le plus populaire de tous les saints. On sait avec quelle impatience mêlée d'inquiétude, le cultivateur, qui voit ses champs en fleurs, attend le 8 juin. Si le ciel est pur, il sourit à l'espoir d'une belle récolte; s'il est au contraire couvert de nuages qui se fondent en pluies, il la voit noyée pendant quarante jours.

Un autre usage, plus raisonnable que ce vain empirisme des pronostiqueurs des saisons, a contribué à répandre le nom du saint et à le rendre des plus universellement vénérés.

« On attribue à saint Médard l'institution de la fête de la Rose. Ce bon évêque avait imaginé de donner tous les ans à celles des filles de sa terre de Salency qui jouirait de la plus grande réputation de vertu, une somme de vingt-

---

(1) Godescard : *Principaux saints*, tome VII, page 7.

cinq livres, et une couronne ou chapeau de rose. On dit
qu'il donna lui-même ce prix glorieux à l'une de ses sœurs,
que la voix publique avoit nommée pour être *Rosière*. On
voyoit au dessus de l'autel de la chapelle de saint Médard,
située à une des extrémités du village de Salency, un tableau où ce saint prélat est représenté en habits pontificaux,
et mettant une couronne de rose sur la tête de sa sœur,
coiffée en cheveux et à genoux.

« Cette récompense devint pour les filles de Salency un
puissant motif de sagesse. Saint Médard, frappé de cet
avantage, perpétua l'établissement. Il détacha des domaines
de sa terre onze à douze arpens, dont il affecta les revenus au paiement des vingt-cinq livres, et des frais accessoires de la cérémonie de la rose. »

« D'après le titre de la fondation, il faut non-seulement
que la *Rosière* ait une conduite irréprochable, mais que
son père, sa mère, ses frères, ses sœurs et autres parents,
en remontant jusqu'à la quatrième génération, soient
eux-mêmes irrépréhensibles ; la tache la plus légère, le
moindre soupçon, le plus petit nuage dans la famille, seroit
un titre d'exclusion. »

« Le seigneur de Salency a toujours été en possession de
choisir la *Rosière* entre trois filles natives du village de
Salency, qu'on lui présente un mois d'avance. Lorsqu'il l'a
nommée, il est obligé de la faire annoncer au prône de sa
paroisse, afin que les autres filles, ses rivales, aient le temps
d'examiner ce choix, et de le contredire s'il n'étoit pas
conforme à la justice la plus rigoureuse. Cet examen se fait
avec l'impartialité la plus sévère, et ce n'est que d'après
cette épreuve que le choix du seigneur est confirmé.

« Le 8 juin, jour de la fête de saint Médard, vers les deux
heures après-midi, la *Rosière*, vêtue de blanc, frisée, pou-
drée, les cheveux flottant en grosses boucles sur ses épaules,
accompagnée de sa famille et de douze filles aussi vêtues de

blanc, avec un large ruban bleu en baudrier, auxquelles douze garçons du village donnent la main, se rend au château de Salency, au son des instruments. Le seigneur, ou son préposé et son bailli, précédés des mêmes instruments et suivis d'un nombreux cortége, la mènent à la paroisse, où elle entend les vêpres sur un prie-Dieu placé au milieu du chœur.

« Vêpres finies, le clergé sort processionnellement avec le peuple pour aller à la chapelle de saint Médard : c'est là que le curé ou l'officiant bénit la couronne, ou le chapeau de rose qui est sur l'autel. Ce chapeau est entouré d'un ruban bleu et garni, sur le devant, d'un anneau d'argent.

« Après la bénédiction et un discours analogue au sujet, le célébrant pose la couronne sur la tête de la *Rosière*, qui est à genoux, et lui remet en même temps les vingt-cinq livres, en présence du seigneur et des officiers de sa justice. La *Rosière*, ainsi couronnée, est reconduite à la paroisse, où l'on chante le *Te Deum* et une antienne à saint Médard.

« On ne saurait croire combien cet établissement a excité, à Salency, l'émulation des mœurs et de la sagesse. Quoique les habitants de ce village soient au nombre d'environ cinq cents, on assure qu'il n'y a pas un seul exemple de crime commis par un naturel du lieu, pas même d'un vice grossier, encore moins d'une faiblesse de la part du sexe (1). »

Cette fête, qui semblait tomber en désuétude, reprit une vie nouvelle vers le milieu du dix-huitième siècle, pour qui la nature offrait tant de charmes. « Les théâtres célébrèrent la rosière de l'humble village de Salency : le marquis

---

(1) *Année littéraire*, 1766, n° 19.

de Pezaï donna, en 1774, sa *Rosière* pour laquelle Grétry composa une excellente musique. »

Dans son poème des *Fastes*, Lemierre n'oublia pas son tribut aux *Rosières*.

> Reine de nos jardins, rose aux vives couleurs,
> Sois fière désormais d'être le prix des mœurs,
> Et de voir éclater tes beautés printannières
> Sur le front ingénu des modestes bergères ;
> Sois plus flattée encore de servir en nos jours
> De couronne aux vertus non de lit aux amours.
> « La pomme à la plus belle, a dit l'antique adage ; »
> Un plus heureux a dit : « La rose à la plus sage ! »

La rose, qui est, en effet, la plus gracieuse image de la virginité, inspirait aussi ce vers au poète Vieilh de Boisjolin :

> Le prix de l'innocence en est aussi l'image.

Le petit village de Nanterre, sur les bords de la Seine, a eu aussi, pendant longtemps, sa fête de la Rosière, qui attirait une foule nombreuse ; mais cette cérémonie a perdu de son éclat, et pour voir couronner de vraies rosières il faut aller à Salency, patrie de saint Médard (1).

---

(1) *Vita metrica sancti Medardi*, auctore Venantio Fortunato. — Du même : *Vie en prose de saint Médard, Vie de sainte Radégonde.* — On trouve dans le recueil de Bollandus et dans le *Spicilegium* de d'Achery, ce même opuscule : *Vita sancti Medardi*, auctore Fortunato. — *Venantii Honorii Clementiani*, Fortunati carmina ; Venetiis, 1578, in-12. — *Acta sancti Medardi multùm ab anonymo aucta.* — *Vita alia*, auctore Radbodo, episcopo Noviomensi. — F. Giry : *Vie de saint Médard.* — Levasseur : *Annales de l'église cathédrale de Noyon.* — *Series et Historia episcoporum Noviomensium, simul ac Tornacensium*, etc. ; anno 1147. — Grégoire de Tours : *Historia Francorum.* — Frédégaire : *Chronicon.* — Sainte Marthe : *Gallia Christiana.* — Baillet : *Vie des saints*, tome VIII. — Godescard : *Principaux saints*, tome VII, 8 juin. — Moréri : *Dictionnaire historique.* — L'abbé Guettée : *Histoire de l'Eglise de France.* — *Biographie universelle.* — Baronius : *Annales.*

MÉSENGUI (François-Philippe),

Auteur ecclésiastique,

né à Beauvais.

1677 — 1763.

> *Memoria Justi cum laudibus, et nomen impiorum putrescet. Pr. X. 7.*

La *mémoire du juste sera accompagnée de louanges,* etc., est l'épigraphe placée en tête de l'abrégé de la vie et des ouvrages de Mésengui, et nul plus que lui, dans ses sentiments comme dans ses œuvres, n'en sembla plus pénétré.

François-Philippe MÉSENGUI, naquit à Beauvais, le 22 août 1677, dans la paroisse de Saint-Laurent où il fut baptisé. « Dieu lui donna pour père, dit l'abbé Lequeux, son biographe, un ouvrier pauvre et obscur mais plein de religion et qui l'éleva avec soin. » Il puisa dans le sein de la famille le sentiment du bien, et ses dispositions naturelles lui suggérèrent, dès son enfance, l'envie d'une instruction suffisante pour en développer les pratiques. Mais sa position ne lui permettait guère de vaquer suffisamment au travail que réclamait ce désir d'acquérir des connaissances étendues. La Providence, dont M. Mésengni a toujours admiré les effets en sa faveur et dont il se disoit l'enfant, lui en procura les moyens. » Dès l'âge de huit ans il fut enfant de chœur de la paroisse de Saint-Sauveur de Beauvais ; il y trouva l'occasion de se faire substituer en lieu et place d'un de ses camarades qui, ayant obtenu une fondation, instituée pour les frais d'études de l'un des enfants de chœur, ne songeait point à en tirer parti. Et c'est ainsi que l'enfant, grâce à ses heureuses dispositions et à ses bonnes mœurs, put entrer dans une carrière dont sa position de fortune semblait lui fermer l'accès. Comme Rollin, qu'il eut plus tard pour protecteur et pour ami, il dut à la charité chrétienne son introduction dans le sanctuaire de la science.

Mais laissons encore parler son biographe :

« Le jeune Mésengui commença donc ses classes en 1687, et les continua depuis la sixième jusqu'à une seconde année de rhétorique au collége de la ville de Beauvais. En 1694, il fut reçu au collége de Trente-Trois à Paris, pour y faire ses cours de philosophie et de théologie. Ce fut à peu près dans ce temps, qu'âgé de 17 ans, il fut touché de l'esprit de Dieu d'une manière particulière, le jour de la Pentecôte, pendant la récitation du *Veni Creator,* et qu'il entra avec une nouvelle ferveur dans cette carrière de piété et de religion dont il ne s'est jamais écarté pendant le cours de sa vie. »

Il fut assisté, pour son entretien dans ses études au collége de Trente-Trois, par la charité de deux pieux ecclésiastiques : le célèbre M. Wallon de Beaupuis fit la dépense nécessaire pour le faire passer maître-ès-arts après ses deux années de philosophie ; et l'autre, M. du Tronchoi, chanoine de la Sainte-Chapelle, lui donnoit un écu par mois. » Ces modiques secours suffirent à un homme qui n'était animé que de la noble passion de l'étude.

Mésengui avait acquis une instruction solide et brillante. Il unissait le savoir et l'art, qu'il savait, comme les Pères chrétiens, harmonier avec sa conscience ; ses connaissances étaient variées, son style élégant et pur. Sa douceur, sa piété angélique et un esprit lucide et méthodique le rendaient parfaitement propre à l'enseignement. Joignant au savoir l'excellence des intentions, il avait l'art suprême d'éclairer les esprits et de parler aux cœurs. Le collége de la ville de Beauvais, dont il avait été l'ornement pendant le cours de ses humanités, fut heureux de le compter parmi ses professeurs modèles. Il y débuta en 1700, et y passa sept ans comme régent de cinquième. Pendant les deux années suivantes, il professa la seconde et fut enfin promu à la classe de rhétorique qu'il enseigna avec beaucoup d'éclat.

Deux ans plus tard, il prit un congé pour aller recevoir à Paris les ordres mineurs, en septembre 1705 ; il avait été tonsuré au sortir de sa classe de troisième, en 1691.

Un changement de principal, en 1707, décida Mésengui à quitter son collége pour passer dans celui de Beauvais à Paris. Il eut le bonheur d'y rencontrer Rollin, qui le prit en grande affection et en parfaite estime. Le bon Rollin, qui reconnaissait en Mésengui un sujet éminemment propre à l'éducation de la jeunesse, lui donna l'inspection de la chambre commune des rhétoriciens. Un heureux concours de circonstances et une certaine similitude de principes tendaient à réunir et à rapprocher ces deux excellents hommes. Disciple du beauvaisien Hersan, Rollin était charmé de rencontrer dans un autre beauvaisien le continuateur des traditions du maître. Il devint l'ami et le conseiller du digne jeune homme, dont il dirigea les premiers essais. C'est sous les yeux de Rollin que Mésengui rédigea ses premières notes sur la morale de l'ancien testament ; c'est d'après ses conseils qu'il les developpa par la suite.

Des querelles de sectes, aussi acharnées qu'anciennes, qui les séparèrent en les éloignant l'un et l'autre du collége de Beauvais, ne firent que rendre plus vive leur sympathie mutuelle. Ce fut, toutefois, le prélude des persécutions auxquelles Mésengui se vit en butte aussi bien que son illustre ami.

L'amitié de Rollin pour quelques membres du Port-Royal, dispersés par l'exil, et les écrits dans lesquels il avait relevé ce qu'il reconnaissait de bon et de vrai dans leurs doctrines, avaient fait naître contre ce digne homme d'injustes préventions et lui suscitèrent des ennemis redoutables. Par suite de machinations et de sourdes intrigues, tramées contre lui dans le sein du collége même par une main astucieuse et puissante, Rollin se vit inopinément frappé dans sa position de principal. Des ordres impérieux l'obligèrent à quitter le collége de Beauvais en 1712.

Mésenguy suivit le sort de celui qu'il regardait comme son père et son maître. Deux ou trois mois après la sortie de Rollin, il quitta lui-même le collége et se chargea de l'éducation particulière de jeunes gens auprès de qui Rollin le plaça.

« Au bout de trois ans, l'abbé Mésengui profita du temps de calme pour rentrer dans le collége de Beauvais, dont M. Coffin était principal. Celui-ci, qui savait bien discerner les sujets capables de l'aider dans l'éducation de la jeunesse, lui donna la place de sous-principal et le chargea de faire le catéchisme aux grands écoliers, aux petits, et aux domestiques, indépendamment des leçons de géographie qu'il donnoit chaque jour après le dîner et après le souper. Quelques années après, M. Coffin déchargea en partie son sous-principal ; après lui avoir ôté le détail trop embarrassant du temporel et s'être réservé l'instruction qui se faisoit les dimanches et fêtes aux grands écoliers, il laissa le soin des autres instructions à M. Mésengui qui s'en acquittoit avec beaucoup de succès, car son zèle égalait son aptitude. »

Mais les principes du jansénisme, que Mésengui laissait trop ostensiblement percer dans tous ses ouvrages, lui attirèrent de nouvelles persécutions ; il n'avait guère de quartier à attendre de la part de ceux qui n'avaient pas même épargné Rollin.

« En 1727, un nouvel orage s'étant formé sur ce collége,

M. Mésengui crut qu'en disparaissant pendant quelque temps il pourrait calmer les colères; mais après être demeuré à la campagne depuis les vacances jusqu'au carême 1728, voyant que toute la bonne volonté de M. Coffin n'étoit pas capable de le mettre à l'abri des poursuites de ses ennemis, il crut devoir se sacrifier lui-même pour le bien du collége. Il se retira donc et remit entièrement son emploi entre les mains de M. le principal. »

« La situation extérieure de notre pieux ecclésiastique changea pour lors de face. Il prit la résolution de vivre en particulier avec une nièce qu'il avait fait élever avec soin sous ses yeux à Paris. Il passa quelques mois en face du collége de Beauvais, dans un petit logement dont M. Coffin, plein de reconnaissance des services qu'il en avait reçus, payoit le loyer, et où, dit l'abbé Lequeux, son biographe, *pour mettre son pauvre ménage en train*, il se fournissoit de pain et de vin. »

En août 1730, Mésengui alla habiter dans la rue neuve Saint-Etienne, et se logea, en 1741, dans la cour de l'abbaye de Sainte-Geneviève.

Dans ces endroits retirés, au centre de plusieurs églises, il trouvait de quoi satisfaire à un double besoin de son cœur et de son esprit; il pouvait pleinement s'y livrer à ses exercices de piété si *tendre*, dit son biographe, et en même temps méditer et vaquer à ses compositions littéraires qui eurent toujours pour objet l'intérêt de la religion. C'est dans ce laps de temps qu'il composa ses meilleurs ouvrages.

Ses exercices religieux le fortifiaient dans son ardeur au travail. Non-seulement il édifiait la paroisse de Saint-Etienne par son assiduité aux offices publics, mais encore il prêtait un utile concours aux desservants, par l'ordre qu'il savait mettre dans les cérémonies et par les instructions qu'il faisait les dimanches et les fêtes après vêpres, si pénétrantes, quelles attiraient en cette église un concours prodigieux de personnes de tous les quartiers de Paris.

Mésengui avait reçu les ordres mineurs, mais ne voulut point prendre le sous-diaconat; il se bornait ainsi à la vie de simple religieux, car il n'enviait point les dignités ecclésiastiques, et son unique ambition était de servir Dieu et la religion.

Tout changea pour lui après l'avènement du P. Bonettin à la cure de Saint-Etienne. Il se vit dès-lors inquiété sans ménagement, malgré son âge avancé, lui et tous ceux d'entre les autres ecclésiastiques qui partageaient ses tendances au jansénisme.

Depuis que les jésuites l'avaient emporté sur Port-Royal, tout ce qui gardait trace de cette fameuse secte fut en butte à leurs persécutions. Dans leur acharnement, ils s'attaquèrent à ceux des membres de l'Université qui avaient pris quelque chose des ingénieuses méthodes de la célèbre école : tout prétexte leur était bon d'ailleurs pour intenter querelle à l'Université.

« L'Université, dit Sainte-Beuve, en profitant de Port-Royal, n'en usa jamais qu'à demi. Le *Règlement des Etudes dans les lettres humaines*, par Arnauld, et en général les écrits de ce dernier sur les Belles-Lettres et l'Eloquence, que Boileau estimait : « Ce qui s'était fait en notre langue de plus beau et de plus fort sur les matières de rhétorique, » durent agir beaucoup sur les excellents professeurs du collége de Beauvais, et en particulier sur Rollin. Celui-ci, averti de la sorte, introduisit dans l'usage des colléges toute une part de la méthode de Port-Royal, adoucie, corrigée et un peu fleurie peut-être par un reste de goût traditionnel de M. Hersant. Ce ne fut, d'ailleurs, qu'une partie de la réforme littéraire de Port-Royal qui s'introduisit, et non pas la méthode vraiment philosophique. A cet égard, l'ancienne Université garda ses errements jusqu'à la fin ; elle s'affaiblit et ne se régénéra pas.

» A côté et à la suite de Rollin, comme maître de la lignée de Port-Royal, il convient de ranger Coffin et Mésanguy : ce dernier, surtout, mort simple acolyte à 85 ans, paisible, solide, instruit, persécuté, offrant le même esprit de fermeté dans la. douceur, et d'humble joie dans l'austérité, que nous venons de remarquer et d'aimer dans les Beaupuis et les Tillemont (1).

« Le principal ouvrage de Mésengui, ajoute le savant auteur de l'*Histoire de Port-Royal* (2), est son *Exposition de la doctrine chrétienne* (1746, 6 vol. in-12), excellent livre, disait M. Royer-Collard, bien écrit, mais un livre pourtant du second et du troisième ordre. Car il ne faut pas nous le dissimuler, les horizons baissent, nous sommes au déclin. »

Ce fut par dévouement et par amitié envers son supérieur que l'auteur composa cet ouvrage destiné à tant d'éclat. Mésengui avait rédigé en notes sommaires, des instructions du dimanche et des fêtes pour les élèves du collége de Beauvais. Pour soulager M. Coffin, qui le remplaça dans cet office, il développa les cahiers qui renfermaient le germe de ce remarquable ouvrage.

Ainsi Rollin, Coffin et Mésengui se confondaient dans une communauté d'œuvres et de sentiments. Ils se faisaient une gloire et un mérite de féconder l'essence des plus belles maximes d'une école si célèbre, par les beaux esprits

---

(1) L'Université, rebelle aux réformes que lui avait proposées Ramus, s'était vue, deux siècles plus tard, relancer dans sa barbare routine par une concurrence efficace, mais souvent hostile. Les Jésuites, en pleine vogue après la destruction de Port-Royal, ne cessèrent d'inquiéter et de persécuter tout universitaire qui tentait de continuer la tradition d'une école dont ils avaien tant jalousé la supériorité.

(2) Tome III, page 586, remarque.

qu'elle réunit et par les grandes colères qu'elle souleva.

Mais Mésengui, moraliste austère, et dogmatiste ardent et insinuant, se vit plus particulièrement en butte aux inimitiés des implacables ennemis de la doctrine dont il propageait les maximes.

A la fin, son grand âge, le repos qui lui était indispensable pour l'accomplissement de ses derniers ouvrages, lui commandaient la retraite.

Il était temps d'en finir avec une vie de luttes et de persécutions. Mésengui le comprit. Non-seulement il abandonna l'église de Saint-Etienne, mais il prit la résolution de quitter tout à fait Paris, dont les rues d'ailleurs lui devenaient impraticables, à cause de sa surdité qui augmentait de jour en jour. Il dut aller s'établir dans les environs. Mais, s'il put échapper au tumulte de la foule, il n'y fut pas si bien abrité contre les atteintes de ses ennemis.

« Il avait à Saint-Germain-en-Laye, dit son biographe, un domicile pour la belle saison ; il s'y fixa entièrement dès 1748. En s'y établissant, il regarda ce lieu comme le dernier campement de son pélerinage sur la terre, et demanda à Dieu la grâce de profiter de cette retraite, et du peu de jours qu'il croyoit avoir à vivre, pour achever sa pénitence et se préparer à l'éternité. Son exil y a été cependant encore prolongé pendant un grand nombre d'années ; et sa patience y fut exercée par de rudes épreuves.

« Tout ce que l'on vient de rapporter, ajoute-t-il, n'est que comme l'écorce d'une si belle vie. S'il étoit possible d'exposer ici toutes les vertus intérieures qui l'ont sanctifié, que n'aurions-nous pas à dire de cette piété vive et tendre, et de cet esprit de foi qui tenoit continuellement ce pieux ecclésiastique en la présence de Dieu, de cette humilité, de cette modestie, qui, au milieu de l'éclatante réputation par laquelle il étoit célèbre dans tout l'univers chrétien, le rendoit toujours petit et méprisable à ses propres yeux ; de cette égalité d'âme , de cette douceur, de cette patience qui , dans les plus pressantes nécessités, entretenoient en lui une paix admirable et une dépendance continuelle de la Providence ! Que n'aurions-nous pas à dire, surtout de cette tendre compassion qui le rendoit si sensible aux besoins des malheureux , lorsqu'il manquoit quelquefois lui-même des vêtements les plus indispensables ; de cette charité vraiment généreuse , qui le portoit à tout remuer et à tout entreprendre, pour procurer du secours à ceux qui en avoient besoin , jusqu'à se surcharger lui-même , en comptant toujours sur les trésors de la Providence. »

Le premier ouvrage de Mésengui eut pour objet ceux des hommes de son pays avec lesquels il était en sympathie d'œuvres et de croyances. Ce travail ne lui fait pas moins d'honneur par le sentiment qui le lui dictait que par la manière dont il l'exécuta. Il a pour titre : *Idée de la vie et de l'esprit de messire Nicolas Choart de Beuzanval , évêque et comte de Beauvais*, avec un *Abrégé* de celle de *G. Hermant, docteur de la maison et société de Sorbonne, chanoine de l'église de Beauvais, Paris,* 1717, in-12.

Mésengui eut à soutenir et à prouver son titre d'auteur de cet ouvrage dans une lettre en réponse à celle de François-Honoré-Antoine de Beauvillier de Saint-Agnan , alors évêque de Beauvais, qui le lui contestait.

L'auteur fit précéder son livre d'une préface fort bien écrite où il explique l'idée et l'objet de son livre, pour la composition duquel il n'a eu, pour ainsi dire, qu'à transcrire, dit-il, le manuscrit de M. Bridieu (*Les mœurs de Messire Nicolas*, etc.), et le *Discours chrétien sur l'établissement du Bureau des pauvres de Beauvais*, par G. Hermant, et surtout les passages que l'illustre chanoine a consacrés, dans sa grande histoire, à son évêque si affectionné et si honoré.

« J'ai ajouté, dit-il plus loin, à l'idée de la vie de ce saint évêque un abrégé de celle de M. Hermant. C'est l'extrait d'une vie manuscrite, composée par un auteur célèbre qui étoit son compatriote et son ami. J'ai parlé de ce docteur en tant d'endroits, et il a eu tant de part à tout le bien qu'a fait M. de Beauvais dans son diocèse, que je n'ai pas cru pouvoir me dispenser d'apprendre au lecteur quelques-unes des principales circonstances de la vie d'un homme si connu d'ailleurs par ses ouvrages, et si estimé des savants. »

Dans ce premier ouvrage, l'auteur fit montre du bon goût, du discernement et de l'élégance qui distinguent en général toutes ses œuvres.

Nous citons comme exemple son résumé de l'histoire d'Hermant, qui nous permettra de compléter la notice que nous avons consacrée à ce personnage.

« Telle a été la vie et la mort de Godefroy Hermant, l'homme du monde qui a sçû allier le plus heureusement tous les agréments des sciences humaines avec toute la sévérité des vertus chrétiennes. Il étoit d'une humeur gaye, d'une conversation aisée et agréable, d'un accès facile, honnette et obligeant envers tout le monde, fort tendre et fort sensible aux biens et aux maux de ceux qu'il aimoit, timide jusqu'à l'excès, et néanmoins d'une fermeté inébranlable dans les choses où sa conscience étoit intéressée. Il étoit infatigable à l'étude, malgré la faiblesse de sa complexion; il ne prenoit aucune récréation et ne sortoit jamais pour la promenade. Il eut jusqu'à la fin de sa vie une mémoire toujours fidelle qui l'avoit rendu l'un des plus habiles hommes de son siècle dans la connoissance de l'histoire ancienne et moderne. Son jugement n'en n'étoit ni moins solide, ni moins exact. Son esprit étoit vif, pénétrant, étendu et profond; ses recherches exactes et sûres, ses expressions élégantes et son style noble, quoiqu'un peu trop diffus et trop figuré pour notre siècle. Il avoit le cœur droit et sincère, un amour tendre pour l'église et un respect inviolable pour son unité. Il regardoit l'Écriture sainte avec une vénération profonde, et il en lisoit tous les jours, avant que de se coucher, quatre chapitres de suite. Il étoit extraordinairement pénétré de la sainteté du sacerdoce de Jésus-Christ, et avoit une haute idée de l'autorité épiscopale. Sa vie étoit simple et frugale ; il jeunoit tous les samedis de l'année pour se préparer à sanctifier le jour du Seigneur. Il était ponctuel et assidu au service de son église ; et il donnoit partout des exemples d'exactitude et de recueillement à ses confrères. Il étoit libéral envers les pauvres jusqu'à s'incommoder et à se voir souvent obligé de recourir à des emprunts pour vivre. On apprit avec surprise après sa mort, par la déclaration de plusieurs particuliers qui pleuroient leur perte, qu'il donnoit à plusieurs familles pauvres et honteuses jusqu'à cinquante écus et deux cents livres par an, et qu'il avoit un grand nombre d'aumônes réglées dans la ville et à la campagne, qu'il payait si exactement que pour n'y pas manquer on l'a quelquefois vu vendre une partie de ses grains à perte de plus d'un tiers. »

Mésengui, par sa profession de catéchiste, fut attiré vers les matières exclusivement religieuses. Il continua ses exercices historiques par une édition du *Nouveau Testament* avec des notes « très-solides et fort judicieuses, auxquelles on n'a d'autres reproches à faire que de n'être pas aussi multipliées, dit son biographe, qu'il seroit à désirer, » Paris, 1729, un volume in-12 ; 1752, trois volumes in-12.

L'auteur menait cet ouvrage concurremment avec les *Vies des saints pour tous les jours de l'année.* Il les avait conduites jusqu'au 12 mars, jour anniversaire, selon le *Martyrologe,* de la fête du pape saint Grégoire-le-Grand. Mais sur les instances de Rollin, il interrompit ce travail,

qui fut continué par l'abbé Goujet, chanoine de Saint-
Jacques de l'Hôpital, son collaborateur. L'ouvrage se termine par un traité fort édifiant des fêtes mobiles (édition
Laurent-Blondel, Paris, 1734, 1740, deux volumes in-4°;
en abrégé, Paris, 1737, in-12).

*Abrégé de l'Histoire et de la Morale de l'Ancien Testa-
ment*, 1728, in-12 : c'était le résumé de ses leçons d'histoire sainte qu'il faisait au collége de Beauvais. Rollin en
fut si satisfait, dès le premier examen, qu'il obligea Mésengui à tout quitter pour l'exécution complète de son plan.
Encouragé par une autorité si haute, Mésengui ajouta à
son premier travail les livres de la *sagesse* et des *prophètes*,
et il poursuivit sa tâche avec tant d'ardeur qu'il put livrer
en peu de temps une seconde édition de son ouvrage,
considérablement augmenté et enrichi de notes et éclaircissements. Le succès en fut prodigieux et l'écoulement
rapide. Pour le mettre à la portée de tous et le répandre
dans les écoles, l'auteur en fit des abrégés.

C'est encore d'après les conseils de Rollin que Mésenguy,
travaillant son sujet sous différentes formes, publia un
nouvel ouvrage, qui souleva l'admiration générale, sous
ce titre : *Abrégé de l'ancien Testament avec des éclaircissements et des réflexions*, Paris, Désaint et Saillant, neuf
volumes in-12, 1735; dix volumes, 1753. Ce dixième volume comprend la *Morale de l'ancien Testament*.

Dès l'an 1735, M. de Vintimille, archevêque de Paris,
fit rédiger de nouveaux livres d'offices pour son diocèse;
il eut recours aux talents si connus de Mésenguy en pareille
matière. Si notre auteur fut à peu près étranger à la première édition du *Bréviaire de Paris*, dont on précipita la
publication pour prévenir des oppositions malveillantes,
en revanche il eut beaucoup de part aux écrits en réponses
aux attaques dirigées contre ces nouveaux bréviaires,
qu'il fut en outre chargé de revoir et de corriger, et dont

il donna, en 1745, une nouvelle édition plus parfaite que la première.

Mésenguy eut encore la part principale à la composition du *Nouveau Missel de Paris*, ou plutôt il en fut presque exclusivement l'auteur. Publié en 1738, cet ouvrage lui attira, de la part de l'archevêque, les plus grands témoignages d'estime.

Mésenguy fut l'unique auteur du *Processionnel de Paris*, et même du plain-chant qu'il renferme, Paris, 1739.

Il composa aussi le *Chant des Offices propres au diocèse de Montpellier* et le *Supplément au Missel,* publié en 1736 par l'ordre de l'évêque Colbert, qui en exprima à l'auteur, par la lettre la plus obligeante, les témoignages les plus flatteurs.

Mésenguy fut aussi consulté pour le nouveau *Bréviaire* et le nouveau *Missel* de Beauvais. Mais la discorde, qui régnait alors dans le chapitre de cette église, et dont nous avons fait mention dans la vie d'Hermant, entravèrent cette publication.

C'est au milieu des persécutions des faux dévots que cet homme, si estimable, si animé de la charité chrétienne, publiait tant d'édifiants ouvrages. Son admirable *Exposition de la doctrine chrétienne,* qui parut pour la première fois en six volumes in-12, Utrecht, 1744, fut généralement appréciée des gens de bien; il souleva d'autant plus vivement l'intolérance et l'envie! On reprocha à l'auteur de chercher à propager les maximes de l'école janséniste, vers laquelle il inclinait avec tant de grands esprits, et d'y reproduire plusieurs propositions du livre de Quesnel.

« On dit que le duc d'Orléans, qui résidait à Sainte-Geneviève, engagea lui-même Mésengui à supprimer les endroits qui avaient rapport aux contestations du temps, entre autres celui où il est parlé des jugements de l'Eglise; mais Mésengui crut au contraire devoir manifester haute-

ment sa conviction. Une édition italienne de l'*Exposition*,
ayant été publiée à Naples, fut condamnée par un bref de
Clément XIII, du 14 juin 1761. Mésengui s'efforça de
parer le coup : il écrivit au cardinal Passionnéi, et composa un mémoire justificatif de deux cent quarante pages,
qui fut depuis publié avec un long avertissement de l'éditeur l'abbé Lequeux, Paris, 1763, in-12. Cet avertissement
est une histoire en même temps qu'une apologie du livre.
Dans son édition, Lequeux a inséré des *Réflexions* de
Mésengui sur l'état présent de la doctrine orthodoxe dans
l'Eglise, et sur les vrais moyens de s'en instruire et d'éviter
l'erreur, et de plus quatre actes ou déclarations sur son
appel.

» Les amis de Mésengui, s'attachant d'autant plus à son
ouvrage qu'il essuyait de plus imposantes contradictions,
firent tous leurs efforts pour empêcher que le bref ne fut
reçu en divers Etats. »

Entre autres écrits de l'auteur, tout pleins de lumières
et d'onction pour la défense et la justification de son livre,
il n'avait paru jusqu'alors qu'une *Lettre au Pape* en latin
et en français, du 8 avril 1761, « par laquelle il demandait d'être entendu et d'avoir communication des griefs
formés contre lui et contre son livre. »

Nous ne saurions passer outre sans donner quelques
citations d'un tel ouvrage qui mieux que tout autre témoignage fera connaître l'auteur et juger sa doctrine.

SUR LA RELIGION CHRÉTIENNE.

« La religion chrétienne est un saint commerce entre
Dieu et l'homme, dont Jésus-Christ même est le lien, dont
la sanctification de l'homme est le fruit, et dont la vie éternelle est la fin. »

LE PRINCIPE DE LA PRIÈRE.

« La prière a pour principe l'esprit de Dieu, appelé par

un prophète esprit de grâce et de prière ; *spiritum gratiæ
et precum.* La prière qui demande à Dieu les vrais biens,
ne vient point, et ne peut venir de nous. »

« L'esprit, dit Saint-Paul, nous aide dans notre faiblesse. »

« Ce serait abuser de cette doctrine, qui est une vérité
de foi, que de vivre sans précaution, dans la dissipation
du monde, dans des occupations auxquelles on se livre tout
entier ; et de prétendre se justifier, en disant qu'on n'a
point l'esprit de prière absolument nécessaire pour goûter
la retraite, sanctifier les occupations et élever le cœur à
Dieu, et qu'on attend qu'il plaise à l'esprit saint de venir
fendre la glace du cœur, l'embraser d'amour pour Dieu,
et y produire ces gémissements ineffables dont parle saint
Paul. »

« L'esprit de Dieu est le principe de la prière : mais il
y a certains moyens extérieurs qui lui préparent l'entrée
du cœur, et qui l'invitent, si j'ose ainsi parler (1) ».

Pour ajouter à la popularité de ses beaux ouvrages,
Mésengui en publia divers essais ou abrégés.

*Entretiens de Théophile et d'Eugène, sur la religion
chrétienne,* avec un *Discours sur la nécessité de l'étudier,*
et une *Bibliothèque chrétienne,* morceaux placés en tête et
à la fin de sa doctrine, (petit vol. in-12, 1760, sans désigna-
tion de lieu).

*Epîtres et Evangiles des dimanches et fêtes de toute
l'année et des féries du carême,* avec des réflexions, des
pratiques et des prières (nouv. édit.). *Lyon, Tournachon-
Molin,* 1810, in-12, 1re édit. Paris, 1737.

*Exercices de piété tirés de l'Ecriture sainte et des Pères
de l'Eglise,* pour le collége de Beauvais, 1760, in-18.

---

(1) *Discours,* page 1, tome i, in-12, 1744; tome v, pages 286-288.

Mésengui prit part à beaucoup « d'autres ouvrages, dit Lequeux, en particulier pour la défense de l'université qu'il regardait comme sa mère. On lui en attribue même en entier quelques-uns. Il a composé aussi plusieurs mémoires, réflexions, remarques, lettres, etc., » sur divers événements relatifs à l'Eglise; tels sont :

1° Cinq *Lettres à un ami sur la constitution Unigenitus ;*

2° *La constitution Unigenitus, adressée à un laïque, avec des remarques, et l'acte d'appel des quatre Evéques,* etc. Ce dernier écrit, imprimé dès 1748, a été encore revu par l'auteur avant sa mort, et il en a laissé un exemplaire corrigé de sa main, avec des changements considérables.

Son *Abrégé de la vie des Saints* a eu de fréquentes réimpressions dont voici les plus récentes : Rouen, 1813, 2 vol. in-12, édition augmentée des vies de saint Ignace, saint François-Xavier, saint Vincent-de-Paul, Lyon, 1812, in-12; Avignon, 1818; Paris, Boiste, 1826.

Barbier attribue à Mésengui trois *Lettres écrites de Paris à un chanoine, contenant quelques réflexions sur les nouveaux Bréviaires,* 1735, in-12.

« M. Mésengui, dit en terminant l'abbé Lequeux, étoit d'ailleurs en relation avec une multitude de personnes à qui il ne refusoit jusqu'aux derniers temps de sa vie aucun des secours qu'il pouvoit donner, soit de vive voix, soit par écrit. L'estime qu'on faisoit de ses lumières et de ses talens lui attiroit de toutes parts des consultations sur le dogme, la morale, la discipline, la liturgie, et sur des règles particulières de conduite, auxquelles il répondoit exactement avec autant de solidité que de modestie. »

Ce respectable vieillard, que sa vigueur d'esprit n'abandonnait pas, même quand le dépérissement de son corps robuste lui faisait pressentir sa fin prochaine, conserva jusqu'au dernier moment la douceur et l'enjouement de son caractère, aussi bien que son ardeur au travail et à l'étude. « On a des lettres de lui, écrites peu de temps avant sa dernière maladie, qui sont toutes marquées au même coin que celles qu'il pouvoit écrire dans la force de l'âge. »

Mésengui fut frappé d'apoplexie, le 29 janvier 1763 ; la fièvre violente, qui accompagna son attaque, dégénéra en fièvre putride ; il expira le 19 février, à dix heures du soir, âgé de 85 ans 6 mois. Il inspira de grands regrets, et le roi lui-même lui donna plusieurs marques d'intérêt.

Les ouvrages manuscrits et imprimés de Mésengui pourraient fournir le sujet d'une étude intéressante sur le Jansénisme à Beauvais (1).

MICHEL (Jean), Prélat et Auteur célèbre,

né à Beauvais.

1387 — 1447.

« Il était natif de Beauvais, né dans le fauxbourg de Saint-Quentin, fils de pauvres parents, dit Loisel, gagnans leur vie à la journée. » Sa famille qui exerçait le négoce dans le siècle dernier, et qui tient aujourd'hui un rang honorable parmi la bourgeoisie de Beauvais, ne peut que

---

(1) L'abbé Cl. Lequeux : *Mémoires sur la vie et les ouvrages de l'abbé Fr.-Ph. Mésenguy*, Paris, 1763, in-12. — Michaud : *Biographie universelle*. — Sainte-Beuve : *Histoire de Port-Royal*. — Lelong : *Bibliothèque historique*. — Quérard : *France littéraire*, tome VI.

s'honorer davantage de celui qui sut s'élever si haut uniquement par son mérite.

Les auteurs, qui ont écrit sur Michel, sont tous d'accord sur le lieu de sa naissance, mais ne disent rien de son éducation ni de sa jeunesse premières. Il est probable qu'il dut être élevé par le chapitre de Beauvais : nul ne répondit mieux aux soins de ses protecteurs. Il était doué de facultés intellectuelles si belles et si rares qu'avec l'aide de personnes charitables et l'étude de quelques manuscrits, il put devenir assez habile dans les travaux de l'esprit pour s'élever aux plus hautes charges, aux plus hautes dignités, et s'acquérir la réputation d'homme savant et lettré aussi bien que celle d'un saint homme, qu'il justifia par l'excellence de son cœur, sa pureté de mœurs, en parfaite harmonie avec son heureux génie.

Telle fut la précocité de ses talents que, en 1416, il était déjà conseiller de Louis II, duc d'Anjou, roi de Naples et de Sicile, comte de Provence. On ne le rencontre qu'à cette date dans la vie publique, grâce à un statut de Provence, qui porte, *par le roi en son conseil*, MICHEL. (*Per regem in suo consilio,* MICHAEL).

Après la mort de Louis, Michel continua ses fonctions auprès d'Yolande d'Aragon, veuve de ce prince. Et c'est pour prouver les droits héréditaires de cette princesse à la couronne d'Aragon que le docte ministre aurait dressé ou du moins fait dresser la généalogie des rois d'Aragon, qu'on lui attribue.

Cette reine, du reste, dont la vie fut pleine de vicissitudes, n'eut pas moins souvent recours à ses écrits qu'à ses conseils. La mort lui avait enlevé son époux ; le sort des armes la priva de son fils pendant quelque temps. René d'Anjou, depuis roi de Sicile, qui possédait le comté de Bar, voulant disputer la Lorraine à Antoine, comte de Vaudemont, tomba prisonnier du duc de Bourgogne qui intervenait dans la querelle en vue de s'approprier la province en litige. Ce prince resta captif à Dijon jusqu'en 1438.

Dans cet intervalle, la position du jeune secrétaire, qui était devenu le conseiller intime de la reine Yolande, changea singulièrement. Michel se sentait appelé par Dieu ; soit qu'il fut déjà ecclésiastique, soit qu'il n'ait embrassé cet état qu'après avoir quitté la cour, dégoûté de la vie de courtisan, il se rapprocha de l'Eglise et fut fait, en 1420, chanoine de l'église de Saint-Sauveur d'Aix, en Provence. Il ne cessa néanmoins d'être dans les relations les plus intimes avec ses anciens maîtres qui lui réitérèrent souvent les marques de leur haute bienveillance.

Ensuite, sans que l'on sache quelles circonstances le conduisirent en Italie, on le voit recevoir le sous-diaconat à Florence, puis les autres ordres sacrés, jusqu'à ce qu'enfin il permuta son canonicat pour une prébende de l'église cathédrale de Saint-Maurice d'Angers, dont il prit possession le 16 août 1428. A ce bénéfice il joignit l'archidiaconat du Mans, la cure de Gomord, pour se borner de nouveau, par sa démission, purement et simplement à sa prébende.

Longtemps éloigné de sa ville natale, Michel profita de la première bonne occasion pour s'y établir. La mort de maître Jean Bioget, archidiacre du Beauvaisis, amena la vacance d'un canonicat de la cathédrale de Saint-Pierre, qui lui fut offert et qu'il accepta avec empressement. Michel ne put cependant prendre possession de ce canonicat que par procureur, le 2 juin 1438.

L'acte de prise de possession témoigne qu'il lui fut donné en vertu de lettres apostoliques, accordées à la recommandation et à la prière de René d'Anjou, qui venait de quitter sa prison en Bourgogne pour recueillir le royaume de Sicile.

Michel fut empêché d'aller prendre possession de son

nouveau bénéfice par son accès à une dignité plus haute. C'est sur ces entrefaites que mourut Hardouin de Beuil, évêque d'Angers depuis soixante-six ans. Le chapitre d'Angers s'empressa de donner, pour successeur à ce vénérable prélat, Michel, que l'on tenait absolument à conserver dans l'église d'Angers.

Cette élection, qui eut lieu le 20 février 1438, obtint l'approbation unanime du clergé, de la noblesse et du peuple. L'élu seul en fut contrarié et chagriné. Il essaya de s'y dérober par la fuite, et c'est avec peine et après bien des recherches qu'on le retrouva dans l'église de Saint-Lan, où il s'était retiré.

On l'y vit prosterné, en prières au pied de l'hôtel de Sainte-Geneviève, quand on vint lui annoncer son élection. Et ce ne fut qu'à force d'instances et de supplications que les chanoines, délégués vers lui, parvinrent à lui faire accepter une charge dont le poids l'effrayait. C'est ainsi que, dans son humilité, le saint homme appréhendait de se revêtir d'une dignité qui excitait les convoitises de tant d'autres.

Dès que l'on eut obtenu son consentement, le corps tout entier du chapitre vint le prendre pour le conduire, en grande cérémonie, à l'église cathédrale. Et c'est aux acclamations de la population entière que le nouveau prélat fut glorieusement installé sur le siége de ses prédécesseurs.

Les chanoines écrivirent ensuite à l'archevêque de Tours, leur métropolitain, pour lui donner avis du choix qu'ils avaient fait de la personne de leur frère Jean Michel, homme, disaient-ils, prévoyant, discret, qui se recommandait à eux par la sainteté de sa vie, l'honnêteté de ses mœurs, par l'universalité et l'étendue de ses lumières dans les sciences et les lettres, et également versé dans le spirituel et le temporel, à tel point que c'est l'esprit de Dieu qui nous a inspiré dans cette élection, ajoutaient-ils, faite d'un accord unanime *(spiritus sancti gratiâ inflammati seu inspirati)* (1).

L'archevêque de Tours, Philippe de Coet, était alors au concile de Bâle; en son absence, ses grands vicaires confirmèrent l'élection par lettre du 17 mars 1439. Le chapitre d'Angers écrivit en même temps aux PP. du concile de Bâle et au roi Charles VII, que le nouvel évêque alla trouver à Angers pour lui prêter serment d'obéissance et de fidélité.

Cependant, la rivalité de Guillaume d'Estouteville, chanoine et archidiacre d'outre-Loire, en l'église d'Angers, devint dans le diocèse un sujet de perturbation. Ce chanoine avait d'abord concouru à l'élection de Michel; il avait même figuré parmi les députés, qui lui en avaient apporté la nouvelle, et participé à son installation. Il ignorait alors les démarches de sa famille en sa faveur. Mais, dès qu'il sut que les lettres de recommandation de la reine de France, du duc de Bourbon et du comte de Vaudemont, obtenues pour sa propre élection, étaient restées sans effet auprès de ses confrères d'Angers, il s'irrita profondément, et ses réclamations trouvèrent créance auprès du pape Eugène IV, mécontent lui-même de la tournure que prenait le concile, et surtout de la pragmatique de Bourges qui lui enlevait la majeure partie des revenus qu'il prélevait pour la translation des bénéfices ecclésiastiques, par la suppression des annates, des grâces expectatives, etc.

Muni d'une bulle pontificale, qui lui accordait des provisions pour l'évêché d'Angers, Guillaume d'Estouteville réclama par procureur du chapitre sa mise en possession, mais en vain : le chapitre interjeta appel de la bulle auprès du concile; bien plus, il porta l'affaire au conseil du roi, qui confirma l'élection de Jean Michel.

____

(1) *Gallia Christiana*, tome II, page 140.

De son côté, le pape, dans ses lettres au roi et au comte du Maine, parla avec mépris de Michel, qu'il traita de faux évêque et que même il frappa d'excommunication. Mais le concile de Bâle annula, en même temps que cette dernière bulle, toutes les procédures instruites contre Michel, par un décret qui fut envoyé au chapitre d'Angers et lu publiquement dans l'église cathédrale, le 13 juin 1439. Michel avait été sacré le samedi 2 mai 1439, par trois évêques qui passaient à Angers, en revenant de Bâle.

Eugène IV mourut le 13 janvier 1447. Michel envoya à Rome son secrétaire Mary, qui obtint du nouveau pontife Nicolas V une bulle d'absolution *ad cautelam.*

Michel avait concouru à la pragmatique de Bourges, dressée en septembre 1438. En 1440, à la tête de son clergé, il reçut à Angers Charles VII, qui lui fit présent, pour son église cathédrale, d'une belle tapisserie. Il s'était fait recevoir chanoine de Saint-Martin, de Tours. En 1442, il y revint pour assister au sacre de Jean Bernard, archevêque de cette ville.

Le saint prélat ne quitta plus dès-lors son diocèse et se voua entièrement aux soins qu'il réclamait. Il le visitait régulièrement et, vigilant réformateur des abus, dans les fréquents synodes qu'il tenait, il faisait toujours d'excellents règlements.

On n'a conservé aucun de ses écrits : c'est l'ouvrage vulgairement appelé *la Salade* qui, dit Loisel, l'a réputé l'auteur de la généalogie des rois d'Aragon par laquelle étaient établis les droits d'Yolande à cette couronne. On lui doit, dit Moréri, la conservation du manuscrit curieux de Guillaume Le Maire, touchant les cérémonies de l'élection, de la confirmation et des obsèques des évêques d'Angers. Il déposa ce document dans les archives du chapitre d'Angers, le 13 novembre 1441. Dom Luc Dachery en a fait imprimer une partie ; le reste, dit-on, mériterait de voir le jour. Il faut que Jean Michel ait donné bien d'autres preuves de son érudition et de son profond savoir, puisqu'il était regardé dans son temps comme un homme habile en plusieurs sciences : *Virum litterarum scientiâ multifariâ commendatum*, dit Sainte-Marthe.

Le bienheureux Michel mourut le 12 septembre, ou, selon Moréri, le 14 décembre 1447, à l'âge d'environ soixante ans. Il portait *d'or à trois clous de sable à une étoile d'azur en cœur*. Son portrait, dessiné à la pierre noire, fut déposé à la bibliothèque du roi, in-folio.

L'historien Claude Ménard, au XVIIIe siècle, l'avait fait graver sur cuivre pour ses *Rerum Andegavensum pandectæ*. L'ouvrage, demeuré manuscrit à la bibliothèque d'Angers, avec le cuivre, a été acheté par le musée des Antiquités de la même ville.

« Un autre portrait de Jean Michel, celui-ci plus ancien que le précédent, se voit dans l'un des vitraux de la cathédrale (aile nord, croisées orientales); il est, accompagné de son blason, répété dans une fenêtre voisine (1). » Dans la flèche, au sud, de *saint Maurice,* on reconnait un second blason.

Ces vitraux témoignent du goût qu'avait pour les arts l'homme qui avait si longtemps séjourné en Provence et en Italie, berceaux de la renaissance et académies des artistes au moyen-âge.

Ce goût pour les belles choses se trahit aussi dans son *Missel* manuscrit, orné de ses armes, illustré de jolies vignettes.

« Au rapport de Gourmault, page 10 (2), on voyait avant la Révolution, dans la salle du chapitre, le tableau

---

(1) G. Faultrier : *Notice sur Jean Michel.*

(2) *Abrégé sur la vie,* etc.

original de Jean Michel. Qu'est-il devenu? Deux autres portraits, peints à l'huile, existent au musée de Beauvais (1). »

Son corps fut inhumé dans la chapelle qui depuis a gardé son nom. C'est presqu'au milieu de la chapelle des évêques qu'est située sa tombe de pierre, dans l'église cathédrale d'Angers, partie nord. Cette tombe, protégée par une grille en fer, présente une surface plane, unie, sans inscription ni épitaphe autre que son blason. Bien qu'elle contraste par sa simplicité avec la magnificence des autres tombeaux épiscopaux qui l'entourent, elle n'attire pas moins de préférence les regards des fidèles. Car les reliques qu'elle renferme ont toujours été, comme la mémoire du saint, en très-grande vénération.

« L'église d'Angers, témoin des miracles que Dieu opérait par l'intercession du saint prélat, crut pouvoir lui décerner une espèce de culte public et religieux. On voit que, le 15 juin 1456, neuf ans après le décès du bienheureux, le chapitre ordonna une procession générale qui se fit ce jour-là avec beaucoup de solennité. Tous les corps de la ville y assistèrent, et l'on prononça ensuite le panégyrique du saint évêque. On éleva aussi la tombe à la hauteur que l'on voit aujourd'hui, et l'on inséra le nom de Jean Michel dans le martyrologe de ladite église.

« Louis XI, roi de France, et René, duc d'Anjou, firent plus; ils sollicitèrent à Rome la canonisation du prélat. On voit dans les annales de l'église d'Angers, qu'en 1472, René-le-Bon, roi de Sicile et de Jérusalem, se donna beaucoup de mouvement pour y parvenir. Ce prince vint au chapitre d'Angers pour l'exciter à s'unir à lui et de solliciter cette canonisation au premier concile, offrant d'en faire

____

(1) *Notice sur Jean Michel.*

toute la dépense, et il enjoignit au chapitre d'en conférer avec l'archevêque de Tours. Le chapitre d'Angers écrivit de son côté au chapitre de Bayeux, en 1480, pour l'engager à s'employer auprès du pape Sixte IV, et avancer cette affaire; » mais malgré son insistance à Rome, le pape ne consentit pas.

Les démarches de Louis XII n'eurent pas un meilleur succès, en 1508. « On ne crut pas devoir canoniser à Rome un prélat qui avait été fait évêque suivant le droit ancien des élections; qui avoit toujours été fort attaché à ce que les maximes du concile de Bâle contiennent de plus essentiel; qui avoit eu part à la pragmatique sanction, et dont le concile de Bâle avoit pris hautement la défense (1). »

MOUCHY (Antoine de), Docteur en Sorbonne,

né à Ressons en Beauvaisis.

1494 — 1574.

Antonius de Mouchy Demochares Ressoneus
Manes domino duce clarus hereseon hostis.

(Tombeau de Mouchy.)

Antoine de Mouchy naquit à Ressons-sur-Matz, entre Roye et Compiègne. Issu de famille noble, il ne se sentit

------

(1) *Abrégé de la vie, du culte et des miracles du bienheureux Jean Michel*, 1739, in-12. — *Gallia Christiana*, des frères Sainte-Marthe, tome II, in-folio, Paris, 1756. — *Hauréau*, tome XII, 1856. — Les évêques d'Angers : Manuscrit de la bibliothèque impériale. — *La chronique d'Angers*. — A. Loisel : *Mémoires*. — Moréri : *Dictionnaire historique*. — Le Long : *Bibliothèque historique*, tomes I et IV, in-folio. — Fleury : *Histoire ecclésiastique*. — Godard-Faultrier : *Notice sur Jean Michel;* Angers, 1860, in-8°.

d'inclinations que pour les ordres. Dans ce siècle de lutte, la nature l'avait prédisposé à l'Eglise militante. Il termina ses études à l'université de Paris, à laquelle il resta attaché comme professeur de philosophie et dont il fut recteur en 1539. « C'était un homme, dit Du Boulay (1), d'une rare prudence, de mœurs très-pures et de haute noblesse. »

Mouchy se faisait appeler *Démocharès,* pour se donner, selon le goût de l'époque, dans sa dénomination même, une physionomie toute grecque. L'étude du grec avait pris faveur dans son siècle, Mouchy lui-même était assez versé dans cette langue.

Sa foi ardente l'attirait vers la théologie, et son esprit subtil le rendait propre à la controverse. Reçu docteur en Sorbonne, dès 1540, il professa ensuite la théologie dans les chaires de l'université. Il s'y fit remarquer par une érudition plus ingénieuse que profonde, un esprit disert, une grande ardeur éristique et surtout par une forte orthodoxie. Il commença d'attirer sur lui l'attention des gouvernements.

Il était chanoine et pénitencier de l'église de Noyon, lorsqu'il fut appelé à une fonction toute spéciale et pour l'exercice de laquelle il semblait fait.

Les sectaires de Calvin propageaient activement leurs doctrines en France et surtout dans le Noyonnais, patrie du nouvel apôtre. Effrayé de leurs progrès, Henri II voulut leur opposer un tribunal redoutable, et demanda au souverain pontife l'établissement de l'inquisition telle qu'elle existait en Espagne et en Italie. Par bulle pontificale furent aussitôt nommés chefs et directeurs de ce nouveau tribunal les cardinaux de Guise, de Bourbon et de Châtillon. Les trois prélats, qui redoutaient autant les difficultés que

____

(1) *Histoire de l'Université de Paris.*

les dangers d'une mission si difficile en France, en laissèrent le soin à des ecclésiastiques du second ordre, au nombre desquels fut compris le chanoine de Noyon. Mouchy figura bientôt parmi les commissaires chargés d'instruire le procès de l'infortuné Anne Dubourg, brûlé, le 18 décembre 1559, avec Dufaur et les autres conseillers du parlement arrêtés en même temps qu'eux.

Son zèle lui attira la confiance des chefs catholiques dont il soutenait la cause avec une violence outrée. Le cardinal de Lorraine, qui voyait en lui un homme sûr, que l'on pouvait lancer dans les grands moments et au fort de l'action, l'emmena avec lui au concile de Trente, en 1562. Dans le discours qu'il prononça à l'une des séances, Mouchy obtint les applaudissements de l'assemblée. Il avait plus de verve que de profondeur; mais, dans ses moments de chaleur et d'emportement, il s'élevait jusqu'à l'éloquence. Parleur fluide et fécond, esprit mordant et d'une humeur bilieuse, il se distingua par l'éclat de sa parole dans différentes assemblées. Il assista au colloque de Poissy, où il se rencontra avec un collègue et un compatriote plus savant que lui dans la discussion des articles de foi et sur les différents points de dogme; c'était Claude d'Espence, chanoine de Beauvais, l'un des plus habiles théologiens de son temps.

Mouchy, grand inquisiteur de France, en remplissait les fonctions avec une rigueur extrême. Il traquait et relançait partout les calvinistes qu'il traitait sans pitié, et contre lesquels il sévissait avec la haine la plus aveugle. Aussi, dans ses moments de recrudescence catholique, contre les religionnaires, le gouvernement de Charles IX retrouvait toujours en lui un exécuteur rigoureux de ses décrets de persécution. Il rivalisait de zèle avec l'inquisiteur Philippe Picart, de l'ordre des Minimes.

Lorsque Jacob Marant, docteur de la faculté de médecine, recteur de l'université, voulut que les colléges et les écoles de son ressort fussent purgés de tout ce qui était contraire à la sainte orthodoxie, il nomma un conseil d'enquête pour l'assister dans son inquisition minutieuse, en 1567. Dans ce conseil, composé des doyens des différentes facultés et d'autres fonctionnaires de l'administration, désignés pour parcourir les établissements d'instruction publique, et y désigner les maîtres et les élèves qui ne seraient pas dans la vraie foi, on vit figurer le censeur théologal Démocharès. On ne rencontra dans les écoles, dit Duboulay, qu'un très-petit nombre d'anti-catholiques.

D'après Mézeray, ce serait du nom de Démocharès que l'on aurait tiré l'épithète de *Mouchards* donnée aux espions de la police. Selon d'autres critiques, cette épithète serait beaucoup plus ancienne; elle remonterait même jusqu'à Plutarque, car l'auteur des vies des grands hommes de la Grèce et de Rome comparait les espions aux mouches qui s'insinuent partout. « Mais s'il ne donna pas lieu à l'appellation de mouchard, il est certain que Mouchy la rénova en quelque sorte et la mit en très-grande vogue par les nombreux agents qu'il soudoyait, avec mission de s'introduire dans les maisons, sournoisement, pour écouter, observer et rapporter tout ce qui s'y faisait en faveur des huguenots. C'est la contagion de toutes les périodes où les passions déchaînées font perdre de vue tout respect humain. »

Mouchy dirigea aussi contre les hérétiques nombre d'ouvrages « tout pleins de la bile et de l'emportement qui formait le fond de son caractère. » Aussi, fut-il plus célèbre par son aveugle intolérance que par ces ouvrages, dans la composition desquels il montra plus d'érudition que de critique, plus de passion que de profondeur.

On a de lui des *apologies* et des *controverses* en aveur des catholiques contre les ennemis de leur foi, les *Topiques d'Aristote*, les *Décrets de Gratien*, la plupart en latin ; sa *harangue* au concile de trente.. Son ouvrage le plus important est son *Traité du sacrifice de la messe ;* cet ouvrage, qui est en latin, a pour titre : *De veritate corporis et sanguinis J. C. in missæ sacrificio,* etc., Paris, 1570, ouvrage rempli de digressions inutiles et sans critique ; il est suivi d'un catalogue des archevêques et évêques de la Gaule.

Antoine de Mouchy mourut, dans la nuit du 8 au 9 mars 1574, à l'âge de près de quatre-vingts ans, doyen d'âge de la Sorbonne.

Comme tous les caractères prononcés, en qui la passion fait tout pousser à l'extrémité, il dut exciter les sentiments les plus opposés. Si ses adversaires, qu'il n'avait point épargnés, lui prodiguèrent l'injure, ses partisans et ses collègues ne furent point avares d'éloges. Plusieurs docteurs vinrent proclamer sur sa tombe, en vers latins, grecs et français, sa science, son zèle pour la foi et ses vertus. Voici quelques-uns de ces vers qu'on publiait alors sous le nom d'épitaphes ou de *tombeaux* :

> Hélas ! que l'hérésie en maintz lieux se respand,
> Et qu'elle a maintenant le vent heureux en pouppe !
> Hélas par mainte paix qui faict un accroit grand,
> Quand par trop long pardon l'hérétique on ne coupe.
>
> Hélas ! un escadron cruel se met avant,
> Sur France misérable et de tous fouets battue,
> Le trouble se met sus, de tous côtez revient,
> Par armes hérésie opprimer s'esvertue.
>
> Et qui se fera mur encontre ses canons
> Les rompre or en avant sans quelque péril craindre?
> Et qui chasser les loups, voudra des troupeaux bons,
> Les brebis du seigneur en garder sans se faindre?
>
> Et qui de nostre foi inquisiteur sçaura
> Des Hugnotz les conseilz, et les rendra coupables?
> Et qui empeschera meschantz livres qu'on a
> D'estre venduz, trompant les idiotz de fables?
>
> Las de Mouchy est mort, qui tout cela faisoit,
> . . . .

On retrouve, dans ce style, dix-sept pièces qui constituent le panégyrique du célèbre défunt, sous ce titre : *Tombeau de honorable et scientifique personne maistre Antoine de Mouchy, docteur en théologie, sénieur de Sorbonne et inquisiteur de la saincte foy catholique,* composé par doctes, poëtes et sçavants personnages de nostre temps. Ce livre, devenu très-rare, est conservé à la bibliothèque Sainte-Geneviève ; Paris, 1574, in-4°.

C'est un curieux modèle du goût de notre ancienne Sorbonne. Il reste comme un monument de la manière de ces vieux apôtres de l'autorité, invariables dans leurs formes comme dans leurs théories ; hommes savants, en qui l'érudition avait desséché toute fibre ; qui, ne vivant que du passé par les idées, se transportaient par la foi dans un avenir purement factice auquel ils sacrifiaient l'homme, ramené pour eux à l'état de pure abstraction, et qu'ils traitaient avec la même rigueur qu'un syllogisme.

Le système théologique, dont Mouchy fut le représentant trop zélé, trop aveugle, s'était arrogé ce singulier droit de renvoyer par anticipation son semblable dans les flammes, pour une simple dissidence religieuse : c'est l'esprit philosophique dont Loisel, contemporain et voisin de Mouchy, fut l'un des représentants les plus éclairés, qui donna cours à cette sage tolérance d'où est sortie la liberté de conscience et la vraie pratique de la charité chrétienne (1).

---

(1) Duboulay : *Histoire de l'Université de Paris,* in-folio. — Baronius : *Annales.* — Sponde : continuation. — De Thou : *Histoire de mon temps.* — Le P. Hilarion : *Vie du sieur Picart.* — Duvergier et Lacroix Dumaine : *Bibliothèque française.* — Lelong : *Bibliothèque historique.* — Bailly : *Jugement des savants.* — Fleury : *Histoire de l'Eglise.* — Moréri : *Grand Dictionnaire historique.* — Michaud : *Biographie universelle.* — L'abbé Delettre : *Histoire du diocèse de Beauvais,* Beauvais, 1843, in-8°.

MULDRAC (Antoine),

Prieur de l'ordre de Cîteaux et Historiographe,

né à Compiègne.

1605 — 1667.

« Antoine Muldrac naquit à Compiègne, le 23 septembre 1605, sur la paroisse de Saint-Antoine, où il reçut le baptême, dit l'abbé Carlier, dans son *Histoire de Valois.* Son père se nommait Jean Muldrac et sa mère Suzanne Caron. Il prit dès sa jeunesse une inclination marquée pour l'ordre de Cîteaux. A l'âge de seize ans il alla à Long-Pont demander l'habit, qu'on lui donna en 1621. Il fut reçu profès le 27 octobre de l'année suivante. Il fit à Long-Pont ses cours de philosophie et de théologie, et mérita l'estime de ses supérieurs par son application à l'étude, par la douceur de ses mœurs et par une solide piété. »

« Il jouit aussitôt d'une grande considération dans l'ordre, y fut employé utilement, et il l'aida par ses soins comme il l'illustra par ses lumières.

« En 1636, on le nomma sous-prieur de sa communauté; en l'année même où sa chronique fut publiée, on l'éleva à la place de prieur. Muldrac accoutumé à un genre de vie retirée, sans usage du monde et sans cette expérience si utile dans la conduite des affaires contentieuses, reçut par obéissance la dignité qu'on lui proposait. Après un gouvernement assez court, il pria ses supérieurs de recevoir la démission de sa charge, qui étoit pour lui un vrai fardeau, et de lui rendre la retraite et la liberté du travail. On entra dans ses vues et sa demande lui fut accordée. »

Ses goûts le portaient aux travaux littéraires, aux recherches historiques plutôt qu'aux soins administratifs;

nul temps ne pouvait être plus utilement employé que les loisirs qu'on lui laissa pour y vaquer. Muldrac éleva un véritable monument historique de la contrée au sein de laquelle il vivait.

« Ce fut alors, dit Carlier, qu'il entreprit trois ouvrages, dont deux sont demeurés manuscrits ; *le Valois-Royal*, dont nous allons rendre compte, un recueil des plus beaux passages des Pères, et une espèce de chronique latine, du diocèse de Soissons.

« Les principaux ouvrages de Muldrac sont ceux qui regardent l'histoire du Valois. L'un a pour titre : *Compendiosum Abbatiæ Longis-pontis Suessionensis chronicon. Collectore F. Antonio Muldrac ejusdem monasterii supperiore* ; in-12, Paris, Bessin, 1652, page 475. Cette chronique est un recueil de Chartes, concernant l'abbaye de Longpont, depuis l'an 1131 jusqu'en 1648. Les pièces qu'elle renferme sont fidèlement rapportées avec des notes exactes sur les temps et sur les lieux où elles ont été expédiées. Cette chronique est l'une des bonnes sources où nous avons puisé pour composer cette histoire.

« D. Muldrac s'aperçut dans ses recherches, que Bergeron avoit omis, dans son *Valois-Royal*, un grand nombre de traits essentiels que le public avoit intérêt de connoître. Il conçut à ce sujet le dessein d'augmenter et de refondre l'ouvrage de Bergeron, et de donner sa production sous le même titre de : *Valois-Royal,* que le discours de Bergeron portait en tête. Muldrac travailla à cet ouvrage pendant dix années. On acheva de l'imprimer à Bonne-Fontaine, en 1622. Ce livre fut annoncé sous ce titre : *Le Valois-Royal amplifié et enrichi de plusieurs pièces curieuses extraites des cartulaires et archives, des abbayes, églises et greffes du Valois, et de graves auteurs,* par Fr. Ant. Muldrac, religieux et ancien prieur de Longpont, en Valois. Le format de ce livre est in-12; il est imprimé en caractère assez menu. Il contient 169 pages. Il est dédié à Monsieur, frère du roi, qui possédoit alors le duché de Valois depuis deux ans. L'épître dédicatoire est écrite au nom de la communauté des religieux de Longpont, quoique Muldrac vécut encore. »

« Cette histoire est divisée en six chapitres. Dans le premier l'auteur traite, en cinq sections, des six châtellenies du Valois considérées quant au civil. Le deuxième chapitre contient quatre sections, qui sont l'histoire ecclésiastique de ces six baillages. On consacre à la description du monastère de Long-pont le troisième chapitre entier. Le quatrième traite des ducs, duchesses, comtes, comtesses, seigneurs et dames du Valois. Le cinquième roule sur la forêt de Retz, sur les officiers, sur les droits des abbayes et monastères en icelle. Le sixième chapitre offre une liste des évêques de Senlis, matière assez étrangère au fond du sujet. Le motif, qui paraît avoir déterminé Muldrac à publier cette liste, est que quelques-uns de ces évêques avoient eu des attentions pour plusieurs sujets de sa famille, auxquels ils avoient accordé des bénéfices et des cures. Le docteur Rose, évêque de Senlis, avoit nommé des parents de Muldrac aux deux cures de Baron et de Ratay, et à des canonicats de sa cathédrale.

» Le *Valois-Royal* de Muldrac, quoique plus étendu que la description de Templeux, lui est bien inférieur en mérite. Il pèche d'un bout à l'autre par le choix des matières et par le style, qui est exactement celui d'un itinéraire. On trouve aussi dans cet ouvrage une contradiction sur la fondation de Saint-Adrien de Béthizy. On remarque, à travers ces imperfections, beaucoup de franchise, de sincérité, de bonne foi. A tout prendre, il est fort utile que cet écrit ait paru. S'il est défectueux par le style et par la forme, il contient des faits importants, qui seroient ignorés si l'auteur ne les eut pas mis au jour.

» Les deux ouvrages manuscrits de Muldrac sont conservés dans la bibliothèque de Long-pont. Le premier contient un choix des plus beaux passages des saints Pères et en particulier de saint Bazile, de saint Bernard, des deux saints Grégoire et de Pierre-le-Chantre, sur divers sujets moraux, dogmatiques et ascétiques. Cette collection est fort étendue et d'un grand travail.

» Le second ouvrage a pour titre : *Compendiosum Diœcesis Suessionensis speculum, in duas partes distinctum.* Muldrac y renvoye plusieurs fois dans sa chronique et dans son *Valois royal.* Le manuscrit est en deux volumes in-folio. C'est une histoire abrégée et chronologique du diocèse de Soissons, depuis l'an 304 de Jésus-Christ jusqu'en 1661.

« Cette compilation alloit être imprimée, lorsque la mort enleva son auteur. Elle est dédiée à M. de Bourlon, évêque de Soissons, et munie de l'approbation de deux censeurs, datée de l'an 1662. Les citations, qui sont nombreuses, ont été la plupart extraites de Grégoire de Tours, de Flodoard, de Baronius et de la collection des conciles qu'on avait pour lors. Muldrac cite aussi les nécrologes des églises de Soissons, les archives de Saint-Crépin-le-Grand, de Saint-Médard, de Notre-Dame, de Saint-Jean-les-Vignes, de Soissons, de Saint-Cormeille, de Compiègne et de Long-Pont. Ce recueil est le fruit d'un long travail et d'une grande patience. »

« Dom Muldrac mourut à Long-Pont, en 1667, âgé de soixante-deux ans : il fut regretté comme un religieux doué de l'esprit de son état, qui avoit fait honneur à son ordre par ses recherches. »

Une nouvelle édition du *Valois Royal* a été donnée en 1662, Bonne-Fontaine ; in-4° (1).

---

(1) L'abbé Carlier : *Histoire du duché de Valois,* tome III, pages 91 et suivantes, in-4°. — Lelong : *Bibliothèque historique.*

NANCEL (Nicolas de), Médecin et érudit.

né à Noyon.

1539 — 1610.

Nicolas de Nancel, ainsi appelé du nom d'un village du Noyonnais dans lequel il naquit, est aussi le fils de ses œuvres.

Sa famille était des plus honorables et même d'origine noble, dit Scévole de Sainte-Marthe ; mais ses parents étaient si pauvres qu'à peine auraient-ils pu faire les frais d'école nécessaires pour son instruction première. Des voisins, aussi charitables qu'intelligents, et qui surent apprécier ou plutôt deviner les heureuses qualités de son esprit, subvinrent à cette insuffisance matérielle. Charmés de ses succès au collége de Beauvais, ils lui firent obtenir une bourse au collége de Presle, à Paris, où il entra au moment où Loisel y terminait son cours de philosophie.

Le jeune Nicolas qui, à quatorze ans, était reçu maître ès-arts, s'attira toute la bienveillante attention du principal de son collége. Ce principal était le célèbre Ramus, savant aussi remarquable par la finesse de son goût littéraire que par la portée de son esprit dans les matières philosophiques. L'illustre philosophe apprécia les talents naissants de son jeune compatriote, *sui popularii,* et s'intéressa tellement à sa position précaire, qu'après l'avoir employé comme précepteur, il lui procura, dès qu'il fut en âge, une chaire dans le collége soumis à sa direction. C'est à l'âge de dix-huit ans que Nancel se vit appelé, par le choix d'un homme éminent, à faire un cours de grec et de latin dans l'un des établissements les plus renommés de l'Université de Paris.

Nancel avait l'étoffe nécessaire pour devenir un linguiste distingué et un grand érudit; mais les vicissitudes du temps et une certaine versatilité de caractère, le détournèrent de la carrière de l'enseignement qui pouvait si bien le favoriser dans l'étude des textes et des monuments de l'antiquité, alors en si grande vogue et si généralement recherchés dans le monde savant.

Désireux de se livrer à l'étude de la médecine pour laquelle il avait un goût tout particulier, il abandonna le professorat afin de pouvoir suivre assiduement les cours de la faculté de Paris; mais il se vit interrompu au milieu de ses cours : les troubles amenés par les dissidences religieuses, en suspendant toutes les facultés, obligèrent Nancel, déjà à bout de ressources, de se pourvoir à l'étranger.

Il se retira en Flandre, en 1562, et trouva place dans une chaire græco-latine de l'Université de Douai, qui venait d'être créée par l'ordre de Philippe II. Nancel s'y distingua par la variété de ses connaissances. Le 5 janvier de l'année suivante, chargé du discours d'usage, il prit pour sujet : *De præstantiâ et necessariâ græcarum litterarum cognitione.* — *De l'importance des lettres grecques.* Le 3 octobre 1664, il en prononça un autre sur la langue latine : *De linguâ latinâ.*

Rappelé par ses amis, il fit ses adieux, dans son discours du 1er janvier, à l'Université de Douay et rentra à Paris.

Au collége de Presles, où il reprit une chaire, il se retrouva encore auprès de Ramus, avec lequel il passa en tout vingt années.

Nancel, continuant ses études de médecine, se fit recevoir docteur médecin à Paris, disent Nicéron et Moréri. Mais Eloi doute qu'il ait jamais été reçu docteur de la faculté de Paris, « car, dit-il, on ne trouve point son nom dans la notice des médecins de cette ville, par M. Baron. Il ne se mêla pas moins de la pratique de la médecine, et Soissons

fut le premier endroit où il alla l'exercer (1). » Il eut l'a-
grément de se retrouver, pour ainsi dire, sous le ciel natal,
mais il n'y rencontra nulle chance de fortune, pas même
des bénéfices égaux à ses dépenses, « parce que, dit-il, l'air
de ce pays est fort sain et que les habitants y sont en petit
nombre. »

Dans son désir d'arriver à une position meilleure, Nicolas
de Nancel se décida à aller à Angers, en 1569, pour y visiter Mazile, médecin du roi, picard comme lui, et qui lui
avait toujours fait bon accueil. Il comptait sur le crédit de
cet ami bienveillant pour trouver place à la cour. Mais les
temps étaient durs à cette époque de dissensions civiles,
pour les rois comme pour les particuliers! Néanmoins,
Nancel était en bonne voie de fortune, et ce qu'il espérait
de la faveur, le hasard le lui procura. En passant à Tours,
il céda aux vives sollicitations qui lui furent faites de
s'arrêter dans cette ville, et il eut lieu de s'en féliciter.
Car, dès l'année suivante, ceux qui l'avaient produit dans
le monde, parvinrent à lui faire épouser, en 1570, *Catherine
Loiac*, âgée d'environ 27 ans, veuve de *Paul Gay*, médecin
d'Arras. Cette veuve lui apporta deux mille écus de dot,
plus l'espérance de pareille somme après la mort des parents
de la mariée. Ce fut la fin de la mauvaise fortune qui s'était
si longtemps acharnée contre lui.

Bien posé à Tours, il y jouit de l'aisance et de la considération qui entoure une position basée sur un mérite
réel. Il y résidait depuis dix-sept ans, lorsque le médecin
de la princesse Eléonore de Bourbon, abbesse de Fontevrault, mourut en 1587. Nancel sollicita cette place et
l'obtint aisément; ce fut pour lui une agréable retraite,
qu'il conserva le reste de sa vie. Car, après la place de

---

(1) *Dictionnaire historique de la médecine.*

médecin du roi, c'était la position la plus belle que l'on put désirer.

Nancel mourut à Fontevrault, en 1610, selon Sainte-Marthe ; mais comme cet auteur lui accorde quatre-vingts ans d'âge, il s'en suivrait qu'il ne serait mort qu'en 1620. On ne serait pas mieux fixé sur la date de la naissance de l'honorable docteur que sur celle de sa mort, si lui-même dans le catalogue de ses ouvrages, daté du 1ᵉʳ janvier 1600, n'eut pris le soin de nous dire qu'il passait sa soixantième année : *Sexagesimum annum ago, vel etiam supergredior.*

« Loin de rougir de l'état de pauvreté dans lequel il était né, Nancel semblait en tirer vanité, puisqu'il prenait, à la tête de ses ouvrages, le titre de : *Trachyenus novio-dumensis* (paysan du Noyonnais).

« De Nancel, dit Niceron, avoit composé un grand nombre d'ouvrages, et il en auroit inondé le public, si les libraires avoient été aussi ardents à les imprimer, qu'il l'étoit à les publier. Mais il se plaint en mille endroits de leur froideur pour ses productions, et les accuse de mauvais goût, parce qu'ils n'en pensoient pas comme lui. Il faut avouer cependant que ce que nous avons de sa façon justifie assez leur peu d'empressement. »

Il est à remarquer qu'il vivait à une époque peu propice aux publications, et que bon nombre d'excellents ouvrages restèrent inédits ou n'ont été publiés qu'ultérieurement. L'argent était rare et les frais d'impression étaient fort onéreux.

Les sujets des ouvrages de Nancel sont très-variés et écrits en latin pour la plupart. En voici le catalogue, tel qu'il est reproduit par le père Niceron :

1° *Sticologia græca latinaque informanda et reformanda;* Paris, Dionysius du Val, 1579, in-8°. L'auteur y proposait d'assujétir la poésie française aux règles de la poésie grecque et latine, mais il ne fut pas plus heureux que ses devanciers dans cette singulière entreprise. « Il ignoroit le génie de notre langue, dans lequel il avoue, dit Niceron, qu'il étoit moins versé que dans la latine et la grecque. »

2° *Discours très-ample de la Peste,* divisé en trois livres; Paris, Denys Du Val, 1581, in-8° de 367 pages. Le célèbre Ambroise Paré estimait beaucoup cet ouvrage.

« Il donne à la fin une grande liste des ouvrages qu'il avoit composés, mais dont peu ont vu le jour. Il traduisit dans la suite en latin son ouvrage de la peste; cependant cette traduction n'a point été imprimée. «

3° *Le Miroir des Rois et des Princes,* écrit en grec par Agapetus, et envoyé à l'empereur Justinien; Tours, 1582, in-12. « Il fit cette traduction pour le roi de Portugal D. Antonio, qui étoit alors à Tours. On n'en aura pas une grande idée quand on sçaura qu'elle ne lui a coûté que trois jours de travail, comme il le marque dans ses lettres. »

4° *Nicolai Nancelii Trachyeni noviodunensis, de immortalitate animæ velitatio adversum galenum, desumpta ex ejusdem Nancelii opere, cui titulum fecit : Analogia microcosmi ad macrocosmum;* Paris, Joannes Richer, 1587, in-8° de 158 feuilles, contenant en outre :

Problema an sedes animæ in Corde? An in cerebro? Aut ubi denique est? Ex eodem suo opere desumptum. Avec une épître datée du dernier décembre 1582.

De Risu libellus ex eodem opere. Daté du 1er janvier 1563.

De legitimo partus tempore 7, 8, 9, 10, 11, Mensium problema, seu liber unus. Ubi et de Anni Gregoriani per Aloisium et Antonium Lilium Fratres correctione ac restitutione per longam digressionem multa disceptantur. L'épître est du 1er août 1584, et l'ouvrage est précédé d'un titre qui porte l'an 1586.

5° *Parecbasis de mirabili nativitate D. N. Jesu Christi ex B. Maria aïpartheno et theotoco desumpta ex commen-*

tariis Nicoloii Nancilii in strabum gallum, etc., à Angers, 1593, in-8°.

6° *Libellus precum vario carminis genere*, à Tours, dédié à Henri IV.

7° Traduction française de ses trois traités : *De Deo; de Immortalitate animæ; de Sede animæ in corpore*, à Tours, chez Jam et Métayer.

8° *Declamationum liber, eas complectens orationes, quas vel ipse juvenis habuit ad populum, vel per discipulos recita vit, tum Lutetiæ olim docens, tum in Academia Duacesensi regius professor institutus : in quibus præcipua est Medicinæ amplissima apologia, et jurisprudentiæ encomium festivaque ambarum inter se concertatio. Addita est P. Rami vita ab eodem Nancelio ejus discipulo conscripta;* Paris, Claud. Morel, 1600, in-8° de 143 pages, pour la première section, qui contient sept discours prononcés par lui-même, à l'exception du premier; de 449 pages, pour la seconde section, qui renferme les discours qu'il avait fait réciter par ses écoliers, et auxquels il a donné le nom de thèses, parce qu'il y en a deux sur chaque sujet, dans lesquels il soutient les deux propositions contradictoires. Morhof assure que, dans tous ses discours, il est purement déclamateur, et que son style est même quelquefois barbare.

9° *Petri Rami Veromandui, eloquentiæ ac Philosophiæ apud Parisium professoris Regii, Vita a Nicolao Nancelio Trachyeno descripta;* Paris, Claud. Morel, 1599, in-8° de 85 pages.

Cette vie de Ramus, qui est imprimée à la fin de l'ouvrage précédent, quoiqu'elle porte une date antérieure, renferme plusieurs faits curieux et singuliers, et doit être regardée comme la meilleure et la plus utile de ses productions. Au reste, j'ignore l'origine du surnom de *Trachyenus*, qu'il a pris à la tête de tous les livres qu'il a donnés au public.

10. *Nicol. Nancelii epistolarum de pluribus reliquarum*

tomus prior. Ejusdem præfationes in Davidis psalterium et in novum testamentum; utrumque opus ab eodem Nancelio, cum græcis archetypis fideliter et accurate ad latinam. Vulgatam versionem collatum; cum epistolis ad SS. PP. et DD. legatum et cardinales pro impetrando privilegio; Paris, Claud. Morel, 1603, in-8° de 256 pages, pour les lettres qui font le premier tome, et de 155, pour les autres pièces qui font le second.

« Il avait fort à cœur de donner au public le *Psautier* et le *Nouveau-Testament* revus sur le grec, et écrivit deux ou trois fois au pape et à quelques cardinaux pour avoir leur approbation ; mais il n'en reçut point de réponse, son travail est demeuré dans l'obscurité, et il s'est contenté d'en faire imprimer ici les préfaces. Elles sont suivies d'un catalogue de ses ouvrages, dans lequel il parle fort au long, tant de ceux qu'il avait publiés que de ceux qu'il gardait daus son cabinet. »

11° *Analogia Microcosmi ad Macrocosmum, id est, relatio et propositio Universi ad hominem, in qua quid in utroque dispici queat, Theologicè, Physicè, Medicè, Historicè et Mathematicè disceptatur; unum ad aliud refertur, confertur, et sigillatim et universe explicatur. Rursus problematicè et demonstrativè adstruitur, ut vix quidquam quod ad alter utrum spectet, præteritum arguatur, sic jam ut Promptuarium universi non indecore appelletur, omnigenis hominibus cum primis appositum, et ad omnes litterariam suppellectilem accommodum;* Paris, Claud. Morel, 1611, in-folio de 2,232 colonnes, sans la table qui est fort ample. C'était la substance de ses œuvres antérieures, plus mûries et plus réfléchies.

« Ce grand ouvrage, que Nancel annonçait depuis plusieurs années comme l'abrégé de toutes les connaissances humaines, est tombé justement dans l'oubli. »

Pierre de Nancel, son fils, né en 1570, à Tours, qui fut poète, auteur dramatique, jurisconsulte et substitut du procureur du roi à Paris, crut devoir payer un juste tribut d'hommages à la mémoire de son père par la publication de ce monument.

Dans ses prétentions à l'omniscience, l'auteur, qui avait voulu montrer sa force par une œuvre encyclopédique, ne trahit que sa faiblesse. Son espèce de *Somme*, toute scholastique, et qui sentait trop son moyen-âge, devait nécessairement s'effacer devant le progrès rapide et la clarté de méthode du xviie et surtout du xviiie siècle. Les deux siècles ultérieurs n'ont eu que faire d'un latin suranné et d'une science informe et confuse. Nancel eut la réputation d'un homme savant mais bizarre, ses ouvrages en sont la preuve.

Ils étaient pourtant estimés des hommes doctes et contemporains, puisque Scévole de Sainte-Marthe, dans ses *Eloges,* les considère comme des monuments éternels qu'il publia lui-même, et qui seront autant d'illustres preuves de sa profonde érudition et de la longue expérience qu'il s'était acquise. Mais, quant à ce vaste ouvrage, où il traite à plein fonds de la grandeur de Dieu, de l'excellence de l'homme et de tous les miracles de la nature, et auquel il donna pour titre l'analogie du Microcosme ou Macrocosme, ou le rapport du petit monde au grand, il ne put, à cause des incommodités de son âge, le publier luimême (1).

---

(1) Sammarthana : *Elogia*, livre v, in-4°. — Scevole de Sainte-Marthe : *Eloges des grands hommes,* traduit par Goujet, in-4°, 1664. — Nicéron : *Histoires,* tome xxxix. — Moréri : *Dictionnaire historique.* — Michaud : *Biographie universelle.* — Duvergier et Lacroix-Dumaine : *Bibliothèque française.* — Ouvrages de l'auteur, etc.

NICOLAS de Senlis, Chroniqueur.

XIIIᵉ SIÈCLE.

Voici ce qui est rapporté dans la continuation de l'*Histoire littéraire de la France,* par les membres de l'Institut sur cet auteur.

« Nicolas de Senlis est l'auteur d'un essai d'histoire générale, rédigé, suivant toutes les apparences, au commencement du xiiiᵉ siècle (vers 1210), en langue vulgaire, mais dans un dialecte qui, sans être précisément du nord ou du midi, tient peut-être également du provençal et du picard. Cette chronique inédite forme la première partie d'un manuscrit, petit in-4°, de l'ancienne bibliothèque Colbert, aujourd'hui celle du roi. La chronique de Turpin complète le volume. »

A la fin il est dit que cet ouvrage a été mis du latin en français *(de latin en romans),* et il semble résulter du texte final que Nicolas est le scribe ou le traducteur des deux ouvrages.

La présence de ce document contemporain de l'histoire attribuée à Hélinand, est d'une grande importance, surtout pour le pays qui a vu naître ces deux auteurs, puisque leurs écrits servent à montrer la grande participation des écrivains picards à la formation de la langue nationale.

Une mention est bien justement due à l'auteur d'une chronique qui a eu la bonne fortune d'être un des premiers monuments du vieux français.

« Cette chronique occupe, dans le manuscrit, quarante feuillets écrits sur deux colonnes ; elle commence à la guerre de Troie, par ces mots : « Ico est li commencamens de la gent dans Franx et de lor ligneas, dans fais deus reis. En

Aïsa es una citez qui es dita Ylion. Icy regna li reis Heneas... » Dès le second feuillet nous arrivons à Clovis, et notre barbare chroniqueur abrége alors avec assez d'exactitude les récits de Grégoire de Tours, mais en y ajoutant aussi beaucoup de traditions légendaires, omises par le père de notre histoire. »

« Ce que notre chronique offre de plus curieux se rapporte aux nombreux trésors de l'Eglise cachés en divers endroits pour les soustraire aux ravages des Normands; car les indications de ce genre ont encore aujourd'hui cela d'utile, qu'elles constatent l'existence d'un assez grand nombre de cryptes ou caveaux souterrains dans les églises nommées. L'historien s'arrête à la race mérovingienne, et ses dernières phrases attestent l'autorité que conservaient encore à ses yeux les romans de chevalerie : « Tres gestes, dit-il, ot en France : l'una de Pépin et de Langre (Laudri), et l'autre : de Odo de Maenca (peut-être Monglave). Icest conquesirent la Cristianté Nostre Seignor. »

La chronique de Turpin, qui vient à la suite, « est écrite de la même main et dans le même dialecte poitevin. » C'est ce qui fait croire à l'auteur de la notice insérée dans la *France littéraire,* que l'auteur de la précédente est également poitevin. Plus haut il reconnaît pourtant dans l'ouvrage un mélange de dialecte méridional et picard. L'analogie du nom nous décide à attribuer au Valois Nicolas de Senlis; car le mélange des dialectes, que l'on remarque dans sa chronique, pourrait bien ne prouver qu'une chose, c'est que la résidence de l'écrivain dans les deux contrées, en lui rendant familiers les deux dialectes, lui aurait inspiré le désir de les fusionner, ou du moins fait contracter l'habitude de les réunir (1).

---

(1) *Histoire littéraire de la France,* tome XXI, MDCCCXLVII, in 4°.

NOINTEL (Jean-Cholet de),

Cardinal légat du Saint-Siége,

né à Nointel.

.... — 1292.

Il a plu à quelques romanciers d'attribuer, à Cholet de Nointel, une basse naissance et de faire débuter comme valet au monastère de Saint-Lucien, « ce grand homme, qui passe, dit Hermant, pour l'un des plus rares ornements du Beauvaisis. »

Sa famille, dont le nom patronimique fut Cholet, était originaire d'Abbeville, en Picardie. Son père, Oudard Cholet Chevalier, vint le premier s'établir dans le diocèse de Beauvais et résider dans sa terre de Nointel dont il prit le nom.

Jean Cholet de Nointel, son fils aîné et son héritier principal, ne se sentit aucun goût pour la carrière que suivait son père, quoique ses riches possessions aussi bien que la supériorité de son esprit semblassent lui promettre le plus bel avancement dans les charges militaires; il n'eut d'inclination que pour l'Eglise, et tous ses frères suivirent son exemple. Jean se prépara au sacerdoce par de profondes études à l'Université de Paris.

D'abord chanoine de Beauvais, il était archidiacre de l'église métropolitaine de Rouen, lorsque Simon de Brion, son ami, devenu pape sous le nom de Martin IV, l'honora du cardinalat et lui donna le titre de Sainte-Cécile, qu'il avait porté lui-même, le 23 mars 1281.

Un an après eurent lieu les vêpres siciliennes qui dépouillèrent Charles d'Anjou de la Sicile au profit de Pierre d'Aragon, envahisseur de ce magnifique état. Jean de Nointel vint alors en France, comme légat du Saint-Siége, prêcher la croisade dans ce royaume et en Pologne contre le royaume d'Aragon et la Sicile, en 1283. Le concile de Paris, que l'illustre prélat présida en 1284, décida Philippe III à prendre les armes pour la cause de son oncle. Ce prince alla avec ses deux fils ravager le Roussillon, puis franchit les Pyrénées. Mais, dans les âpres contrées de la Catalogne, de l'Aragon et de l'Alpurajas, contre des races aussi dures que leur sol, il usa ses forces et mourut de la fièvre au retour d'une expédition plus glorieuse que profitable, à Perpignan, le 5 octobre 1285, tandis que le roi Pierre mourait de ses blessures en Espagne.

Dans sa lettre au roi de France, sa Sainteté avait relevé la singulière vertu et la grande prudence de son légat. Nointel en donna partout les plus éclatantes preuves, surtout dans les négociations. C'est encore lui que le pape Nicolas IV envoya en France pour amener un traité entre Philippe IV, roi de France, et Sanche, roi de Castille. Il eut aussi un plein succès. Le 13 juillet 1289, le cardinal scella à Lyon la paix entre ces deux monarques, représentés par leurs ambassadeurs. La clause principale du traité fut la délivrance des infants de la Cerda, que Sanche, usurpateur de leur trône, retenait dans une étroite captivité.

Le cardinal, qui se voyait sans doute avancé en âge, profita de son séjour en France pour prendre ses dispositions dernières. Il scella son testament dans l'abbaye de Moustier-la-Celle, près de Troye, et comprit, au nombre de ses légataires, ses deux frères, Evrard, chanoine de Saint-Lucien de Beauvais, et Jean, chanoine de Thérouenne, et de son témoin, frère Barthélemy de Nointel. Il apposa sur son acte ses armes, qui étaient *d'argent, à la croix de gueules, cantonnées de quatre clés de même, posées en pal, mais renversées.*

Cette pièce fut un chef-d'œuvre de sagesse et de charité.

« Par ce testament, dit Duchesne, il donna à connoistre aux hommes qu'il est nécessaire de se préparer pour tascher d'entrer au ciel par le chemin de la mort, que personne ne peut éviter, et que si Dieu nous fait largesse des richesses de la terre, nous en devons bien user pendant que nous sommes dans le monde, et en disposer advantageusemeut pour notre salut quand nous en sortons. »

Il distribua ensuite tous ses biens entre les églises, les monastères, les abbayes, les confréries religieuses, les hospices, les maladreries et à tous les lieux destinés à secourir les fidèles, les pauvres et les infirmes du Beauvaisis, du Valois-Royal, des diocèses de Noyon et de Senlis; de la Picardie, de Rouen et de ses alentours, de Soissons et de Paris.

La multitude de legs, souvent importants, qu'il fit, montre combien grande était sa richesse.

Beauvais et son territoire y eurent surtout une très-grande part. Nointel légua au village de Nointel, son lieu de naissance, dans le voisinage de Clermont, trois cents livres parisis. « Pendant sa vie, dit Loisel, il fit beaucoup de bien aux pauvres de Beauvaisis. Car j'ai appris dès mon enfance que c'est luy qui a donné aux habitants des villages la plus part des communes et pastis qui y sont, les ayant acheté à cette fin des particuliers. »

Les six mille livres qu'il avait léguées pour la croisade contre l'Aragon furent employées à la fondation du village des Cholets.

Jean Cholet mourut le 2 août 1292, et fut, conformément à sa dernière volonté, enterré dans le monastère de Saint-Lucien de Beauvais, qu'il avait doté de 2,400 livres parisis destinées à être converties en rentes pour l'entretien des religieux. Son frère, qui était abbé de ce monastère, lui fit élever un superbe tombeau surmonté de son effigie en argent massif, enrichie de pierres précieuses. Comme on fut obligé de vendre cette effigie pour la reconstruction de l'église, qui avait été brûlée par les Anglais, on en substitua une autre en cuivre doré sur laquelle on lisait en lettres dorées cette épitaphe (1) :

Belgarum me primus ager nutrivit, honorat
Roma, seni curæ fœdera pacis erant.
Relligio, pietas, studiorum insignia, crescunt
Me duce : quis fuerim comprobat ista domus.

NOLLET (Jean-Antoine),

Physicien, membre de l'Académie des sciences,

né à Pimprez.

1700 — 1770.

Parmi les hommes, que le talent a portés des rangs inférieurs de la société au sein des compagnies les plus savantes, figure Jean-Antoine Nollet, compatriote, contemporain et précurseur de Haüy, l'un des professeurs qui, dans le dernier siècle, ont le plus contribué à répandre, en France, le goût de la physique et aussi à en assurer le progrès, par ses découvertes et surtout par ses belles expériences.

Précepteur des princes, lumière des écoles, il fut l'or-

---

(1) Duchesne : *Histoire de tous les cardinaux français*, Paris, 1660, in-folio. — G. Hermant : *Histoire ecclésiastique de Beauvais*, manuscrite. — A. Loisel : *Mémoires de Beauvaisis.*

nement des principales Académies de l'Europe, qui s'empressèrent de l'admettre dans leur sein.

M. Grandjean de Fouchy, directeur de l'Académie des sciences, dont Nollet était devenu sous-directeur, commence ainsi l'éloge de ce savant remarquable.

« Jean-Antoine Nollet, de la société royale de Londres, de l'Institut de Bologne, de l'Académie des sciences d'Erford, maître de physique et d'histoire naturelle des enfants de France, professeur royal de physique expérimentale au collége de Navarre et aux écoles d'artillerie et du génie, naquit à Pimprez, village du diocèse de Noyon, le 19 novembre 1700, d'honnêtes habitants de ce lieu, qui y exerçoient les fonctions de laboureurs. »

Ainsi, il se trouva, de prime abord, en contact immédiat avec la nature, celui qui devait l'observer avec tant de succès, et il commença par agir de ses mains sur les éléments qu'il devait éclairer des lumières de son esprit avec tant de profit pour la science. « Les jeux de son enfance auraient décélé le physicien à des yeux attentifs (1). »

Cependant, par la vivacité de son esprit et dès ses premiers succès à l'école, le jeune Nollet fit voir qu'il n'était point né pour rester attaché au dur travail de la glèbe, quand la nature l'avait disposé pour des fonctions non moins utiles et plus élevées. L'estimable curé de sa commune lui prêta le double concours de ses lumières et de ses économies.

Instruits par les éloges que faisaient ses instituteurs des belles dispositions de leur enfant, les parents de Nollet se prêtèrent avec joie à la réalisation des belles espérances qu'il faisait concevoir à tous ceux qui l'approchaient : ils l'envoyèrent commencer ses études au collége de Beauvais;

---

(1) Nécrologe.

de là datent ses premiers pas dans la carrière où il devait si glorieusement se distinguer. Le jeune Nollet demeura dans ce collége jusqu'à la fin de ses humanités. « A en juger par le stile net et correct avec lequel il écrivoit, et par l'espèce d'érudition qu'il possédoit, nous pouvons assurer sans risque, qu'il avoit dû être au rang des meilleurs écoliers de son temps. »

« Nollet s'étoit destiné à l'état ecclésiastique, et les études théologiques, qui lui devenoient nécessaires pour cet objet, l'obligèrent à faire à Paris sa philosophie, ou à renoncer à pouvoir prendre aucun degré; ce motif le détermina, malgré la médiocrité de sa fortune, à venir s'établir dans la capitale; et il n'eut certainement pas hésité de s'y rendre s'il eût pu savoir quels fruits il devoit un jour recueillir de ce voyage. »

De tous temps Paris a été le but des aspirations de quiconque a senti en soi une idée à élucider, une pensée à faire éclore, une grande destinée à réaliser. C'est dans ce vaste milieu où tant de médiocrités se confondent et végètent au jour le jour, que s'élèvent les grandes individualités qui dirigent et fécondent la civilisation du monde. Si Paris est souvent une dure école; s'il fait le désespoir de ceux qui n'y apportent que le délire d'une imagination malade, pour y courir les chances de la fortune et du hasard, il récompense ceux qui réunissent au talent la persévérance, et qui ont foi en leur étoile. Tous ces pressentiments d'un avenir se réalisèrent pour Nollet.

« Un des premiers avantages, qu'il dut à la régularité de ses mœurs et aux connaissances qu'il avoit déjà acquises, fut que M. Taitbout, alors greffier de l'Hôtel-de-Ville de Paris, le choisit malgré sa jeunesse pour lui confier l'éducation de ses enfants; ce poste le mit bientôt à portée non-seulement de continuer ses études, mais même de développer ses talents; il trouva moyen d'établir un laboratoire à l'Hôtel-de-Ville même : c'étoit là que le jeune philosophe alloit s'exercer aux arts dont l'étude de la physique, à laquelle il se livroit déjà, lui faisoit sentir le besoin, et sacrifier les plaisirs, que lui offroit une compagnie aimable et brillante, au désir de s'instruire et de se perfectionner (1). »

L'amour de la science lui fit oublier la vocation ecclésiastique et perdre de vue l'objet de son voyage à Paris. La physique l'amenait de plus en plus à l'oubli de la théologie. Son esprit positif et juste était trop frappé de la contemplation des phénomènes du monde extérieur et de leurs lois, pour n'être pas dédaigneux des vaines abstractions du monde imaginaire, qu'avait ouvert la scholastique et qu'avaient élargi les rêves sublimes de Descartes. Le moment de parvenir à une aperception plus certaine de l'abstrait par une notion plus claire du concret était venu. Nollet se laissa aller insensiblement à la pente qui entraînait le xviiie siècle.

Son génie de constructivité et son imagination inventive le portaient à vouloir créer en même temps qu'à inventer. Infatigable au travail, et ne comprenant pas d'autres plaisirs que ceux de l'esprit, tous ses loisirs il les employait à travailler en émail ou à répéter, dans son petit laboratoire, les expériences de physique que ses maîtres lui avaient enseignées.

« Il s'amusait surtout à travailler en émail à la lampe, art que la multiplicité des instruments de physique, dans lesquels entrent les tuyaux de cristal, rend si nécessaire à un physicien. Je me souviens d'avoir vu de lui un ouvrage en ce genre, dont les plus habiles émailleurs (le célèbre Raux même, qui avait été son maître en cette partie) se seroient fait honneur; c'étoit un surtout de dessert, représentant

---

(1) Eloge.

une colonade surmontée d'une espèce de dôme : ce dôme servoit de réservoir à une quantité d'eau suffisante pour faire aller, pendant une heure et plus, des jets d'eau et des cascades qui ornoient cette machine ; c'étoit, si l'on veut, une espèce de jeu, mais où se déclaroit déjà le talent de l'auteur pour la physique, et son goût pour la belle décoration. »

« Du fond de la retraite où vivoit M. l'abbé Nollet, sa réputation ne laissoit pas de s'étendre. » Dès 1726, il eut part à l'établissement d'une compagnie qui consacroit entièrement ses travaux à l'avancement des arts ; il y fut admis deux ans après « sur la seule réputation qu'il s'étoit acquise, et justifia le choix de cette compagnie par une grande quantité de travaux, entre autres, par un *globe céleste*, qu'il publia en 1730, et qu'il dédia à M. le comte de Clermont, qui avoit honoré cette compagnie de sa protection.

Feu M. Dufay travailloit alors à ses recherches sur l'électricité ; il crut avoir trouvé une ressource assurée dans les talents du jeune physicien, et n'hésita pas à l'associer à ses travaux, qu'il continua avec lui pendant deux ans ; au bout de ce terme, M. de Réaumur lui confia son laboratoire, et ce fut dans cette savante école, qui a fourni à l'Académie plusieurs de ses plus illustres membres, que Nollet acheva de se former. Il y avoit en effet si bien profité, que, dès 1734, M. Dufay lui proposa de faire avec lui le voyage d'Angleterre. Cet académicien, si vif et si zélé sur l'honneur de la nation, n'auroit sûrement pas amené avec lui un physicien qu'il n'eut pas cru capable de le soutenir dignement (1). »

A cette époque, en effet, les deux pays, qui se disputaient

______

(1) Eloge.

par les armes le premier rang politique dans le monde, rivalisaient de génie scientifique et littéraire. Voltaire, Montesquieu, nos poètes, nos publicistes et nos savants de toutes sortes y retrouvaient une émulation heureuse et des lumières fécondes pour leur génie, fortement stimulé par les découvertes et les travaux des savants d'outre-mer. Nous verrons plus loin combien fut profitable à Nollet son séjour en Angleterre, où il gagna surtout de connaître, avec les disciples, la méthode de Newton, mort sept ans avant.

Deux ans après Nollet fit un autre voyage qui lui fut également très-utile : c'est en Hollande, qu'il eut l'occasion de voir les savants Musschenbroek, Sgravesande, Allaman et plusieurs autres illustres physiciens avec lesquels il était déjà digne de figurer, et qu'il eut depuis pour amis et pour correspondants jusqu'à sa mort.

A son retour l'abbé Nollet, cédant au conseil de ses amis, fit un cours de physique qui eut le plus grand succès. Il ne tarda pas à recevoir un honneur que sa modestie ne lui permettait guère d'attendre. La manière dont il s'était acquitté de ses missions l'avait signalé à l'attention de l'Académie. Cette compagnie, qui jugea digne de voir figurer dans son sein celui qui servait si bien la science, trouva bientôt l'occasion de satisfaire à son désir.

En passant à la place d'adjoint botaniste, Buffon laissa vacante la place d'adjoint mécanicien, Nollet fut appelé à remplir ce vide, le 19 avril 1739; trois ans après il occupa la place d'associé vacante par la mort de l'abbé Molières.

La réputation du nouvel académicien était déjà européenne. Le roi de Sardaigne l'invita à venir répéter ses belles expériences, devant S. A. R. le duc de Savoie. L'abbé Nollet fit à Turin un cours si intéressant et si instructif que le monarque, ravi, voulut que tous les instruments de physique, qui avaient servi au cours du savant professeur, « demeurassent entre les mains de l'université, pour per-

pétuer, pour ainsi dire , les lumières que venait d'y répandre M. l'abbé Nollet, qui sera, par ce moyen , à jamais
l'instituteur et le père de cette florissante école (1). »

Le savant abbé employait si bien son temps qu'il put
occuper sans retard l'attention de l'Académie des sciences.
A son retour, à Paris, en 1740, il donna, en trois mémoires,
un travail suivi sur la machine pneumatique. Il étonna par
la finesse et la variété des recherches et des observations
auxquelles il savait recourir pour arracher le secret de la
nature, et il ne charma pas moins par la pureté de son
style, la clarté de son exposition et son talent de décrire
dans tous leurs détails la machine pneumatique et les
autres instruments propres à expérimenter sur l'air.

L'année suivante, par d'habiles expériences, il ruina la
théorie de Descartes, sur la pesanteur, cette question ayant
été de nouveau soulevée au sein de l'Académie.

A peine eut-il fini la lecture de ce travail, qu'il fut demandé à Bordeaux, pour y faire un cours de physique
expérimentale. La célèbre académie , qui subsiste depuis
longtemps dans cette ville, crut avoir encore quelque chose
à tirer de ce cours ; elle l'honora de son suffrage , voulut
être pourvue de l'appareil de machines nécessaires pour
en répéter les expériences , et engagea M. l'abbé Nollet à
y présider.

« Cette honorable distraction le tint éloigné pendant près
d'une année du travail académique ; mais aussitôt qu'il fut
revenu , il paya cette interruption avec usure. »

Il lut , en 1743, deux mémoires : le premier sur la manière dont se forme la glace qui flotte sur les rivières ; et le
second sur l'ouïe des poissons (2) ».

Aux erreurs sur la formation des glaçons dans les eaux

____

(1) Eloge.
(2) Eloge.

courantes, il substitua une « explication nette, précise, conforme à la saine physique, » démontrée par les plus ingénieuses et saisissantes expériences (1).

A ceux qui refusaient l'ouïe comme inutile aux poissons, il répondit par la preuve de la transmissibilité du son à travers l'eau ; il prépara ainsi les travaux physiologiques qui ont démontré dans ces aquatiques l'existence des organes de l'ouïe.

« Il donna encore cette même année une observation singulière, sur la teinture d'orseille dont on se sert pour colorer l'esprit de vin des thermomètres, qui est enfermé dans ces instruments, perd sa couleur avec le temps, et la reprend dès qu'on lui rend la communication avec l'air extérieur. »

« On sera peut-être surpris que, dans la même année où il venoit de donner deux ouvrages aussi pleins de recherches fines et délicates que celles dont nous venons de parler, il ait pu en donner encore au public un plus considérable. Ce fut cependant cette même année qu'il publia les deux premiers volumes de ses leçons de physique expérimentale, dont la suite a paru depuis, en différentes années, jusqu'en 1764, qu'il en publia le sixième volume (2).

» On avait jusqu'alors quelques ouvrages en ce genre, mais en très-petit nombre, et il s'en falloit bien qu'ils fussent aussi étendus et que les matières fussent traitées avec l'ordre, la netteté et la précision qui règnent dans celui-ci ; le choix des questions y est fait avec la plus grande intelligence ; il les présente avec la plus grande netteté, puis il énonce les expériences qui doivent servir à les décider,

---

(1) Il eut cependant le tort de vouloir établir que les glaçons, que charrient les eaux courantes, ne se forment qu'à leur surface. Des expériences positives, dit M. Pouillet, ont constaté qu'aux endroits peu profonds, dans les cavités, où l'eau est moins agitée, il y a congélation.

(2) Eloge.

décrit les différents instruments qu'il va employer, explique les effets qui en résultent, et en fait l'application, soit aux phénomènes de la nature, soit aux procédés les plus intéressants qui sont en usage dans les arts.

» Nous ne pouvons passer sous silence, en parlant de cet ouvrage, l'adresse avec laquelle M. l'abbé Nollet a su substituer, en plusieurs endroits, des preuves d'expériences aux démonstrations mathématiques qu'il ne fait qu'indiquer; il se met, par ce moyen, à la portée d'un bien plus grand nombre de lecteurs, et ceux mêmes qui sont en état d'entendre les raisonnements mathématiques ont le double plaisir de les retrouver sous une forme nouvelle et de voir des vérités intellectuelles soumises en quelque sorte au jugement des sens.»

« C'est encore dans ce même ouvrage que M. l'abbé Nollet a avancé, le premier, que le tonnerre pouvoit bien n'être que de l'électricité fort en grand, idée qui a été depuis confirmée par une infinité de faits; mais il fallait alors avoir le tact bien fin en physique pour former une telle conjecture.

» Les belles expériences de Newton sur la lumière, que si peu de physiciens avaient pu parvenir à répéter, et tout ce que l'optique, la dioptrique et la catoptrique offrent de curieux et d'intéressant sur cette matière, font partie de cet ouvrage, et M. Nollet l'a présenté de telle manière; il a si bien détaillé les précautions nécessaires pour y réussir, que ces expériences, autrefois si rebelles, n'offrent presque plus aucune difficulté (3). »

Tout ce que l'on connaissait alors du système planétaire, du magnétisme et de l'électricité s'y retrouvait reproduit et élucidé avec autant de méthode que de netteté d'exposition. Le succès, qu'obtint cet ouvrage, décida l'auteur à le perfec-

---

(1) Eloge.

tionner, et ses plus grands travaux, dès lors, se portèrent sur l'électricité qu'il considérait déjà, et avec raison, comme l'âme de la physique.

En 1744, Nollet fut appelé à la cour pour y faire un cours de physique expérimentale en présence du dauphin, et ce prince en fut si satisfait qu'il l'engagea à en faire, l'année suivante, un second en présence de la dauphine, infante d'Espagne. Le philosophe fut obligé de paraître à la cour de son souverain, et, grâce à la douceur de son caractère, il ne s'y fit que des amis ou des partisans.

Le dauphin l'honorait de toute sa protection. Un homme en place, à qui ce prince l'avait adressé, accueillit froidement ses livres en lui disant : « Je ne lis guère ces sortes d'ouvrages. » L'auteur, blessé de l'ignorante impertinence d'un parvenu, qui devait plus à l'intrigue qu'à sa capacité, répondit avec fierté : « Monsieur, je vais les laisser dans votre antichambre ; il s'y trouvera peut-être des gens d'esprit qui les liront, » car le physicien, naturellement calme et réservé, ne s'échauffait que quand il s'agissait de physique.

C'est dans sa collaboration avec Dufay, grand physicien, qu'il contribua tant à l'extension du Jardin des Plantes ; c'est dans ses relations avec ce savant illustre que Nollet prit tant de goût à l'électricité, qu'il en fit l'objet de laborieuses et fécondes recherches, surtout après la mort de ce savant. On lui doit, sur cette branche si importante de la science, des découvertes aussi nombreuses que grandes et utiles.

« Il étoit bien difficile qu'en retournant en tant de manières les phénomènes électriques, il ne fut tenté de les rappeler à un même principe et d'en assigner la cause. »

En 1745 et 1746, c'est dans ses Mémoires et dans son *Essai sur l'électricité,* que l'espèce de théorie, qu'il avait imaginée, fut mise au jour. Il essaya de démontrer que la matière du feu et celle de l'électricité étaient identiques, et ne différaient que par leur mode de mise en action. Néanmoins, certaines de ses assertions soulevèrent des contradicteurs, et c'est pour répondre à leurs contestations que notre physicien engagea plusieurs discussions et polémiques, qu'il publia, sous forme de lettres, en trois volumes in-12 ; il publia aussi différents ouvrages qui contenaient et des expériences et des applications nouvelles de l'électricité.

Ces travaux n'empêchèrent point Nollet de publier, en 1748, un mémoire sur la cause de l'ébullition des liquides. « On fut étonné de n'avoir pas été frappé d'un phénomène si ancien et si généralement connu ; on croyoit communément que la cause de l'ébullition étoit l'air qu'ils contiennent, et qui, dilaté par la chaleur, soulevoit la liqueur et formoit des bulles qui venoient crever à la surface ; quelque plausible que fut cette explication, elle n'étoit cependant pas vraie. » L'habile physicien démontra que le phénomène tenait à l'élasticité naturelle à la vapeur, laquelle, comprimée, nécessitait un degré de chaleur croissante pour la continuation de l'évaporation : il n'y avait pas loin de là à l'identité de pesanteur entre la vapeur qui se dégage de l'eau en ébullition et la masse atmosphérique, démontrée depuis d'une manière incontestable.

Peu après la lecture de ce mémoire, Nollet fut envoyé en Italie par le roi pour recueillir des notions exactes sur l'état des sciences physiques dans cette contrée, couverte des merveilles de la nature, toute parsemée des débris qu'y ont entassé les siècles. Il remplit sa mission en homme qui en comprenait toute l'importance. Il rapporta une foule d'observations dignes d'attention et profitables, qu'il consigna dans ses mémoires. Il examina, en physicien profond, une foule de ces raretés qui se rencontrent à chaque pas dans cette péninsule, justement réputée la plus belle partie de l'Europe, et surtout la Solfatare et le Vésuve, et il donna même une cause très-vraisemblable des terribles éruptions de ce volcan. Conférant avec les plus savants professeurs des villes qu'il traversa, sur les différents objets de leurs recherches, il y trouva l'occasion de détruire plusieurs erreurs accréditées ; enfin, il rapporta de ce voyage de nombreux manuscrits dont il fit part à l'Académie.

En 1756, Nollet lut à l'Académie un mémoire intéressant sur les avantages hygiéniques des liqueurs rafraîchies et sur l'agrément que procure cette opération dans les pays chauds principalement. Il démontra pour cet objet, à défaut d'autre moyen, l'action efficace des sels.

La même année, Louis XV créa une chaire de physique expérimentale au collége de Navarre, et il y nomma le physicien dont les travaux avaient le plus contribué à en faire sentir l'utilité. Le concours prodigieux des auditeurs et des élèves de l'abbé Nollet justifia et la sagesse de cet établissement, et l'excellent choix du monarque, qui, voulant de plus en plus témoigner au professeur toute sa satisfaction, fit expédier à Nollet, l'année suivante, le brevet de maître de physique et d'histoire naturelle des enfants de France, dont il avait déjà, dans sa jeunesse, instruit le père.

Comme on sentait la nécessité de donner aux élèves de l'artillerie et du génie des notions plus détaillées et plus complètes de physique, ce fut encore l'abbé Nollet qui fut appelé à La Fère avec le titre de professeur de physique expérimentale. En 1761, le savant professeur alla donner le même enseignement à l'école d'application de Mézières. Vers la fin de la même année, Nollet obtint la place de pensionnaire de l'Académie, laissée vacante par la mort de Réaumur.

« Ces nouvelles fonctions de l'abbé Nollet lui donnèrent lieu de remarquer un abus considérable (dans l'économie) de l'artillerie. La poudre à canon est grénée, c'est-à-dire qu'elle n'est pas en simple poussière, mais qu'on la réduit en grains qui ont un volume sensible; elle perd, avec le temps, cette forme que l'art lui a donnée pour reprendre celle de poussière, et, en cet état, on la nomme *pulverim*, souvent même le salpêtre s'en sépare et on la nomme alors poudre *décomposée*. »

Contrairement au préjugé qui prévalait alors, l'habile praticien montra qu'au lieu de la rapporter au moulin pour une fabrication nouvelle, on pouvait l'utiliser telle quelle, et il prouva, par des expériences, que cette poudre, quoique altérée, conservant sa même force d'explosion, pouvait encore s'employer pour les salves de réjouissances, et même, au besoin, pour la projection des boulets, pourvu que l'on augmentât un peu la charge.

On jugera de la puissance de travail qui distinguait ce savant illustre, en considérant que, malgré ses fonctions réitérées et continuelles, il trouvait encore assez de loisirs pour la continuation des ouvrages dont il voulait compléter la publication. Il termina l'*Art des expériences*, en trois volumes, qui parurent en 1770. Il y indiquait les différents matériaux propres à la construction des instruments, la manière de les choisir et celle de les travailler, le choix des drogues propres aux différentes expériences; il y donna la manière de les préparer pour l'usage, de même que celle de les employer. Dans ce savant et excellent ouvrage sont encore décrits les différents arts nécessaires à la construction des instruments de physique; en un mot, rien n'y fut négligé de ce qui pouvait mettre le lecteur en état ce former un cabinet de physique et de pourvoir à l'entretien des pièces qui le composent : ouvrages utiles à tous les physiciens en général, surtout à ceux qui, se trouvant éloignés des ouvriers habiles et nécessaires, bien plus encore aux savants zélés, sont forcés par leurs moyens pécuniaires de recourir à une industrieuse économie. Ce magnifique monument fut le couronnement de tant de travaux aussi glorieux qu'utiles à la science.

L'abbé Nollet venait d'être nommé sous-directeur de l'Académie des sciences ; il remplissait ainsi les fonctions d'adjoint de celui qui devait bientôt prononcer son éloge, lorsqu'il se sentit incommodé plus gravement que jamais par des épanchements bilieux : il n'en était pas moins assidu à ses travaux.

« M. l'abbé Nollet, dit son panégyriste, assista sans aucune interruption à nos assemblées (1) jusqu'à la semaine sainte. Il allait ordinairement passer les vacances à une maison de campagne qu'il avoit à quelques lieues de Paris. Je lui souhaitai, en le quittant, un beau voyage ; j'ignorois, et alors il ignoroit aussi, que c'étoit la dernière fois que je lui parlerois. Pendant la semaine de Pâques son incommodité devint plus considérable, et le samedi, il fut attaqué d'un violent mal au côté » (probablement dans la région du foie) « qui l'obligea de se mettre au lit ; on le ramena à Paris le dimanche, pour être plus à portée des secours, mais il n'étoit plus temps de les lui donner. Il profita de celui qui lui restoit, pour se disposer à la mort, en philosophe chrétien, et mourut le 24 avril, veille de sa dernière assemblée publique, avec tous les sentiments de la piété la plus sincère. » Le roi lui avait accordé un logement aux galeries du Louvre ; c'est là qu'il expira entre les bras de ses nombreux amis et élèves.

« M. l'abbé Nollet étoit grand et bien fait ; sa physionomie annonçoit la douceur de son caractère, sur laquelle il ne s'est jamais démenti, non plus que sur la régularité de ses mœurs. Qui avoit vécu avec lui un jour, pouvoit répondre de tout le reste de sa vie ; on ignore qu'il soit sorti

---

(1) Éloge.

un seul moment de son assiette ordinaire et de sa constante modération : il ne s'animoit que lorsqu'il parloit de physique. »

« Il étoit diacre; mais entraîné de bonne heure vers des objets étrangers à l'état ecclésiastique, il ne crut pas devoir aspirer au sacerdoce, et se contenta de remplir les devoirs d'un ecclésiastique très-régulier. »

« Nous pouvons terminer cet éloge par deux traits, que nous ne pourrions supprimer sans faire tort à sa mémoire. Cet homme connu de tout l'univers, accueilli des souverains, désiré dans les plus illustres compagnies littéraires, ne faisoit pas un seul voyage à la Fère, sans se détourner au retour, pour aller dans le lieu de sa naissance passer quelques jours avec sa famille, et y laisser des marques essentielles de sa tendresse et de sa bienfaisance. »

« Il n'étoit pas même nécessaire de lui appartenir pour éprouver la bonté de son cœur. On a trouvé dans ses papiers des lettres par lesquellles on le remercioit de sommes considérables qu'il avoit données et dont on n'avoit aucune connaissance; on sait même qu'il avoit fait seul quelques voyages dont on ignoroit le motif; il y a bien de l'apparence qu'ils étoient entrepris pour quelque cause semblable. Ces lettres ont trahi sa modestie, et donné la clé de ses mystérieuses absences. »

A une rare sagacité, Nollet joignait une adresse merveilleuse, pour rendre sensibles et faciles aux autres les secrets qu'il n'avait devinés lui-même qu'à force d'observations et d'essais répétés. Il savait donner un attrait infini à ses cours par la clarté de son exposition et l'habileté avec laquelle il répétait ses expériences. On voit dans son dernier ouvrage qu'il n'avait négligé pour y parvenir aucun des éléments et des pratiques les plus usuelles des principaux arts mécaniques, car son livre fut un excellent manuel pour l'art de travailler le bois, le fer et les autres métaux usités de son temps dans la construction des instruments de physique. La pratique lui avait appris que les expériences sont le principal moyen de succès dans l'enseignement des sciences naturelles, et il ne négligea rien pour les rendre parfaites.

Nollet prend rang parmi ces philosophes du xviiie siècle, qui, non contents d'étudier avec Descartes la nature dans ses causes, l'observèrent dans ses effets : il figure avec avantage parmi les premiers savants, qui, en France, mirent en pratique la méthode de Bacon, en créant en quelque sorte, et surtout en y propageant la physique expérimentale. Heureux continuateur de Réaumur, qui lui apprit l'art d'interroger la nature ; de Dufay, l'apôtre de l'électricité ; digne émule des plus grands savants de l'Europe, il se distingua par des recherches aussi importantes que délicates, et ses études sur la pesanteur et l'électricité entre autres, mirent la science dans cette voie de progrès qu'elle a depuis si rapidement parcourue.

Indépendamment de nombreux mémoires, publiés dans l'*Histoire de l'Académie*, depuis 1740, et de son *Traité des Expériences*, qui fut son dernier ouvrage, on a encore de l'abbé Nollet :

I. *Mémoires* insérés dans les *Transactions philosophiques* ;

II. *Recherches sur les causes particulières des phénomènes électriques*, 1749, in-12 ;

III. *Essai sur l'électricité des Corps*, 1750, in-12 ;

IV. *Recueil de Lettres sur l'Electricité*, 1753, 3 vol. ;

V. *L'Art du Chapelier* dans la *Description des Arts* de l'académie des sciences.

Plusieurs de ses traités sur l'électricité ont été traduits en anglais. Ses *Leçons de Physique expérimentale*, 6 vol., in-12, 1749, ont été souvent réimprimées ; les éditions de 1759 et celles qui succèdent sont les plus estimées.

Les progrès de la physique, ont aujourd'hui bien dis-
tancé les ouvrages de l'abbé Nollet ; mais l'histoire ne doit
pas laisser dans l'oubli la part qu'il a prise à la renaissance
scientifique du XVIII° siècle , magnifique préliminaire des
grands et féconds travaux du XIX° (1).

NULLY (Etienne de),

né à Beauvais.

16.. — 1696.

Voici un écrivain dont la mémoire nous échappe faute
d'un biographe pour nous la transmettre, et dont l'ouvrage
est perdu pour le public, faute d'un éditeur pour le répandre ou d'un dépôt sûr pour nous le conserver. Etienne
de Nully était l'émule et le contemporain d'Hermant,
auteur d'une histoire ecclésiastique de Beauvais, dont
l'exemplaire unique se trouve, du moins, dans les rayons
de la bibliothèque impériale, au département des manuscrits, en cinq volumes in-folio. Comme lui, chanoine de
l'église de Beauvais et savant laborieux, il composa un
ouvrage qui devait faire suite à ce précieux monument.
L'ouvrage ou les mémoires de Nully n'empruntaient pas
moins d'intérêt au talent de l'auteur qu'aux recherches
aussi curieuses qu'étendues qu'ils renfermaient; c'était une

---

(1) Grandjean de Fouchy : *Eloge de l'abbé Nollet* à l'Académie des
sciences, 1770. — *Le Nécrologe des hommes célèbres*, tome VII, 1772;
in-12. — *Les Siècles littéraires*, 1801, in-8°. — *Biographie universelle.*
— Ouvrages de l'auteur, etc.

mine féconde autant qu'attrayante. Malheureusement,
cette œuvre du correspondant des Ruinard, des Baluze,
des Montfaucon, resta manuscrite. Vers le milieu du
XVIIIe siècle elle fut remise, avec la correspondance de
l'auteur, à MM. Danse, Borel et Buquet, qui avaient
entrepris une nouvelle histoire du diocèse de Beauvais,
afin d'élever un monument capable de compléter les ébau-
ches de leurs prédécesseurs. Ce grand et important travail
n'eut qu'un commencement d'exécution ; aujourd'hui les
recherches d'Etienne de Nully et l'histoire de ces derniers
auteurs, qui s'arrête au XIe siècle, sont peut-être perdues.
Doyen prétend que le tout dort enfoui dans quelque collection particulière ; mais, comme il n'a pas eu le soin de
nous dire laquelle, nous craignons fort que ce ne soit
qu'une hypothèse ou une espérance de la part de cet
historien (1).

ORIOL (Pierre), Savant théologien,

né à Verberie-en-Valois.

13..—1422.

La petite ville de Verberie vit naître dans son sein, à la
même époque, quatre personnages du prénom de Pierre,
dignes d'être mentionnés dans l'histoire : deux étaient gentilshommes, les deux autres religieux.

---

(1) Simon : *Supplément à l'Histoire de Beauvais.* — Doyen : *Histoire
de Beauvais,* etc.

Pierre Oriol, le plus illustre de tous, digne continuateur de cette savante école de théologiens philosophes qui élevèrent si haut l'enseignement public de l'Université de France, fut l'ornement de son ordre et l'une des gloires de l'épiscopat et de la prélature.

Cet homme si célèbre a été confondu, par plusieurs écrivains, avec Pierre de Verberie, religieux du Val-des-Ecoliers, qu'il précédait par rang d'âge et qu'il surpassait de beaucoup en mérite; il en est résulté des témoignages contradictoires, ainsi que nous le verrons plus loin.

Beaucoup d'auteurs et de compilateurs d'histoires littéraires parlent des travaux, des titres, des fonctions publiques et des dignités de ce savant profond, mais ils nous laissent dans une ignorance presque complète sur sa vie privée, son origine et ses premières années.

Ses ouvrages même, restés manuscrits, dispersés pour la plupart dans différents monastères, seraient probablement tombés dans un oubli parfait, malgré leur importance, si le cardinal Constantin Sernano, de l'ordre des Frères-Mineurs, comme lui, n'eut pris soin de les rassembler et de les rendre aux savants, soigneusement revus. Ce prélat s'était proposé d'adjoindre à sa publication une vie de l'auteur, qu'il remettait au jour en s'en rendant l'éditeur zélé. Mais cette monographie si précieuse est probablement restée inachevée et manuscrite. Moréri, dans son *grand Dictionnaire*, et, sur la foi de ce compilateur sans doute, la *Biographie universelle* de Michaud, en ont affirmé l'existence, de même que le Père Lelong qui, dans sa *Bibliothèque des Historiens français*, en donne même le titre; tous signalent cette monographie comme placée en tête de l'édition des œuvres d'Oriol par le cardinal Sernano, 1595-1605; mais tous se sont trompés, car elle n'y brille que par son absence. Comme on n'a pas été plus heureux en la cherchant, tant à Rome qu'à Paris, manuscrite ou imprimée, on est porté à en conclure, qu'à supposer qu'elle ait vu le jour, elle n'existe plus actuellement.

L'absence d'une biographie spéciale ou de mentions suffisamment détaillées, nous laisse ignorants de la date de la naissance d'Oriol et incertains sur la position de sa famille.

« Quoiqu'originaire de la même patrie que lui, dit l'abbé Carlier, je n'ai rien pu trouver de certain touchant son extraction. Quelques enseignements donnent lieu de conjecturer qu'il avoit une même origine avec les Oriol du Rochelois, dont les armes étaient d'azur à la face ondée d'argent, accompagnée de trois vols d'oiseaux d'or liés de gueules, deux en chef et deux en pointe. Ce qui est certain, c'est qu'il n'avoit pas pour père un boucher comme porte la tradition. Cette opinion confond le cardinal Oriol avec le cardinal Pierre d'Ailly, dont le père, nommé Collard d'Ailly, avoit été boucher à Compiègne. Oriol étoit allié aux Dours et à quelques gentilshommes du canton (1). »

Oriol appartiendrait donc à la noblesse. Comme ce point n'ajoute absolument rien à son mérite, nous ne nous occuperons que de ses titres légitimes à la célébrité dont nous avons les preuves authentiques.

Oriol était né parfaitement doué de la nature; rien ne manquait à sa perfection morale.

Il joignait à une intelligence vive et pénétrante des sentiments essentiellement religieux. Aussi dans le cours de ses études, qu'il suivit avec beaucoup d'éclat, s'il étonnait par ses succès, il n'édifiait pas moins par la sagesse de ses mœurs. Il donna, dès son enfance, les plus belles espérances. Encore fort jeune lorsqu'il perdit son père, il n'en fut que plus libre dans le choix d'un état.

---

(1) *Histoire du Valois.*

Ses sentiments théosophiques l'appelaient vers l'Eglise ; ses goûts studieux, son amour du savoir et de la retraite l'attirèrent vers le clergé régulier comme plus conforme que le clergé séculier au régime de vie qu'il se proposait de suivre. Comme il avait la conscience des grands talents qu'il devait mettre au jour et de la haute mission qu'ils impliquaient, il se détermina pour l'ordre le plus capable d'y donner l'essor.

A Paris, où il acheva ses études, Oriol vint se ranger parmi les disciples du célèbre Jean-Duns-Scott Erigène, surnommé le docteur subtil. Il y eut sympathie parfaite entre le maître et le disciple, et l'on put remarquer aussitôt entre eux la plus grande conformité d'esprit. Mais comme, aux talents pour la dispute et à l'habileté de controverse, qui distinguaient Scott, Oriol joignait une expression facile, pleine de justesse et de précision, il charmait et captivait ses auditeurs par des saillies d'esprit pleines de vivacité, et par ces traits imprévus qui sont familiers aux grands improvisateurs ; l'abondance de ses idées, la variété et l'étendue de ses connaissances étaient vivifiées par sa belle imagination, relevées par une élocution riche, facile et pleine d'ampleur ; aussi, lorsqu'il remplaça le maître dans sa chaire, reçut-il le surnom de docteur éloquent, *doctor facundus.*

Comme Duns-Scot, Oriol s'engagea dans l'ordre des Frères-Mineurs. L'assertion de plusieurs auteurs qui le font cordelier, est contestée par un grand nombre d'autres.

C'est par de fortes études qu'il se prépara à ses triomphes de la chaire et à ses succès d'écrivain comme à ses talents de controversiste. Les croisades avaient attiré l'attention des savants de l'Occident vers les langues orientales. Oriol apprit l'hébreu et finit par exceller dans l'usage de cette langue qui lui était si utile pour l'interprétation de l'Ancien Testament, base de ses plus beaux travaux. Car

il se livra avec une ardeur infatigable à l'étude des Ecritures, qu'il compléta par une lecture assidue des Saints-
Pères; il devint l'un des plus grands théologiens de son
temps.

Attiré vers l'enseignement, seule carrière où l'éloquence
trouvait à se déployer en toute liberté et avec éclat, Oriol
s'incorpora dans l'Université. Il y prit ses grades de licencié et de docteur et y enseigna la théologie. Il brilla par
tant d'avantages et de qualités, sa réputation devint si
grande que les contemporains n'hésitaient pas à le mettre
au niveau de saint Thomas, l'ange de l'école, et de Duns-
Scott, le docteur subtil. Sa renommée parvint jusqu'au
souverain pontife.

Jean **XXII** prenait un intérêt particulier aux travaux
de l'Université de Paris. L'enseignement de cette corporation, alors unique dans le monde chrétien, lui paraissait
des plus utiles à la propagation et au développement des
doctrines catholiques, il le favorisa de tous ses moyens,
et employa tous ses efforts à faire fleurir ses études. Soit
qu'il eut assisté aux leçons d'Oriol ou qu'il se fut contenté
d'en lire les résumés ou des extraits, il les prit en très-
grande estime et s'empressa d'en témoigner toute sa satisfaction. Dans sa lettre au chancelier de l'Université, non
content de se répandre en éloges sur le savoir et la capacité
de Pierre Oriol, le pontife l'invitait à conserver dans sa
corporation un maître si excellent, si recommandable par
ses veilles, par ses travaux, par son talent d'exégèse, et si
utile par les services qu'il pouvait rendre, les lumières
qu'il était en état de répandre. Le pontife allait jusqu'à
engager le chancelier à produire le mérite d'un si éminent
professeur au grand jour en lui accordant la permission
de donner publiquement ses leçons.

« *Dilectus filius Petrus Auriolus Ordinis Minorum, sic
in studiis Theologicæ facultatis diebus insudavit et noctibus...*

Quod dignum, ut credimus, se reddidit ad obtinendam docendi licentiam. Dat. Aven. 2. Id. Jul. ann. Pontif. 2°. »
Ce dernier trait donnerait à penser qu'Oriol n'avait pas encore occupé la chaire de l'enseignement public.

En passant de l'intérieur de l'école au grand jour des leçons publiques, le savant docteur s'y présentait avec trop d'avantages pour ne pas exciter de prime-abord l'enthousiasme parmi ses partisans et la colère parmi ses adversaires; il fut tout aussitôt l'objet de cet intérêt passionné qui est un gage certain de gloire et de célébrité.

« Pierre Oriol, dit Carlier, parut dans la Faculté de théologie avec un éclat et une supériorité dans la dispute, qui lui attirèrent l'envie, la haine même des plus grands maîtres. Il maniait la dialectique avec une aisance et un avantage qui déconcertoient ses antagonistes. Les expressions couloient de sa bouche avec une abondance et une variété qui lui fournissoient sur-le-champ des répliques victorieuses. La controverse était alors en pleine vogue. Deux ordres, ou plutôt deux sectes principales, partageoient les Scolastiques du temps, celle des Thomistes et celle des Scotistes. L'ordre des Jacobins soutenoit le thomisme, et celui des Cordeliers défendoit les sentiments de Scott : chacun de ses partis cherchant à faire prévaloir ses doctrines, c'était à la fois une lutte de principe et d'ambition. Ainsi tant que Pierre Oriol enseigna dans l'Université de Paris, il eut tous les Jacobins pour adversaires. Ses succès, ses triomphes les animèrent au point qu'ils cherchèrent à l'accuser d'hérésie. »

Plus d'une fois Pierre Oriol a dû donner prise à ces accusations sans qu'il ait été possible de bien les justifier. La chaire a ses entraînements et l'éloquence ses écarts, dès que l'on s'abandonne aux élans de l'improvisation. Comment ne pas user de sa faconde quand l'auditoire vous excite et que l'envie d'échauffer ses adhérents et de confondre ses adversaires, en un mot, quand la nécessité de soutenir l'intérêt porte l'orateur à user de son talent pour éblouir par l'éclat et l'énergie des termes, plutôt qu'à ne s'attacher à convaincre en s'appuyant sur la solidité des preuves au risque d'attiédir par la sécheresse de l'argumentation? Dans ce rapide et chaleureux échange d'impressions et d'idées entre le maître et les élèves, de l'inspiration soudaine qui s'empare du professeur, s'il s'échappe quelques erreurs passagères, il en jaillit aussi les vérités éternelles : car la parole libre est essentiellement initiatrice.

Pierre Oriol était un dogmatiste trop convaincu et un interprète trop subtil et trop profond pour n'être pas sujet à certaines hardiesses de pensées, à certaines témérités dans ses aperçus et surtout ses interprétations; mais quant à l'accusation, que les Thomistes lui lancèrent, d'avoir soutenu l'impossibilité de la création, elle n'est pas suffisamment, selon l'abbé Carlier, justifiée. Elle ne repose, dit-il, que sur des explications assez subtiles relativement à des questions de leur nature inexplicables.

Le catholicisme est par principe et par essence partisan des théories arrêtées, partant contraire à tout ce qui est instable et mobile dans l'exposition des doctrines et les formes des idées. Mais tel est le besoin, l'envie de se rendre compte et de s'éclairer par la discussion que le dogmatisme théologique n'est jamais parvenu à étouffer, ni à fermer parmi nous tout champ à la controverse, pas plus qu'à supprimer la liberté d'interprétation. En vain on essayait d'y poser des limites, elles étaient aussitôt franchies.

Dès le XIIe siècle, grâce à l'essor de la raison qui s'éveille, quand l'enseignement s'élance par un mouvement spontané, de l'ombre des monastères et du cloître des cathédrales, dans le domaine de la publicité, aussitôt on voit les esprits se diviser en deux camps, et les lieux qui semblaient des-

tinés à être le théâtre de débats tout pacifiques, absolument consacrés au triomphe de la vérité, se transformer
tout à coup en un vrai champ de troubles et de dissensions,
tant la passion est inhérente aux convictions profondes !
La querelle des Réalistes et des Nominaux devint si vive
que les écoles furent changées en un vrai champ de bataille : il ne fallut rien moins que l'intervention de l'autorité royale pour calmer les disputes scolastiques. C'est que
là, sous l'apparence de mots vains et d'exercices futiles,
s'agitaient les plus graves questions politiques et sociales.

« Les subtilités de la philosophie étant d'abord entrées
trop avant dans l'explication des dogmes, Pierre Lombard,
évêque de Paris, en 1150, crut remédier aux abus, en
donnant ses quatre livres des sentences, qui forment un
cours de théologie un peu différent de la méthode des anciens, mais aussi d'un goût qui n'est pas celui de la scolastique moderne. Son ouvrage est une collection des saints
Pères sur les principales questions de la théologie.

« Ce recueil de Pierre Lombard, quoique répréhensible
dans quelques points, eut une très-grande vogue, et mérita à son auteur le titre de *Maître des sentences*, dont il
jouit encore. Cependant, bien loin de tempérer le goût régnant de la métaphysique, il arriva par un contraste assez
singulier que Lombard devint lui-même bientôt après le
chef des théologiens qui donnaient le plus dans les subtilités de l'école. Le livre des sentences fut regardé comme le
plan général de la scolastique. Saint Thomas le suivit
comme les autres ; mais dans le même temps, l'usage s'étant
établi de faire des Sommes qu'on appeloit *quod libétiques*,
parcequ'il y étoit traité de tous les différents points de
la théologie, le saint docteur composa son excellente
somme. »

Le *Maître des Sentences* fut l'objet des plus grands travaux d'Oriol. Le savant théologien fit sur les quatre livres

de Lombard des commentaires considérables. Le docteur Capréolus, jacobin, qui les réfuta un siècle après la mort de leur auteur, lui reprocha vivement sa subtilité en le reprenant surtout d'une témérité d'opinion qui, dans l'interprétation des dogmes, allait jusqu'à l'hérésie. Il renouvela, en la présentant sous une nouvelle forme, l'ancienne accusation dirigée contre cet ancien adversaire de son ordre, c'est-à-dire d'avoir cherché à démontrer l'impossibilité de la création. Cette accusation prenant ainsi une forme capitale, il est bon de dire comment le grand théologien y donna lieu.

Dans une thèse publique, Oriol soutint que l'éternité de Dieu n'était qu'un attribut composé de parties, qui se succédaient les unes aux autres. Son assertion lui suscita d'ardents contradicteurs qu'il déconcerta par la vivacité de son argumentation. Mais ses adversaires, pour n'être pas forcés d'abandonner absolument la discussion, se retranchèrent sur ce seul point, « qu'en admettant des parties successives dans la durée de Dieu, on ne pouvait plus distinguer l'existence de l'être nécessaire d'avec celle des êtres contingents. Si donc, ajoutaient-ils, la durée de l'être nécessaire ne diffère point de celle de la créature ou de l'être contingent, on ne peut plus concevoir en Dieu cette priorité d'existence, qui est la base du dogme de la création, donc dans ce sentiment la création est impossible (1) ».

Ces questions, aujourd'hui si indifférentes aux gens du monde, autrefois discutées publiquement, attiraient la grande majorité du public éclairé qui y prenait part, tant que l'Eglise a été la pierre angulaire de l'édifice social et le centre de tout le mouvement intellectuel.

Pierre Oriol ne s'absorba point absolument dans les tra-

___

(1) Carlier : *Histoire du Valois*, tome II, page 216.

vaux de la chaire et du cabinet. Bien qu'il ait beaucoup écrit, il trouva encore le temps de vaquer aux charges administratives de l'Eglise. Après avoir rempli, en Aquitaine, les fonctions de Provincial de l'ordre des Mineurs, il fut appelé, en 1321, à l'archevêché d'Aix, mais il ne l'occupa que bien peu de temps. Selon certains auteurs, il reçut, la même année, le chapeau de cardinal et passa en Italie. D'autres disent qu'il se démit de son épiscopat pour continuer ses cours de théologie.

On n'est pas mieux d'accord sur l'époque de sa fin : les uns le font mourir en 1321 ou 1322, les autres beaucoup plus tard, en 1327 et même en 1348.

Chose étrange, c'est sur sa vie officielle qu'il y a le plus d'incertitude.

Saint Antonin écrit, qu'il fut élu archevêque d'Aix en 1314 ; que de ce siége on le transféra à celui de *Tusculum*, et qu'il fut créé cardinal en 1322. Or, nous voyons par la lettre du pape Jean **XXII**, citée plus haut, qu'Oriol professait, en 1318, la théologie à Paris. Quant à MM. de Sainte-Marthe, de même que les autres compilateurs, ils s'accordent tout simplement, ainsi que du Boullay, à le reconnaître archevêque d'Aix, en 1321. Il est possible qu'il mourut au moment où le pape lui accordait la barète.

« Pierre le Frison, dans son livre intitulé : *Gallia purpurata*, l. III, p. 309, place d'Oriol au nombre des cardinaux. Ciaconius et tous les écrivains de l'ordre de Saint-François, le mettent sans aucun partage au nombre de ces princes de l'église romaine » (1). Wading, Moréri, Bayle et Oudin, lui refusent cette dignité ; ce dernier l'a confondu avec le docteur Pierre de Verberie, de l'ordre du Val-des-

---

(1) Carlier : *Histoire du Valois.*

Écoliers. Wading fonde son doute sur ce qu'il ne se trouve pas dans la Catalogne des cardinaux de Rome.

Tous les témoignages, du reste, s'accordent sur le mérite si supérieur d'Oriol et la haute opinion qu'il donna de lui à ses contemporains. Ses ouvrages qu'on ne lit plus attestent au moins de sa grande fécondité.

·On voit qu'il avait épuisé la science théologique de son temps. Ce ne fut pas son seul mérite.

Oriol, qui avait le don de l'éloquence, excella dans la prédication comme dans le professerat. Ses plus beaux sermons roulent sur l'Immaculée Conception, dont il fut un zélé défenseur; les autres ont trait à des sujets tirés·des évangiles des dimanches et des principales fêtes de l'année. L'action oratoire a pu seule les relever à la taille du prédicateur, car ils ne soutiennent guère la lecture, le style en est sec et trivial. Ils sont restés inédits sous ce titre : *Sermons sur les Dimanches et les Fêtes.* Ils ont passé parmi les contemporains pour des modèles d'éloquence. Les grâces de son débit, sa parole facile, la noblesse de son ·port et la beauté de sa diction, toute son action, en un mot, ont dû leur donner un éclat et une puissance dont il est impossible aujourd'hui de se faire une idée juste.

Les autres ouvrages inédits d'Oriol sont :

Les distinctions de la Rose, et un *Traité sur la pauvreté.*

On a imprimé du même auteur :

1º. *Traité de l'Immaculée Conception,* Toulouse, 1514 ;

2º *Commentaria vere aurea in universam scripturam sacram,* Venise, 1507 et 1511, in·4º ; Paris, 1565, 1585 ; Rouen, in-8º, 1649, sous ce titre : *Petri Aureoli Franciscani commentaria compendiosa in universam scripturam sacram.*

Mais l'ouvrage qui fait le plus d'honneur à Oriol et qui justifie sa réputation en y mettant le sceau, c'est son commentaire sur les quatre livres des sentences. Ce travail, divisé en 4 tomes, est relié en deux énormes volumes in-fol., imprimé en petit caractère. Saint Antonin l'apprécie en ces termes :

« Oriol a été un homme de réputation. Il a laissé un commentaire sur les sentences, dans lequel il prend des sentiments opposés à ceux des autres auteurs. Comme il s'étoit fait un point d'honneur de combattre tous ceux qui avoient traité les mêmes matières que lui, pour avoir la gloire de frayer une route nouvelle, mettant en question des points déjà décidés par l'avis unanime des théologiens, cesmêmes théologiens se sont tous réunis pour le combattre : *quia manus ejus contra omnes, sic manus omnium contra eum* (1) ». Ce n'est pas impunément que le génie déroute le vulgaire.

Pour faire justice, dit-il, aux plaintes des lettrés et satisfaire à ses devoirs de religieux, le cardinal Sernano, de l'ordre des Frères Mineurs, fit un recueil de ces commentaires demeurés ensevelis dans les ténèbres de l'oubli, et les publia sous les auspices du souverain pontife, sous ce titre : *Commentarium in librum sententiarum, pars prima, Aureoli Ordinis minorum, archiespiscopi Aquensis,* S. E. R. *Cardinalis ;* les deux autres parties parurent en 1605, *Roma,* fo.

Oriol s'était posé intermédiaire entre l'ange de l'école et le docteur subtil, saint Thomas et Duns Scott. En inclinant trop vers les idées de son ancien maître, il souleva l'opposition des Jacobins. Les Cordeliers, au contraire, en furent si satisfaits qu'ils ont depuis revendiqué l'honneur de l'avoir eu dans leur ordre. Le cardinal Sernano cherche à le mettre d'accord avec le docteur Capréolus, mais il n'y parvient guère, dit Wading (2).

____

(1) *De Scriptorib. eccles.*

(2) Annales.

L'abrégé de la bible d'Oriol ou bréviaire, fut longtemps estimé et réputé des plus substantiels et des plus instructifs. En 1581, Novellet, théologien parisien, en donna une nouvelle édition, revue avec soin et enrichie d'une table analytique.

« On a conservé, dit Carlier, à Rome, à Paris et à Verberie, un portrait de cet homme illustre. Il avoit la taille haute et avantageuse, les yeux vifs, le visage assez plein, le poil tirant un peu sur le roux. Les défauts, qu'on lui a reprochés, quand même ils seroient fondés, n'empêcheront pas qu'on le regarde comme un des grands hommes de son siècle (1) ».

----

(1) Sainte-Marthe : *Gallia Christiana.* — Cave. — Trithème et Bellarmim : *De Scriptoribus eccles.* — Dupin : *Des auteurs ecclésiastiques.* — Dutems : *Du clergé de France.* — Wading : *Bibliothæca* et *Annales minorum,* in-folio. — Moréri : *Dictionnaire historique.* — Bayle : *Dictionnaire critique.* — Remarq. — Michaud : *Biographie universelle.* — L'abbé Carlier : *Histoire du Valois,* etc., etc. — *Petri Aureoli.omnia opera,* édition Sernano; Rome, 1595-1605, deux volumes in-folio. — Novellet : *Petri Aureoli breviarium;* Paris, 1581, in-folio.

SUPPLÉMENT

DE LA HANTE (Etienne-Marie),

Financier,

né à Crépy-en-Valois.

1743—1829.

Originaire d'une famille noble de Perpignan, Etienne-Marie de La Hante entra jeune encore dans l'administration des finances. Pendant une tournée qu'il faisait, comme inspecteur, dans le midi de la France, il trouva un déficit important dans la caisse d'un fermier des douanes. Ce fonctionnaire, honnête d'ailleurs, avait été compromis par son gendre, et, ayant prouvé que la valeur de ses propriétés excédait le chiffre de son déficit, il demanda quelque temps pour en réaliser la vente et se libérer envers le trésor.

M. de La Hante, pour sauver cet honnête homme de la destitution, dirigea son itinéraire vers une autre province, et, à son retour, le déficit étant comblé, il n'eut pas à faire de rapport.

Il était fermier-général lorsqu'éclata la révolution de

1789. La noblesse du Valois le choisit pour la représenter aux États Généraux : mais il ne tarda pas à renoncer à la vie politique, qui n'était pas dans ses goûts.

Lorsque, en 1792, on procéda, par ordre du gouvernement, à la vente des propriétés ecclésiastiques, M. de La Hante s'associa avec trois autres propriétaires de Crépy pour faire l'acquisition de l'église de Saint-Thomas qui avait été déjà détruite en partie.

En 1793, M. de La Hante fut arrêté comme beaucoup d'anciens fermiers généraux, traduit devant le tribunal révolutionnaire et condamné à mort. Il se résignait à son triste sort, lorsqu'à la sortie du tribunal il reçut de ceux qui le reconduisaient en prison un passeport pour l'étranger. Le fonctionnaire, dont l'inspecteur des finances avait sauvé l'honneur, était président du tribunal révolutionnaire, et justifia, cette fois du moins, la maxime : Un bienfait n'est jamais perdu.

Lorque, après la chute de la Terreur, M. de La Hante revint dans son pays d'adoption, il fut nommé, par l'assemblée électorale de l'Oise, membre du Conseil des Cinq-Cents (avril 1797).

Plus tard, il fut successivement appelé aux fonctions de maire de Crépy et de membre du Conseil général de l'Oise, qu'il présida sans interruption jusqu'en 1815.

La fermeté et l'abnégation qu'il déploya en 1814 pour assurer la tranquillité et la sécurité de ses concitoyens, dans des circonstances difficiles, méritent d'être signalées. Un corps de dix mille Prussiens, se dirigeant de Soissons vers Paris, prit la route de Crépy et fut reçu en ennemi par huit cents soldats de diverses armes, qui occupaient alors la ville. Malgré le petit nombre des hommes de la garnison, on se battit longtemps dans la Grande-Rue, où plus de cent hommes furent tués et blessés de part et d'autre. Le gros de l'armée prussienne devait camper le soir même autour de Crépy et livrer le lendemain la ville au pillage, lorsque, sur un faux avis, auquel M. de La Hante, dit on, n'était pas étranger, les Prussiens continuèrent leur marche emmenant prisonnier le courageux magistrat qui ne fut relâché qu'après la capitulation de Paris.

Chevalier de la Légion-d'Honneur en 1815, M. de La Hante se démit l'année suivante, à cause de son grand âge, des fonctions qu'il avait remplies avec autant de zèle que de désintéressement. Il vécut encore quelques années dans une douce retraite, employant sa fortune à des œuvres de bienfaisance et d'utilité publique. Il mourut le 7 mai 1829, regretté de ses concitoyens qui lui ont érigé, dans le cimetière de Crépy, un monument modeste et conforme à la simplicité de ses goûts.

Le sire d'HÉLIN,

Sénéchal de Flandre et Gouverneur de Crépy,

né à Béthancourt.

XIIIe SIÈCLE.

Il était un des officiers de Philippe d'Alsace, comte de Flandre, et lui servit d'auxiliaire dans sa lutte contre Philippe-Auguste. Il ravagea le comté de Clermont, le Vermandois, prit d'assaut le château de Dammartin et ne déposa les armes qu'à la trève qui fut conclue à Grange-Saint-Arnould.

« Il visitait souvent, dit M. Tremblay, les religieuses de Morienval, se fit aimer de leur abbesse, Imberte, et de

toutes les religieuses, au nombre de plus de soixante; elles
le firent nommer maire de son pays et le chargèrent de la
garde des propriétés du couvent. En récompense de ses
bons soins, elles lui abandonnèrent un domaine, qu'il fortifia et autour duquel se forma un village. »

Plus tard, le comte de Flandre, ayant reconnu à son tour
le mérite d'Hélin, l'attacha à son service en qualité de sénéchal.

HÉLYE et FRANCON,

Vidames de Gerberoy.

XIIᵉ SIÈCLE.

Le vidame, *vice-domini*, était le représentant de l'autorité
épiscopale, alors que les évêques étaient en même temps
seigneurs féodaux. C'est à ce titre que les vidames de Gerberoy représentaient les évêques-comtes de Beauvais. Hélye
remplissait cette fonction au xiiᵉ siècle, en même temps que
Francon, son collègue, sous l'épiscopat de Roger de San-
cerre. Lors du voyage que le pape Calixte II fit de Reims à
Gisors, où il se rencontra, en 1119, avec Henri Iᵉʳ, roi
d'Angleterre, Hélye alla, comme vassal du prélat, saluer le
Souverain-Pontife. L'historien de Gerberoy, Jean Pillet, raconte que ce vidame, étant tombé gravement malade, se
souvint qu'il avait forcé Dom Serlon, abbé de Saint-Lucien,
de lui céder pour une somme modique plusieurs redevances
abbatiales. Serlon s'étant rendu à Gerberoy pour visiter
Hélye malade, celui-ci se hâta de lui restituer ce qu'il lui
redevait, plus les arrérages. Ayant recouvré la santé à la
suite de cette restitution, il considéra son rétablissement

comme une grâce divine et alla en pélérinage à Saint-Lucien pour remercier Dieu de sa guérison. A cette occasion,
il fit de nouvelles donations à l'abbaye. « Plût à Dieu, dit
le chanoine Jean Pillet, qui s'emparent encore aujourd'huy
du bien des églises, imitassent le vidame Hélye, notre église
ne se verroit pas dépouillée de jour en jour de ses revenus. »

Ce vidame mourut vers l'an 1166.

Francon de Gerberoy reçut de l'évêque Roger l'investi-
ture du vidamé. Le cartulaire de l'église de Beauvais nous
a conservé les actes de foi et hommage, ainsi que la convention conclue entre le vidame et le prélat.

« Monseigneur, dit Francon, j'ay dessein d'observer en
toutes choses et avec une fidélité entière les promesses que
je vous ay faites et je me garderay bien de manquer en quoy
que ce soit à mon serment. Je ne vous présenteray aucun
héritier ny à l'Evesque de l'église de Beauvais qui vous succé-
dera, et même personne ne s'y offrira de mon ordre, à moins
que vous ou votre successeur ne luy ayez commandé ou
conseillé auparavant, ou que l'un de vous deux ne l'ait accordé à ma prière, pourvu que ce successeur s'oblige à la
même chose que vous allez faire maintenant. »

La convention de l'évêque était ainsi conçue :

« Francon, je ne ferai aucun dommage à vostre château
de Gerberoy, et quand je sçauray qu'il sera en péril, je tâ-
cheray de l'en retirer et de le deffendre, pourvu que vous
me soyez fidèle; et mesme quand vous m'auriez trahy en
quelque chose, eu égard à ce serment, je vous avertiray ou
ferai dire que vous vous corrigiez, et auray patience durant deux quarantaines pour voir si vous ne vous recon-
naîtrez pas. Que si vous le faites, ou j'accepteray votre
amendement, ou je vous pardonneray entièrement, et dans
la suite je vous tiendray ma parole, pourvu que vous ne
deffendiez pas ce château de Gerberoy à mon préjudice,

que vous n'empeschiez pas d'y entrer les hommes que j'y envoyeray pour le conserver, et que vous me gardiez avec toute sorte de fidélité les promesses que vous m'avez faites et les conventions dont nous sommes demeurez d'accord. «

Ces documents prouvent que le vidamé était une fonction viagère, mais que les vidames cherchaient à désigner leur successeur, sauf à prendre l'agrément de l'évêque : de plus que l'évêque avait besoin du vidame, représentant le bras séculier, là où la puissance de l'officialité du diocèse ne pouvait se faire sentir, à Gerberoy surtout qui, par sa position à la frontière du Beauvaisis et de la Normandie, était exposé à de fréquentes excursions et avait besoin d'être maintenue par les armes. C'est ce qui explique la convention de l'évêque Roger, beaucoup plus humble dans sa teneur que celle du vidame Francon.

Ces deux personnages moururent vers la même époque, au commencement du XIIe siècle.

Adrien de HEU,

né à Grandvilliers.

Avocat au Parlement de Paris, il fut nommé, en 1552, lieutenant-général de la Prévôté de Grandvilliers. Parmi ses descendants, M. Victor Tremblay cite Claude de Heu, licencié ès-lois, avocat, conseiller et prévôt royal à Grandvilliers, en 1576; Charles de Heu, chanoine de Gerberoy, élu doyen du chapitre, en 1590; Adrien de Heu, conseiller au bailliage et siége présidial d'Amiens, en 1597.

Un autre Adrien de Heu, né également à Grandvilliers,

fut élevé par un de ses oncles, curé de la paroisse de Saint-
Severin, à Paris, qui voulait lui céder sa cure. Il préféra
l'état monastique, entra dans l'ordre des Minimes, et mourut dans leur couvent d'Abbeville en 1649.

HÈVRE, Négociant et Publiciste,

né à Méru.

1771 — 1848.

Il possédait une créance sur les domaines du prince de
Conti et n'a pas cessé, depuis la rentrée des Bourbons jusqu'à sa mort, de publier des mémoires pour en réclamer le
remboursement. Chacun de ses écrits portait pour épigraphe : *le Roi le saura*. Voici les titres de ces opuscules :

1° *Plainte en forfaiture* ou lésion commise au préjudice
des créanciers titulaires de Conti. Paris, Huzard, 1828.

2° *Appel public à toute justice humaine* sur une spoliation
commise par le Trésor sur la vente des bois faisant partie
du domaine de Conti, 1 vol. in-8°; 1831.

3° *Vol, prévarication et forfaiture* des règles financières
des domaines du Trésor, dénoncés à Sa Majesté Louis-Phi-
lippe et à la Chambre des Députés, in-4°; 1832.

4° *Ça finira-t il?* Elle est bien longtemps à venir la justice
sur la spoliation de la succession de Conti; mais *le Roi le
saura!* in-f°; 1835.

5° *Le Mensonge deviendra-t il vérité* ou la fraude sera-
t-elle canonisée dans notre siècle de prodiges et à prestiges?
in-f°; 1835.

6° *Dépouille d'une famille française eu dix années de déception*, in-4°; 1841.

7° *Ma dernière barricade contre l'iniquité*, in-4°; 1841.

8° *Dernière tentative d'obtenir justice sans procès*, in-8°; 1846.

Ce requérant maniaque est mort en 1848.

HOROY (Louis), dit MONTAGNE,

Chef de bataillon (1),

né à Mouy-sur-Thérain.

1766—1799.

Louis Horoy fut le chef des volontaires de l'Oise en 1792, alors que les patriotiques populations de ce pays s'armèrent au cri : *La Patrie est en danger*. Nous complèterons la notice consacrée à cet illustre guerrier par un résumé de l'histoire des volontaires de l'Oise, extrait de l'ouvrage publié par M. Ad. Horoy sur la 13° demi-brigade dans laquelle ils furent incorporés. Trente-sept de ces braves existaient encore au mois d'octobre 1862; mais, comme leur nombre diminue chaque jour, nous avons cru devoir payer un tribut à la mémoire de tous.

Le premier Consul, dans un arrêté en date du 20 mars 1801, avait prescrit que, dans chaque chef-lieu de département, il serait élevé une colonne nationale sur laquelle seraient gravés les noms des braves défenseurs de la patrie.

---

(1) Voir sa notice, tome II, page 180.

Ce projet ne put être exécuté, non plus que l'édification du *Temple de la Gloire*, qui est devenu l'église de la Madeleine. C'est l'arc-de-triomphe de l'Etoile, où sont gravés les noms des généraux de la République et de l'Empire, qui est devenu le Panthéon de nos illustrations militaires.

Au mois de septembre 1792, une levée de 30,000 hommes fut décrétée pour la formation d'un camp destiné à renforcer les armées du Rhin et de Sambre-et-Meuse. Le département de l'Oise fournit à cette levée un contingent de 1,397 volontaires ainsi répartis :

Pour le canton de Mouy, 84, dont 39 pour Mouy; les autres étaient domiciliés à Bury, Catenois, Heilles, Liancourt, La Neuville-en-Hez et Saint-Félix.

Une première compagnie armée partit de Beauvais pour Reims, le 9 septembre 1792, sous les ordres du capitaine provisoire Antoine-Robert Leborgne. Elle se composait de 129 volontaires.

La deuxième compagnie armée, partie de Beauvais pour Reims, le 18 septembre 1792, avait pour capitaine J.-Nicolas Lemaire, de Gerberoy. Elle comptait 103 volontaires appartenant aux communes de Gerberoy, Songeons, Buicourt, Hanvoile, Crillon, Cuigy, Mothois, Martincourt, Saint-Quentin-des-Prés, Hécourt, Ons-en-Bray, Villers-Saint-Barthélemy, Saint-Léger-en-Bray, Saint-Aubin-en-Bray, Lhéraulle, Villers-sur-Bonnière, Saint-Pierre-ès-Champs, La Chapelle-aux-Pots et Verderel.

La troisième compagnie de volontaires, partie de Beauvais pour Reims, le 23 septembre 1792, était de 100 hommes commandés par Tallon, prêtre démissionnaire. Ils appartenaient aux communes de Tillé, Fontaine-Saint-Lucien, Lafraye, Nivillers, Oroër, Velennes, Troissereux, Milly, Notre-Dame-du-Thil, Saint-Omer-en-Chaussée, Hautépine, Bonlier, Bracheux, Fouquerolles, Haudivillers, Mouchy-le-Châtel, Lihus et Beauvais.

La quatrième compagnie partit de Beauvais pour Reims, le 28 septembre, sous les ordres de Jean-Louis Leclerc, capitaine. Elle comptait 97 volontaires, de Bailleux, Cauvignies, Hermes, Villers-Saint-Sépulcre, Abbecourt, Silly, Ponchon, Hodenc-l'Evêque, Bresles, Sainte-Geneviève, Beauvais, La Chapelle-Saint-Pierre, Laboissière, Noailles, Fay-Saint-Quentin et Therdonne.

La cinquième compagnie armée, forte de 87 volontaires, partit de Beauvais pour Reims, le 30 septembre 1792, sous les ordres de Louis Lesueur, d'Hodenc-en-Bray, capitaine. Les autres, sous-officiers, caporaux et soldats, étaient de Savignies, Fouquenies, Hodenc-en-Bray, La Chapelle-aux-Pots, Saint-Germain-la-Poterie, Saint-Just-des-Marais, Saint-Paul, Villembray, Auneuil, Auteuil, Saint-Martin-le-Nœud, Saint-Sulpice, Blacourt, Senantes et Villers-sur-Auchy.

Une compagnie de volontaires, dite compagnie armée de Chaumont, partit de Beauvais, le 19 septembre, sous les ordres de Michel Camel, capitaine. Le contingent de Chaumont comptait 56 hommes; les autres étaient des communes d'Andeville, Hénonville et Villeneuve-le-Roi.

Les citoyens composant la deuxième compagnie du district de Crépy-en-Valois, dite de Verberie, étaient au nombre de 88, appartenant aux communes de Verberie, Rhuis, Crépy, Compiègne, Villeneuve-sur-Verberie, Noël-Saint-Remy, Saintines, La Croix-Saint-Ouen, Marolles, Acy et Néry. Elle était commandée par le capitaine Jean-Thomas Sauvage, dit Colombier, de Verberie.

Un détachement de la troisième compagnie du district de Crépy, fort de 40 hommes, partit de cette ville, le 21 septembre 1792, sous la conduite de Charles Moisy, sergent-major. Les 40 volontaires dont il se composait étaient de Silly-le-Long, Nanteuil, Vez, Neufchelles et Fresnoy-la-Rivière.

Un autre détachement de la troisième compagnie, formé des 27 volontaires des villages de Morienval, Fresnoy-la-Rivière, Bonneuil, Eméville et Gillocourt, rejoignit le précédent à Reims. Il partit de Crépy le 22 septembre 1792.

La liste des enrôlés volontaires du district de Clermont s'élève au chiffre de 136 hommes, commandés par le capitaine Louvet, de Clermont; Moittier, de Saint-Just, capitaine en second; Brovillé, de Liancourt, 1er lieutenant; Brajeux, de Saint-Just, 2e lieutenant; Dufay, de Clermont, 1er sous-lieutenant; Maupin, de Clermont, 2e sous-lieutenant; Tremery, de Liancourt, 3e sous-lieutenant, et Dumont, de Clermont, cornette. Le contingent appartenait aux communes de Clermont, Saint-Just, Liancourt, Fay-sous-Clermont, Bury, Catenoy, Ravenel, Sacy-le Grand, Ansauvillers, Plainval, Breuil-le-Vert, Fitz-James, Neuilly, Monchy-Saint-Eloi, Angy, Cambronne, Hondainville, Erquery, Noroy, Avrechy, Béthencourt, Bailleul-le-Soc, Agnetz, Pontpierre, Ansacq, Lieuvillers, Laigneville et Fourneval.

Les volontaires du district de Breteuil, partis de cette ville le 15 septembre, étaient au nombre de 102, appartenant aux communes de Breteuil, Maisoncelles, Noyers, Vief-villers, Saint-André Farivillers, Caply, Sainte-Eusoye, Froissy, Auchy-la-Montagne, Falloise, Thury, Campremy, Flens, Vendeuil, Farivillers, Mesnil-Saint-Firmin et Gannes.

Les volontaires du district de Grandvilliers, au nombre de 39, étaient commandés par Hippolyte Roche, de Formerie, capitaine. Les enrôlés étaient d'Esquenne (Somme), de Dammeraucourt, Sommereux, Gaudechart, Marseille, Beauvais, Lavacquerie, Formerie, Cempuis, Romescamps, Loueuse, Blargies, Criquiers (Seine-Inférieure), Héricourt, Bouvresse, Wuil-en-Eglise (Somme), Fecamps-en-Caux, Gaillefontaine et Anci-le-Château.

Un état nominatif des volontaires nationaux composant la

première compagnie du district de Noyon, partie le 11 septembre, comprenait 106 hommes, dont 102 fusilliers armés et trois sous-officiers, commandés par le capitaine Barthélemy Philipot.

La seconde compagnie, comprenant 103 fusilliers armés, avait pour capitaine provisoire Louis Marin, le frère d'armes de Louis Horoy, et qui, plus heureux que lui, a pu échapper à une mort prématurée, et conquérir le haut grade et le titre dus à son courage et à son mérite.

La troisième compagnie de Noyon, forte de 105 hommes, avait pour capitaine provisoire Claude Danglier, et pour sous-lieutenant Jacques-Barthélemy Marin.

Il ne manque à ces états nominatifs que la liste des enrôlés volontaires du district de Senlis. D'après quelques renseignements recueillis par M. Ad. Horoy auprès de Mme veuve Albant, qui les tenait de son mari, un des volontaires de 1792, M. René de Girardin (1), propriétaire du château d'Ermenonville, fut le chef du bataillon de Senlis. M. Leclerc en fut le porte-drapeau. Les engagés volontaires d'Ermenonville et des environs furent invités à dîner au château et reçurent chacun 25 francs pour entrée en campagne. Les demoiselles du pays reçurent également du maître de la maison l'invitation suivante, qui prouve qu'on partait alors gaîment pour la guerre :

« MESDEMOISELLES,

« Vous êtes invitées à vous réunir ce soir pour embellir le bal que le citoyen de Girardin nous donne dans son salon.

« C'est au milieu des plaisirs que vous recevrez nos adieux.

« Partant pour la gloire, à la guerre comme en amour,

---

(1) Voir ce nom.

on peut ramasser des lauriers. C'est le moyen de vous plaire,
car les belles aiment les guerriers.

« *Signé* : Léger ALBANT. »

La commune de Clermont avait aussi fait des sacrifices
pour équiper ses volontaires. Une délibération du conseil,
en date du 31 août 1792, accorde une haute paie de cinq
sous par jour aux citoyens qui s'enrôleront pour la défense
de la patrie.

Les registres municipaux font aussi mention du don patriotique fait par le citoyen Sellier, juge au tribunal du district, lequel s'engagea à donner au premier Clermontois
qui s'enrôlerait pour le camp de 30,000 hommes, « son
habit, sa veste, sa culotte et ses guêtres d'uniforme, ensemble, son sabre. » Cette prime fut gagnée par le sieur
Charles Longuet, tailleur d'habits.

Comme on le voit, les enrôlés volontaires de 1792, dont
un de nos compatriotes, le peintre Couture, de Senlis, a fait
le sujet d'un magnifique tableau, partaient pour la guerre
avec l'élan et le patriotisme dictés par l'amour de la patrie.
Si tous n'ont pas eu la gloire de voir leurs noms tirés de
l'oubli, ils devront du moins à M. Ad. Horoy d'avoir une
épitaphe nominative, et d'être inscrits dans le livre qui
doit perpétuer leur mémoire.

En accomplissant ce devoir collectif, l'auteur de l'histoire
des enrôlés volontaires de l'Oise devait naturellement s'attacher de préférence à celui qui personnifie le mieux l'héroïsme de cette époque, au général Horoy, dont voici les
glorieux états de service :

Né le 11 mai 1766. Engagé volontaire au régiment des
gardes-françaises le 19 mars 1785; grenadier, le 1er septembre
suivant; caporal, le 1er juillet 1786; sergent, le 5 octobre
1787; licencié le 5 août 1789, après la prise de la Bastille.

Décoré, le 30 septembre 1789, de la médaille d'or et du

brevet de vainqueur de la Bastille, signé par Bailly, maire de Paris, et La Fayette, commandant général de la garde civique.

Entré, avec le grade d'officier instructeur, dans la garde nationale parisienne, le 24 juin 1790.

Rentré dans sa famille à Mouy.

Commandant de la garde nationale du canton de Mouy, le 1ᵉʳ avril 1792.

Enrôlé volontaire pour le service de la patrie, le 4 septembre 1792 ; nommé capitaine des grenadiers à l'élection, à Beauvais, le 27 septembre 1792 ; choisi, après examen, comme commandant du 5ᵉ bataillon de l'Oise, le 11 octobre 1792 ; nommé chef de brigade provisoire le 5 fructidor an II (22 août 1794); mort glorieusement au siége d'Acre, en Syrie, le 20 floréal an VII (9 mai 1799).

Il fit les campagnes suivantes : Armées du Nord, de Sambre-et-Meuse, du Rhin, 1792-1793; d'Italie et d'Egypte, 1794-1799.

Au départ des bataillons des volontaires de Beauvais, le citoyen Dupré, chef du district, leur adressa une allocution patriotique à laquelle les enrôlés volontaires répondirent par le cri : *Vive la Nation !*

Le 5ᵉ bataillon, commandé par Louis Horoy, après s'être rendu au camp de Reims, fut dirigé sur l'armée du Nord, commandé par Dumouriez. En 1793, il assista au siége de Maestricht et aux opérations destinées à couvrir les places de Landreciès, Avesne et Maubeuge. Incorporé dans la division Fromentin, il concourut, le 25 avril 1794, à l'attaque de Maroilles, où il se couvrit de gloire. C'est là que son chef, Louis Horoy, reçut le baptême du sang. Au moment où il chargeait un corps d'Autrichiens, il reçut en plein visage une balle qui lui traversa la joue. Le sous-lieutenant Marin, son compatriote, eut la jambe droite traversée par une balle.

Le conseil d'administration du 5ᵉ bataillon de l'Oise rendit compte, au comité de Salut public, du combat de Maroilles dans une lettre fière et hautaine, où il se plaint d'avoir manqué d'artillerie, et où il en demande aux représentants de la nation, en ajoutant que s'ils doivent prendre les canons sur l'ennemi, on ordonne que le bataillon soit placé au poste d'honneur.

Cette lettre est signée MONTAGNE, *chef de bataillon*.

Il faut expliquer ici pourquoi le citoyen Louis Horoy avait changé de nom. S'appeler Louis était déjà une mauvaise note, puisque c'était le prénom du roi ; mais s'appeler *Horoy*, c'était, par une consonnance monarchique, offenser les oreilles des patriotes. Des clubs s'étaient organisés dans l'armée du Nord. Le président de celui de Maroilles était le capitaine Talon, ancien curé d'Audivillers. On fit observer dans une séance que le chef de bataillon Horoy, ancien protégé de la famille de Conti, ancien sous-officier aux gardes-françaises, et portant un nom royaliste, dédaignait d'assister au club. Il fut cité à la barre et invité à changer de nom. S'étant refusé à cette injonction, il fut dénoncé au comité de salut public et dut se faire délivrer un certificat de civisme par les officiers de son bataillon.

Toutefois, le ministre de la guerre, voulant éviter de nouvelles allusions, enjoignit au commandant Horoy de prendre le nom de *Montagne*, qui était un parfum révolutionnaire et flattait les représentants radicaux de la Convention.

Le 5ᵉ bataillon de l'Oise et celui des volontaires de Beauvais furent incorporés, le 20 août 1794, dans la 49ᵉ demi-brigade, et le commandant Montagne fut promu, par le général de division Montaigu, au grade de chef de brigade provisoire. La 49ᵉ, commandée par Louis Montagne, fut, selon son désir, placée au poste d'honneur au siége de Maestricht : elle monta la première à l'assaut et prit place en tête de la colonne, lors de l'entrée des troupes dans la ville.

Les revers éprouvés par l'armée de Sambre-et-Meuse par suite de l'immixtion des représentants du peuple dans les ordres militaires, nuisirent à l'avancement du commandant Montagne à qui l'on contesta le nouveau grade qui lui avait été conféré provisoirement. En apprenant sa disgrâce, le brave commandant dit à son lieutenant de grenadiers : « Marin, souvenez-vous qu'il faut la force au cœur, à l'âme la noblesse, et qu'on peut et doit tout braver quand on a la conscience d'avoir fait son devoir. »

Redevenu chef de bataillon, Louis Horoy, qui avait repris le nom de sa famille, entra dans la 13ᵉ demi-brigade et mérita les notes suivantes du général Ledoyen qui la commandait :

« Plein de zèle, d'activité, d'intelligence et d'instruction, honnête homme, bon patriote.

« Excellent officier, remplira bien les devoirs de sa place, quelle qu'elle soit. »

En 1795, le commandant Horoy est attaché à l'armée de Paris, sous les ordres du général Bonaparte. Son bataillon arriva le lendemain de la journée du 19 vendémiaire, où le futur Empereur canonna les Jacobins retranchés dans l'église Saint Roch.

La 13ᵉ demi-brigade, dont Louis Horoy commandait le 3ᵉ bataillon, fit partie de l'armée d'Italie pendant la campagne de 1797, et fut cantonnée à Milan. Elle fut décimée pendant les massacres de Vérone, auxquels on a donné le nom de *Pâques véronaises,* et qui furent aussi sanglants que les *Vêpres siciliennes.* Elle passa ensuite dans la division Baraguey-d'Hilliers, et fut désignée par un arrêté du Directoire exécutif pour faire partie de l'expédition d'Egypte. Lors du débarquement à l'île de Malte, le commandant Horoy et le lieutenant Marin se couvrirent de gloire et furent cités à l'ordre du jour.

Incorporée dans la division Menou, la 13ᵉ demi brigade débarque une des premières sur la côte d'Afrique, 30 juin 1798, et arrive le même jour à Alexandrie. Le lieutenant Marin soutint le général Menou lorsque ce dernier fut blessé à l'assaut de la place, près de la colonne de Pompea. Il fut promu, à la suite de cette brillante journée, au grade de capitaine.

Après la bataille des Pyramides, où son bataillon fit partie de ces formidables carrés, citadelle de fer, contre laquelle vint se briser la cavalerie des Mamelucks, Louis Horoy fut chargé d'occuper la place de Damiette, qui commandait la principale embouchure du Nil. Le 14 octobre, il reçut l'ordre de rejoindre sa division cantonnée au vieux Caire.

Pendant que Bonaparte faisait les préparatifs de la campagne de Syrie, les savants attachés à l'expédition d'Egypte accompagnaient le général en chef à l'isthme de Suez, et le citoyen Le Père, ingénieur, reçut l'ordre d'étudier le rétablissement de l'ancien canal ouvert par les Pharaons et les Ptolémées.

En recevant le rapport de la commission, Bonaparte dit : « La chose est grande, ce n'est pas moi qui pourrai l'accomplir, mais le gouvernement turc trouvera peut-être un jour sa conservation et sa gloire dans l'exécution de ce projet. » Paroles prophétiques qui, grâce à l'initiative persévérante de M. F. de Lesseps, seront réalisées sous le règne de Napoléon III.

La 13ᵉ demi-brigade paya de sa personne pendant la révolte du Caire. Elle fit ensuite partie de la division Lannes et prit part à la prise de Gaza, où sept ou huit mille hommes furent passés au fil de l'épée par les cavaliers de Murat. L'accumulation des cadavres engendra la peste, qui étendit bientôt ses ravages dans l'armée cantonnée autour de Jaffa. Ce terrible épisode a fourni au peintre Gros, élève de David, le sujet d'un tableau plus émouvant encore que celui de la bataille d'Eylau, où du moins nos braves soldats trouvèrent une mort plus glorieuse.

On sait combien le siége d'Acre coûta de temps et de peine à Bonaparte. Huit assauts livrés en six semaines n'avaient pu triompher de la résistance des assiégés fanatisés par le pacha Djezzar. Enfin, quand la brèche fut ouverte, arrivé devant la colonne des grenadiers, dont le chef, le général Rambeaud, venait d'être tué, Berthier appelle Horoy, qui depuis sept ans commandait cette légion formée en partie des volontaires de l'Oise, et lui dit : « Brave Horoy, à vous est réservé l'honneur de succéder au valeureux Rambeaud et de conduire au feu les héroïques grenadiers de la 13ᵉ demi-brigade. »

Electrisé par ces paroles, Horoy, que ses soldats venaient de saluer du titre de général, donna le signal de l'assaut. Jamais les volontaires de l'Oise ne se montrèrent plus intré-pides. Marin, Mauborgne, François Vaucher, de Bresles, Onézime Vaucher, se couvrent de gloire; mais, au moment où la colonne va pénétrer dans l'enceinte du palais de Djezzar, son chef valeureux tombe frappé d'une balle à la nuque. La blessure était mortelle.

Le général en chef Bonaparte, accompagné de son chef d'état-major, vint à l'ambulance visiter les blessés. Arrivé au lit d'Horoy, il regretta de ne pouvoir confirmer le grade de général que Berthier lui avait conféré avant le combat, et, voulant du moins honorer sa mémoire, il ordonna qu'un des forts que l'on construisait au Caire porterait le nom du brave Horoy.

Les termes dans lesquels le général Berthier annonça au citoyen Honoré Horoy la mort de son frère et la lettre écrite à la famille du commandant par son compagnon d'armes Marin, témoignent des regrets que la perte de Louis Horoy excita dans l'armée.

HUGUES DE BEAUVAIS.

XIe SIÈCLE.

Il était gouverneur, *educator*, du roi Robert-le-Pieux, et composa un savant *Traité sur le corps et sang de Jésus-Christ*, pour réfuter les erreurs théologiques de l'hérésiarque Béranger. Il encourut la disgrâce de la reine Constance qui, pour se débarrasser de lui, le fit tuer en 1022.

INGRAND (François-Pierre),

Député à la Convention.

Il fit partie de cette assemblée parlementaire, puis fut nommé inspecteur des forêts en résidence à Beauvais.

Compris dans la loi sur les régicides, il s'embarqua, en 1816, pour l'Amérique, où il mourut peu d'années après.

Jacques DES ISLES,

né à Senlis.

Pierre de l'Estoile, dans son *Registre-Journal du règne de Henri IV* (1), raconte que le lundi 19 décembre 1605,

---

(1) Collection des *Mémoires relatifs à l'Histoire de France*; Paris, Didier, éditeur.

comme le roi, revenant de la chasse, passait à cheval sur le
Pont-Neuf, un fol, ayant un poignard nu sous son manteau,
se précipita sur le roi qui, étant parvenu à le saisir, le se-
coua rudement jusqu'à ce qu'on eût arrêté le criminel. In-
terrogé sur ce qu'il voulait faire, il répondit qu'il voulait
tuer le roi, parce qu'il lui détenait injustement son bien et
la plupart de son royaume : il débita encore d'autres folies,
puis se mit à rire en disant qu'il avait dû faire au roi une
grande peur.

« Ce fol, ajoute Lestoile, s'appelait Jacques des Isles, natif
de Senlis, praticien et procureur audit lieu, et transporté
dès longtemps de son esprit; lequel, à cette occasion, selon
la déposition des procureurs même dudit Senlis, avoit été
chassé de leur siége et l'en avoient ôté comme fol et furieux.
On ne laissa toutes fois de procéder contre lui, comme un
criminel de lèze-majesté au premier chef, et le vouloit-on
envoyer au gibet, tout fol qu'il étoit, pour ce qu'on disoit
que la graine de ces fols-là n'étoit point de garde, et que leurs
folies étoient par trop dangereuses et préjudiciables à l'Etat;
mais le roy ne le voulut jamais permettre, disant qu'il en faisoit conscience, pour ce qu'il avoit bien reconnu que c'étoit
un vrai fol, et qu'il falloit donner encore celle-là à la saison
qui étoit fertile. Et là-dessus, Sa Majesté rappela le conte
qu'on lui avoit fait d'un homme d'apparence, lequel, avec
un beau manteau de peluche qu'il avoit, s'étoit jetté le dimanche auparavant de dessus de Pont-Neuf même dans
l'eau et s'étoit noyé. »

Les ecclésiastiques allèrent au Louvre féliciter le roi de
ce qu'il avait échappé au danger. Le lendemain, on chanta
un *Te Deum* pour remercier le ciel de cet heureux évènement.

ISORÉ (Jacques), Conventionnel,

né à Bailleval, près de Liancourt.

1768 — 18..

Ce personnage joua sous la Révolution un rôle important. Comme tous les hommes politiques de cette époque,
il a eu ses apologistes et ses détracteurs. Né le 16 janvier 1768 au petit village de Bailleval, près de Liancourt,
il s'occupa d'abord d'agriculture, et fut élu, en 1790,
président du district de Clermont. Deux ans plus tard, il
était nommé député à la Convention nationale. Il s'y fit
remarquer bientôt par son attachement aux principes ré-
publicains et par la sincérité de ses convictions.

Lors de l'appel nominal sur le vote à émettre relativement à Louis XVI, il se borna à dire : « La loi est mon
guide, et, malgré ma répugnance naturelle, je vote pour
la mort. » Humanitaire par principe, il n'eut pas le courage de braver l'opinion qui était alors hostile au souverain, et sa répugnance céda devant ce qu'il croyait être
le salut du pays. Le Comité de la guerre ne tarda pas à le
désigner comme un des commissaires chargés de représenter la Convention à l'armée du Nord. Il pourvut aux
besoins de l'armée, au service des vivres et des magasins,
et par son intelligence et son activité parvint à faire lever
le blocus de Maubeuge et à opérer l'heureuse diversion
exécutée par l'armée du Nord, qui assura le gain de la
bataille de Wattignies.

Après cette rude campagne, il demanda son rappel et
revint prendre part aux travaux de la Convention. Il fut
nommé secrétaire du Comité de l'agriculture et des finances

présidé par Carnot, et fut chargé de la surveillance des approvisionnements de Paris. Après la session conventionnelle, Isoré rentra dans la vie privée. Nommé président d'administration dans son canton, il fut chargé par le Directoire des fonctions de commissaire central des contributions du département de l'Oise.

On lui doit la conservation des archives municipales et de beaucoup de documents curieux pour l'histoire locale. Ce service rendu lui attira le ressentiment de quelques obscurantistes qui l'accusaient d'avoir dérobé des pièces importantes.

Révoqué de ses fonctions lors de la révolution du 18 brumaire, il retourna à sa charrue et commença son *Traité de la grande culture des terres*. Nommé maire de sa commune, il fut destitué en 1814, et, bien qu'il n'eût pas accepté de fonctions pendant les Cent-Jours, il n'en fut pas moins exilé en Belgique lors de la seconde Restauration.

Rentré en France le 8 décembre 1818, il vécut dans la retraite, s'occupant exclusivement de travaux agricoles. Les Biographies générales ne mentionnent même pas le nom d'Isoré, et l'oubli dans lequel s'écoulèrent les dernières années de sa vie, laisse même ignorer la date de sa mort.

Jean d'AVESNES.

Il délivra la forêt de Compiègne d'un dragon monstrueux qui dévorait bêtes et gens. Voici comment le chroniqueur, Jean du Quesne, raconte cet exploit :

« Passant ledict chevalier par Compiengne pour aller à

Paris, il entra dans un grant forest : là rencontra ung messagier qui accouroit le grant chemin moult effrayé. Si luy cria qu'il s'arrestast; mais le messagier dit qu'il n'oseroit car ung grant et horrible serpent le chassoit pour dévorer; le messagier n'eut pas fini ses paroles quand Jehan vez le serpent approuchier gueulle basse, de laquelle yssoit (sortait) grant fumée, sy affuta Jehan sa lance et alla vers le serpent pour le rencontrer, qui contre luy leva les oreilles, estendit le col et rafrongna sa hure.

« Jehan se signa, et soy confiant en Dieu, fery (frappa) le serpent si durement qu'il le trespercha (transperça) tout oultre, et entra sa lance plus d'un grant pied en terre, dont la cruelle beste en mourout à grant détresse débattoit ses ordes (sales) entrailles, fretilloit la queue, jectoit venin, souffoit de paine, et s'esprovoit au tressaillir, cuidant (croyant) eschaper, ce dont Dieu le garda; mais lui convint cepandre son sang tellement que mort s'en ensuivy. »

« Il y a lieu de croire, ajoute le chroniqueur, que ce serpent étoit le dernier de sa race, car oncques depuis ne vit en cet incomparable forêt aucun animal venimeux.

Jean de **JANDUN**, Philosophe et Historien.

XIVe SIÈCLE.

Il habitait Senlis, sa ville natale, à la suite d'une excommunication que le pape Jean XXII avait fulminée contre lui, pour avoir soutenu Louis de Bavière, empereur d'Allemagne, contre le Saint-Siége. Pendant qu'il goûtait dans cette petite ville les plaisirs de la villégiature, il reçut d'un philosophe, son confrère, une lettre déclarant que Paris était la seule ville où l'on pût vivre : « Avouez-le, disait le docteur en style amphigourique, *être* à Paris, c'est *être* dans le sens *absolu*; *être* ailleurs, c'est *être accidentellement.*

Jean de Jandun répondit qu'un honnête homme peut vivre partout, et à Senlis mieux qu'ailleurs, puisque le pain y est excellent, les vins abondants, la température salubre, et qu'on y voit, chose rare à Paris, des rues pavées.

Cette réponse, communiquée à un admirateur passionné de la capitale, amena une réplique. Le contradicteur plaçait Paris au-dessus de toutes les villes du monde, et particulièrement de Senlis, connu seulement par la persistance de ses mouches et les concerts perpétuels de ses grenouilles.

Reprenant de nouveau la plume, Jean de Jandun prouva que les agréments de Senlis n'enlevaient rien à ceux de Paris et qu'on pouvait faire un éloge de cete grande cité sans méconnaître les charmes des autres villes.

Ce traité a été analysé avec une grande lucidité par M. Hippolyte Cocheris, bibliothécaire à la Bibliothèque mazarine, dans un opuscule tiré à 25 exemplaires, et intitulé *Lebeuf, sa vie et ses œuvres.*

« Le Traité, dit M. Cocheris, commence par un hommage rendu à l'Université de Paris et aux quatre Facultés de philosophie, de théologie, de décrets et de médecine. L'auteur y vante l'enseignement des philosophes de la rue du Fouare, de ces sages qui démontrent la logique, révèlent les mystères de la nature terrestre et céleste, expliquant les abstractions de la métaphysique, indiquant les résultats certains obtenus par les mathématiques dans leurs rapports avec l'astronomie, la musique et l'optique, et apprennent enfin à régler les mœurs de l'individu, l'économie de la famille et le gouvernement des Etats.

« Les éloges que l'auteur décerne aux professeurs de théologie de la très-paisible rue de Sorbonne, sont moins sincères, on sent qu'il flatte des adversaires, non des amis. Il leur donne les titres de satrapes divins, de pères vénérables; il glorifie leur éloquence persuasive et le succès de leurs prédications; mais... il y a un mais : il s'étonne que des théologiens, qui protestent d'une aveugle soumission aux dogmes de la foi catholique, soutiennent si aisément le pour et le contre dans toutes les questions. Son admiration pour les professeurs de décrets de la rue du Clos-Bruneau est plus vive; il fait ressortir l'importance de ces cours suivis avec ardeur par une foule nombreuse, et il montre quelle reconnaissance méritent les jurisconsultes qui sont les auteurs, les interprètes et les défenseurs des lois.

« L'enthousiasme de l'auteur pour les médecins ne connait pas de bornes; les médecins sont créés par Dieu pour nous secourir; ils extirpent les principes des maladies, délivrent les moribonds des terreurs d'une mort prochaine et les font renaître à l'ineffable douceur de vivre. On les reconnaît, dit-il, à leur habit précieux et à leur bonnet doctoral; on les voit en si grand nombre dans les rues que ceux qui en ont besoin peuvent aisément les rencontrer. Quant aux apothicaires, ils habitent le Petit-Pont, et, comme les pharmaciens de nos jours, étalent aux yeux du public des vases remplis d'aromates.

» Dans la seconde partie de son traité, Jean de Jandun s'occupe des églises de Paris. Il s'étend avec complaisance sur la beauté incomparable de la cathédrale et sur les richesses inouïes agglomérées dans la Sainte-Chapelle. La description de ce riche sanctuaire que l'élégance de sa structure, la transparence de ses vitraux, le fini de ses peintures et la multiplicité de ses ornements faisaient comparer alors à l'une des plus belles salles du Paradis, amène l'auteur à parler du palais; ce fameux palais, demeure des rois et siége du parlement, célèbre par sa table de marbre et sa grand'-chambre.

« Sortant de la cité, il se dirige vers les Champeaux où

s'élèvent les Halles. Ce foyer de l'industrie au xive siècle excite sa curiosité. Les salles basses sont remplies de draps, de fourrures, de soieries, d'étoffes sans nombre que la langue latine est impuissante à désigner ; une immense galerie occupe l'étage supérieur ; on y expose des couronnes, des bonnets, des peignes, des bésicles, des ceintures, des bourses, des gants, des colliers, et beaucoup d'autres objets dont les noms sont intraduisibles en latin.

« L'éloge de Paris ne serait pas complet si l'auteur ne signalait la beauté des hôtels et leur nombre incalculable. Il ne saurait omettre davantage les maisons habitées par les ouvriers ; là des imagiers, des peintres, des sculpteurs ; ici des fabricants d'armes de guerre : épées, lances, flèches, arcs, boucliers, cuirasses et casques ; des selliers, des harnacheurs ; plus loin, des boulangers experts à varier la forme et la qualité de leurs pains.

« Sur le Grand-Pont retentit le marteau des orfèvres qui fabriquent les vases d'or, d'argent, d'étain et de cuivre ; dans le quartier latin, demeurent les parcheminiers, les écrivains, les enlumineurs, les relieurs qui conservent et décorent les produits de la science.

« Jean de Jandun n'a pas voulu terminer son panégyrique sans apprécier le caractère du parisien au xive siècle. Il était d'un caractère modéré, mais plutôt irascible qu'apathique ; affable et enjoué ; il devenait facilement bouffon et vantard ; d'une taille moyenne, ni trop fort ni trop faible, il affrontait également la fatigue des fonctions civiles et les périls de la guerre. Quant aux parisiennes, il aime à croire que, malgré leur luxe, les modes indécentes de leurs vêtements et la beauté de leurs visages, elles n'en conservent pas moins leur dignité de matrones et d'épouses. Si quelques-unes s'écartent des voies de la sagesse, il prie Dieu de les y ramener.

« On ne peut être ni plus galant ni plus chrétien. »

LANCELOT (l'abbé),

Chanoine de la Cathédrale de Beauvais,

15.. — 1643.

C'est peut-être à ce respectable ecclésiastique que Beauvais doit une des trois appellations traditionnelles qui la
qualifient de « ville puante, sonnante et mal disante. »
L'abbé Lancelot aimait à versifier, et dans une de ses
poésies légères, il raille un sonneur des rues alors en réputation, et qu'on appelait *le Clocheteux de Beauvais*. Le
carillon des paroisses ne suffisant pas à convoquer les
fidèles aux offices, le clocheteux parcourait tous les quartiers de la ville, la veille des fêtes, ou pour inviter les paroissiens à se rendre au catéchisme ou à la prédication.

Ecoutez l'écho de sa sonnerie, tel que nous l'a conservé
après plus de deux siècles la muse à grelots du chanoine
Lancelot :

> Dredin, dredin, dredin, dredin,
> Drelin din din, drelin, dredin.
> On fait assavoir aux personnes
> Dévotes, pieuses et bonnes,
> Qui, fuyant le train des maudits,
> Cherchent celui du Paradis,
> Que le dimanche en deux semaines,
> Les plus voisines et prochaines,
> On festera dedans Beauvais,
> Le bon saint.....

Chaque saint férié était ainsi clocheté à tour de rôle, et,
pour les fêtes carillonnées, on ne manquait pas d'annoncer
en même temps l'octave.

M. V. Tremblay nous assure que, malgré certaines
licences toutes poétiques, l'abbé Lancelot était un des

prêtres les plus recommandables du clergé de Beauvais, un des plus assidus aux offices et scrupuleux observateur des devoirs religieux.

LANGLÈS (Louis-Mathieu), Orientaliste,

né à Breteuil.

1763 — 1824.

La *Nouvelle Biographie générale* le fait naître à Perenne, près Saint-Dizier, le 23 août 1763. Ses études achevées, il obtint la charge d'officier près le tribunal des maréchaux de France, précédemment occupée par son frère.

A son entrée en fonctions, Langlès avait résolu de faire partie de l'armée de l'Inde, et de s'adonner ainsi à l'étude des nations de l'Orient, dont l'histoire et les coutumes avaient, dès sa première jeunesse, excité vivement sa curiosité. Ses rêves tardant à se réaliser, il abandonna la carrière militaire pour se consacrer exclusivement à l'étude des lettres orientales.

A cet effet, il suivit les cours d'arabe et de persan du collége de France, et se fit présenter à Silvestre de Sacy, qui le dirigea dans ses travaux. L'ouvrage de Langlès, qui attira d'abord l'attention du public, fut une édition française des *Instituts politiques et militaires de Tamerlan,* écrits par lui-même en Mogol, et traduits sur la version persane d'Abou-Taleb-al-Hossécni, avec la vie de ce conquérant d'après les meilleurs auteurs orientaux, des notes et des tables historiques, etc., Paris, 1787, in-8°, fig. Cette publication valut à Langlès la protection du maréchal de Richelieu, qui lui fit obtenir avant l'âge de vingt-cinq ans, une des douze pensions destinées à récompenser le mérite littéraire.

Vers la même époque, l'orientaliste, déjà célèbre, fut chargé par M. Bertin, ancien ministre secrétaire d'Etat, de publier le lexique mandchou-français, rédigé en Chine par le père Amiot. Avant de mettre au jour cet important travail, il fit paraître, sous le titre d'*Alphabet Tartare-Mandchou*, Paris, 1787, un mémoire sur les éléments graphiques de l'écriture mandchoue et sur les moyens de les reproduire par l'impression en types mobiles. La découverte de ces éléments graphiques, à laquelle Langlès attachait une haute valeur, avait été faite depuis longtemps par tous ceux qui avaient su lire le mandchou, et elle avait paru d'une telle simplicité que nul n'avait songé à en parler, et encore moins à s'en faire un titre scientifique.

En 1789 et 1790, parut à Paris le *Dictionnaire Tartare-Mandchou-Français*, composé d'après le *Dictionnaire Mandchou-Chinois*, par le père Amiot, rédigé et publié avec des additions et l'alphabet de cette langue. Voici comment s'exprime M. Abel de Rémusat, dans ses *Nouveaux Mélanges asiatiques*, à propos de cet ouvrage :

« M. Langlès n'a jamais su le mandchou, assez du moins pour en lire une page dont il n'aurait pas connu le sens d'avance; mais il a donné une édition très-exacte du dictionnaire d'Amiot; il a fait graver deux corps de caractère de cette langue, et il en a tant de fois vanté l'utilité et la facilité, qu'on peut le regarder, à plus juste titre encore que les missionnaires, comme étant celui qui en a introduit l'étude en Europe. »

Le plus beau titre de Langlès à la postérité est d'avoir amené le gouvernement de la République française à créer, en 1795, l'Ecole spéciale des langues orientales vivantes, qui subsiste encore aujourd'hui. Il en fut nommé le premier administrateur et professeur de langue persane. Il devait joindre à son enseignement celui du malais et du tartare mandchou; mais ce projet ne parait pas avoir été réalisé. Lors de la fondation de l'Institut, il fut compris au nombre des membres de la classe de littérature et des beaux-arts, d'où il passa plus tard dans celle d'histoire et de littérature ancienne, qui devait reconstituer, en 1816, l'Académie des inscriptions et belles-lettres. Plusieurs corps savants étrangers, et notamment les sociétés asiatiques de Londres et de Calcutta, lui avaient également conféré le titre de membre honoraire.

Langlès peut être considéré comme l'un des savants qui ont le plus contribué à répandre en France le goût des langues et des littératures de l'Orient; et on lui doit en grande partie l'impulsion qui fut donnée à ces travaux dans les premières années de ce siècle. Toutefois, il ne participa pas à la fondation de la Société asiatique, à laquelle il parut toujours vouloir rester étranger; mais c'est à lui que l'on doit principalement l'institution de la Société de géographie. On peut dire de lui qu'il fut l'orientaliste pour lequel on prodigua avec le plus d'exagération les éloges et les critiques. Sans avoir été une lumière de premier ordre, il rendit des services incontestables aux études orientales par l'ardeur qu'il mit à les propager, et surtout par la protection généreuse qu'il accorda à tous ceux qui voulurent s'adonner à cette ingrate et laborieuse carrière.

Outre les ouvrages de Langlès, mentionnés dans le cours de cette notice, que nous empruntons presque textuellement à M. Léon de Rosny (*Nouvelle Biographie générale* de MM. Firmin Didot), on a de lui :

Contes, Fables et Sentences tirés de différents auteurs arabes et persans; Paris, 1788.

Fables et Contes indiens nouvellement traduits, avec un discours préliminaire et des notes; Paris, 1790.

Paroles du Sage, 1790.

Notice de trois magnifiques Manuscrits orientaux rapportés d'Egypte par Bonaparte, et déposés par son ordre à la Bibliothèque nationale; Paris, 1797.

Voyage pittoresque de la Syrie, de la Phénicie, de la Palestine et de la Basse-Egypte; Paris, 1799.

Notice des ouvrages élémentaires manuscrits sur la langue chinoise que possède la Bibliothèque nationale, Paris, 1800.

Notices et Eclaircissements sur le voyage de Norden, tirés des principaux écrivains arabes; Paris, 1802.

Recherches sur la découverte de l'essence de rose; Paris, 1804.

Observations sur les relations politiques et commerciales de l'Angleterre et de la France avec la Chine; Paris, 1805.

Notes sur les monnaies de Crimée; Paris, 1806.

Catalogue des Manuscrits de la Bibliothèque impériale; Paris, 1806 (en collaboration avec **A. Hamilton**).

Monuments anciens et modernes de l'Hindoustan, décrits sous le double rapport archéologique et pittoresque, et précédés d'une notice géographique, etc.; Paris, 1812-1821, 2 volumes in-folio, avec 144 planches et 3 cartes (cette belle publication, la plus importante de l'éminent orientaliste, n'a jamais été terminée).

Notice des travaux littéraires des Missionnaires anglais dans l'Inde; Paris, 1817.

Des Costes de l'Inde ou Lettres sur les Indous; Paris, 1822.

Analyse des Mémoires contenus dans le quatorzième volume des *Asiatic Researches*, avec des notes et un appendice; Paris, 1824, in-4°, 12 planches; ouvrage qui ne parut qu'après la mort de l'auteur, arrivée le 28 janvier 1824.

Langlès a publié en outre une foule d'articles dans les *Mémoires de l'Institut*, les *Notices et Extraits des Manuscrits de la Bibliothèque du Roi*, le *Magasin encyclopédique*, la *Revue encyclopédique*, et dans plusieurs autres recueils littéraires de son temps (1).

LECLERCQ (Jules), Peintre verrier,

né au Mesnil-Saint-Firmin.

1825 — 1855.

Ce regrettable artiste fit ses premières études sous la direction de l'abbé Gellée, curé de Saint-Pierre de Beauvais, et montra tout d'abord une véritable vocation pour la peinture. On le recommanda à M. Ingres, et il put, pendant quelque temps, profiter des leçons de ce dernier héritier de Raphaël.

Mais la santé de Jules Leclercq le contraignit à quitter l'atelier du maître. On lui conseilla de pratiquer la peinture sur verre, et, à cet effet, il tâcha d'acquérir des connaissances élevées dans l'archéologie chrétienne, pour rehausser jusqu'à l'art cette profession que les siècles de peu de foi ont laissé déchoir jusqu'au métier. Il espérait entrer à la manufacture de Sèvres, où la verrerie monumentale possède une subdivision ; malgré de puissantes recommandations adressées au directeur M. Brongniart, il ne put y être admis. Alors il se mit en rapport avec quelques artistes de ce bel établissement, attachés à la peinture sur verre, et il apprit d'eux certains procédés relatifs aux travaux qu'il désirait entreprendre.

---

(1) *Nouvelle Biographie générale*, de MM. Firmin Didot frères. — Abel de Rémusat, *Nouveaux mélanges asiatiques*. — *Bulletin de la Société de Géographie*. — Merlin, *Catalogue de la Bibliothèque*, de Langlès.

Avec ces simples notions, Leclerq revint au Mesnil-Saint-Firmin, et là, après avoir construit lui-même le four nécessaire à ses opérations, il se livra à de nombreux essais et finit par obtenir d'heureux résultats. Il fit d'abord, pour l'église de Montdidier, une petite verrière, qui lui mérita quelques éloges, mais qu'il regardait cependant comme l'œuvre d'un débutant.

De plus grands travaux lui ayant été commandés, il se construisit des appareils plus perfectionnés, et disposa son atelier de manière à pouvoir y recevoir des élèves. Il choisit parmi les enfants occupés dans la fabrique de M. Bazin, directeur de la colonie agricole, ceux qui paraissaient avoir des dispositions pour le dessin, et il parvint, en peu de temps, à en faire des ouvriers dont plusieurs ont pris place entre les habiles praticiens de la verrerie parisienne.

Ce fut alors que Jules Leclercq réalisa de remarquables conceptions, notamment différentes peintures sur verre pour l'église de Grandvilliers et les beaux vitraux de la chapelle du séminaire de Beauvais, et qu'il fut chargé de la restauration de ceux de la cathédrale de Chartres. Chaque fois qu'il revenait à Beauvais, il éprouvait le besoin de retremper son inspiration dans la contemplation des verrières de Saint-Étienne et de Saint-Pierre.

Fervent admirateur des chefs-d'œuvre de son art, il prit les calques de l'arbre de Jessé et du vitrail si pur de Notre-Dame-de-Lorette pour les reproduire de façon à confondre les copies avec les originaux. Il envoya, à l'exposition universelle de Londres, quelques spécimens de son talent, et celle de Paris en reçut aussi d'une exécution supérieure.

Jules Leclerq étudiait avec une constance admirable tout ce qui pouvait le fortifier dans l'exercice de sa profession, et son tact discernait parfaitement le beau. Mal-

heureusement, une mort prématurée vint le surprendre
au milieu de ses travaux.

» Doué d'un caractère doux, il eut, dit M. V. Tremblay, en terminant sa notice, la modestie, apanage du véritable mérite ; et tout dévoué à la science, il lui sacrifia
presque continuellement jusqu'aux amusements qu'il est
permis de goûter à son âge. »

LE CLÈRE (Thomas), Intendant des finances,

originaire du Beauvaisis.

15..—1629.

C'est principalement à la pieuse libéralité de Thomas
Le Clère, ainsi qu'au zèle et aux éloquentes prédications
de son frère René, religieux de l'ordre de Saint-François
et plus tard évêque de Glandève, que la ville de Beauvais
a dû l'établissement, vers 1625, d'un couvent des Minimes,
chargés de donner gratuitement l'instruction aux enfants
pauvres.

Thomas Le Clère, issu d'une branche cadette de la
maison Le Clère de Juigné, en Anjou, devint en 1621
seigneur et patron de Blicourt. Il acquit cette terre du duc
de Croï d'Havré. Lorsqu'il mourut à Paris, en 1629, il était
conseiller du roi en ses conseils d'Etat et privé, et intendant de ses finances.

La famille Le Clère de Blicourt avait sa sépulture au
couvent des Minimes de Beauvais. Dans les fouilles prati-
quées sur l'emplacement de ce couvent, après sa démoli-
tion, on retira, en 1831, un cercueil de plomb contenant

les restes de Thomas Le Clère, et le cœur de sa femme Suzanne Le Sergent, dame de Pisseleu, renfermé dans une enveloppe de plomb en forme de cœur.

Une médaille de dévotion, en cuivre, qui se trouvait dans le cercueil, portait sur la face les têtes en double profil de Jésus-Christ et de la Vierge, et sur le revers un crucifix.

Sur la tombe on lisait cette inscription :

Ici est le cœur de D^e Suzanne Le Sergent, veufve
de F. T. Le Clerc, intendant des finances,
le fondateur de ce couvent, décédé le 4 mars 1625.

C'est dans une partie du couvent, occupée par M. Daix, que ce cercueil fut découvert. Les maçons s'en emparèrent pour le vendre, mais M. Daix apporta lui-même les restes humains qu'il contenait à M. d'Hardivillers de Montceaux, vicomte d'Equisy, épouse de la dernière descendante des Le Clère de Blicourt, domicilié en son château de Montceaux, près Saint-Omer (Oise).

M. d'Hardivillers recueillit pieusement ces dépouilles mortelles, qui furent inhumées dans le cimetière de Blicourt, à côté du père de Mme d'Hardivillers, dont les descendants conservent encore le domaine patronal, qui fut longtemps l'apanage de M. le vicomte d'Equisy, ancien officier supérieur sous Louis XVIII (1).

(1) Victor Tremblay : *Biographie des hommes remarquables du départ-ment de l'Oise.*

LEGRAND (Just-Claude-Alexandre),

Général de division,

né au Plessier-sur-Saint-Just.

1762—1815.

Fils d'un simple cultivateur, Alexandre Legrand devint orphelin dès sa quinzième année. Il s'engagea dans le régiment Dauphin-infanterie, resta seize ans en garnison à Metz, et obtint son congé définitif avant la révolution de 1789; il n'était alors que sous officier.

Il se fixa à Metz où il se maria et s'y acquit la considération générale. A l'époque de la formation de la garde nationale dans cette ville, il reprit du service et fut nommé chef de légion. Il partit avec son corps pour Nancy où était le maréchal de Bouillé. Revenu à Metz, on le chargea de conduire en Vendée la garnison française qui avait capitulé à Mayence. De retour à Paris, il rendit compte de sa mission au ministre de la guerre qui le fit nommer général de brigade et l'envoya à l'armée des Ardennes, commandée par le général de division Championnet. Il assista à la bataille de Fleurus, au passage de la Meuse et au combat de la Chartreuse de Liége : partout sa valeur brilla en première ligne.

Sa division ayant reçu l'ordre de franchir le Rhin, il prit part à toutes les conquêtes qui menèrent l'armée à laquelle il appartenait jusqu'aux frontières de la Bohême. Commandant la brigade d'avant-garde de la division Saint-Cyr, il fut attaqué à Stokar par un corps d'Autrichiens, soutenu bientôt par un renfort de 25,000 hommes que commandait le prince Charles en personne. Il résista énergiquement à ces forces écrasantes et opéra une retraite si habile que l'ennemi ne put l'entamer. Dans cette mémorable affaire, Legrand eut cinq chevaux tués ou blessés, et son frère fut emporté par un boulet à ses côtés; sa belle conduite lui valut le grade de général de division.

En cette qualité, il commanda devant Kehl, où il tint en échec les Allemands, tandis que Masséna manœuvrait pour atteindre et battre à Zurich l'armée russe commandée par Souvarow.

Il servit ensuite sous Moreau, à l'armée du Rhin, et contribua à l'éclatante victoire d'Hohenlinden qui amena la paix de Steyer.

Sous Napoléon Ier, le général Legrand fit les campagnes de Prusse et de Russie à la tête de la première division du corps d'armée du maréchal Oudinot, duc de Reggio; il força le passage de la Bérésina. Lors de la funeste retraite qui suivit l'incendie de Moscou, sans le succès de l'héroïque attaque où il fut blessé, l'armée française, décimée par la faim et le froid, eût peut-être échappé à une destruction totale. Peu de temps après, il fut nommé gouverneur du Piémont, poste où le remplaça le général Menou.

Ce brave militaire mourut, le 9 janvier 1815, des suites d'une blessure reçue à la Bérésina. Il était grand-aigle de la Légion-d'Honneur et grand-croix de l'ordre du Mérite militaire de Bade. De son mariage, contracté à Metz, il n'eut qu'un fils qui, de page de l'Empereur, devint capitaine des cuirassiers et fut tué à Madrid.

« Guerrier sans peur et sans reproche, dit M. V. Tremblay, étranger à toutes les dissensions civiles, le général Legrand s'est fait considérer de tous les gens de guerre comme un officier de premier mérite; il était le père du soldat qui marchait toujours avec confiance sous ses ordres; il emporta avec lui au tombeau d'universels regrets. »

LEGRAND DES CLOISEAUX, Magistrat,

né à Beauvais.

1755 — 1849.

Cet honorable magistrat a fait tant de bien, pendant sa longue carrière, que c'est un véritable devoir de signaler les services rendus par lui, dans les divers emplois qu'il a occupés. Nous empruntons cette énumération aux documents de M. Victor Tremblay.

D'une origine des plus distinguées, M. Legrand naquit à Beauvais, le 19 novembre 1755, et fut élevé dans les principes d'ordre et de religion dont il ne se départit jamais. Il commença ses études au collége de sa ville natale, et les termina à Paris, au milieu du monde savant.

A peine âgé de vingt ans, il fut nommé, en janvier 1774, conseiller du roi, rapporteur du point d'honneur des maréchaux de France près le bailliage et le siége présidial de Beauvais. En vertu des édits contre les duels, il était chargé de recevoir les avis touchant les affaires d'honneur, de poursuivre les agresseurs et de les faire punir. Il remplit cette charge difficile jusqu'à la révolution de 1789, qui supprima les bailliages.

Les connaissances qu'il avait acquises à Paris, dans l'étude du droit, lui valurent d'être reçu avocat en 1787. Fixé au milieu de sa famille, il s'attacha surtout à rendre sa profession utile à ses compatriotes.

Au mois d'août 1789, on le nomma échevin ; puis il remplit pendant quelque temps les fonctions municipales de pair de Beauvais.

Le 26 mai 1793, M. Legrand des Cloiseaux fut élu chef

de légion de la garde nationale. Il appartenait à cette portion de bons citoyens qui luttaient contre l'anarchie, pour sauver la France envahie par l'étranger. Il terminait alors avec un zèle tout patriotique son importante mission d'agent militaire pour le recrutement de l'armée du Nord ; depuis le 23 mars 1793 jusqu'au mois de juin que finit cette grave opération, il y conserva son infatigable activité.

Le 22 messidor an III, il fut promu chef de brigade de la garde nationale. En cette qualité, il eut le commandement de la place de Beauvais au moment où elle contenait quinze dépôts de cavalerie. A une époque de troubles et de disette, il maintint la tranquillité et régularisa l'arrivage des subsistances ; son dévouement à son pays grandissait avec ses malheurs.

Dans des temps plus calmes, en l'an VIII, M. des Cloizeaux devint membre du conseil municipal, et en l'an XI, adjoint au maire de Beauvais, poste qu'il occupa jusqu'en 1807.

Appelé à la justice de paix du canton nord-est de Beauvais, il exerça cette magistrature pendant vingt-trois années, de 1807 à 1830. Respecté de tous ses justiciables, autant pour sa bonté que pour son aspect vénérable, son avis était invoqué dans leurs débats et presque toujours il parvenait à les concilier. Le 12 septembre 1831, il fut nommé juge suppléant au tribunal civil de l'arrondissement de Beauvais.

« Doué d'un sens droit, qui brilla dans tous les arrêts qu'il rendît ; plein de zèle pour ses fonctions, car malgré son grand âge, il siégea encore le 12 novembre 1849, parmi les magistrats appelés à prêter le serment prescrit par l'Assemblée législative, lors de l'installation du tribunal ; M. Legrand des Cloizeaux fut en outre bienfaisant envers les pauvres. Le mariage de son arrière-petite-fille en 1849, l'avait comblé de joie ; la mort de son fils, arrivée la même année, l'avertit de la fragilité humaine. Plein de résignation pour les décrets de la Providence, il s'endormit du sommeil du juste, entouré d'universels regrets, après avoir joui jusqu'au moment suprême de toute l'énergie de son esprit, et avoir fait jouir les autres de toute l'excellence de son cœur. »

LEMAIRE (Jean-François),

Chef-d'escadron des grenadiers de la garde-impériale,

né à Saint-Martin-aux-Bois, près Clermont.

1775 — 1844.

Il était fils d'un cultivateur peu fortuné de cette commune. Parvenu à l'âge de 17 ans, il se disposait à suivre la modeste carrière de son père, lorsque l'Europe entière, coalisée contre la France, amena aux frontières tout ce que la nation comptait de cœurs ardents et de bras valeureux. Il répondit des premiers à l'appel de la patrie en danger, et ne tarda pas à se distinguer parmi cette multitude de Français, qui, de pauvres paysans attachés à la glèbe, étaient devenus des héros sur le champ de bataille.

Entré au service dans le 3e régiment de cavalerie, le 25 septembre 1793, quelques mois après, le 25 avril 1794, il s'exposait aux plus grands dangers pour reprendre à l'ennemi, près d'Espremont, plusieurs pièces de canon qui venaient d'être enlevées à nos artilleurs.

La bravoure de Lemaire était trop hors ligne pour ne pas être remarquée par ses chefs : Il fut promu, le 22 mars 1804, au grade de sous-lieutenant dans les grenadiers à cheval de la garde impériale, où l'on sollicitait la faveur de servir comme simple soldat ! Napoléon le nomma chevalier de la Légion d'honneur et le décora de sa main. Peu de temps après, il passa lieutenant, puis devint capitaine instructeur, avec rang de chef d'escadron, le 6 décembre 1811.

Depuis 1793, Lemaire avait fait toutes les guerres de la République et de l'Empire et assisté à plusieurs des grandes batailles qui placèrent si haut la gloire militaire du pays. La campagne du Nord, sous Pichegru ; celles du Rhin, sous Moreau et Masséna ; celle d'Helvétie, sous le vainqueur de Zurich ; les immortelles campagnes d'Italie sous Bonaparte, Scherer et Brune, et de 1810 à 1811, celles d'Espagne montrèrent que son courage était infatigable.

En 1812, ses chefs ayant apprécié ses talents comme théoricien et ses connaissances hippiques, lui confièrent l'instruction des jeunes cavaliers et la remonte de l'armée : il sut encore, dans ce poste ingrat, rendre d'importants services.

Lors de la première Restauration, après la dissolution de la vieille garde, il fut nommé par Louis-XVIII capitaine adjudant-major aux cuirassiers de France et chevalier de Saint-Louis ; mais il avait à peine rejoint son régiment, en décembre 1814, que Napoléon débarqua à Cannes et rentra à Paris. Lemaire se remit pendant les Cent jours sous les ordres de celui qui l'avait si souvent conduit à la victoire ; aussi à la rentrée définitive des Bourbons, on le laissa en disponibilité.

Il mourut, le 20 janvier 1844, à Beauvais, où il s'était retiré depuis 1814. Il s'y était acquis au plus haut degré l'estime de tous.

« Si **Lemaire** fut à l'armée un brave et digne officier, dit M. Victor Tremblay, dans sa carrière civile ce fut le meilleur des hommes. Conservant toute la droiture et la franchise du militaire, il y ajoutait la bonté et l'obligeance poussées quelquefois à l'excès. Les hommes de sa trempe sont malheureusement trop rares. »

LE MARESCHAL DE FRICOURT, (Nicolas),

Magistrat,

né à Beauvais.

1711 — 1771.

Il descendait, par les femmes, de Jean de Lignières (1), qui joua un rôle lors du siége de Beauvais : « Pendant trente-cinq ans, dit M. Victor Tremblay, il remplit avec honneur une des premières places de la magistrature du Beauvaisis. Il était lieutenant particulier du présidial. On lui doit un recueil de toutes les délibérations de l'Hôtel-de Ville de Beauvais, de 1402 à 1756. C'est un manuscrit volumineux auquel M. Dupont-White a fait de nombreux emprunts pour son *Histoire de Beauvais sous la Ligue.*

Cet homme aussi estimable que laborieux mourut le 27 décembre 1771, laissant trois filles, qui furent mesdames Le Caron de Troussures, Le Bastier de Rainvillers et d'Arion.

---

(1) Voir ce nom.

Claude Le Mareschal, conseiller en l'élection de Beauvais, fut élu maire en 1714 : mort le 8 juin 1738.

Le Mareschal (Claude-Joseph), conseiller et avocat du roi au présidial, fut également maire de Beauvais en 1748.

LE MARESCHAL DE LA MOTTE,

Magistrat.

1761—1819.

Il était plus connu sous le nom de Le Mareschal-Garnier, depuis son mariage avec Mlle Garnier de Cauvigny, et appartenait à la famille Le Mareschal, une des plus anciennes et des plus recommandables de Beauvais. En 1789, il était un des plus jeunes conseillers du roi au bailliage et siége présidial de sa ville natale.

Le 10 novembre 1790, lors de l'organisation du tribunal du district, M. Le Mareschal fut appelé l'un des premiers à faire partie de cette institution : En 1811, on le nomma juge-suppléant du tribunal civil de première instance, puis juge en 1814. Il exerça ses dernières fonctions jusqu'en 1819, c'est-à-dire jusqu'à sa mort qui priva le pays et sa famille d'un homme vertueux, candide, d'un sens droit, doué d'un caractère prévenant et affable.

Ce magistrat, qui remplissait les devoirs de sa charge avec la plus scrupuleuse exactitude, consacra tous ses loisirs à l'étude. Il recherchait surtout les livres rares, principalement ceux qui traitaient du passé de Beauvais et du Beauvaisis. Sa riche bibliothèque, source précieuse pour

quiconque voudra connaître à fond les antiquités du département de l'Oise, est devenue la propriété de M. Le Mareschal de Grasse, ancien juge au tribunal civil, amateur
aussi éclairé que l'était son père, et qui continua ses traditions d'urbanité et d'obligeance en mettant généreusement
ses richesses bibliophiles à la disposition de ceux qui s'occu-
pent de l'histoire locale.

LEMERCIER (Jean-Louis-Siméon),

Evêque de Beauvais,

né à Beauvais.

1758 — 1843.

Il naquit, le 9 avril 1758, de parents honorables et fit ses
études au collége de sa ville natale. Reçu docteur en théologie après de brillantes thèses soutenues à la Sorbonne, il
obtint la cure de Sainte-Marguerite, alors une des paroisses
de Beauvais. Mais bientôt son mérite le rappela à Paris où
il fut pourvu d'un canonicat à Notre-Dame : il devint ensuite chanoine titulaire du chapitre royal de Saint-Denis.
Elu évêque de Beauvais en janvier 1833, il fut sacré le
10 février suivant. Il n'occupa que quatre ans le siége épiscopal, ayant donné sa démission en novembre 1837. Il se
retira à Saint-Denis où il mourut le 27 mai 1843, âgé de
86 ans.

« On admirait dans ce prélat, dit M. V. Tremblay, la
simplicité des mœurs : il gouverna son diocèse avec sagesse,
y donna des preuves de son goût pour la piété, s'y conci-

liant l'estime de son clergé et de tous ses diocésains qui ont sincèrement regretté de n'avoir pu conserver plus long-temps un aussi bon pasteur. »

LESCALOPIER (Charles-Armand),

Polygraphe,

né à Nourard-le Franc.

1709 — 1779.

Ses parents habitaient le village de Nourard, près de Saint-Just-en-Chaussée. Il fut maître des requêtes au Parlement de Paris et occupa ses loisirs à composer les ouvrages dont la nomenclature suit :

Traité du pouvoir du magistrat politique sur les choses sacrées; 1757.

Histoire des Capitulaires des Rois de France.

Traité du Gouvernement de la République; 1755.

Les Ecueils du sentiment; 1756.

Le Ministère du Négociateur; 1863.

Eloge de l'abbé Jean Oliva, bibliothécaire du cardinal de Rohan et du prince de Soubise. Précis sur l'éducation des vers à soie; 1763.

LESUR (Charles-Louis), Historien.

1770 — 1849.

Né sur les confins du département, Lesur habita souvent le domaine de Beauval, dépendant de la commune de Neufchelles, canton de Betz. Son père était greffier en chef des juridictions royales en résidence à Guise, où il naquit le 24 août 1770. Il commença son éducation chez les Frères de la doctrine chrétienne et les termina aux colléges de Guise et de Laon. Il vint ensuite étudier le droit à Paris et assista aux conférences de l'abbé de Frayssinous, qui devint plus tard évêque d'Hermopolis.

Le jeune Lesur comptait aussi un prélat dans sa famille. Son oncle maternel, Mgr Pigneau de Behaigne, évêque d'Adras in partibus et missionnaire en Cochinchine, fut nommé en 1787, par Louis XVI, ministre plénipotentiaire auprès du roi de ce pays. Il avait engagé son neveu à entrer dans les ordres, mais la vocation du jeune homme le portait de préférence vers l'étude du droit. Il avait à peine dix-neuf ans lorsqu'éclata la révolution. Il n'en prit que le bon côté et consacra sa plume à la défense des saines doctrines. Il fit représenter en 1792, au Théâtre-Français, un à-propos en un acte et en vers intitulé *l'Apothéose de Beaurepaire* : il y célébrait l'héroïsme du chef de bataillon Beaurepaire qui, abandonné par ses soldats et voyant la place de Verdun qu'il commandait au moment d'être prise par les Prussiens, se brûla la cervelle pour ne pas avoir à capituler. Une tirade éloquente contre la loi agraire lui valut de chaleureux applaudissements.

L'année suivante, il faisait représenter, au même théâtre, *la Veuve du Républicain* ou le *Calomniateur*, comédie en trois actes et en vers, qui fut également bien accueillie du public.

Atteint par une réquisition de volontaires, il invoqua sa qualité d'écrivain et obtint de rester à Paris comme chef de bureau du comité des finances de la Convention : il devint secrétaire de ce ministère en 1796. Pendant la Terreur, il eut à essuyer une rebuffade de Robespierre, qui se plaignait de la lenteur avec laquelle on rédigeait les pièces concernant la conspiration dite des *Prisons.*

« Citoyen, répondit Lesur, il fallait bien prendre le temps d'examiner, n'y eut-il qu'un innocent...

— Tu crois donc qu'il y en a, interrompit brusquement le dictateur en lui tournant le dos, et il ajouta en parlant à l'un des chefs : « Mais c'est un modéré que vous avez là! »

Le fait de modérantisme était alors un cas pendable; il fallut que le citoyen Lejeune, de Soissons, chef de Lesur, répondît du civisme de son subordonné pour sauver sa tête.

Du comité des finances, Lesur passa au ministère de la justice comme secrétaire particulier du ministre Génissiaux; il obtint ensuite l'emploi de chef de bureau de l'organisation judiciaire. Il s'y rencontra avec Merlin, de Douai, qui joua un rôle assez triste sous la révolution, en attachant son nom à la loi des Suspects. Il s'amenda depuis et, devenu ministre de la justice, il réorganisa le service de la police générale et y conserva une position à Lesur, qui avait été congédié par suite de retrait d'emploi. En lui annonçant son maintien, il lui écrivait :

« J'espère que vous ne verrez dans ce changement, devenu indispensable, rien de fâcheux pour vous : le vrai républicain sait servir son pays dans tous les postes.

« Salut et fraternité,

« Signé : MERLIN. »

Lorsque M. de Talleyrand fut appelé au ministère des relations extérieures, il attacha Lesur à son cabinet, et lui fit obtenir plus tard une place d'inspecteur lors de la création de la Loterie nationale.

En 1797, Lesur fut proposé par son protecteur pour suivre, comme attaché d'ambassade, en Prusse Joseph Bonaparte; mais un protégé plus heureux le devança, et, las de la vie de bureau, il rentra dans la carrière littéraire.

Captivé comme tout le monde par le génie naissant de Bonaparte, il composa un poëme héroïque en dix chants, intitulé *les Francs*. Il eut l'honneur de le présenter au Directoire le jour même où Bessières, commandant des guides de Bonaparte, remit aux chefs du gouvernement exécutif les drapeaux conquis sur les Autrichiens.

Le Directoire, qui cherchait à combattre les idées anglaises et à réfuter les journaux d'outre-Manche, fonda le journal anglais l'*Argus*. Barrère et Lesur furent chargés de la rédaction de cette feuille subventionnée par le gouvernement. A partir de cette époque, la politique fut l'étude préférée de Lesur. Il publia, en 1812, un livre intitulé *Des progrès de la puissance russe depuis son origine jusqu'au commencement du* XVIIIe *siècle*. Cet ouvrage, fait avec impartialité, valut à son auteur la double approbation du czar Alexandre et de l'empereur Napoléon. L'*Histoire des Cosaques*, écrite sur l'invitation du gouvernement impérial, ne put paraître qu'après l'invasion : toutefois, loin d'être hostile à la Russie, elle valut à son auteur une lettre de remerciments que M. Pozzo di Borgo fit tenir à Lesur de la part de l'Empereur.

Pendant la Restauration, Lesur continua ses travaux historiques. Il publia, en 1817, l'*Origine de la France et des Français*, ouvrage dénotant une connaissance approfondie de nos annales et un grand discernement joints à une critique sûre et à un style attachant. Le duc de Richelieu, alors ministre, complimenta l'auteur en termes fort aimables, et lui fit obtenir le poste d'historiographe du ministère des affaires étrangères. C'est alors que Lesur conçut le plan de son *Annuaire historique* d'après l'*Annual Register* anglais. Le premier volume de cette collection date de 1818. Dans la préface, l'auteur annonçait ainsi le but de son œuvre en même temps que ses difficultés : « La composition d'une histoire est en tout temps une tâche bien pénible ; mais l'é-

crire sous les yeux des contemporains, en sortant d'une révolution, encore au milieu de la lutte des intérêts qu'elle a
créés ou blessés, en présence des acteurs toujours échauffés
de leur querelle, parler des grandeurs tombées sans insul-
ter au malheur, et des grandeurs existantes sans flatter le
pouvoir, voilà le difficile, le périlleux, je dirai presque l'impossible, ou du moins, suivant l'expression de Salluste, *in
primis arduum.* Nous avons surmonté ces dégoûts et il ne
fallait rien moins pour nous soutenir dans cette laborieuse
carrière que la conscience de l'utilité de cet ouvrage. »

Ce programme a été rempli et l'Annuaire Lesur est un
répertoire excellent de l'histoire contemporaine, plus méthodique, plus facile à consulter à coup sûr que les publications qui ont tenté de le supplanter.

A partir de 1830, Lesur s'adjoignit, pour la rédaction de
l'Annuaire, M. Davenne, publiciste distingué, et M. Ulysse
de Tencé, avocat à la Cour de Paris : Depuis 1839,
MM. Henri Desprez et Fouquier ont également collaboré à
la rédaction de cet ouvrage.

Après une longue existence consacrée à l'étude et au pays,
Lesur se partagea entre Guise, sa ville natale, dont ses concitoyens l'avaient choisi pour conseiller général, et son domaine de Beauval, d'où il adressait encore des articles à la
Gazette de France, au *Journal des Débats* et à d'autres recueils périodiques. Il mourut dans sa terre de Beauval, le
1er octobre 1849, à l'âge de 79 ans. La ville de Guise lui
éleva un monument.

M. V. Tremblay, à qui nous avons emprunté en partie
cette notice, la termine en citant les paroles que Lesur lui
adressa après avoir pris connaissance du manuscrit de son
*Dictionnaire statistique et historique du département de
l'Oise :* « Si j'étais ministre de l'instruction publique, je
voudrais charger un homme instruit, dans chaque département, de rédiger un ouvrage semblable au vôtre, parce

qu'il renferme des renseignements précieux sur une infinité
de localités qu'on trouverait difficilement dans d'autres dictionnaires (1). »

LIANCOURT (famille de).

La famille Duplessis possédait au xvi⁰ siècle la seigneurie
de Liancourt. Un de ses membres, Nicolas d'Amerval,
épousa la célèbre Gabrielle d'Estrées, mais Henri IV ne
consentit à ce mariage qu'à des conditions que chacun sait.
Le seigneur de Liancourt fut récompensé de sa complaisance par le titre de premier écuyer du roi : Son oncle reçut le cordon de l'ordre du Saint-Esprit.

Nous ne récrirons pas l'histoire galante de Gabrielle d'Estrées, nous ne parlerons d'elle que jusqu'au moment où
elle cessa d'être dame de Liancourt pour devenir marquise
de Monceaux.

Fille de Jean d'Estrées et de Françoise Babou de la Bour-
doisière, Gabrielle d'Estrées, avant d'être madame de Liancourt, avait eu déjà plusieurs galantes aventures. Un des
courtisans de Henri IV, qui avait été son amant, vantait,
dans la petite cour de Mantes, la beauté de sa maîtresse devant le roi vert-galant. Celui-ci fut tellement de son avis
qu'il la prit d'abord en partage, puis en toute propriété,
du moins à ce qu'il croyait. Il y a des grâces d'Etat, pour
les rois comme pour les simples mortels.

Le 31 août 1590, Henri IV écrivait à madame de Liancourt cette lettre autographe :

« Ma maistresse, je vous escris ce mot le jour de la veille d'une bataille. L'yssue en est en la main de Dieu, qui en a desjà ordonné ce qui en doit advenir, et ce qu'il congnoist estre expédient pour sa gloire et pour le salut de mon peuple. Si je la perds, vous ne me verrez jamais ; car je ne suis pas homme qui fuye ou qui reculle. Bien vous puis-je asseurer que si j'y meurs, ma penultième pensée sera à vous, et ma dernière sera à Dieu auquel je vous recommande et moi aussi.

« Ce dernier aoust 1590, de la main qui baise les vostres et qui est vostre serviteur.   « HENRY. »

Le 13 septembre 1594, dit Pierre de Lestoile, le roi, qui était venu à Paris *in cognito*, coucha chez du Mortier, à la Culture-Sainte-Catherine, et, le lendemain matin, s'en retourna avec madame de Liancourt, dans son coche, à Saint-Germain-en-Laye.

Le jour de l'entrée d'Henri IV à Paris, Mme de Liancourt précédait le roi dans une litière ouverte et parée de tant de perles et de pierreries que leur éclat éclipsait la lueur des flambeaux : elle avait une robe de satin noir et blanc, couleurs du Béarnais. Quelques jours après, le roi fut parrain du fils de madame de Sourdis, dans l'église de Saint-Germain-l'Auxerrois. Mme de Liancourt fut marraine et portait ce jour-là une robe de satin noir chargée de pierres précieuses. Le roi, vêtu de gris, ne cessa dans la cérémonie de rire avec elle « et de la carresser, dit Pierre Lestoile, tantost d'une façon, tantost de l'autre. Quand elle vint à lever l'enfant pour le présenter aux fonts, elle s'escria : « Mon Dieu, qu'il est gros ! J'ai peur qu'il m'eschappe, tant il est pesant.

— Ventre-saint-gris, respondit le roy, ne craignés pas cela, il n'a garde ; il est bien bridé et bien sellé. »

Une dame, qui n'en estoit pas loin, va dire qu'il ne se faloit point estonner s'il estoit bien pesant, puisqu'il avoit des seaux pendus au c... Ce méchant jeu de mots faisait allusion au bruit qui courait que le chancelier Hurault de Chiverny, garde des sceaux, était le père de l'enfant.

Le roi avait complimenté le chancelier sur sa paternité. D'autres personnes prétendaient que le fils de Mme de Sourdis était de son oncle l'évêque, ce qui donna lieu à ce quatrain :

> Les dieux ont bien favorisé
> Cet enfançon nouveau venu ;
> Deux adultères l'ont tenu
> Et son père l'a baptisé.

Le roi fit présent à la marraine d'un mouchoir en broderie du prix de 1,900 écus ; elle le porta quelques jours après dans un ballet qui fut dansé à la cour. Ce scandale en amena un autre. Un imprimeur de Genève, nommé Chupin, ayant rencontré la favorite royale sous la grande porte du Louvre, et voyant que tout le monde lui faisait honneur, s'arrêta tout ébahi : Un archer de la garde lui dit tout haut : « Mon ami, ce n'est rien qui vaille ; c'est la p..... du roi. »

Le 27 décembre 1595, le roi, revenant d'un voyage en Picardie, entra tout botté dans la chambre de Mme de Lian-court, où se trouvaient déjà plusieurs seigneurs. Le fils d'un marchand drapier de Paris, Jean Châtel, s'était glissé dans la chambre, et s'approchant du roi, le frappa au vi-sage d'un coup de couteau qui lui entama la lèvre et lui brisa une dent. Quelques jours après cet attentat, une sœur de Gabrielle d'Estrées, Mme de Balagny (1), voyant le roi triste, lui en fit la remarque. « Ventre-saint gris, répliqua le monarque, comment ne le serais-je pas en voyant que malgré tout ce que je fais pour mon peuple, je suis con-tinuellement en butte à des attentats. »

____

(1) Voir ce nom, tome I, page 336.

Cette mélancolie ne dura pas longtemps. Le 15 janvier, une fête magnifique eut lieu au Louvre. Après souper, on dansa un ballet composé de neuf dames dont Mme de Liancourt et Mme de Grammont étaient les plus belles danseuses. D'autres fêtes eurent lieu en l'honneur des ambassadeurs de Venise, dans lesquelles, dit Pierre de Lestoile, il n'y eut rien d'oublié, si ce n'est Dieu qui ne se trouve pas volontiers en telles compagnies pleines de luxe et de dissolution.

Madame de Liancourt avait un tel empire sur Henri IV, qu'elle empêcha un de ses favoris, M. de Saucy, d'obtenir la surintendance des finances, « parce que, dit Sully, il avoit tenu des propos un peu libres et hardis de la forme de sa vie passée et présente. »

Elle fit aussi congédier Alibour, premier médecin du roi, dans les circonstances suivantes relatées d'après les *Mémoires* de Sully :

« Le Roy ayant envoyé ce bon homme visiter cette belle dame que l'on luy avoit dit s'estre trouvée mal toute la nuict, à son retour, il luy dit qu'elle avoit un peu d'esmotion, mais que la fin d'un tel mal ne seroit, à son advis, que fort bonne.

« Mais, luy répartit aussi tost le roy, ne la voulez vous pas faire purger et seigner?

— Par le jour qui nous éclaire, Sire, dit ce bon homme (car c'étoit-là son juron), je n'ay encor garde, il faut attendre qu'elle soit à my-terme.

— Que voulez-vous dire, bon homme? respondit le roy aucunement en colère. Je croy que vous resvez et n'estes pas en vostre bon sens. Aussi comment seroit-elle grosse; car je sçay bien que je luy ay encor rien fait, et estes pour cette fois un très mauvais médecin, et faut que vostre esprit ayt été poussé à cette malice par un plus meschant que vous.

— Je ne sçay pas ce que vous avez fait ou point fait,

Sire, respondit le sieur Alibour, tout en colère; mais je sçay bien que vostre conséquence se trouvera plus fausse que moy impertinent médecin, et, devant qu'il soit sept mois, l'effet le vérifiera.

« Et, sur cela, le roy s'estant séparé de luy s'en alla, tout despit et mutiné, trouver sa belle malade, à laquelle il conta tout, et luy fit une belle vie, à ce qu'on dit, quoy que rien de tout cela ne parut pour lors : aussi ne laissèrent-ils pas de demeurer en mesme intelligence qu'auparavant, et n'en arriva autre accident visible, sinon qu'elle accoucha de ce fils nommé César, et que le pauvre M. Alibour, faute de bon appareil, ou autrement, mourut quelques mois après.

En revanche, MM. de Schomberg et de Fresne étaient en faveur auprès de madame de Liancourt, dont ils flattaient la passion pour le roi.

En 1596, le roi, à la prière de sa maîtresse, donna à son bâtard, encore au berceau, le gouvernement de la place forte de La Fère, et fit le seigneur de Manicamp, parent de Gabrielle, lieutenant du gouverneur César.

Le grave Sully, qui ne badinait pas avec les faiblesses royales, n'en fut pas moins obligé, étant à Moret, de conduire madame de Liancourt au roi qui ne pouvait se passer d'elle. Voici comment son secrétaire raconte cet incident dans ses *Mémoires :* « Un jour que vous vous promeniez dans les grandes prairies de Moret, vous entendistes un huchet de postillon et peu après vistes arriver un des gens de madame de Liancourt, lequel vous fit ses recommandations et vous bailla une de ses lettres où il n'y avoit que ce peu de mots :

« Monsieur, vous sçaurez, par une lettre que le roy m'a escrite, laquelle je vous envoye, comme il veut que nous l'allions trouver ensemble; à quoy me disposant et croyant bien que vous ferez le semblable, je vous attendray jusques

à mardy tout le jour à Paris, avec dessein de partir le mer-
credy, et m'en aller coucher à Maubuisson. Sur ce, je vous
baise les mains et suis, etc. »

Et, en apostille, il y avoit escrit : « Je vous envoye un
paquet du roy tout cacheté, comme je l'ay receu, lequel
vous ouvristes et y trouvastes une fort longue lettre toute
escripte de la main du roy. »

Cette lettre se terminait ainsi :

« Ne faillez pas, mon amy, de venir avec ma maistresse
à laquelle j'escris, et luy ordonne de vous advertir du temps
de son partement, afin de vous amener avec elle et de vous
envoyer secrètement et seurement cette lettre que vous
bruslerez après avoir leüe, car vous jugez bien qu'elle me
seroit d'importance estant veüe par d'autres. Ne parlez de
tout cecy à qui que ce soit, non pas mesme à votre femme.
Adieu mon amy que j'aime bien.

» D'Amiens, ce 15 avril 1596.   « HENRY. »

Sully répondit à madame de Liancourt qu'il était à ses
ordres et se préparait à la rejoindre, lorsqu'il reçut d'elle
un nouveau courrier lui mandant qu'elle n'avait pu l'attendre à Paris, parce que sa sœur, l'abbesse de Maubuisson, était gravement malade, et qu'elle était allée la voir,
le priant enfin de l'attendre à Pontoise. Il exécuta ponc-
tuellement cet ordre, alla coucher à Maubuisson, qui est à
peu de distance de Pontoise, trouva madame de Liancourt
à l'abbaye et en repartit le lendemain matin avec elle pour
Clermont, où elle devait retrouver le roi.

Mais le pauvre Sully n'était pas au bout de ses peines.
Ecoutez le récit de son itinéraire que lui rappelle un de ses
secrétaires dans ses *Mémoires* :

« Vous pristes ensemble vostre chemin vers Clermont,
sur lequel il faillit à luy arriver un fort grant inconvénient,
car, estant dans sa litière, et le carrosse où estoient ses filles
et femmes la suivant, comme elle fut environ à une lieue de

Clermont, où le chemin s'estressit entre une colline et l'orée (ouverture) d'un vallon fort précipiteux, le carrossier estant descendu pour faire de l'eau, et s'estant éloigné du carrosse, sans mettre personne à tenir ses chevaux qui estoient jeunes, ombrageux et fougueux ; un des mulets de coffre qui marchoient derrière vint passer avec ses trimbales et clochettes, et se mit à braire plus effroyablement que ne fit jamais l'asne de Silène au val de Bathos ; de quoy les chevaux espouvantez se mirent à courir prenant le frein aux dents avec telle furie que le carrosse rencontrant les coffres des deux mulets qui marchaient devant, les renversèrent avec leurs charges, et vint bien à propos pour eux que le chemin avoit encore assez de largeur pour ne pas rouler dans le précipice : les filles et les femmes qui estoient dans le carrosse estant ainsi emportées avec telle impétuosité, crioient et pleuroient à bon escient, n'attendant autre chose que la mort, voyant un si profond précipice où elles ne doutoient point qu'ils ne les jetassent ou renversassent.

« Le cocher et les gens de pied avoient beau se tourmenter et crier : Arreste ! Arreste ! Madame de Liancourt et ses muletiers de litière, ayans un tel bruit et tintamarre derrière eux, ne sçavoient à quoy se résoudre n'y ayant point assez d'espace de chemin pour la litière et le carrosse ensemble. Vous et vostre train, qui estiez quelque sept ou huict cent pas devant devant, ayans tourné la teste à ces cris et rumeurs, voyant ce désordre, ne sçaviez que dire ny que penser, estans trop esloignez pour vous pouvoir jetter devant ces chevaux de carrosse courans en telle furie, et les arrester avant qu'ils pussent choquer la lière, que vous ne doutiez nullement, en ce cas, qu'ils n'eussent bouleversée dans ce précipice, où tout ce qu'il y avoit se fust brisé en pièces. Comme le carrosse n'estoit plus qu'à environ cinquante pas de la litière et que desjà vous disiez au sieur de la Fond :

« Ah! mon amy, que ferons-nous là, car voilà nostre femme depeschée et mise en pièces; que deviendrons-nous et que dira le roy. » Tout d'un coup le ciel réservant cette femme à une fortune aussi estrange, les usses de l'essieu de devant estant sortis des trous, les deux roues s'écartèrent, l'une d'un costé et l'autre de l'autre, les deux bouts du corps du carrosse donnant dans la terre, il s'arresta tout court, et l'un des deux chevaux de derrière tomba sur le costé; les deux autres de devant, ayans rompu leurs attelages et continuans à courir, passèrent si près de la litière qu'il n'y a nul doute qu'ils eussent tout renversé si le carrosse les eust suivis.

« Vous les arrestâtes vous-mesme, et, les faisans prendre par vos laquais, les ramenastes vers la litière, et vinstes faire le bon vallet à cette dame, faisant mille exclamations de la peur que vous aviez eue de son danger, et autant d'acclamations de joye de ce que Dieu l'avoit ainsi miraculeusement préservée; puis, l'ayant consolée, remise de son estonnement, et usé du même devoir envers les deux autres filles et femmes du carrosse, vous continuastes votre chemin, chacune d'elles louant Dieu d'estre ainsi réchappée d'un tel péril, et ne s'entretenant d'autres choses que des belles affres (angoisses) qu'elles avaient eues ; tout cela ne se passa pas sans quelques bastonnades, qu'à la prière expresse de cette dame vous donnastes à son carrossier. »

Le grave Sully, bâtonnant le carrossier de madame de Liancourt, fait ici l'effet d'un personnage de comédie, d'autant plus qu'il se retire discrètement, après avoir remis la dame au roi, « doutant bien, dit son secrétaire, que le roy ne seroit pas trop marry de remettre le discours des affaires à une autre fois; vous le laissastes ensemble et vous en allastes en vostre logis. »

C'est à partir de cette époque que madame de Liancourt quitta le nom de son mari, qu'elle avait suffisamment déshonoré, et devint marquise de Monceaux, en attendant que le titre de duchesse de Beaufort ajoutât un nouveau déshonneur à son nom.

La dame de Liancourt, devenue marquise de Monceaux, puis duchesse de Beaufort, scandalisa longtemps encore les résidences royales de Compiègne et de Chantilly par l'éclat de son luxe et de ses galanteries. Elle n'était pas plus fidèle au roi qu'à ses autres amants, et l'histoire trop indulgente aurait dû lui refuser le titre de Belle Gabrielle.

Par suite du mariage de Gabrielle Duplessis-Liancourt, fille de Charles Duplessis, avec François, duc de La Rochefoucauld, la seigneurie de Liancourt passa, en 1611, dans la famille de La Rochefoucauld, dont une des branches prit le nom seigneurial et se fixa dans le Beauvaisis.

Jeanne de Schomberg, duchesse de La Rocheguyon, a fait de Liancourt un des plus beaux châteaux de France. C'était une femme savante, comme il y en avait à cette époque où la science chez le beau sexe n'excluait pas la galanterie. Elle composa, pour l'éducation de la duchesse de La Rochefoucauld, sa petite fille, un opuscule intitulé : *Réglement donné par une haute dame de haute qualité à M. . . ., sa petite fille.*

En 1664, madame de Montausier et sa suite, revenant de Reims à Paris, passèrent par Liancourt. On fit croire à la châtelaine que la marquise de Rambouillet se trouvait parmi les hôtes qu'elle recevait. « Elle en eut la plus grande joie du monde, dit Tallemant des Réaux, car elle ne souhaitoit rien tant que de lui faire voir toutes les merveilles qu'elle a faites en ce beau lieu ; mais, quand elle vit que Mme de Rambouillet n'y étoit pas, elle en eut un dépit étrange et dit qu'elle avoit quelque envie de les renvoyer sans leur montrer la maison. »

Pour bien savoir l'histoire de madame de Liancourt, dit

l'auteur des *Historiettes*, il faut parler un peu de son père et de son aïeul. M. de Schomberg, son aïeul, homme de qualité, amena des reîtres en France pour le service de Henri III. Il s'établit à la Cour et s'y mêla de beaucoup de choses, mais il laissa à sa mort ses affaires si embrouillées que sa femme fut longtemps sans sortir de chez elle de peur qu'on ne l'arrêtât. Enfin, M. de Neubourg, père de madame du Vigean, qui était un homme intelligent et secourable par amitié, prit soin des affaires de cette maison et la mit en état de pouvoir se maintenir.

Madame de Sully, dont le mari était surintendant des finances, devint amoureuse de M. de Schomberg, père de Mme de Liancourt, qui était encore toute jeune, et il s'en prévalut si bien que pour une fois elle lui fit rétablir trente mille livres de rente sur le roi, qui avaient été supprimées. Cette amourette dura longtemps, et ensuite il sut si bien se maintenir auprès d'elle qu'elle fit résoudre Sully à marier son fils aîné du deuxième lit, le comte d'Orval, avec mademoiselle de Schomberg, aujourd'hui madame de Liancourt.

Ce mariage, malgré la différence de religion, allait s'accomplir, mais la mort de Henri IV ayant amené la disgrâce de Sully, M. de Schomberg retira sa parole. Il eut l'ambition de faire sa fille duchesse et la fiança au fils aîné du duc de Brissac. « Ce comte de Brissac, dit Tallemant, n'étoit point agréable; au contraire, il étoit stupide et mal fait. Pour elle, elle étoit fort brune, mais fort agréable, fort spirituelle et fort gaie. Elle trouva cet homme si dégoûtant qu'elle conçut une aversion étrange pour lui. Dès lors, elle avoit jeté les yeux sur M. de Liancourt comme sur un parti sortable; il étoit bien fait et assez galant; mais il n'y avoit rien entre eux et elle ne lui avoit jamais parlé. Quand elle vit l'affaire avancée, elle s'alla jeter aux pieds de madame de Schomberg, sa grand'mère, auprès de laquelle elle avoit été élevée, pour la supplier de fléchir son père; qu'elle aimoit mieux mourir que d'épouser un homme qu'elle ne pourroit jamais aimer. Elle pleura tant que la bonne femme en fut émue. Mais le père qui voyoit que cette alliance lui étoit avantageuse et croyoit que c'étoit une vision de sa fille, voulut que l'affaire s'achevàt.

« Elle se laissa coucher, mais avec la résolution de ne rien accorder. Toute la nuit, elle ne voulut point *joindre,* et, le lendemain, elle protesta de ne jamais coucher avec lui. Ensuite, on les démaria sous prétexte d'impuissance. Madame de Liancourt jure qu'elle l'a pu faire en conscience, parce qu'elle n'y a jamais consenti ; cependant elle a eu toujours tellement devant les yeux cette espèce de tache que cela l'a toujours fait aller bride en main.

« Elle épousa ensuite M. de Liancourt qui étoit fort riche : elle n'en eut qu'un fils pour tous enfants. Elle avoit, avant la mort de ce garçon, tout sujet de contentement ; cependant, soit que ce fut à cause des deux fils de ce duc avec qui elle avait été fiancée, ou que naturellement elle fut ambitieuse, elle ne goûtoit pas autrement sa félicité, parce qu'elle n'avoit pas le tabouret. Par une rencontre bizarre, elle fut démariée, et son frère, feu M. de Schomberg, épousa une personne démariée d'avec M. de Candale. »

Le duc de Liancourt se consolait des infidélités de sa femme. « J'ai ouï dire, ajoute Tallemant, qu'un matin, en voyant habiller une dame, il s'amusa à jouer avec sa chatte et lui mit en badinant son collier de perles au col. Ce collier étoit de grand prix ; la chatte ne fit que mettre le nez hors de la porte, on n'en eut jamais de nouvelles depuis. M. de Liancourt en donna un autre. Jamais il ne s'est joué si chèrement avec personne qu'avec cette chatte. »

Madame de Liancourt continua de vivre au château. Elle y fit de nouveaux embellissements, et, renonçant aux parcs monotones dessinés par Lenôtre, elle y fit tracer des allées sinueuses au milieu de prairies arrosées par des cours d'eau, devançant ainsi la vogue acquise plus tard aux jardins anglais. Elle y recevait la haute société parisienne et les châtelains des environs, mais son excentricité continuait toujours à exciter le sarcasme des visiteurs.

Un jour que la duchesse d'Aiguillon était venue la voir, avec d'autres personnes, elle fit servir une collation composée de deux tables, dressées dans deux salles différentes. Sur la première on avait placé des fruits verts, des compotes et des massepains amers. Personne ne put y goûter sans faire la grimace. Après avoir beaucoup ri de cette mystification, elle mena tout son monde dans une autre salle où il y avait des fruits exquis et de délicieuses friandises.

Quand le comte de La Roche-Guyon, fils de Mme de Liancourt, fut en âge de servir, il fut attaché au corps d'armée du maréchal de Gassion. Il fut tué, en 1646, au siége de Mardick, laissant de son mariage avec la fille du comte de Lannoy, Jeanne Charlotte du Plessis-Liancourt, qui épousa, le 13 septembre 1659, François, duc de La Rochefoucauld, fils de l'auteur des *Maximes*. C'est pour elle que Mme de Liancourt, son aïeule, écrivit l'ouvrage dont nous avons parlé plus haut.

Veuve après deux ans de mariage, la comtesse de La Roche-Guyon se retira à Paris à l'hôtel du comte de Lannoi, son père, situé derrière le jardin de l'hôtel de Liancourt. Elle refusait d'aller au château de sa mère, disant que pour elle il n'y avait pas de belles prisons. La vérité est que son amour pour le beau seigneur de Vardes la tenait captive à Paris. Cette amourette passagère ne l'empêcha pas d'épouser en secondes noces, à Liancourt, le prince d'Harcourt, fils aîné du prince d'Elbeuf. Vardes essaya de rompre ce mariage en faisant tenir au prince des fragments de sa correspondance amoureuse avec celle qu'il allait épouser. Celui-ci n'en épousa pas moins, mais il fit mauvais ménage avec sa femme qui continuait de voir son ancien amant et se livrait à mille extravagances. Elle refusait d'aller à Montreuil, domaine du prince d'Harcourt, et allait seulement aux eaux de Bourbon l'Archambault, où elle était sûre de rencontrer Vardes.

Madame de Sévigné était au courant de cette intrigue. Elle écrivait, le 17 août 1654, à Bussy-Rabutin :

« Que sert à madame d'Elbeuf d'être revenue si belle de Bourbon, si elle ne peut étaler ses charmes dans le monde, et s'il faut qu'elle aille s'enfermer dans Montreuil? En vérité, c'est une tyrannie épouvantable que celle qu'elle souffre et je crois qu'après cela on la devroit excuser si elle se vengeoit de son tyran. Il est vrai que je pense qu'elle s'est vengée il y a longtemps du mal qu'on devoit lui faire; comme c'est une personne de grande prévoyance, elle a bien jugé qu'on lui donneroit des sujets de plainte quelque jour : elle n'a pas voulu qu'on la primât, et, entre nous, je crois que son mari est sur la défensive. »

La fille de madame de Liancourt eut beau faire; elle dut partir pour Montreuil-sur-Mer. Mais, arrivée à Amiens, elle tomba malade de la petite vérole et mourut le 30 septembre 1669.

LIMERMONT (famille de Grasse).

Originaire de Provence, la maison de Grasse établit dans le Beauvaisis une de ses branches qui prit le nom de Limermont, siége de sa résidence seigneuriale. C'est à cette branche qu'appartenait l'illustre amiral qui figure si honorablement dans nos annales maritimes. Destiné, dès son enfance, à l'ordre de Malte, François-Joseph-Paul de Grasse, né en 1723, fut, dès l'âge de onze ans, embarqué sur une des galères qui poursuivaient les pirates turcs et barbaresques.

Il entra, en 1749, dans la marine royale et fit partie d'une escadre chargée d'escorter un convoi à destination de Pondichéry. Fait prisonnier par les Anglais pendant cette traversée, il resta deux ans captif en Angleterre. Il fut échangé après la paix de 1756 et reprit du service dans les flottes françaises. Il assista, en 1778, au combat naval d'Ouessant, comme capitaine de vaisseau, et y soutint vaillamment l'honneur de son pavillon. Chef d'escadre en 1779, il fut chargé de conduire, de Brest aux Antilles, quatre vaisseaux et plusieurs frégates envoyés comme renfort à l'amiral d'Estaing.

Il rallia la flotte française à la Martinique et prit une part active au combat de la Grenade livré à l'amiral anglais Biron. Chargé d'une des divisions de l'armée navale, il croisa pendant l'hiver dans les parages de Saint-Domingue pour protéger cette île française contre les corsaires britanniques. Attaché, en 1780, à l'état-major de l'amiral comte de Guichen, il remporta plusieurs avantages contre les vaisseaux commandés par l'amiral Rodney, puis revint en France passer quelques mois de congé au sein de sa famille.

Le 24 mars 1781, une flotte de vingt et un vaisseaux de haut-bord, de dix frégates et de quatre corvettes escortant cent quatre-vingt-trois transports, sortait du port de Brest sous le commandement en chef de l'amiral de Grasse. Le 28 avril, elle arrivait en vue de la Martinique où les amiraux anglais, Hood et Drake, l'attendaient. On a reproché au comte de Grasse de n'avoir pas profité de l'avantage qu'il remporta dans un premier combat naval. Il contribua cependant à la prise de Tabago, où le marquis de Bouillé, commandant général des Antilles françaises, remporta un avantage signalé contre les Anglais. L'amiral de Grasse se trouva aussi en rapport pendant cette campagne avec le libérateur des Etats Unis, Washington. Il aida l'armée américaine à combattre lord Cornwallis, général en chef des troupes anglaises, et, par d'habiles manœuvres navales, contribua au succès remporté par le général Rochambeau.

Mais à partir de ce moment, la fortune des armes semble le trahir. Sa flotte, battue par les tempêtes et poussée par des vents contraires au milieu de celles de Hood et de Rodney, éprouve des pertes considérables. Il essaie alors de rallier l'escadre espagnole et de tenter avec elle un coup de main contre la Jamaïque; mais, surpris par les amiraux anglais, il hésita un moment, et cette hésitation fatale fut le prélude d'un revers.

Si l'amiral de Grasse commit alors une faute au point de vue de la tactique navale, il l'a noblement rachetée par son héroïsme dans le combat. *La Ville de Paris*, qui portait son pavillon, soutint la lutte pendant dix heures, et c'est seulement après avoir épuisé toutes ses munitions et mitraillé l'ennemi avec sa vaisselle d'or et d'argent, que le comte de Grasse fut contraint de se rendre. Les débris de la flotte française furent ramenés par Bougainville et le comte de Vaudreuil; quant à l'amiral de Grasse, prisonnier des Anglais pour la seconde fois, il fut conduit à Londres.

Jaloux de sa gloire et sans pitié pour son infortune, ses détracteurs l'ont accusé d'avoir reçu avec trop de condescendance les éloges et les honneurs que lui prodiguaient les écrivains et les personnages les plus considérables de l'Angleterre. La cour efféminée de Louis XV s'offusquait de l'entendre appeler *le valeureux français*, et des femmes sans cœur affectèrent de donner le nom de l'amiral à des croix à la Jeannette qui se portaient *sans cœur*. Cette ingratitude n'empêcha pas le comte de Grasse de servir son pays, même à l'étranger.

C'est à son crédit en Angleterre que le comte de Vergennes, alors ministre des affaires étrangères de Louis XVI, dut de pouvoir entamer les négociations qui aboutirent à la glorieuse paix de Versailles, signée le 3 septembre 1783, entre l'Angleterre, l'Espagne, les Etats-Unis et la France. Du reste, un conseil de guerre, tenu à Lorient en 1784, vengea l'amiral de Grasse des calomnies dont il avait été l'objet, et les titres de commandeur de l'ordre royal de Saint-Louis, ainsi que celui de chevalier de Cincinnatus, le récompensèrent des services qu'il avait rendus à la France et à l'Amérique. Il mourut le 14 janvier 1788.

Parmi les membres de sa famille qui appartenaient comme lui à la branche beauvaisienne de Limermont, on cite Jacques de Grasse, né en 1720, chanoine de Saint-Pierre de Beauvais, puis évêque de Vence, et enfin évêque d'Angers en 1755. Il mourut en 1780.

Le marquis François de Grasse, frère aîné du prélat, s'était établi en Beauvaisis à l'occasion de son mariage avec l'héritière de l'ancienne maison d'Hallencourt de Du Mesnil; il servit comme capitaine aux gardes-françaises, se distingua à la bataille de Fontenoy et arriva au grade de maréchal de camp. Il avait acquis, en 1763, le beau domaine de Sarcus, où il mourut en 1794.

MAGUE (Jacques-Antoine), dit Saint-Aubin,

Acteur et Auteur dramatique,

né à Compiègne.

1746 — 1824.

La carrière dramatique d'Antoine Mague tient un peu du *Roman comique* de Scarron. De bonne heure, la vocation du théâtre le poussa; mais boiteux, désagréable d'aspect et de voix, il ne put s'adonner qu'aux rôles de grime ou de caricature. Après plusieurs années de stage sur les *planches* provinciales, il parvint à s'engager, à Paris, au théâtre des grands danseurs du roi. Bientôt fatigué de la lenteur que le directeur Nicolet mettait à le produire, il s'unit à la troupe de Nicolet cadet, qui jouait sur une scène de foire. Quand cette association fut dissoute, Mague, qui avait adopté le surnom de Saint-Aubin, reprit le chemin de la province.

Il reparut à Paris, à l'Ambigu-Comique, en 1781. En 1783, il prit la direction d'une troupe ambulante et alla donner des représentations à Dijon avec sa femme et sa fille. L'année suivante, on le retrouve à Lyon; mais n'ayant pas réussi dans ses affaires, il revint à Paris et à l'Ambigu, en 1785 : il joua alors à la foire Saint-Germain. En 1787, il passa au théâtre des Délassements-Comiques, et, en 1790, au théâtre des Associés. En 1792, il rentra une troisième fois à l'Ambigu, qu'il quitta, en 1795, pour les variétés amusantes de Lazary. L'incendie de cette scène, en 1798, renvoya de nouveau de la capitale ce Juif-Errant de l'art théâtral. Il séjourna en Bretagne, et Rennes le vit quelque temps dans un état voisin de la misère. Enfin, pour vivre ou plutôt pour ne pas mourir de faim, il retourna encore à Paris, non plus comme acteur, mais pour s'établir écrivain public dans une échoppe de la rue Richelieu. En 1822, il obtint ses Invalides, un refuge dans l'hospice de la vieillesse, à Bicêtre; il y mourut le 15 septembre 1824.

Ses principales productions sont :

La Lingère, parodie, jouée à La Rochelle en 1777.

Les Tracasseries de Village, comédie jouée à l'Ambigu en 1781.

Le Parisien dépaysé ou chaque Oiseau trouve son nid beau, proverbe joué la même année, au même théâtre, et dans lequel l'auteur remplissait sept rôles différents.

Le Cabinet de Figures ou *le Sculpteur en bois*, comédie jouée en 1792 et qui le fit accuser de plagiat par Cuinet d'Orbeuil, auteur de l'*Automate*.

Les Fêtes dijonnaises, pièce jouée à Dijon en 1783.

La jeune Thalie, intermède en vers; Lyon, 1784.

Les Fêtes d'Astrée; Lyon, 1784.

La Maison à garder, comédie jouée par la troupe de l'Ambigu à la foire Saint-Germain, en 1785.

Bagare, parodie du *Tarare* de Beaumarchais.

La Nuit champêtre ou *les Mariages par dépit*, la meilleure comédie de Mague.

Les Amateurs, comédie; Paris, 1788.

Les Chiffons ou *Mélange de raison et de folie par M*<u>lle</u> *Ja-votte*; Paris, 1788, in-8º (1).

MAIGNELAY (famille de) (2).

Un des seigneurs de Maignelay périt victime d'un évènement que Pierre de Lestoile raconte en ces termés dans le *Registre Journal de Henri III* : « Le lundi premier jour du mois de may (1586), au chasteau de Blois où le roy estoit, Lyverdot, au bal après souper, prist querelle avec le marquis de Migneley (Antoine de Halwin, marquis de Maigne-lay), fils aîné du sieur de Piennes (Charles de Halwin, en faveur de qui le roi Henri III érigea, en 1581, le duché-pairie de Piennes, pour récompense de ses services). Ce fort honneste gentilhomme, adroit et vaillant, s'estant avec son

---

(1) *Biographie Firmin Didot.* — Quérard, *la France littéraire.*

(2) Voir la notice sur cette famille, tome II.

adversaire assignés le combat sur la grève, au bord de la rivière de Loire, tous seuls avec chacun un laquais sans armes; Lyverdot, dès le soir, envoya un grand laquais qu'il avoit cacher une espée dans le sable, à l'endroit où ils devoient combattre, et s'estans, le lendemain matin, là trouvés avec chacun leur laquais sans armes, aiant mis les espées au poing, le sort voulut que Migneley tua Lyverdot, duquel le grand laquais, voiant son maistre mort, prist l'espée que le soir de devant il avoit cachée dans le sable et, au pauvre Migneley n'y prenant garde, en donna par derrière au travers du corps tellement qu'il tomba aussi mort auprès de Lyverdot. Et ce laquais fut tost après pendu et estranglé, toutefois le pauvre père dudit Piennes n'en pouvoit estre appaisé ni consolé, oultré de regret d'avoir perdu un fils d'une si grande valeur et espérance, et en la fleur de son âge qui estoit de vingt-deux à vingt-trois ans. »

HALLUIN (Louis de), Seigneur de Maignelay,

Conseiller et Chambellan de Louis XI.

Il était seigneur de Maignelay et servit sous les ordres de Charles VIII, pendant l'expédition de ce prince en Italie. Il assistait avec beaucoup d'autres gentilshommes du Beauvaisis à la bataille de Fornoue et était, dit un chroniqueur, un des six chevaliers que le roi choisit pour combattre auprès de sa personne, revêtus d'habits semblables aux siens. Louis XII le nomma lieutenant-général de Picardie, en 1512, et lui confia, en 1517, le poste de gouverneur des places de Roye, Montdidier et Péronne.

Après une glorieuse carrière militaire et d'honorables

services auprès de Louis XI, dont il avait été le conseiller et le chambellan, Louis d'Halluin se retira dans sa résidence de Maignelay où il mourut le 12 décembre 1519. On lui fit de magnifiques funérailles. Les évêques de Beauvais, d'Amiens, de Noyon et de Soissons assistaient à ses obsèques, ainsi que les religieux de toutes les abbayes du diocèse de Beauvais. Le cortége était escorté de six cents chevaliers et gentilshommes de Picardie, et l'affluence du clergé était si nombreuse, qu'on célébra le même jour, dit M. Tremblay, à qui je laisse la responsabilité du fait, six cent vingt-deux messes dans l'église de Maignelay.

Florimond de Maignelay était gouverneur de La Fère-sur-Oise pendant la Ligue. Sollicité par son père de rendre cette place au roi, il encourut la disgrâce du duc de Mayenne qui, pour prévenir la reddition de cette ville, envoya Colas, lieutenant de ses gardes, avec ordre de s'y opposer. Colas prit avec lui huit capitaines et des gens déterminés, entra dans La Fère, rencontra le marquis de Maignelay qui sortait de l'église, et l'assassina sans autre forme de procès (1).

——— ——— ———

MAILLY (Yves et Nicolas de),

Seigneurs de l'Epine.

Yves de Mailly fut un des chefs ligueurs qui, à la mort de Henri III (1589), dévastèrent le Beauvaisis, à la faveur des troubles occasionnés par la guerre civile. Il se rallia à Henri IV, après l'abjuration de ce prince qui eut lieu à Saint-

---

(1) Registre, journal de Henri IV, par Pierre de Lestoile; édition Didier.

Denis, en 1593, et servit loyalement le souverain légitime. Il avait épousé Claudine de Humilcaut, fille des seigneurs de Laversines, dont il eut vingt-quatre enfants.

Nicolas de Mailly, un de ses fils, lui succéda, en 1614, comme seigneur de l'Epine; il devint, sous le règne de Louis XIII, chevalier et grand maître des eaux et forêts de Picardie. N'ayant pas laissé d'héritiers directs, ses biens furent partagés, et le domaine de l'Epine échut par alliance à la maison de Gaudechard, une des plus anciennes du Beauvaisis.

Louis MARIN,

Général et Baron de l'Empire,

originaire de Noyon.

Il fut nommé capitaine, à l'élection, par les volontaires de l'Oise, formant la seconde compagnie du district de Noyon, et partit pour le camp de Reims, le 13 septembre 1792, pour défendre la patrie contre l'invasion de l'étranger. Il eut la jambe droite traversée par une balle, le 25 avril 1794, à la journée de Maroilles, au moment où il franchissait un fossé pour s'emparer d'un retranchement.

Incorporé, comme simple lieutenant, dans l'armée d'Egypte, il prit part au siége d'Alexandrie et à l'assaut qui eut lieu vis-à-vis de la célèbre colonne de Pompée. Aussi fut-il cité à l'ordre du jour par le général Menou et réintégré dans le grade de capitaine au 3e bataillon des grenadiers de la 13e demi-brigade.

Bonaparte, général en chef de l'armée, le chargea, lors de la première insurrection du Caire, de protéger l'Institut égyptien menacé par les insurgés. Grâce à lui, les savants qui accompagnaient l'armée échappèrent au massacre : Fourrier, secrétaire de l'Institut, remercia le libérateur de cette savante compagnie, au nom de ses collègues, et lui donna l'accolade en présence de ses soldats.

Le 19 avril 1798, Louis Marin, capitaine des grenadiers, fut promu chef de bataillon : il devint alors l'égal de Louis Horoy, son compagnon d'armes, qui avait su, lui, conserver son grade, et qui périt dans cette sanglante journée.

Marin avait lui-même été gravement blessé, et le général en chef, en parcourant l'ambulance, lui adressa ces paroles : « Vous vous êtes bravement conduit, allez vous faire panser, commandant. »

D'après la biographie que M. Ad. Horoy a faite de son parent, le général Berthier aurait conféré, au commandant Horoy, le grade de général de brigade, avant l'assaut. Ce n'est pas dans les usages militaires où les distinctions ne s'accordent ordinairement qu'après le combat. Bonaparte n'a pas confirmé ce grade et se borna à ordonner qu'un des forts du Caire porterait le nom du commandant Horoy. C'est donc par erreur que, dans la notice consacrée à cet officier, nous lui avons donné le titre de général de brigade, dont il n'a pu avoir le brevet.

Marin poursuivit sa glorieuse carrière. Il devint général de division, baron de l'Empire et gouverneur des pages. Il est à regretter que M. Ad. Horoy, en prodiguant tant d'éloges au commandant Horoy, dans l'*Histoire du 13e régiment de ligne*, qui n'a pour but que de faire l'apologie de son parent, ait laissé dans l'ombre le général Marin, beaucoup plus illustre et beaucoup plus généreux, si nous en jugeons par ce qu'il écrivait, le lendemain de la bataille de Jaffa, à la famille du commandant Horoy.

Voici sa lettre au citoyen Honoré Horoy :

« Le silence que vous gardez envers votre frère, à l'adresse duquel je ne vois arriver aucune lettre (sa famille s'occupait alors beaucoup moins de lui), me fait croire que vous avez appris sa fin. Il est mort à mes côtés, dans la tente, des suites d'un coup de feu qu'il reçut à l'assaut du 19 floréal an VII, à Saint-Jean-d'Acre, en Syrie. Ses talents militaires et son rare courage lui avaient fait déférer *le commandement d'une colonne de grenadiers* pour l'enlèvement de la place ; un plomb meurtrier le traversa d'outre en outre et le fit expirer. »

Si le commandant Horoy avait été nommé chef de brigade, son collègue et ami Marin n'aurait pas manqué de l'annoncer à Honoré Horoy en lui disant ce qui suit :

« Vous avez perdu un frère qui m'était cher : j'ai perdu un ami auquel j'étais attaché ; mais la patrie perd plus que nous deux en perdant un *officier* distingué, qui promettait d'arriver un jour aux plus hauts emplois militaires. »

Enfin le commandant Marin s'occupait de faire passer à la famille du commandant Horoy, une somme de 600 francs, solde de ses émoluments de *chef de bataillon*. Rien dans sa lettre n'indique une promotion à un grade supérieur.

Il y a un proverbe qui dit : « On n'est jamais trahi que par les siens. » Il s'applique à **M. Ad. Horoy** qui a voulu exalter l'un au détriment de l'autre, sans songer au mot de l'Evangile : « Celui qui s'élève sera abaissé, et celui qu'on abaisse sera élevé.

MERLEMONT (Des Courtils de).

Cette famille, originaire de la province de Liége, s'est fixée dans le Beauvaisis à la fin du XIV° siècle.

François des Courtils, seigneur de Merlemont, figure à

cette époque parmi les chevaliers de l'ordre de Saint-Jean-de-Jérusalem, qui comptait beaucoup de membres dans la province de Picardie. Il était titulaire de la commanderie de Boncourt, dépendance de Noailles.

Adrien des Courtils de Merlemont est cité parmi les gentilshommes qui suivirent François Ier dans les guerres d'Italie.

André des Courtils, seigneur de Tourly, lieutenant d'une compagnie de cinquante hommes d'armes, assistait en 1542 au siége de Luxembourg, où il mourut.

Jean des Courtils, son fils, fut capitaine d'une compagnie de cavalerie sous Henri III, qui le fit chevalier de l'ordre du Saint-Esprit.

Nicolas des Courtils était gouverneur, pour la Ligue, de la place de Dreux, lorsque cette place fut assiégée par Henri IV, au mois d'avril 1593. « Le roy, disent les *Mémoires de Sully,* fit investir la place par M. l'admiral de Biron lequel se fut bientôt saisi des faux-bourgs et réduict la ville à telle extrémité qu'elle fut prise sans grand combat, ne restant plus que le chasteau et une grosse tour nommée *la Grise*, contre laquelle le Roy, désespérant de rien faire avec le canon, se résolut de la miner sur l'assurance que le baron de Rosny lui donna qu'avec l'aide des mineurs anglois et écossois, on parviendroit à s'en rendre maistre. » Mais Sully avait compté sans la vaillance du gouverneur et de la garnison, qui, de son côté, avaient miné la tour grise, résolus de la faire sauter plutôt que de se rendre.

A peine la mine du baron de Rosny eût-elle éclaté, que l'on vit sortir de la tour grise une fumée bien plus grande que la première, « et icelle tour se fendre par moitié depuis le haut jusqu'en bas, dont l'une se renversa par terre en une infinité de pièces emportant avec elle une grande quantité d'hommes, et quelques femmes et enfants, qui furent tous écrasez et brisez à sa cheute ; et, l'autre moitié demeurant debout, l'on vit sur quelques restes de voûtes et de planchers, et dans des embrasures et renfoncements de portes et de fenestres, d'autres hommes, femmes et enfants, tous à découvert sans se pouvoir cacher, tendans les mains et crians miséricorde. Il se faisoit lors une si grande huée de toute l'armée que l'on ne pouvoit rien entendre ; et quelques soldats commençans à les tirer comme à l'affust, il en fut tué cinq ou six ; et eussent les autres couru mesme fortune, sans le roy qui en prit pitié, fit cesser ceux qui les tiroient, et envoya un exempt de ses gardes avec douze soldats pour les aller quérir et les luy amener ; ce qui ayant esté faict, il leur fit donner à chacun un escu et leur permit d'aller où bon leur sembleroit (1). »

Quant à la garnison, elle sortit de Dreux avec les honneurs de la guerre.

Daniel des Courtils, neveu de François, moins heureux, était mort au siége de Rouen, en 1560.

Alexandre des Courtils était mestre-de-camp sous Louis XIII et prit part aux diverses expéditions entreprises contre la Maison d'Autriche par le cardinal de Richelieu. Un de ses parents, *Jean des Courtils de Merlemont*, servait comme capitaine de cavalerie dans le corps d'armée du comte de Mansfeld pendant la guerre de Trente-Ans.

Jean-Charles des Courtils de Merlemont, capitaine de

---

(1) Mémoires de Sully, faisant partie de la nouvelle collection éditée par Didier.

frégate sous Louis XIV, fut tué, en 1702, sur les côtes du Portugal, pendant la guerre de succession d'Espagne. *Louis des Courtils,* son neveu, lieutenant-colonel dans un régiment d'infanterie de marine, fut tué à la bataille de Laufeld, remportée, en 1747, par le maréchal de Saxe sur le duc de Cumberland.

Louis-Réné des Courtils reçut de Louis XVI le titre de comte et la charge de grand bailli d'épée dans la province Beaujolais. Un de ses parents, *Charles-Louis,* comte de Merlemont, ancien officier supérieur de cavalerie et chevalier de Saint-Louis, fut élu, en 1789, commandant de la garde nationale de Beauvais, puis administrateur du département de l'Oise, et enfin membre du Conseil des Anciens en 1795. Il mourut à Paris, le 25 mars 1810, à l'âge de 71 ans.

M. V. Tremblay cite du comte de Merlemont un acte de bienfaisance qui honore son caractère. Le jour où la fête de la Fédération fut célébrée à Beauvais (14 juillet 1790), il apprit qu'un huissier de Clermont était incarcéré depuis deux ans dans les prisons de la ville pour une dette qui s'élevait à environ deux mille livres. La veille du jour de la fête à laquelle il devait présider, le colonel de la garde nationale apprend que des citoyens de Clermont étaient venus à Beauvais pour solliciter de la créancière du malheureux huissier sa mise en liberté. Leur démarche ayant été infructueuse, le comte de Merlemont se rendit lui-même chez cette femme vindicative et la désintéressa de ses propres deniers.

C'était de la bonne et vraie fraternité, en ce temps où l'on abusait tant de ce nom sacré.

Le fils de cet homme de bien, M. des Courtils de Merlemont, maire de Warluis, suivit ces traditions d'honneur et de bienfaisance; il mourut dans le château de ses pères, le 17 mai 1850, à l'âge de 73 ans.

Une autre branche de la famille des Courtils possédait la terre de Villetertre. Elle était alliée à la Maison de Bellisle, et l'un de ses membres, le comte des Courtils, mourut dans son domaine en 1819.

M. le vicomte de Merlemont est un de nos jeunes *sportsmen* les plus distingués. Il s'est fait remarquer par son habileté et son courage dans les courses de *gentlemen-riders* de ces dernières années.

DE MONTLUC-BALAGNY.

Nous avons vu que Jean de Montluc-Balagny (1), fils naturel de Jean de Montluc, évêque de Valence, avait épousé Diane d'Estrées, fille aînée d'Antoine, marquis de Cœuvres, et sœur de la belle Gabrielle. Mais nous n'avons pas encore raconté toutes les aventures de ce couple mêlé à toutes les intrigues galantes du règne de Henri IV.

Le 19 novembre 1593, madame de Montluc-Balagny, étant allée incognito à Dieppe, s'est présentée au roi à une heure assez avancée de la soirée, et a obtenu une prolongation de la Trève pour son mari. « On en ignore les conditions, » dit malicieusement Pierre de Lestoile. Celles que le Béarnais imposait aux jolies femmes ne coûtaient pas beaucoup plus à Diane d'Estrées qu'à sa sœur Gabrielle.

En 1595, Balagny vint trouver le roi à Péronne, « aussi esveillé à caqueter, dit Sully, qu'il s'estoit montré peu résolu à défendre sa royauté, discourant de tout cela comme s'il eust parlé des guerres de Simandius ou de Sésortris,

---

(1) Voir le supplément au premier volume, page 336.

avec estonnement d'un chacun, comment ayant perdu honneur, femme, souveraineté et biens par sa fuite, il avoit encore une langue pour en pouvoir parler et désirer de survivre à une si grande calamité. »

Le duc d'Anjou, après s'être emparé de Cambrai en 1581, nomma gouverneur de cette place le seigneur de Balagny-Montluc, qui occupa ce poste important pendant les guerres de religion et celles de la Ligue. Lorsque Paris eut ouvert ses portes à Henri IV, Balagny-Montluc, dit Sully, dans ses *Mémoires*, « arriva pour mettre luy et ses places en l'obeyssance du roy, à condition neantmoins qu'il demeureroit prince souverain de Cambray, sous la protection de la France (et plusieurs autres advantages qui seroient aussi ennuyeux à réciter qu'ils furent vains et de peu de durée), avec un vray équipage et maison de grand prince souverain, ayant aussi deux mille harquebusiers et trois cents chevaux des plus lestes qu'il se pouvoit voir. »

Le maréchal de Montluc-Balagny mourut en 1663. On lui fit cette épitaphe qui est une dure épigramme :

Cy-gist Balagny sans couronne
Bien que son père l'ait porté,
L'Espagnol dans Cambray lui donne
Pour mieux honorer sa personne
Le titre de prince avorté.

MONTMORENCY (famille de).

La maison de Montmorency se rattache au Beauvaisis par des souvenirs historiques et biographiques. Seigneur du domaine de Chantilly, dont il avait hérité de la maison d'Orgemont, Guillaume de Montmorency fortifia ce manoir féodal qui tombait en ruines. Un édit de Philippe VI l'autorisa, en 1331, à construire une chapelle dans le donjon, et une bulle pontificale permit au premier baron chrétien, c'était le titre des Montmorency, d'y faire célébrer les messes « en considération de la grande incommodité d'aller à la paroisse de Saint-Léonard, distante d'une lieue de Chantilly. »

Les moines de Saint-Léonard, voyant dans cette bulle une atteinte à leurs priviléges, refusèrent de chanter l'office des morts pour l'inhumation d'Anne Pot, femme de Guillaume de Montmorency, morte à Chantilly. Guillaume maria, en 1510, Jean de Montmorency, son fils aîné, avec Anne de Boulogne, veuve de Charles de Bourbon, amiral de France, et lui donna comme prérogative d'ainesse, outre la baronnie de Montmorency, les seigneuries d'Ecouen, de Chantilly, etc. Guillaume fut tour à tour échanson de Louis XII et chevalier de la maison d'honneur de la Louise d'Angoulême, mère de François Ier. Jean III lui succéda comme échanson de Louis XII et mourut vers 1565.

Anne de Montmorency hérita du domaine de Chantilly. En 1520, François Ier lui confia la capitainerie des chasses de la forêt de Halatte et des bois de Commelle. C'était, comme Nemrod, un fort chasseur devant le seigneur, avant de devenir un illustre guerrier. Il fut tour à tour général, maréchal, et obtint de Henri II le titre de connétable. Il fit les campagnes d'Italie sous François Ier, qu'il accompagna pendant sa captivité à Madrid, fut chargé d'une mission diplomatique en Angleterre et envoyé à la rencontre d'Eléonore de Portugal qui venait épouser le roi chevalier.

Les envieux calomnièrent Montmorency auprès du roi et l'accusèrent d'intriguer avec le dauphin. Anne de Montmorency, disgracié en 1541, se retira dans son domaine de Chantilly et y vécut dans la retraite jusqu'à la mort du roi. Pendant ce loisir forcé, il restaura le château, embellit les appartements, fit ouvrir de magnifiques avenues dans la forêt, entre autres celle qui a gardé le nom de Connétable. Il fut visité, pendant sa disgrâce, par d'illustres amis, courtisans du malheur. Le dauphin lui conserva son affection. Ses compagnons d'armes, l'élite de la magistrature des artistes, étaient les hôtes familiers et assidus de Chantilly.

L'avènement de Henri II rendit au connétable tout son crédit. Ce prince érigea en sa faveur en duché-pairie la baronnie de Montmorency, les terres et seigneuries d'Ecouen, de Chantilly, Vaux-les-Creil, etc., sous le ressort du baillage de Senlis. Chargé de comprimer la rébellion des Bordelais, il les traita avec une sévérité excessive et dont il fut blâmé par quelques historiens. Il commanda ensuite les troupes françaises chargées de combattre les impériaux en Lorraine et dans les Pays-Bas; mais il fut blessé et fait prisonnier à la désastreuse bataille de Saint-Quentin.

Sa rançon fut fixée à deux cent mille écus : mais le roi l'aida à supporter cette perte d'argent et fit épouser, à Damville son fils, Henriette de la Maru, petite fille de la duchesse de Valentinois, favorite royale. Les noces eurent lieu avec une grande magnificence.

La mort d'Henri II nuisit à la fortune du connétable. La reine-mère, Catherine de Médicis, favorisa les Guise, et Anne de Montmorency dut se retirer de nouveau à Chantilly. Il fut rappelé à la cour sous Charles IX et forma, avec le duc de Guise et le maréchal de Saint-André, une coalition connue sous le nom de Triumvirat et qui était dirigée contre les huguenots.

La seigneurie de Méru appartenait au xvi⁰ siècle à la maison de Montmorency, et le quatrième fils du connétable Anne ajoutait à son nom patronimique celui de seigneur de Méru. Il faillit périr pendant la sanglante journée de la Saint-Barthélemy, bien que son père fût un des champions du parti catholique. Nommé capitaine de la Bastille, il vendit cette charge en 1596. Il servit ensuite dans les armées de Henri IV et se trouvait, en 1591, au siége de Rouen, où il fut tué dans une sortie que fit la garnison de cette ville.

Henri de Montmorency, second fils du connétable, avait dégénéré de la loyauté et de l'énergie de son aïeul. « Il demeura maître de son bien à dix-neuf ans, dit Tallemant de Réaux; mais M. de Portes, son oncle, qui était un homme d'esprit, prit le soin de sa conduite et fit aller longtemps toute sa maison. Quoiqu'il eût les yeux de travers, M. de Montmorency étoit pourtant de fort bonne mine. Il avoit le geste le plus agréable du monde; aussi parloit-il plus des bras que de la langue.

« On dit à propos de cela que M. de Montmorency étant entré en une compagnie où étoit M. de Candale, tout le monde lui fit fête, quoiqu'il n'eut fait proprement que remuer les bras.

« — Jésus! dit M. de Candale, que cet homme est heureux d'avoir des bras. » Madame de Rambouillet dit qu'une fois il voulut conter quelque chose qu'il savoit fort bien; mais il s'embrouilla tellement que le cardinal de la Valette, par pitié, fut contraint de prendre la parole et d'achever le conte. Il commençoit souvent des compliments et demeuroit à mi-chemin. On avoit quelquefois bien de la peine à s'empêcher de rire. Il ne disoit pas de sottises mais il avoit l'esprit court. En récompense, il étoit brave, riche, galant, libéral, dansoit bien, étoit bien à cheval, et avoit toujours des gens d'esprit à ses gages, qui faisoient des vers pour lui, qui l'entretenoient d'un million de choses, et lui disoient quel jugement il falloit faire des choses qui couroient en ce temps-là. Il donnoit beaucoup aux pauvres et étoit aimé de tout le monde, mais adoré en son quartier.

« Il étoit fort libéral. Il entendit qu'un gentilhomme disoit : « Si je trouvois vingt mille écus à emprunter, seulement pour deux ans, ma fortune seroit faite. » Il les lui prêta. Au terme, le gentilhomme lui rapporte l'argent : « Allez, lui dit-il, c'est assez que vous m'ayez tenu parole ; je vous les donne de bon cœur. »

Malheureusement ces bonnes qualités étaient ternies par la licence de ses mœurs.

« Il aima d'abord, dit Tallemant, la Choisy, fille de bon lieu, mais très galante. Elle fut mariée depuis et fit mettre sur son tombeau qu'elle avoit été fort estimée des grands et qu'elle avoit eu l'amitié de plusieurs. » Etrange épitaphe !

« Après, il fut amoureux de la reine (Anne d'Autriche), mais les Anglais (allusion à Buckingham) l'interrompirent. C'étoit en même temps que M. de Bellegarde. Il recommença après. Il en avoit un portrait et une fois il fit mettre un homme à genoux pour le lui montrer. Bassompierre et lui eurent querelle. Bassompierre dansoit mal et il s'en moqua à un bal.

« Il est vrai, lui dit Bassompierre, que vous avez plus d'esprit que moi aux pieds, mais j'en ai aussi ailleurs plus que vous.

— Si je n'ai aussi bon bec, j'ai bien aussi bonne épée, répondit Montmorency.

— Oui dà, répliqua Bassompierre, vous avez celle du grand Anne de Montmorency. »

On les accorda avant qu'ils se séparassent.

« Il eut encore une querelle avec le duc de Retz, petit-fils d'Albert de Gondi et fils du marquis de Belle-Isle. M. de Montmorency avoit été accordé et même marié, mais sans coucher ensemble, avec l'héritière de Beaupréau, mais la reine-mère fit rompre le mariage pour lui donner une de ses parentes de la maison des Ursins, qu'elle fit venir exprès. Depuis, M. de Retz épousa mademoiselle de Beaupréau, et M. de Montmorency, au lieu de duc de Retz, l'appela *duc de mon reste.* On les accorda sur l'heure. »

En somme, toutes les querelles du duc de Montmorency s'accordaient et il n'était pas d'humeur si batailleuse que son parent Boutteville, qui fut exécuté pour avoir transgressé l'édit de Richelieu contre les duels. Mais le glaive du cardinal-ministre devait encore frapper un Montmorency, et ce fut précisément le fils de celui qui est l'objet de cette notice.

» Sa femme, dit Tallemant, qui n'étoit pas une fort agréable personne, devint jalouse de lui. Cependant, pourvu qu'il lui fît confidence de ses galanteries, elle ne lui donnoit point de peine, mais elle ne vouloit pas qu'il lui mentît. M. de Montmorency avait une telle vogue qu'il n'y avoit pas une femme de celles qui avoient un peu la galanterie en tête qui ne voulût à toute force en être cajolée; il en est venu des provinces exprès pour tâcher à lui donner dans la vue. C'est pour cela que la marquise de Sablé, toute délicate qu'elle étoit en gens, en faisoit un très-grand cas, et c'est avec lui qu'elle a fait le plus de galanteries. »

En effet, dans l'historiette de la marquise de Sablé, Tallemant ajoute : M. de Montmorency, dont par vanité elle vouloit être servie, la méprisoit et la faisoit enrager; voici ce que j'en ai appris : Elle étoit fort jeune quand il la vint voir la première fois; c'étoit dans une salle basse dont une des fenêtres était ouverte. Au lieu d'entrer par la porte, il entra, en voltigeant, par la fenêtre; cette disposition et un certain air agréable qu'il avoit la charmèrent d'abord et elle se sentit prise. Elle devint fort jalouse de M. de Montmorency et lui reprocha fort d'avoir dansé, à un bal au Louvre, plusieurs fois avec les plus belles de la Cour : Hé! que vouliez-vous que je fisse? — Que vous ne dansassiez qu'avec les laides, Monsieur, lui dit-elle aveuglée de colère. »

Cette maîtresse femme avait au moins le mérite d'être désintéressée : au plus fort de sa passion, le duc de Montmorency lui avait fait une donation de quarante mille livres de rente en biens fonds qu'elle refusa d'accepter.

Tallemant de Réaux se montre sévère pour le maréchal :
« Ce n'étoit pas, dit-il, un grand personnage. On l'accusoit
d'être fort brutal ; à peine savoit-il lire. Sa plus belle qualité étoit d'être à cheval aussi bien qu'homme du monde ; il
tenoit un *teston* (pièce de monnaie), sur l'étrier, sous son
pied et travailloit un cheval, tant il étoit ferme d'assiette,
sans que le teston tombât ; et, en ce temps-là, le dessous de
l'étrier n'étoit qu'une petite barre large d'un travers de
doigt. Il aimoit extrêmement les chevaux, et, dès qu'un
cheval étoit à lui, il ne changeoit plus de maître, et, n'eût-il
que trois jambes, on le nourrissoit dans une écurie qui étoit
à Chantilly. »

Cet exemple a été suivi de notre temps par lord Seymour
qui, par un legs spécial, a pourvu à l'existence de tous les
chevaux de son écurie, qui sont confortablement nourris et
logés à Chantilly.

C'est sans doute au goût du connétable de Montmorency
pour l'équitation qu'il faut attribuer la statue équestre que
son fils, Henri II de Montmorency, lui fit élever sur la
terrasse du grand château, avec une inscription en style
lapidaire. Ce monument a été détruit en 1793.

Le connétable n'était pas moins passionné pour la chasse
que pour l'équitation. Cependant, il disait qu'on devait
permettre à un gentilhomme de poursuivre le gibier qu'il
avait levé sur sa propre terre, et qu'en ce cas il lui laisse-
rait prendre un lièvre jusque dans sa salle.

Pendant son séjour en Languedoc, il devint épris,
quoique déjà vieux, de Mlle de Portes et l'épousa en 1593.
« C'étoit une fort belle fille, dit Tallemant, mais pauvre, et
qui, quoiqu'elle fût bien demoiselle, n'étoit pourtant pas de
naissance à prétendre un connétable. » Elle mourut à
Chantilly en 1598.

Après la mort de cette seconde femme, le connétable, marchant sur les brisées de Barbe-Bleue, épousa Mlle de Mon-

toison, « parce qu'il la trouva sous la main, car elle n'étoit, dit Tallemant, ni jeune ni belle. » Au bout de trois mois, il en fut si las, qu'il la relégua à Méru. Elle lui survécut et devint dame d'honneur de la reine Anne d'Autriche. Elle mourut en 1654, âgée de quatre-vingt-quatre ans.

Le connétable, par une dernière bizarrerie d'humeur, voulut mourir en habit de capucin. Un gentilhomme, nommé Montdragon, lui dit à ce sujet : « Ma foi, vous faites finement, car, si vous ne vous déguisez bien, vous n'entrerez jamais en paradis. »

Il mourut en 1616.

MOUCHY (famille de).

La famille de Mouchy est une branche de la maison de Noailles, originaire du Limousin, et dont la terre patrimoniale, située entre Brives et Turenne, n'a aucun rapport avec le chef-lieu du canton de Noailles, qui fait partie du département de l'Oise.

Philippe de Noailles, *duc de Mouchy*, porta le premier ce titre. Il était fils d'Adrien Maurice, duc de Noailles, et de Françoise d'Aubigné, nièce de Mme de Maintenon. Né le 7 décembre 1715, il porta d'abord le titre de comte de Noailles. A l'âge de cinq ans, il fut nommé gouverneur de Versailles et capitaine des chasses du domaine royal ; à quatorze ans, il entrait dans le corps des mousquetaires : à seize ans, il était capitaine. En 1733, il commandait le régiment de Noailles et servit, sous les ordres de son père, en Allemagne et en Italie. Il se couvrit de gloire à la bataille de Dettingen et à celle de Fontenoy où, à la tête d'une brigade de cavalerie, il culbuta l'infanterie anglaise. Il suivit son père à Madrid, où le duc de Noailles avait été nommé ambassadeur et reçut le diplôme de grand d'Espagne, sous la dénomination de Mouchy, ainsi que le collier de la Toison-d'Or. Lieutenant-général en 1748, en récompense de ses exploits à Rocoux et à Maestricht, il commanda l'avant-garde à Minden en 1759. Ce fut sa dernière campagne.

En 1775, il fut nommé maréchal de France et prit le nom de maréchal de Mouchy. Gouverneur de la Guyenne par intérim, il se démit, en 1785, de ce poste et vint habiter Paris. Malgré son grand âge, on le vit, sous la Révolution, lutter contre les adversaires de la royauté. Traduit devant le tribunal révolutionnaire en même temps que sa femme, Anne-Claude-Laurence d'Arpajon, ils furent condamnés à mort et montèrent le même jour sur l'échafaud. La maréchale de Mouchy, que Marie-Antoinette appelait *Madame l'Estiquette*, avait été dame d'honneur de la reine Marie Leczinska et de l'infortunée compagne de Louis XVI.

Mme du Deffand, dans une lettre à la duchesse de Choiseul, en date du 14 février 1771, écrit : « Il faut commencer par vous dire que Mme de Poix, après un travail de près de vingt-quatre heures, est accouchée cette nuit, à deux heures, d'un garçon. »

Cet enfant fut le comte de Noailles, depuis duc de Mouchy et père de Mme la vicomtesse de Noailles.

« N'est-il pas cruel de souffrir tant que cela pour faire un petit Poix, » disait la pauvre femme pendant le travail (1).

Rosalie-Charlotte-Antoinette-Léontine de Mouchy, née

---

(1) *Correspondance inédite de Mme du Deffand*, précédée d'une notice, par le marquis de Saint-Aulaire; Paris, Michel-Lévy, éditeur.

en 1791, épousa, en 1809, Alfred-Louis-Dominique Vincent-
de-Paule de Noailles, son cousin. Trois ans après, son mari
était tué au passage de la Bérézina. Rosalie de Mouchy
trouva un protecteur dans un de ses oncles, M. de Poix;
elle se consacra à l'éducation de sa fille unique et aux études
littéraires. Elle publia une notice intéressante sur Marie-
Adélaïde, duchesse de Bourgogne, qui fit, pendant sa trop
courte existence, le charme de la cour de Louis XIV. Cette
notice servait d'introduction à des lettres inédites de cette
princesse qui parurent en même temps. Sous la Restauration, la comtesse de Noailles était dame d'honneur de la duchesse d'Angoulême. Elle la suivit en cette qualité aux eaux
de Vichy.

Ayant remarqué, pendant son séjour dans cette résidence
thermale, que la source de l'Hôpital avait besoin d'urgentes
réparations, elle la fit entourer d'une grille et couvrir d'un
kiosque; aussi la ville de Vichy a-t-elle donné à la source
et à la place, en souvenir de ce bienfait, les noms de fontaine et de place Rosalie.

Charles-Philippe-Henri de Noailles, prince de Poix et
duc de Mouchy, né en 1808, embrassa comme ses ancêtres
la carrière des armes. Il fit la campagne d'Alger en 1830,
et assista au siége d'Anvers. Il quitta le service en 1839,
après son mariage avec Anne-Marie-Cécile de Noailles, sa
cousine, et se retira dans son beau domaine de Mouchy-le-
Châtel.

Il n'y resta pas longtemps inactif. Comprenant que l'industrie, elle aussi, était un champ de bataille, il concourut
à la création d'importantes entreprises, à l'extension des
chemins de fer et des sociétés de crédit public. Aussi ses
concitoyens l'appelèrent, en 1849, à siéger au Corps-Légis-
latif, où il se fit remarquer par ses connaissances pratiques
dans d'importantes discussions. Le prince Louis Bonaparte
le nomma, en 1851, membre de la commission consultative,

et l'empereur Napoléon III le fit sénateur en 1852. Il mourut le 25 novembre 1854. La ville de Mouy lui a élevé un buste en bronze comme témoignage de reconnaissance pour la part qu'il prit à la création du chemin de fer de Creil à Beauvais.

La duchesse de Noailles, brisée par cette perte prématurée, ne lui survécut que peu de temps. Le nom de Mouchy est aujourd'hui porté par son fils, qui est un de nos gentilshommes les plus distingués, et perpétue les nobles traditions de sa famille, en attendant qu'une illustre alliance rende une châtelaine à la belle terre de Mouchy.

MOUY (Famille de).

Le comte de Clermont était capitaine de Creil pour le roi, mais, en 1411, on lui ôta la capitainerie qui fut donnée au seigneur de Mouy, chambellan du dauphin Charles, qui fut depuis Charles VII.

D'autres seigneurs de Mouy figurent dans nos annales, mais ce n'est guère qu'à l'époque des luttes de religion qu'ils acquièrent une notoriété authentique et qu'on peut suivre leur filiation jusqu'alors un peu confuse. Ils paraissent avoir embrassé la cause de la Réforme dès qu'elle se propagea dans le Beauvaisis, et avoir eu quelques relations avec les disciples de Calvin, originaire de Noyon.

En 1449, le seigneur de Mouy, gouverneur, pour le roi, du Beauvaisis, accompagné des seigneurs de Ponches, de Berneuil, de Pierre de Boufflers, d'Antoine de Crèvecœur et autres nobles de Picardie, assiégea Gerberoy, occupé par les Anglais. La garnison était commandée par Jean Harpe. Profitant d'un voyage que ce dernier fit à Gournay pour ravitailler la place, Mouy entra dans la ville par escalade et passa les Anglais au fil de l'épée. Leurs cadavres furent jetés dans un puits, voisin de l'église Notre-Dame, auquel la tradition locale a conservé le nom de Puits-aux-Anglais.

Le premier prit part aux guerres de religion qui, au XVIᵉ siècle, agitèrent le Beauvaisis. Il était, en 1569, capitaine dans un régiment de cavalerie et y admit un officier de fortune appelé Maurevel. Celui ci assassina son bienfaiteur en lui tirant par derrière un coup de pistolet, puis il se réfugia dans l'armée catholique. Le jeune Arthur de Vaudray de Mouy résolut de venger son père.

Le 14 avril 1583, ayant rencontré Maurevel près de l'église Saint-Honoré, il le chargea l'épée à la main. Celui-ci, étant manchot, ne put tirer son épée à temps et recula, en parant les coups, jusqu'au ruisseau de la rue Saint-Honoré, où il fut percé de plusieurs coups mortels. Mais, pendant qu'Arthur de Mouy s'acharnait contre l'assassin de son père, un soldat de Maurevel l'ajusta et lui tira un coup de carabine dont la balle lui entra par la bouche et sortit derrière la tête. Arthur de Mouy tomba mort sur le coup. Maurevel mourut le lendemain de ses blessures.

La seigneurie de Mouy passa alors à un des partisans d'Henri IV, gouverneur du château de Gerberoy, et qui joua un grand rôle pendant les luttes qui divisèrent le Beauvaisis sous la Ligue. Il était attaché, ainsi que sa femme, à la maison de Marguerite de Valois, femme d'Henri IV, et la suivit, en cette qualité, à Liége où la princesse se rendait sous prétexte de prendre les eaux de Spa, mais, en réalité, pour négocier l'avènement du duc d'Alençon, frère de Henri III, au trône des Pays-Bas.

En 1585, Sully, cherchant à recruter des partisans au roi de Navarre, sonda, dit-il dans ses *Mémoires*, les seigneurs de Mouy et Pas de Feuquières, « pour sçavoir s'ils seroient de la partie; mais chacun fit le froid et se résolut de prendre une autre route. »

Ces gentilshommes n'avaient pas encore confiance dans l'étoile du Béarnais.

Mais, en 1589, le seigneur de Mouy s'était rallié à la cause royale : il assistait aux combats qui se livrèrent aux environs de Chartres entre les troupes du roi de Navarre et celles de la Ligue. En 1590, il combattait à Ivry, avec les seigneurs d'Humières et de La Boissière, gentilshommes picards.

Jean Pillet, auteur de l'*Histoire du Château et de la Ville de Gerberoy*, donne les détails suivants sur ce personnage : « Le sieur de Mouy, après avoir fait quelque temps une rude guerre à ceux de Beauvais avec la garnison de Gerberoy et autres gens de guerre, tomba enfin malheureusement en leurs mains dans une sortie qu'ils firent sur lui au mois de juin 1592, et ils l'emmenèrent à Beauvais où il fut fait prisonnier de guerre. Cette rencontre fut la cause de la ruine de Gerberoy, car le roi, désirant la délivrance de son bon et affectionné serviteur le sieur de Mouy, consentît qu'il recherchât tous les moyens possibles pour être remis en liberté; à quoi les maire, pairs et habitants ne voulurent entendre qu'auparavant ils n'eussent vu Gerberoy démantelé et ses murailles abattues; et le bureau de l'électeur qui y était établi en fut ôté et transféré à Beauvais. C'est pourquoi le sieur de Mouy, voyant qu'ils avaient refusé dix mille écus qu'il leur avait offerts pour sa rançon, pressé par la nécessité, proposa au conseil de ville, tenu le 19 juillet 1592, les articles suivants :

« I. Le sieur de Mouy offre, sous le bon plaisir du roi, de faire démanteler Gerberoy et Bresles et les remettre entre les mains de messieurs de Beauvais.

« II. Le château et bourg de Mouy et Château-Vert demeureront en neutralité; n'y aura aucune garnison et ne s'y fera aucun acte d'hostilité.

« V. Ne pourra ledit sieur de Mouy ni les siens s'aider des bons et récompenses qu'ils ont obtenus du roi défunt ni de celui-ci, ni en prétendre sur ladite ville de Beauvais, ou aucuns particuliers d'icelle.

« VI. Ledit sieur de Mouy promet de ne faire la guerre, ni les siens, au pays de Beauvais, même approcher la ville plus près que de six lieues, n'était qu'il passât en corps d'armée.

« VII. Promet ledit sieur de Mouy faire sortir les garnisons du Château-Rouge et que la place demeure par ce moyen en la garde de la dame dudit lieu, ainsi qu'il a été accordé.

« VIII. Pour l'exécution desquels articles, il sera permis au sieur de Mouy de faire venir vers lui deux cents hommes, auxquels sera baillé passe-port de ladite ville pour aller vers Sa Majesté solliciter l'effet que dessus pendant quinzaine, pendant lequel temps, ne pourront les garnisons de Gerberoy, Bresles et Mouy empêcher l'entrée des vivres, bois, vins, bestiaux, grains et fourrages, et autres nécessités communes, lesquelles promesses ledit sieur de Mouy promet accomplir et entretenir par sa foi, laquelle il donnera à la ville.

« IX. Moyennant ce que dessus, et, après les susdites places démantelées, ladite ville de Beauvais promet audit sieur de Mouy qu'ils feront en sorte, vers monseigneur de Mayenne, qu'il le mettra sur sa foi pour traiter avec le sieur de Sesseval, de sa pleine liberté, soit par rançon ou échange.

Ces articles furent présentés au roi qui fit mettre en regard du premier et du cinquième : « Le roi trouve bon que les fortifications de Gerberoy et celles que le sieur de Mouy a fait faire à Bresles soient démantelées, et que lesdites places demeurent neutres, sans faire la guerre d'une part ni d'autre, à la charge que le sieur évêque de Beauvais et les siens, sans faire aucun acte d'hostilité, y pourront demeurer en toute sorte de sûreté et jouir librement des biens dont ils jouissaient en faveur desdites places; à la charge encore que monseigneur le cardinal de Bourbon, archevêque de Rouen, neveu du défunt, jouira aussi du revenu des abbayes de Froidmont et Saint-Germer, sises près lesdites places de Bresles et Gerberoy, comme il faisait à la faveur desdites places. Que les sujets de Sa Majesté demeurants dans le ressort d'icelles jouiront paisiblement de leurs biens et ceux de Beauvais feront le semblable du bien qu'ils ont dans lesdits ressorts de Bresles et de Gerberoy, sans aucuns contredits ni empêchement d'une part ni d'autre. »

Gerberoy fut le premier démantelé et la garnison se retira à Bresles, où, d'après la convention, elle resta cinq jours, après quoi la place de Bresles fut à son tour démantelée.

Les faits et gestes du seigneur de Mouy pendant la Ligue se trouvent exposés dans les notices de Nicolas Godin (1) et du seigneur de Saisseval (2).

Le seigneur de Mouy, pour son malheur, était lié avec un gentilhomme de Brie, Louviers de Morenet; celui-ci, partisan des Guises, exécuta, dit Pierre de Lestoile, contre Mouy qui tenoit le premier rang, après Coligny, dans l'armée des confédérés, ce qu'il n'avoit osé entreprendre contre Coligny lui-même; il le tua dans un jardin et se sauva sur un cheval dont Mouy lui avoit fait présent.

NIVELON DE PIERREFONDS.

La châtellenie de Pierrefonds était, au xi⁰ siècle, aussi

------

(1) Voir tome i, page 422.
(2) Voir tome iii, pages 222 et suivantes.

importante que la baronnie de Montmorency. Sa suzeraineté s'étendait sur près de deux cents villages ou seigneuries.

Un descendant des anciens seigneurs de Bérogne, *Nivelon Ier*, seigneur et vicomte de Pierrefonds, possédait, outre son fief héréditaire, une partie des forêts de Compiègne et Betz, et une multitude de domaines échelonnés entre Soissons et Paris. Comme tous les chevaliers de cette époque, il eut des scrupules de conscience sur la manière dont ces biens avaient été acquis et crut en légitimer la possession par des œuvres pies. Il fonda à Pierrefonds une église sous le vocable de Saint-Sulpice et un chapitre de chanoines dont son frère Thibaud fut le doyen. Thibaud de Pierrefonds devint par la suite évêque de Soissons. Quatre prélats issus de cette famille occupèrent ce siége épiscopal. Un d'eux, Hugues Ier, mourut, en 1103, à Aquilée, au moment où il se rendait en Palestine.

Nivelon Ier fut inhumé dans la chapelle de droite, de la crypte de Saint-Sulpice : cette épitaphe fut gravée sur son tombeau :

> *Ci gist Nivelon Ier, seigneur de Pierrefont,*
> *qui a fondé ce lieu*
> *Et qui a fait le prieur son pair*
> *de fief et de noblesse.*

Nivelon Ier avait fait une autre donation religieuse aux moines de Marmoutiers qui avaient succédé aux chanoines de Saint-Sulpice. Il fit construire pour eux l'église de Saint-Maxime dans les dépendances du château de Pierrefonds.

Plusieurs seigneurs, portant le nom de Nivelon, habitèrent le fief de leur ancêtre, mais ils n'ont pas laissé de trace dans l'histoire.

Nivelon III avait érigé, en 1160, le fief de Champ-Baudon, en faveur de Baudon, un de ses chevaliers.

Nivelon, évêque de Soissons, céda à Philippe-Auguste

la propriété du château qui portait ombrage au pouvoir royal (1).

Guibert de NOGENT, Historien,

né près de Clermont en Beauvaisis.

1053—1124.

Il fut élevé à l'abbaye de Saint-Germer où il reçut les leçons de saint Anselme. Quoiqu'il n'aimât pas à faire parler de lui, il dut prendre la direction de l'abbaye de Notre-Dame de-Nogent où il composa la plupart de ses ouvrages, entre autres son *Traité des reliques des Saints : De Pignoribus Sanctorum*, où il discute les vraies et les fausses reliques : « Qu'on en pense ce qu'on voudra, dit-il, pour moi j'avance hardiment que ce ne fut jamais une chose agréable à Dieu et à ses saints que d'ouvrir leurs tombeaux, d'en tirer leurs corps et d'en diviser les membres. » Les inventeurs de miracles lui inspirent ce blâme sévère : « Dieu par leur bouche ment, dit-il, autant qu'eux-mêmes. »

Puis il s'en prend aux moines de Saint-Médard de Soissons qui prétendaient avoir une dent du Christ, et à ceux qui honorent le nombril de Notre-Seigneur. Sous le titre de *Gesta Dei per Francos*, Guibert a donné une histoire estimée de la première croisade. Ce livre fut écrit de 1105 à 1111, et publié en 1112. Mabillon critique son style en disant : *Multa scripsit, non incrudite, sed scabroso stilo.* En effet, son style est lourd et obscur. Ses autres écrits ont été réunis par d'Acheux, et le septième volume de l'*Histoire littéraire de la France* lui consacre une notice (2).

---

(1) *Compiègne et ses environs*, par M. Léon Ewig.

(2) *Guiberti opera. Charma. Vie de saint Anselme. Nouvelle biographie générale* de Firmin Didot.

TABLE DU SECOND VOLUME.

www.ingramcontent.com/pod-product-compliance
Lightning Source LLC
Chambersburg PA
CBHW051730250726
48659CB00001B/4